W0084318

Die Experten

DR. FRANZ-THEO GOTTWALD (G)

Nach Tätigkeit als Lehrbeauftragter für Philosophie und als Dozent in der Erwachsenenbildung seit 1988 Vorstand der Schweisfurth-Stiftung und der Karl-Ludwig-Schweisfurth-Stiftung. Gründungspartner der Management-Trainingsfirma Dr. Howald & Partner, Haltern, sowie Geschäftsführer der Dialogpartner-Agrar-Kultur GmbH, München, Vorstand des Lernguts Sonnenhausen e.V., Autor zahlreicher Fachpublikationen.

JOHN HORMANN (H)

In Deutschland und den USA ausgebildet, war für IBM mehr als 25 Jahre international in Führungspositionen tätig. Beschäftigt sich mit der Sensibilisierung der Fremd- und Selbstwahrnehmung und dem Thema der Zukunft der Arbeit. Darüber hinaus ist er vielfältig unternehmensberaterisch tätig und hat bereits verschiedene Bücher veröffentlicht.

ANTJE BESSER-ANTHONY (B-A)

Ex-Managerin; Mitinhaberin einer TV- und Kino-Dokumentarfilm-Produktion. Inhaberin einer Kette von Kunst- und Antiquitäten-Galerien. Herausgeberin und Chefredakteurin von vier Publikumszeitschriften. Heute Chefredakteurin einer Münchner Filmproduktion, Herausgeberin und Autorin von Büchern, Zeitschriften.

Das Medium

SAFI NIDIAYE (N)

Ex-Managerin; stellvertretende Chefredakteurin von drei Publikumszeitschriften. Heute Buchautorin. Leitet Seminare und lehrt Meditation, spezialisiert auf mediale Übermittlung von Wissen aus höheren Dimensionen des Bewußtseins. Neben *Führung durch Intuition* sind zwei weitere ihrer bislang erschienenen Bücher (*Liebe ist mehr als ein Gefühl; Neues Wissen, neues Denken – für eine bessere Zukunft*) durch mediale Übermittlung entstanden und sowohl im Ariston Verlag als auch im Wilhelm Heyne Verlag erschienen.

SAFI NIDIAYE
FRANZ-THEO GOTTWALD
JOHN HORMANN
ANTJE BESSER-ANTHONY

FÜHRUNG DURCH INTUITION

DIE ENTSCHEIDENDE WENDE IM MANAGEMENT

Mit einem Geleitwort
von Helmut Weyh, Worpswede

WILHELM HEYNE VERLAG
MÜNCHEN

HEYNE BUSINESS
22/1058

Umwelthinweis:
Dieses Buch wurde auf chlor- und
säurefreiem Papier gedruckt.

Taschenbucherstausgabe 10/99
Copyright © 1997 by Ariston Verlag, Kreuzlingen
Wilhelm Heyne Verlag GmbH & Co. KG, München
http://www.heyne.de
Printed in Germany 1999
Umschlaggestaltung: Atelier Bachmann und Seidel, Reischach
Technische Betreuung: M. Spinola
Satz: Schaber Satz- und Datentechnik, Wels
Druck und Verarbeitung: Presse-Druck, Augsburg

ISBN: 3-453-15560-2

INHALT

GELEITWORT

»Wenn du kein Lächeln auf den Lippen hast, brauchst du heute deinen Laden gar nicht aufzumachen.«

So lautet ein chinesisches Sprichwort. Daß wir nicht in einem »Land des Lächelns« leben, ist klar. Im Hinblick auf die horrende Arbeitslosigkeit, auf die Krankenstände in deutschen Firmen, aber auch in Behörden, und auf die Angst vor ökologischen Katastrophen kann einem ja das Lächeln vergehen. Dennoch: Nehmen Sie die Gelegenheiten, die sich dafür bieten, wahr und lachen Sie. Ohne Humor, ohne heitere Gelassenheit geht es überhaupt nicht.

Und dies ist eine Hauptbotschaft des vorliegenden Buches, in dem als Geheimnisse des persönlichen Erfolgs Offenheit, Menschlichkeit, Sensibilität, Leichtigkeit, Klarheit und Fröhlichkeit, also alles irgendwie Produkte des Humors, vorgestellt werden. Humorvoll sein heißt für Sie nicht, daß Sie als Stimmungskanone durch Ihren Betrieb rennen müßten. Humor bedeutet vielmehr die Fähigkeit des Lachenkönnens, des Charmes und der Empfänglichkeit für alles, was Spaß macht. Humor müssen Sie täglich beweisen können. Es hat einfach keinen Zweck, immer nur ernst oder gar verbissen zu sein. Im Gegenteil, Sie hemmen Ihre Kreativität und Dynamik, wenn Sie zu ernsthaft sind. Auch dieses Buch, das Ihnen viele Hinweise gibt, wie Sie gelöster und gleichzeitig mit neuer Erfolgsorientierung führen können, braucht Ihren Humor. Andernfalls könnte es sein, daß Sie in einen Erleuchtungsehrgeiz geraten, um selbstgesetzte Vollendungsmaßstäbe zu erreichen (die die Autoren gar nicht meinen), und so im Schweiße Ihres Angesichts das große Reich der Intuition kennenlernen wollen, das doch nur denen offensteht, die es ohne Druck, Gewalt und Ehrgeiz erwandern, die eben spielerisch sind.

Und wenn Sie stolpern sollten, lachen Sie. Das Lachen ist ein Refugium der Kinder. Erinnern Sie sich an Ihre Kindheit. Damals kannten Sie nur wenige Regeln und Verordnungen. Sie beschäftigten sich den größten Teil Ihrer Zeit mit Spielen. Erst mit der Schule wurde das anders. Sie lernten neben Mathematik und Deutsch auch Disziplin. Wenn diese Sie erdrückt, sollten Sie einen ähnlichen Versuch machen wie ein mir befreundeter Mathematiklehrer. Er gab seiner Klasse eine relativ schwere Mathematikaufgabe. Die Schüler grübelten und grübelten. Nach einer halben Stunde war noch kein Ergebnis da. Dann zeigte er den Kindern einen lustigen Film, bei dem sie kräftig lachen konnten. Als die Schüler sich wieder an die Aufgabe setzten, dauerte es nur zehn Minuten, bis das erste Kind die richtige Lösung hatte. Das Lachen löste Fantasie aus, die Verbissenheit der Lösungssuche war wie weggeblasen, und die humorvolle Atmosphäre erlaubte, die üblichen Denkbahnen und Kategorien zu verlassen, um für andere Dinge und neue Lösungen offen zu sein.

In dem Buch *Führung durch Intuition* werden Sie viele Dinge kennenlernen, die Ihnen »normalerweise« nicht in den Sinn kommen, weil sie, auf den ersten Blick, nichts mit Alltag, Geschäft oder Karriere zu tun haben. Lassen Sie sich darauf ein. Sie können nur gewinnen! Hauptsache, Sie nehmen möglichst oft Anlauf, um über Ihren Schatten zu springen. Dabei werden für Sie Offenheit, ungewöhnliche Ideen und neue, kreative Kraft herauskommen.

Neue kreative Kraft hängt, da bin ich sicher, mit der Weise zusammen, wie wir »damals«, als Kinder, gelernt haben. Mit uns wächst eine Generation heran, die wieder auf ihre Kindheit zurückgreift und die verlorene Unschuld des kindlichen Begreifens sucht. In der Kindheit waren wir spontan, unmittelbar und haben wir gelernt. Lernen war für uns ein »Kinderspiel«. Weder Prozesse des Abhärtens und Gehorchens noch des Leidens und der schlechten Erfahrungen waren nötig, sondern allein die Neugier auf all diese »Weltneuheiten« sorgte für ein genügendes Maß an Willenskraft und machte uns schöpferisch, erfinderisch, weise im Umgang mit unseren Möglichkeiten und denen der Umgebung.

Kreative Intelligenz ist der Sieg über selbstauferlegte Beschränkungen, ist der Sieg über Gewohnheiten, die Glück und Spaß verhindern. Kindlich-schöpferische Intelligenz ist häufig reine Provokation, geradezu eine Unverschämtheit, weil sie Quer- und Schrägdenkern den Freischein gibt, den das Management der Zukunft braucht! Wenn wir einsehen, wie produktiv es ist, Wissen wie die Kinder zu verknüpfen und weiterzugeben, haben wir schon viel gewonnen. Nichts ist schöner und fruchtbarer als ein spielerischer Dialog.

Die Autorengruppe steht im Dialog und hatte, so erzählte sie mir, nach jeder Runde der Textentstehung dieses zufriedene Gefühl im Bauch, einen Beitrag für die Zukunft des Managements zu leisten. Sie wollte – und ich finde, es ist ihr gelungen – die Grundlagen für einen Managementstil schaffen, bei dem sie die vielen täglichen Entscheidungen und Aktionen getragen weiß von einem Wissen um das Wohl des Ganzen, das sich intuitiv immer wieder einstellt und im Führungshandeln möglichst spontan umgesetzt wird. Mir sind die Manager am liebsten, die täglich andere Wege gehen. Denen es gelingt, die Natur intelligenter zu nutzen, die es schaffen, die geistigen Gesetze und die inneren Kräfte einzusetzen, und die alles einbringen zum Nutzen der Menschheit. Die, die Klarheit, Wachheit und Weitblick ausstrahlen und, da sie erfolgreich sind, singen und lachen können.

Ich halte das vorliegende Buch nicht zuletzt deshalb für besonders interessant, weil es mit seinen vielfältigen Übungen dazu angetan ist, ein optimales Setting für kreative Prozesse zu entwickeln. Des weiteren hilft es der Führungskraft, das psychologische Klima zu schaffen, in dem Innovationen stattfinden können. Es regt beispielsweise an, eventuelle Konflikte auf der Beziehungsebene zu klären, damit kein »psychischer und geistiger Smog« die Atmosphäre vernebelt. Aus der Führungspraxis wissen wir, wie wichtig Offenheit und Vertrauen als Vorbedingungen für Innovation sind. Unsere Zeit ist gekennzeichnet vom radikalen Wandel sowohl auf technischem wie auch auf wirtschaftlichem, kulturellem und sozialem Gebiet. Für den einzelnen Manager wie für größere Organisationen und ganze Staaten bedeutet das vor allem, flexibler agieren zu können und nicht reagieren zu müssen. Die Konzepte des »geführten Führens« eröffnen die Chance, Veränderungsprozesse und damit Zukunft selbst erfolgreich zu gestalten. Die Verantwortlichen in den Unternehmen werden durch das Buch dafür eingenommen, eine auf permanente Weiterentwicklung und Verbesserung hin ausgerichtete Unternehmenskultur zu schaffen.

Ich stimme mit den Autoren darin überein, daß die für die meisten Unternehmen hierzulande anstehende »Kulturrevolution« ihre Kraft aus der Begeisterung für neue Ideen zieht. Diese vitale Energie in einem Team freizusetzen, ist mit die wichtigste Aufgabe für die nächsten Jahre. Die grundsätzliche Schwierigkeit, um zu mehr Kreativität in Unternehmen wie auch im privaten Bereich zu kommen, ist die Erfahrung: Wir Menschen haben die Tendenz, uns auf einmal eingeschlagenem Weg immer weiter voranzubewegen. Deshalb begrüße ich die in diesem Werk gemachten Vorschläge, vom Wege abzukommen, um nicht auf der Strecke zu bleiben. Alte Erfahrungsmuster müssen aufgelöst werden, und breite Schichten der Bevölkerung müssen lernen, sich von ihrer inneren Stimme leiten zu lassen und aus einem ganzheitlichen Gefühl heraus zu entscheiden. Der wichtigste Leitwert dabei ist, selbstlos für andere Menschen und das Überleben der natürlichen Mitwelt zu handeln.

Fushan-Yuan belehrt uns: »Drei Eigenschaften braucht, wer Menschen führen will: Menschlichkeit, Klarheit, Mut.« Mit Menschlichkeit, Klarheit und Mut wird die Führungskraft der Zukunft alles Denken, Handeln und Fühlen der Mitarbeiter zusammenfassen und eine Unternehmensphilosophie natürlich wachsen lassen, die keine Muster vorlegt, sondern gerade durch ihren fließenden, beweglichen, an der Eroberung neuer Evolutionsnischen orientierten Charakter bewegt. Menschlichkeit, Klarheit und Mut sind den Menschen angeborene Fähigkeiten. Damit sie wieder voll zur Geltung kommen, schlage ich vor, nicht länger andere Menschen zu treiben, sondern mit ihnen zu strömen, nicht länger Angst und Streß zu verbreiten, sondern angstfrei zu führen, nicht länger andere zu Aktionen zu veranlassen, sondern sich mit ihnen in eine Aktion einzulassen und gemeinsam zu fließen. Die Wirkungen auf Teams und Kunden sind beeindruckend. Davon bin ich als Gründer der Ideen-Werkstatt in Worpswede überzeugt. Ich wünsche Ihnen viel Kraft für die Umsetzung der Ihnen beim Lesen dieses Buches aufgehenden Inspirationen.

Helmut Weyh
Worpswede

Vorwort

Das Weltwirtschaftssystem steckt in einer tiefen Krise – keiner Wirtschaftskrise, sondern einer Systemkrise. Manager in der ganzen Welt und ganz besonders in den fahrenden Industrienationen, darunter vor allem in Deutschland, fühlen instinktiv (ob sie sich dessen bewußt sind oder nicht), daß das ganze System nicht mehr auf dem Boden der Realität steht. Etwas muß sich verändern, und zwar sowohl im globalen Verständnis von Wirtschaft als auch im Verständnis und in der Technik von Management.

Das bisher herrschende kollektive Bewußtseinsfeld im Bereich Wirtschaft/Arbeit/Management wird langsam, zunächst in sehr kleinen Schritten, abgelöst von einem im Entstehen begriffenen neuen Bewußtseinsfeld. Dieses bringt ein anderes Verständnis von Wirtschaft, Arbeit und Management mit sich, mit vielen neuartigen Ansätzen in den verschiedenen untergeordneten Bereichen, die sich an dieses Feld anschließen.

Dieses Buch soll dabei helfen, das neu entstehende Bewußtseinsfeld vor allem für Manager zugänglich zu machen. Darüber hinaus soll es aber auch anderen Interessierten helfen, sich in diese neue geistige Strömung einzuklinken und sie sich für ihr Denken, ihre Arbeit und ihre Strategien anzueignen beziehungsweise nutzbar zu machen.

Alle gängigen Konzepte, seien sie konventionell, seien sie reformerisch, seien sie revolutionär, zäumen, aus der Sicht der geistigen Dimension betrachtet, das Pferd von hinten auf. Jeder der in diesem Buch angesprochenen Themenbereiche wird deshalb, anstatt wie sonst üblich von der Peripherie her, vom Zentrum aus in vollkommen neuer Weise erarbeitet, sozusagen neu erschaffen. Der Ansatzpunkt für die hier übermittelten Informationen ist nicht die derzeitige Realität, sondern der innere

Kern des Bewußtseins- und Realitätsfeldes Wirtschaft/Arbeit/
Management.

Bereits die Art und Weise, wie dieses Buch zustande gekommen ist, ist exemplarisch für einen der Ansätze, die das neue Bewußtseinsfeld bietet. Es ist nicht auf herkömmlichem Wege entstanden. Wenn ein Mensch sich hinsetzt, um ein Buch zu schreiben, greift er dabei normalerweise auf einen großen Schatz an
Erfahrungen und Beobachtungen zurück, und, je nachdem, wie
engagiert oder neutral, wie verwickelt oder wie distanziert sein
Geist sich zum Thema des Buches verhält, werden diese Erfahrungen und Beobachtungen mehr oder weniger von seinen
persönlichen Überzeugungen strukturiert. Entweder faßt er
schlicht und einfach seine Beobachtungen und Erfahrungen
sowie die anderer Menschen zusammen, oder aber er möchte
mit seinem Buch die Leser von irgend etwas überzeugen; hierbei
geht er von einer persönlichen Überzeugung aus, die er aufgrund von Erfahrungen und Beobachtungen gewonnen hat. Er
hofft, die Leser mit dieser seiner Überzeugung anzustecken oder
zu inspirieren oder, wenn er ein kluger Mensch ist, sie mit ihr
zu konfrontieren, damit sie sich eine eigene Meinung bilden
können.

Das vorliegende Buch ist jedoch auf eine andere Weise entstanden. Die Basis, auf der die Informationen, die in diesem
Buch vermittelt werden, beruhen, ist nicht der Erfahrungsschatz
der Autoren und auch nicht eine bestimmte Meinung oder
Überzeugung der Autoren. Die Quelle der vorliegenden Informationen ist vielmehr eine Ebene des Bewußtseins der Autoren,
die jenseits des persönlichen Bewußtseins liegt, sozusagen eine
transpersonale Schicht, von der aus es möglich ist, Zugang zu
einem universalen »Pool von Wissen« zu erlangen, der im Inneren der Menschen liegt, im Gegensatz zu dem, was man im allgemeinen »Wissen« nennt und auf Wahrnehmungen aus der
Außenwelt zurückzuführen ist.

Ein Mensch, der als klug oder weise bezeichnet wird, macht
sich in der Regel beide Quellen des Wissens zunutze: einerseits
die Beobachtung von Phänomenen in der Außenwelt und ande-

rerseits die Offenheit für jenes Wissen, das unmittelbar aus dem eigenen Inneren auftaucht und das im normalen Sprachgebrauch *Intuition* genannt wird.

Auch in diesem Buch arbeiten diese beiden Faktoren, inneres und äußeres Wissen, zusammen, und zwar auf folgende Weise: Eine kleine Gruppe von Experten hat sich zusammengetan, um, vermittelt durch ein Medium, an dieses intuitive Wissen aus der Innendimension des Bewußtseins zu gelangen. Inneres Wissen wird sozusagen »angezapft« durch das Interesse der Anwesenden am Thema (und im Detail dann auch durch Fragen, die von den Gruppenmitgliedern gestellt werden). Dieses innere Wissen fließt durch das Medium, in Worte gekleidet, nach außen, wird auf Band aufgenommen, abgeschrieben und überarbeitet. (Die Sitzungen für das vorliegende Buch fanden in der Zeit von Februar 1994 bis Oktober 1995 statt.)

Zu diesem inneren Wissen wird äußeres Wissen, das heißt Erfahrungswissen, das auf Wahrnehmung und Interpretation basiert, durch die anwesenden Experten beigesteuert. Es fließt in den Informationsstrom dieses Buches mit ein. Da es innerhalb des Geistes keine Grenzen gibt, ist in gewisser Weise der Schatz an solchem Erfahrungswissen, den die Mitglieder dieser Autorengruppe in ihrem Geist eingespeichert haben, latent im Bewußtseinsfeld der ganzen Gruppe vorhanden und überträgt sich (nicht explizit in Worten, aber doch seinem geistigen Inhalt nach) auf das Bewußtsein des Mediums, so daß es mit einfließen kann in das Buchdiktat.

Jeder Mensch verfügt über das innere Wissen, von dem hier die Rede ist; jeder Mensch verfügt über Intuition. Es gibt Menschen, die sich ihrer Intuition mehr bewußt sind, und andere, die sich ihrer weniger bewußt sind. Es gibt Menschen, die gewohnt sind oder gelernt haben, auf ihre Intuition zu hören, und es gibt andere, die gewohnt sind, die intuitiven Hinweise in sich zu unterdrücken. Es ist die Sache des einzelnen, ob und in welchem Ausmaß er Intuition nutzt. Durch Übung und Aufmerksamkeit kann Intuition, die vielleicht bei wenig Übung und Aufmerksamkeit nur tröpfelt, zu einem Strom werden. Und dieser Strom kann immer breiter werden, je mehr man sich darauf einstellt, Intuition wahrzunehmen und ihr zu folgen.

Ein Medium in dem Sinne, wie es hier verstanden wird, ist in der Lage, Intuition als Strom fließen zu lassen, wenn bei Bedarf der Hahn aufgedreht wird. Das Medium taucht ein in einen Bewußtseinszustand, in dem es zwar nicht wie in einer Tieftrance der Welt den Rücken kehrt, aber doch in starkem Maße sein Bewußtsein abzieht von der äußeren Welt und es statt dessen auf die Sphäre des inneren Wissens einstellt. Damit dieses schlummernde Wissen geweckt wird, muß Bedarf bestehen. Dieser Bedarf wird durch die übrigen Mitglieder der Gruppe artikuliert, und zwar dadurch, daß sie während der Sitzungen ihr Interesse am Thema des Buches oder des jeweiligen Kapitels manifestieren und gegebenenfalls auch Fragen stellen. Durch dieses Interesse, dieses Fragen, dieses Wissenwollen wird der Hahn aufgedreht, der es dem intuitiven Wissen ermöglicht, zu fließen und sich durch das Gehirn des Mediums oder »Channels« wie durch einen Transformator hindurchzubewegen und in Worte übersetzt und gestaltet zu werden.

Menschliches Bewußtsein hat mehrere Möglichkeiten, sich grundsätzlich auszurichten. Wir greifen zwei heraus, die für uns relevant sind: Das Bewußtsein kann sich nach außen oder aber nach innen richten. Wir nennen das die *äußere Dimension* und die *innere Dimension.* Die innere Dimension ist jener Zustand, in dem das Bewußtsein sich abwendet von den Objekten, mit denen es sich normalerweise beschäftigt, sprich der Außenwelt (hierzu gehören auch alle Gedanken, die mit äußeren Phänomenen oder anderen Menschen zu tun haben), und sich selbst zuwendet. Wenn sich das Bewußtsein sich selbst zuwendet, ist das nicht dasselbe, wie wenn ein Mensch seine Aufmerksamkeit auf sich selbst richtet, indem er sich beispielsweise mit seinen psychischen Problemen beschäftigt oder dergleichen. Sondern: Das Bewußtsein im Innenzustand ist von all den Objekten, mit denen es sich normalerweise beschäftigt, einschließlich der eigenen Person, abgewandt und auf sich selbst zurückgeworfen.

Durch diesen Vorgang, den man erlernen kann (es ist einer der ersten Schritte in der Meditation), erreicht man jene innere Dimension des Bewußtseins. Diese Dimension liegt jenseits der Persönlichkeit. Sie ist jedoch nicht unpersönlich; das wäre nicht das richtige Wort. Sondern man erreicht, wenn man sein Bewußtsein auf diese Weise nach innen wendet, ein Bewußtseinsfeld, in dem man zwar immer noch vorhanden, aber nicht mehr das ist, was man üblicherweise glaubt zu sein, nämlich die in einem Körper eingeschlossene und durch ihren Namen, ihr Geburtsdatum und ihre persönliche Geschichte definierte Person XY. Insofern ist diese innere Dimension transpersonal. Es gibt nur ein Bewußtsein; dies drückt schon die Sprache aus: Eine Pluralform von Bewußtsein gibt es nicht. Dieses eine Bewußtsein manifestiert sich einerseits in Form eines Menschen, eines Planeten, einer Blume, eines Tieres; das ist der äußere Aspekt. Gleichzeitig aber existiert es als Bewußtsein an sich. Diese beiden Aspekte sind in jedem Menschen vorhanden.

Das ist der Grund, warum es Intuition gibt: weil nämlich diese innere Dimension in jedem Geist existiert. Eine Dimension, in der alles mit allem verbunden ist, in der das Bewußtsein nicht mehr fokussiert und nicht mehr auf etwas Bestimmtes gerichtet ist, zum Beispiel darauf, die Person XY zu sein, sondern in sich selbst ruht. Deshalb gibt es Intuition, deshalb gibt es Wissen an sich, das plötzlich, wie ein Blitz der Erleuchtung, im individuellen Bewußtsein auftaucht. Und aus dieser inneren Dimension stammen die Informationen, die durch unser Medium und mit Hilfe der bei den Buchdiktat-Sitzungen anwesenden Gruppe für die Leser kanalisiert werden.

Wenn der Leser (natürlich meinen wir damit immer auch die Leserinnen) eine gewisse Offenheit für diese Dimension in seinem eigenen Inneren mitbringt, dann wird die Information, während er sie liest, eine starke Resonanz bei ihm erzeugen. Einerseits passiert sie seinen Intellekt, er liest die Worte und verarbeitet sie mit seinem Verstand; andererseits aber kommt sie auch jenseits der Sphäre des Verstandesdenkens unmittelbar bei ihm an und stößt auf sein eigenes inneres Wissen, das sich mit dem deckt, was er liest; und dann gibt es ein starkes Resonanz-erlebnis, ein großes »Aha«. Wenn der Leser aber dieser inneren Dimension gegenüber eher verschlossen oder mißtrauisch ist und es vorzieht, lediglich die Worte zu lesen, sie möglicherweise auf die intellektuelle Goldwaage zu legen und sie nur mittels seines Intellekts zu interpretieren, dann werden sich wahrscheinlich weniger Aha-Erlebnisse einstellen. Der Leser bestimmt also selbst mit, in welchem Ausmaß er von den Informationen profitiert oder nicht.

Wir können jedoch eine technische Empfehlung geben, wie man dieses Buch so lesen kann, daß man maximal davon profitiert. Sie besteht darin, daß man für die Zeitdauer des Lesens dieses Buches beschließt, einmal all seine Annahmen, Theorien, Meinungen und Überzeugungen zur Seite zu stellen; nicht weil sie ungültig sind, sondern weil sie einen daran hindern können, etwas Neues aufzunehmen. Denn die Informationen dieses Buches sind nicht primär dazu gedacht, einen weiteren Baustein im Wissensgebäude der Leser zu bilden und dem Intellekt als Futter zu dienen, sondern dazu, im täglichen Leben praktisch angewandt zu werden. Wirkliches Wissen entspringt nicht dem Lesen dieses Buches und dem Verstehen der Informationen, sondern deren Nutzung im Leben. Das ist es, was eigentlich das höchste Wissen ist: jenes Wissen, das durch Tun entsteht.

Im übrigen kann jeder dieses Buch von vorne oder von hinten, in kleinen oder in großen Portionen lesen, wie er will, darauf kommt es nicht so sehr an; aber während man liest, sei empfohlen, sich des Atmens bewußt zu sein. Man ist dann während des Lesens an seine gesamte Wirklichkeit angeschlossen; nicht nur an die geistige, sondern auch an die körperliche und emotionale Realität. Das führt einerseits dazu, daß man wach bleibt und nicht in Hypnose gerät, wie das sonst beim Lesen üblich ist, und andererseits dazu, daß mehrere Ebenen der Persönlichkeit bewußt teilhaben am Aufnehmen und Verarbeiten der Informationen.

N: »Haben die Sitzungsteilnehmer Fragen oder Anregungen?«

G: »Wer steckt hinter dem ›Wir‹, das da spricht?«

N: »Das ›Wir‹ könnte auch ›Es‹ oder ›Ich‹ lauten. Es ist einfach die gewählte Form.

Um es zusammenfassend zu wiederholen: Bei den in diesem Buch vermittelten Informationen handelt es sich um Wissen aus einer anderen Dimension des menschlichen Bewußtseins, einer Dimension, die im Traum zugänglich ist, in der Meditation und durch Erkenntnisblitze, sprich Intuition. Dieses intuitive Wissen wird von einem kleinen Kreis von Experten durch Konzentration auf die entsprechenden Themenbereiche und die damit zusammenhängenden Fragen herbeigezogen und von einem Medium kanalisiert und formuliert.«

Dieses Buch enthält viele Übungen, die der praktischen Umsetzung der gewonnenen Einsichten dienen. Sie sind im Kapitel 14 zusammengefaßt sowie im laufenden Text durch einen

Rasterbalken am Seitenrand

besonders kenntlich gemacht.

Einführung

N: »Dies ist ein Buch für Menschen, die innerhalb der Macht-strukturen, die die Welt der Wirtschaft und der Unternehmen bestimmen, eine Zwischenposition einnehmen. Es ist vor allem für Manager gedacht (natürlich auch für Unternehmer, aber in erster Linie für Manager), für Menschen also, die in der Hierarchie irgendwo zwischen dem Firmenbesitzer (sei dies nun eine Person oder eine Gemeinschaft von Aktionären) und der Belegschaft eines Unternehmens angesiedelt sind, und zwar relativ weit oben. Sie genießen theoretisch größere Freiheit als diejenigen, die in dieser klassischen Machtstruktur weiter unten stehen: weil sie mehr Macht haben, weil sie Entscheidungen treffen können, weil sie einen gewissen Spielraum für persönliches Urteil und persönliches Ermessen haben.

Paradoxerweise ist es jedoch im allgemeinen so, daß tatsächlich der Manager größeren Zwängen unterworfen ist als derjenige, der eine untergeordnete Position einnimmt. Dies ist deshalb so, weil die Gesamtheit der Faktoren, die beherrschend sind in der Arbeit eines Managers, sehr vielschichtig ist. Der Manager muß eine große Zahl von Daten, von Fakten und von Personen mitsamt deren persönlicher Geschichte sowie deren Beziehungen untereinander überschauen, um seine Entscheidungen treffen zu können. Er muß nach vorn und gleichzeitig nach hinten blicken: nach hinten zum Unternehmer (der Vereinfachung halber sagen wir ›der Unternehmer‹) und nach vorn zur Belegschaft; er muß in die Vergangenheit und in die Zukunft schauen. Und es reicht dabei nicht, wenn er nur weiß, was gestern war und was morgen voraussichtlich sein wird, sondern er muß Jahre überblicken.«

H: »Ja. Die Komplexität ist geringer, je weiter es nach unten geht. Aus meiner Sicht ist allerdings gerade Komplexität auch Freiheit – vorausgesetzt, ich kann damit umgehen.«

N: »Die Kunst, damit umzugehen, könnte so aussehen, daß der Manager seinen Bereich so zu überblicken lernt wie beispielsweise ein Arbeiter seine Tätigkeit am Fließband: Anlieferung des Materials, die Handgriffe, die zu tun sind, und Weitergabe des Materials. Nach einer gewissen Zeit der Übung überblickt er seinen Bereich, und dadurch entwickelt er Freiheit. Der Manager überblickt ebenfalls einen Ausschnitt, nur daß dieser komplexer ist, mehr Daten und Fakten enthält. Aber der geistige Abstand zu diesem Ausschnitt der Wirklichkeit, den er zu überblicken hat, kann genauso groß sein wie der des Arbeiters am Fließband. Wenn das gelingt, genießt auch der Manager einen hohen Grad an Freiheit. Er geht dann mit seinem Ausschnitt in einer Weise um, die es ihm erlaubt, subjektiv den Eindruck von Macht und Entscheidungsfreiheit zu haben. Man könnte sagen: Er kennt diesen Bereich wie seine Westentasche.

Wir gehen hier zunächst von der konventionellen Hierarchievorstellung aus, wie sie zu dieser Zeit in diesem Kulturkreis und in dem Bereich, von dem die Rede sein wird, gang und gäbe ist. Wir befinden uns hier in einer Etage der Hierarchie, die relativ hoch angesiedelt ist, die mit relativ viel Macht verbunden ist, und haben es mit Menschen zu tun, die, obwohl sie nach außen hin mit ziemlich viel Macht ausgestattet sind, doch oft subjektiv das Gefühl von Ohnmacht haben.

Wenn ihr euch selbst und andere Manager einmal anschaut, ohne die Fassade zu berücksichtigen, ohne die Rolle, die ihr in der Außenwelt spielt, euch und den Kollegen einfach ins Herz schaut, werdet ihr feststellen: Es ist viel Ohnmacht vorhanden. Das subjektive Gefühl von Ohnmacht, von Ausgeliefertsein, das Gefühl, einer Unzahl von Risiken, Gefahren und schwer zu überschauenden Fakten aus der Vergangenheit, der Gegenwart, der Zukunft, aus dem gesamten Umfeld, ausgesetzt zu sein und doch so damit umgehen zu müssen, als wisse man Bescheid, während man in Wirklichkeit überhaupt nicht Bescheid weiß.«

H: »Und, verbunden mit der Ohnmacht, Angst.«

N: »So ist es. Die Macht im Äußeren verdeckt die Ohnmacht im Inneren. Und zwischen diesem Inneren und diesem Außen gibt es eine Spannung. Diese Spannung hält zwar einerseits den Manager auf Trab, sie bewirkt in gewisser Weise, daß er funktioniert, denn er muß irgendwie Schritt halten. Die Entwicklung läuft viel schneller als sein Denken; doch er muß Schritt halten, sonst wird er weggefegt von seinem Posten.

Unter anderem bezwecken wir mit diesem Buch, den Manager in die Lage zu versetzen, Macht im Inneren zu entwickeln und von dieser ungesunden und im ungünstigen Fall auch krank machenden Spannung, von diesem Überspannungszustand geheilt zu werden und eine Art von Einblick, Durchblick und Überblick zu bekommen, die es ihm erlaubt, nicht nur mit der Entwicklung Schritt zu halten, sondern ihr sogar ein wenig voraus zu sein.«

H: »Wäre das zugleich auch ein angstfreies Arbeiten?«

N: »Ja. Es entfällt ein Großteil der Angst. Es entfällt zwar nicht die Angst, die aus tieferen Schichten der Psyche stammt und mit unverarbeiteten Vergangenheitserlebnissen zu tun hat; aber es entfällt die Angst davor, daß das, was man zu bewältigen hat, zu groß ist; daß man es unmöglich schaffen kann.«

H: »Kann man sagen: Es entfällt ein Großteil der Angst, Fehler zu machen?«

N: »Ja, auf jeden Fall. Denn je mehr Macht ein Mensch im eigenen Inneren entwickelt, desto mehr kann er es sich leisten, in der Außenwelt auch einmal ohnmächtig dazustehen und zu sagen: Hier weiß ich nicht weiter. Es wird ihm übrigens niemand glauben, daß er nicht weiterweiß, weil er Macht und Kompetenz ausstrahlt. Er muß nicht mehr soviel Angst haben, Fehler zu machen, weil er selbst die bestimmende Instanz in seinem Leben ist und nicht die anderen.

Aber es geht noch weiter. Üblicherweise nehmen die Menschen an, das, was sie wahrnehmen mit ihren fünf Sinnen, sei die gegebene Wirklichkeit und sie selbst als Menschen seien per Geburt hineingestellt worden in diese gegebene Wirklichkeit. Das, was die fünf Sinne wahrnehmen, ist die gegenwärtige Wirklichkeit; das, was uns die Vorfahren und die Historiker von der Vergangenheit erzählen, ist die vergangene Wirklichkeit; von der zukünftigen Wirklichkeit wissen wir nichts, können sie uns aber ungefähr ausrechnen.

Diese vorgegebene Wirklichkeit, so denkt man, ist die Szene, in die wir hineingestellt sind und in der wir wohl oder übel unsere Rolle spielen müssen, oder anders gesagt: Das ist das Material, das zur Verfügung steht, und damit müssen wir irgendwie arbeiten. Dort ist die Welt, und hier bin ich, und ich bin bis zu einem gewissen Grade dieser Welt ausgeliefert, bis zu einem gewissen Grade Opfer der Umstände, und wenn ich Glück habe, kann ich hier und da etwas an den Umständen verändern; aber insgesamt betrachtet ist das, was ich sehen, hören, anfassen und riechen kann, die Wirklichkeit. Wenn ich etwas verändern möchte an dieser Wirklichkeit, dann muß ich sie anschauen, untersuchen, in irgendeiner Weise beschreiben können. Dann muß ich zwischen den Dingen, die ich wahrnehme, Zusammenhänge bilden können, kausale Zusammenhänge, zeitliche Zusammenhänge und so fort. Und dann kann ich darangehen zu versuchen, das eine oder andere Element zu verändern. Aber nur bis zu einem gewissen Grad, denn die Wirklichkeit gehorcht Gesetzen – Naturgesetzen, Logik, psychologischen, soziologischen Gesetzen und so fort. All das kann man studieren, dann weiß man mehr über die Wirklichkeit und kann vielleicht einige Elemente mehr verändern. Insgesamt aber ist die Wirklichkeit das, was sie ist, und kann nicht verändert werden. Das ist – grob skizziert – die übliche Anschauung.

Was wir mit diesem Buch zu erreichen versuchen, ist eine Wandlung der Perspektive: Die übliche Sichtweise geht von dem aus, was wir die Außenwelt nennen können. Die Sichtweise dieses Buches jedoch geht von dem aus, was man die *Innenwelt* nennen könnte.

Von ihr aus betrachtet sieht die Realität so aus: Der Mensch selbst schafft sich seine Wirklichkeit. Das Kollektiv Menschheit schafft sich gemeinsam seine Wirklichkeit. Das ist zunächst einmal nichts als eine Behauptung. Aber es ist eine Behauptung, mit der ihr arbeiten könnt und von der wir ausgehen; es ist eine Behauptung, von deren Gültigkeit ihr euch überzeugen könnt, wenn ihr dem roten Faden dieses Buches folgt, wenn ihr die Übungen, die vorgeschlagen werden, wirklich durchführt und nicht nur studiert. Wenn ihr schließlich feststellt, daß diese Behauptung zu stimmen scheint, dann zementiert bitte diese Erkenntnis nun nicht gleich ein, indem ihr sagt: ›Aha, das ist also die Wirklichkeit.‹ Sagt euch einfach: ›Es funktioniert ganz gut, wenn ich von dieser Behauptung ausgehe und mit mir und meiner Wirklichkeit in einer Weise umgehe, die auf dieser Behauptung basiert.‹ Aber das bedeutet noch nicht, daß diese Behauptung die allerletzte Wirklichkeit ist. Es funktioniert nur einfach besser als die übliche Art, mit sich selbst und der Realität umzugehen. Mit anderen Worten: In diesem Buch wird keine neue absolute Wahrheit verkündet, sondern versucht zu lehren, anders mit sich selbst und der äußeren Wirklichkeit umzugehen, und zwar auf eine Weise, die nicht von außen nach innen arbeitet, sondern von innen nach außen.

Der Mensch also schafft sich seine Wirklichkeit selbst. Allerdings ist er *als Ganzes* an der Schöpfung dieser Wirklichkeit beteiligt. Nun werden sicher viele einwenden: ›Nein. Diesen Mist habe ich nicht geschaffen. Wenn ich meine Wirklichkeit selbst schaffen könnte, dann säße ich in einem Liegestuhl am Strand in der Karibik und auf gar keinen Fall bei diesem kalten, häßlichen Wetter in dieser scheußlichen Umgebung in diesem streßreichen Job mit diesen Menschen, die ich nicht mag, mit diesem Aussehen, das ich nicht leiden kann‹, und so fort. Ähnlich denken die meisten Menschen. Das, was sich seine Wirklichkeit selbst schafft, ist jedoch der *ganze* Mensch, zu dem weit mehr gehört als der kleine Ausschnitt, den ihr üblicherweise für euch selbst haltet, mit dem ihr euch identifiziert. Diesen kleinen Ausschnitt nennen wir ›persönliches Wachbewußtsein‹.

Zum gesamten Selbst gehört natürlich auch dieses persönliche Wachbewußtsein; es gehören jedoch außerdem das persönliche Unterbewußtsein, das kollektive Unterbewußtsein und eine Art überpersönliches Bewußtsein oder Überbewußtsein, das sogenannte höhere Selbst, dazu, das heißt derjenige Teil des Bewußtseins, der nicht an Körper und Persönlichkeit gebunden ist und der schon existiert hat, bevor dieser Körper und diese Person existiert haben, und der noch existiert, nachdem diese wieder verloschen sind: der ewige Teil. Das alles zusammen bildet das gesamte Selbst. Und aus diesem gesamten Selbst heraus schafft ihr eure Realität. Es wirken also mehrere Instanzen zusammen. Einerseits eine höhere Instanz; höher deshalb, weil sie mehr Überblick hat, weil sie weiser ist, weil sie dem Zentrum der gesamten Schöpfung, des gesamten Seins näher ist als das persönliche Bewußtsein. Und dieses höhere Selbst (das ihr aber selbst seid, was ihr jedoch vergessen habt!) schafft aus seiner Sehnsucht nach Manifestation, Evolution und Erkenntnis heraus einen bestimmten Rahmen für die Existenz, nämlich eine Person. Zahlreiche Bedingungen dieser Existenz, die euch das Leben ganz besonders schwermachen, werden aus der überpersönlichen Weisheit und dem größeren Überblick des höheren Selbst heraus geschaffen, paradoxerweise gepaart mit ›Fehlern‹, die durch Konditionierungen dessen, was wir das persönliche Unterbewußtsein nennen können, entstehen. Dazu ein Beispiel:

Jemand erleidet in früher Kindheit traumatische psychische Verletzungen und zieht sich vielleicht mit einem Teil seines Bewußtseins und seiner Liebe und Freude aus dem Leben zurück und bildet als Folge negative, einschränkende Glaubenssätze, beispielsweise ›Das Leben ist schwer‹, ›Man tut mir immer weh‹, ›Nie bekomme ich, was ich will‹. Diese un- oder halbbewußten negativen Glaubenssätze schaffen persönliche Realität. Jemand, der von frühester Kindheit an denkt: ›Man liebt mich nicht‹, wird sich im allgemeinen so verhalten, daß es in der Tat für die Mitmenschen schwer ist, ihn zu lieben; oder daß er, wenn er einmal geliebt wird, das nicht bemerkt oder seinen Partner verletzt oder irgend etwas anderes tut, was dazu führt, daß der Glaubenssatz ›Man liebt mich nicht‹ durch die äußere Realität bestätigt wird. Das heißt, er schafft sich durch einen negativen Glaubenssatz eine schmerzvolle Wirklichkeit. Nun könnte man sagen: Das ist ein Fehler, und er muß korrigiert werden. Ja und nein. Die schmerzvolle Realität, die auf diese Weise entsteht, ist gleichzeitig das Saatbett für neue Qualitäten, neue Fähigkeiten, die sich unter dem Druck des Schmerzes, unter dem Zwang der unangenehmen und einschränkenden Umstände entfalten. So wirken das Höhere und das Niedere zusammen, um ein Schicksal zu bilden, das dem Individuum eine Entwicklung ermöglicht, die ihm dienlich, förderlich und angemessen ist. Die bewußten Überzeugungen und Glaubenssätze, die ein Mensch hegt, spielen in diesem ganzen schöpferischen Vorgang eine wichtige Rolle. Ihr alle verfügt über eine ziemlich große Menge an Überzeugungen über die Natur der Wirklichkeit, wenn ihr einmal genau hinschaut. Überzeugungen, die euch sehr wohl bewußt sind, über die ihr aber noch nie nachgedacht, die ihr noch nie in Frage gestellt habt. Und diese bilden das, was ihr als eure äußere Wirklichkeit erlebt. Das heißt, um wieder zum Anfang zurückzukommen: Der Mensch als Ganzes schafft sich seine persönliche Realität, und das Kollektiv Menschheit schafft sich seine kollektive Realität.

Nun: Ein Manager kann sich diese Erkenntnis zunutze machen, indem er, wenn er grundsätzliche Änderungen vornehmen möchte, nicht in der Außenwelt damit beginnt, sondern bei sich selbst, in der Innenwelt. Das bedeutet: Er kann seine gesamte Realität beziehungsweise den Ausschnitt der Realität, mit dem er als Manager zu tun hat, also das Feld seiner Arbeit, seinen Machtbereich, als Spiegel benutzen. Anstatt zu denken: ›Das ist die vorgegebene Wirklichkeit, in die ich hineingestellt bin, und ich kann nur versuchen, sie zu strukturieren oder etwas an ihr zu ändern‹, kann er das Bild, das sich ihm präsentiert, wenn er seinen Ausschnitt der Realität überschaut, ansehen und denken: ›Aha, das ist also die Wirklichkeit, die ich mir unbewußt geschaffen habe (teilweise auch bewußt). Ich gehe davon aus, daß ich mir das selbst geschaffen habe. Also schaue ich mir das an wie einen Traum, den ich träume, oder wie ein Theaterstück, das ich selbst geschrieben habe. Ich kann versuchen, es so zu verstehen, wie ich versuchen würde, einen Traum zu deuten.‹ Jeder weiß: Ein Traum sagt immer etwas über den Träumer selbst aus. Also schaut in diesen Spiegel, schaut, was sich darin abspielt, wo die Probleme liegen, wie das Ganze strukturiert ist, wo sich die Schwachstellen befinden und wo die Stärken, tut so, als hättet ihr das alles selbst geschaffen, und versucht, durch diese Schöpfung etwas über euch selbst, den Schöpfer, zu erfahren.«

H: »Für mich bestimmt meine Befindlichkeit meine Wahrnehmung. Das heißt, wenn ich verärgert bin, dann kommt mir selten ein Mensch entgegen, der mich freundlich grüßt und anlacht. Da erkenne ich tatsächlich diesen Spiegel. Aber ich glaube, darüber hinaus sind es auch die Ängste, die negative Folgen anziehen. Sehr ängstliche Menschen, die sich beispielsweise vor der Grippe oder vor der Kündigung fürchten, die bekommen dann auch die Grippe oder werden gekündigt. Das ist ein sich selbst verstärkendes System der Wahrnehmung: Sie sehen dann das Negative immer mehr und blenden das Positive aus.«

N: »Ja. Hier gehst du bereits in den Mechanismus hinein, in die Art und Weise, *wie* ihr eure Wirklichkeit erschafft. Die Sache mit der Angst übrigens kann kurz ergänzt werden. Es ist ein energetisches Phänomen: Angst ist etwas Negatives, nicht im moralischen, sondern im energetischen Sinne. Angst ist etwas, das einsaugt, anzieht. Wenn du Angst hast, ziehst du dich zusammen, und zwar im Solarplexus, und es entsteht ein Sog, und dieser Sog zieht genau das an, wovor du Angst hast. Wenn du also den Schrecknissen, vor denen du Angst hast, entgehen möchtest, müßtest du dafür sorgen, dich umzupolen, das Negative, Saugende zu ersetzen durch etwas, was positiv, aktiv nach außen strahlt. Das ist eine positive Art, mit Angst umzugehen.

Was wir nun brauchen, ist ein Beispiel einer problematischen innerbetrieblichen Situation, wie sie für das Leben eines Managers typisch sein könnte. Wir nehmen diese Situation dann als Beispiel für die Anwendung der Spiegeltechnik. Worüber hast du dich heute geärgert?« (An G.)

G: *»Kurz gesagt: Ich gab Mitarbeitern Anweisungen, und diese wurden nicht befolgt.«*

N: »Das ist ein gutes Beispiel. Es ist ein weitverbreitetes Phänomen. Ihr gebt Mitarbeitern Anweisungen, und diese Mitarbeiter befolgen sie nicht. Stellt euch weiterhin vor, daß dieses Phänomen nicht nur einmal auftaucht, sondern wiederholt. Phänomene sind immer dann besonders interessant oder aussagekräftig, wenn sie wiederholt auftreten. Wie könnt ihr nun aus der Spiegeltheorie eine praktische Übung machen, um zu erfahren, wie sie funktioniert? Ihr nehmt das, was in der Außenwelt geschieht, als Projektion eines Vorgangs, der in eurer Innenwelt geschieht. Der äußere Vorgang: Ihr habt jemandem, der euch untergeordnet ist, Anweisungen gegeben, und er hat sie nicht befolgt. Wenn ihr das nach innen nehmt und davon ausgeht, daß jede Person, die in diesem Drama auftritt (so wie jede Person in einem Traum) in Wirklichkeit ein Aspekt eurer selbst ist, dann übersetzt ihr für euch: Ich habe mir selbst Anweisungen gegeben und diese nicht befolgt. Ich bin mir selbst ungehorsam. Und dann prüft ihr: Was bedeutet das? In welchem Bereich bin ich mir selbst ungehorsam? Zum Beispiel: Die innere Stimme sagt mir immer wieder etwas, und ich folge dem nicht. Oder es kann bedeuten: Ich brauche ganz bestimmte Dinge für mich selbst, um mich wohl zu fühlen, und ich gönne sie mir nicht. Mein inneres Selbst sagt mir: Du brauchst Urlaub, du brauchst einen Spaziergang im Wald, und ich sage: Nein, ich muß arbeiten. Nein, ich habe Termine. Nein, die Familienpflichten rufen mich. Ihr widersetzt euch euch selbst.

Anhand dieses Beispiels könnt ihr erkennen, wie man die Außenwelt als Spiegel für die Innenwelt benutzen kann. Wenn man die Spiegelung entdeckt hat, wenn man herausgefunden hat, welches innere Phänomen das äußere Phänomen spiegelt, dann muß man die innere Situation weiter prüfen. Die innere Stimme hat etwas Bestimmtes gesagt, und man ist ihr nicht gefolgt: Mit diesem Widerspruch muß man sich auseinandersetzen. Sich vergegenwärtigen, wie sich das anfühlt, wenn die innere Stimme etwas sagt, und ich sage etwas anderes oder gehorche ihr nicht; prüfen, welche Folgen daraus entstehen. Und sich dann vorstellen, wie es sich anfühlt, wenn man der inneren Stimme gehorcht, und welche Folgen dann daraus entstehen. Damit muß man dann arbeiten. ›Arbeiten‹ heißt hier konzentrierte, ruhige und tiefe Betrachtung dieser Phänomene.«

G: »Ich habe dazu zwei Fragen. Mir scheint das Ganze ein systemisches Problem zu sein, und hier wird eine sehr individualistische Lösung angeboten. Bei Vorfällen der genannten Art sind ja immer mehrere Menschen beteiligt. Das, was mir Spiegel ist, ist auch gleichzeitig einem anderen Menschen Spiegel. Mir käme es darauf an, eine gemeinsame Lösung zu finden. Die systemische Dimension sollte beleuchtet werden.

Und der zweite Punkt: Die Arbeit besteht ja, wenn ich euch richtig verstehe, in der Zuordnung zu dem inneren Bereich, der das Äußere auslöst. Und da kann ein Phänomen wie ›Ein Mitarbeiter folgt nicht den Anweisungen seines Managers‹ hundert mögliche Bedeutungen für den Manager haben. Wie soll man gerade diejenigen selektieren, die zu diesem Phänomen geführt haben?«

N: »Das ist leicht. Vom Kopf her ist es schwer herauszufinden, wenn du es aber *tust,* ist es leicht. Um also auf diese zweite Frage zuerst einzugehen: Es ist wichtig zu wissen, daß die hier vorgeschlagenen Übungen keine Übungen für den Intellekt sind. Es sind Übungen, die mit der Intuition arbeiten. Es werden im Verlaufe des Textes Tips gegeben, wie man solche Übungen so durchführen kann, daß es nicht oder nicht nur der Intellekt ist, der sich mit dem Problem auseinandersetzt, sondern die Intuition, jene Instanz in eurem Inneren, die genau weiß, worum es geht. Um bei dem Spiegelbeispiel zu bleiben: Wenn jemand sich in einer derartigen Situation befindet und sie auf diese Weise erforschen möchte, dann sollte er sich einen Augenblick Zeit nehmen und dafür sorgen, daß er dabei nicht gestört wird. Sich dann die problematische Situation vergegenwärtigen, das heißt, vor seinem inneren Auge ein Bild der Situation auftauchen lassen, das Problem formulieren (etwa: ›Meine Mitarbeiter gehorchen mir nicht‹) und drittens das Problem oder die Art, wie er auf dieses Problem reagiert, gefühlsmäßig wahrnehmen: Was macht das Problem mit mir? Wie fühlt es sich an? Dann bekommt man sozusagen ein dreidimensionales Bild der Situation: der bildliche Eindruck, die verbale Formulierung und der emotionale Eindruck der Situation. Und dann in einem zweiten Schritt dieses Hologramm anschauen, so wie man ein Spiegelbild seiner selbst anschauen würde, oder so, wie man etwas anschauen würde, das man selbst durch unbewußte Überzeugungen, die mit bestimmten Emotionen einhergehen, geschaffen hat. Dann versuchen, die Situation nach innen zu nehmen. Das heißt, jede andere Person durch sich selbst ersetzen. Statt ›Die andere Person übt Druck aus‹ sagt man also: ›Ich übe Druck aus.‹ Das ist nicht die allerletzte Wahrheit, sondern es ist eine Technik, wie man in sehr schöpferischer und fruchtbarer Weise mit der Wirklichkeit umgehen kann. Ihr werdet sehen: Wenn ihr die Übung durchführt, ist es einfach herauszufinden, worum es geht. Wenn ihr nur mit dem Verstand darangeht, werdet ihr unendlich viele Möglichkeiten finden, und es ist sehr schwer, darunter die richtige zu entdecken. Euer inneres Selbst aber kennt die richtige genau, und wenn ihr euch hinsetzt, um diese Übung zu machen, taucht das innere Wissen sofort auf.

Später, wenn ihr aus der Übung heraus- und wieder ins

normale Leben eingetreten seid, können durchaus Zweifel auftauchen. Der Mensch neigt dazu, seine Erfahrungen im nachhinein zu bezweifeln. In dem Augenblick aber, wo es auftaucht, ist es Wissen, und ihr erkennt es.«

H: »*Ich möchte noch etwas ergänzen: Wenn dieselbe Person mehrmals hintereinander meine Anweisungen nicht befolgt, passieren Fehler. Und nun beginnt eine Spirale: Ich beurteile diese Person negativ, und jedesmal, wenn ich sie sehe, denke ich dieses Negativurteil. So entsteht ein sich selbst verstärkendes System: Ich sende dieser Person ›Versager‹, und sie empfängt diesen Gedanken und kann nur zum Versager werden. Was nicht bedeutet, wenn ich dauernd denke: ›Meine Mitarbeiter sind die größten‹, daß sie dann auch die größten sind. Der Umkehrschluß wäre falsch.*«

N: »Nicht ganz. Beides gilt nicht absolut, sondern relativ. Es gibt Menschen, die in sich so stark und so geschützt sind, die so sehr in sich ruhen, daß du ständig negativ über sie denken kannst, ohne daß es sie beeinflußt; und es gibt andere, die sofort zum Versager werden, wenn du ›Versager‹ denkst. Und umgekehrt ebenso: Es ist schon gut, wenn du bekräftigst, daß deine Mitarbeiter wunderbar sind; es wird ihnen helfen. Aber es sollte dich nicht blind machen für ihre Schwächen und Fehler.

Um unsere Geschichte weiterzuspinnen, nun der systemische Ansatz: Stell dir vor, eure gemeinsame Wirklichkeit (nehmen wir das Feld ›meine Mitarbeiter und ich‹) ist auch wieder eine Art Hologramm oder ein Film, den ihr gemeinsam produziert. Jeder spielt seine Rolle darin, und jeder produziert mit. Du bist das, was du denkst zu sein, du bist eine Perspektive. Es ist ein Kreuzungspunkt von Raum und Zeit, den du ›ich‹ nennst. Das ist deine Perspektive. Aus dieser sendest du deinen Laserstrahl, der einen Teil des Hologramms bildet (dieser Vergleich hinkt in technischer Hinsicht ein wenig), und jeder andere Beteiligte sendet aus seiner Perspektive seinen Strahl, und aus der Gesamtheit dieser Strahlen entsteht das ganze Gebilde. Du schaffst diese Wirklichkeit durch deine Perspektive, und du interpretierst sie durch deine Perspektive. Und du lernst aus ihr. Du lernst etwas über deine Perspektive, wenn du wach genug bist, das zu erkennen. Die Perspektiven, Probleme und Lernaufgaben der anderen sind nicht deine Sache. Damit mußt du dich in dieser Phase der Übung und des Erkenntnisprozesses nicht beschäftigen; das würde dir nichts nützen. Es ist aber genau das, was die meisten Menschen versuchen. Sie sagen: Die Person XY macht mir Probleme; folglich muß diese Person sich ändern. Sie sind aber unfähig, die andere Person zu ändern, und so bleiben sie weiterhin Opfer der mißlichen Situation. Und die anderen sind schuld. Das mag so sein; es nützt dir jedoch nichts. Nützlicher für dich ist eine schöpferische Sichtweise. Du könntest dir sagen: Diese Situation bedeutet für mich etwas. Es sagt mir beispielsweise: Ich gehorche mir nicht. Also muß ich lernen, auf meine innere Stimme zu hören; ich muß lernen, eins mit mir zu sein, für meine Bedürfnisse zu sorgen, oder meiner eigenen inneren Autorität zu vertrauen und zu folgen. Dies führt dazu, daß ich in der Außenwelt besser gehört werde, mehr Macht und Autorität habe, daß man anders auf mich hört, daß man meine Stimme und meine Gegenwart deutlicher wahrnimmt und daß man möglicherweise meine Anweisungen befolgt. Das ist im allgemeinen die Folge einer solchen inneren Veränderung. Somit hat man, von seiner Perspektive ausgehend, die Gesamtrealität verändert. Man kann aber nicht die Realität der anderen verändern, ohne irgend etwas in seinem eigenen Inneren zu ändern. Man kann zwar mit Gewalt die äußeren Umstände ändern, aber man kann nicht die anderen Menschen in ihrem Inneren ändern. Es wird sie vielleicht in den Widerstand treiben, aber sie nicht wirklich verändern.

Wenn die anderen wach genug sind, erkennen auch sie ihren Anteil an dem Drama, an der Verwicklung, und arbeiten auf ihre Art damit, und so ändert sich an allen Ecken und Enden etwas, und es entsteht eine neue gemeinsame Wirklichkeit (die ja nichts anderes als eine gemeinsame Projektion ist). Du kannst auch deine Perspektive verlassen und die der anderen beteiligten Person einnehmen, um das Hologramm von einem anderen Standpunkt aus wahrzunehmen. Es ist wie die Geschichte mit den Blinden und dem Elefanten, die ihr wahrscheinlich kennt: Verschiedene Blinde begegnen einem Elefanten und berühren ihn, da sie ihn nicht betrachten können, um etwas über ihn zu erfahren. Der eine sagt: ›Er ist lang und dünn‹, weil er den Rüssel erwischt hat, und so fort. Jeder nimmt einen Teilausschnitt wahr und keiner den ganzen Elefanten. Um etwas über den ganzen Elefanten zu erfahren, mußt du den Rüssel, den Kopf, die Füße, den Bauch berühren und dann alle Perspektiven zusammensetzen zu einem Gesamtbild. Du mußt in die Perspektiven der anderen also wirklich hineingehen.

Eine weitere Möglichkeit: Du kannst die anderen mit hineinnehmen in deine Übung, wenn sie für dergleichen offen und bereit sind, und sagen: Wir prüfen jetzt diese Situation gemeinsam. Ihr könnt beispielsweise gemeinsam die Spiegelübung machen. Oder miteinander über eure Perspektiven reden. Jeder stellt seine Perspektive dar, und jeder versucht, die Perspektive des oder der anderen kennenzulernen, um einen besseren Gesamteindruck der Situation zu bekommen.

Das ist also die Arbeit von innen nach außen. Auch dieses Buch, dieser ganze Strom von Informationen, entfaltet sich von innen nach außen. Es entfaltet sich nicht durch logische Verknüpfung, nicht so, daß sich eins aus dem anderen ergibt, sondern es wird immer wieder das, was sich bis zum jeweiligen Zeitpunkt manifestiert hat, nach innen eingesaugt, in einen Punkt Null, und entfaltet sich in einem nächsten Kapitel oder Abschnitt wieder neu aus diesem Punkt Null heraus. Alle Sachverhalte, die in diesem Buch dargestellt werden, entfalten sich von innen nach außen. Während ihr diese Informationen in euch aufnehmt, ist es gut, diesem Prozeß zu folgen und für die Zeit, während derer ihr euch mit den Inhalten dieses Buches beschäftigt, eure gewohnte Betrachtungsweise zwar nicht zu leugnen, aber doch zur Seite zu stellen und eine andere einzunehmen: die schöpferische Sichtweise, die von innen nach außen geht. Tut so, als ob das, was hier behauptet wird, Tatsache wäre. Versucht, so zu handeln und zu denken, als wäre das, was hier behauptet wird, Tatsache. Nehmt den Weg, den ihr während eurer Beschäftigung mit dem Inhalt dieses Buches in eurem Leben geht, als Experiment. Dann wird es euch den größtmöglichen Nutzen bringen.«

1.

ARBEIT ALS SPIEL

N: »Am Anfang war das Nichts. Damit aus dem Nichts das Alles werden konnte (oder kann, denn der Schöpfungsprozeß findet ständig in der Gegenwart statt), entstand Bewegung; Bewegung, die ihren Ursprung in so etwas wie Sehnsucht hat. Sehnsucht nach ETWAS. Und das Mittel oder die Tätigkeit, die es ermöglicht, daß aus dem Nichts das Alles wird, ist Spiel. Freies, schöpferisches Spiel. Mit anderen Worten: Als Gott die Welt schuf, fiel es ihm nicht im Traum ein, diese Tätigkeit als Arbeit zu bezeichnen oder gar Lohn dafür zu verlangen. Wenn ihr so wollt – das sind natürlich alles nur Bilder –, träumte und träumt er oder er/sie/es und schafft spielend im Traum ständig neue Möglichkeiten, neue Wahrscheinlichkeiten, neue Wirklichkeiten und läßt sie wieder verschwinden. Und dies nicht irgendwann einmal an einem bestimmten Zeitpunkt, an dem diese Welt und das ganze Universum entstanden, sondern in jedem Augenblick. Schöpfung ist ein dynamisches Unternehmen, sie entfaltet sich in jedem Augenblick immer wieder aus einem Punkt Null, immer wieder neu. Nur Intuition, Ahnung oder der Geist eines sehr hoch entwickelten, eines erleuchteten Menschen kann diese Tatsache in ihrem vollen Umfang erfassen. Immerhin aber dürfte diese Aussage doch in jedem Leser ein Echo finden, denn im tiefsten Inneren ist jeder damit vertraut.

Wir kommen zum Thema Arbeit: Die erste Tätigkeit also, die allem zugrunde liegt, ist so etwas wie freies, schöpferisches Spiel, aus einer tiefen Emotion von Sehnsucht heraus. Sehnsucht nach ETWAS, Sehnsucht nach Manifestation aus sich selbst heraus. Dieses gleiche Urprinzip liegt immer noch jeder Tätigkeit in dieser Welt zugrunde, die Arbeit genannt wird. Es wäre gut, wenn jeder von euch hier Anwesenden und auch jeder Leser einmal seinen eigenen Tätigkeitsbereich im Geist zurückführen würde auf dieses Urprinzip des freien schöpferischen Spiels und auf die Sehnsucht, die hinter seiner Tätigkeit steckt, also auf das geistige Urprinzip, aus dem diese Tätigkeit hervorgegangen ist. Es ist eine Übung, die jeder sich selbst zuliebe in regelmäßigen Abständen wiederholen sollte: immer wieder zurückkehren zu Punkt Null und dann neu herausfinden (mehr mit dem Herzen als mit dem Kopf): Was tue ich hier eigentlich? Welchem Bedürfnis nach Manifestation entspringt das, was ich tue? So könnt ihr unter dem starren Prinzip Arbeit das freiere, ursprünglichere, urtümlichere Prinzip Spiel wiederentdecken. Das ist eine kleine geistige Übung, die jeder auf seine Weise tun kann. Sie ist sehr erfrischend und kann in starkem Maße dazu beitragen, daß die Einstellung zur Arbeit an sich und zu der Tätigkeit, die man ausübt, sich wandelt, immer wieder erneuert und daß man immer wieder neue Perspektiven gewinnt.

Um noch einmal ganz grundsätzlich zu werden: Hinter allem, was existiert, stehen Urformen, Archetypen. Diese allerersten, ursprünglichen Manifestationen der kosmischen oder göttlichen Intelligenz existieren in gewisser Weise ewig auf dem Grunde einer jeden Psyche, auch der kollektiven Psyche. Sie erfahren auf ihrem Weg in die konkrete Manifestation Übersetzung und wieder und wieder Übersetzung.

Dieser Prozeß vom Nichts ins Manifestierte hat zweierlei zur Folge: zum einen eine unglaubliche Vielfalt von Erscheinungsformen, zum anderen eine Verzerrung des Urbildes, das hinter der Erscheinungsform steht. Man könnte sagen, Arbeit ist eine Verzerrung (und viele würden sagen, eine häßliche Verzerrung) des Archetypen ›schöpferisches Spiel‹. Man könnte aber auch sagen: Dadurch, daß aus Spiel Arbeit geworden ist, ist es möglich geworden, daß sich das schöpferische Spiel in unendlich vielen Facetten manifestiert. Auch dies kann man also positiv oder negativ sehen. Dienlicher für die persönliche Entwicklung und natürlich ebenso für die Entwicklung des Kollektivs ist immer der positive Ansatz.

Bevor wir also den Fehler machen, Arbeit und Spiel in negativer Weise voneinander abzugrenzen, gehen wir einen Schritt weiter und sehen auch den Nutzen der Tatsache, daß aus Spiel Arbeit geworden ist. Anstatt es einfach zu bedauern und zu sagen: ›Wie schön wäre es, wenn wieder Spiel daraus werden könnte‹, ist es nützlicher, daran das Positive zu sehen, nämlich den Aspekt von größerer Weiterentwicklung, Vervielfältigung und so weiter. Schaut von Zeit zu Zeit tief hinein in die Realität der Arbeit, wie in einen See. Wenn man nur die Oberfläche sieht, ist es Arbeit; sieht man aber bis auf den Grund, dann erkennt man: ›Es ist ein Spiel! Eigentlich spiele ich im Sandkasten!‹ Und schon bekommt man wieder ein Gefühl dafür, daß man freier ist, als man denkt, und daß man ein ungeheuer großes Potential an Möglichkeiten hat.

Die Welt der Arbeit ist ein sehr vielschichtiges Gebilde. Was wir versuchen wollen, ist, zum Kern dieses Gebildes vorzudringen und von hier aus das ganze Gebiet neu zu beleuchten und neue Möglichkeiten erschließen zu helfen für diejenigen Menschen, die verantwortungsvolle Posten innehaben.

Üblicherweise gehen Menschen von der Peripherie aus, wenn sie versuchen, etwas zu ändern. Sie nehmen den Ist-Zustand, sie schauen die Realität an und versuchen, Schwachstellen zu finden und Möglichkeiten zu entdecken, an der bestehenden Realität etwas zu ändern. Sie nehmen das, was sich ihnen als Realität präsentiert, für bare Münze und betrachten es als die eigentliche und primäre Wirklichkeit und somit als den Ausgangspunkt ihres Schaffens und ihrer Änderungen. Ausnahmen bilden einige wenige Menschen, die meist als Genies oder als kreative Sonderlinge gelten: Sie beginnen nicht an der Peripherie, sondern arbeiten aufgrund von Intuition, von Blitzen der Erkenntnis, die mitten aus dem Zentrum kommen.

Das, was ihr im allgemeinen Einvernehmen als die Realität betrachtet, ist für uns die Peripherie. Im Zentrum steht das, was ihr die ›geistige Wirklichkeit‹ nennen könntet; das, was sich hinter den Kulissen der Welt, wir ihr sie kennt, abspielt; das, worum es in diesem ganzen Theater eigentlich geht. Das steht im Zentrum. Und hier wollen wir anfangen. Zunächst lassen wir also die sogenannte Realität, den Ist-Zustand, in der Welt der Arbeit beiseite und beginnen bei dem, was aus unserer Perspektive die primäre Realität ist: nämlich bei der geistigen Wirklichkeit, wo all das, was ihr wahrnehmt, tut und verändern möchtet, seine Wurzeln hat.

Am Anfang war, wie gesagt, das Spiel, geboren aus der Sehnsucht, daß aus dem Nichts ein Etwas werde. Und das Mittel, durch das aus dem Nichts ein Etwas wird, ist schöpferisches Spiel. Dieses spielende Schaffen kann als Kern dessen betrachtet werden (wobei es auch andere Betrachtungsweisen gibt), was sich dann vervielfältigt und in Erscheinung tritt als Welt der Arbeit – mit allem, was dazugehört: Produkte, Dienstleistungen und so fort.

Freies, schöpferisches Spiel ist auch innerhalb eurer Realität immer noch Grundlage der Arbeit. Nur ist diese Tatsache aus dem Bewußtsein der meisten Menschen verschwunden, vor allem deshalb, weil Arbeit infolge einer gewaltigen Wandlung des Bewußtseins fast ausschließlich als Mittel zum Überleben auf diesem Planeten betrachtet wird. Es gab in der Geschichte der Menschheit einen Zeitpunkt, an dem der Mensch aus dem Bewußtsein der natürlichen Fülle und des Versorgtseins, des Eingebettetseins in eine heile, ihn tragende und ernährende Welt herausgefallen und in ein Bewußtsein von Mangel geraten ist. Man könnte sagen: Aus einer positiven Grundannahme ist eine negative Grundannahme geworden. Erst herrschte, wenn auch unbewußt, die positive Grundannahme: Ich bin geborgen, ich bekomme alles, was ich brauche – oder besser: Wir sind geborgen, wir bekommen alles, was wir brauchen. Mit zunehmender Individualisierung gab es ein Umkippen dieses Bewußtseins hin zu einer negativen Grundannahme: Es besteht Mangel; ich muß kämpfen, um zu überleben, sonst habe ich nicht genug, oder es besteht die Gefahr, daß die anderen mehr bekommen als ich, und so weiter. Das ist die Grundannahme, auf der fast das gesamte Denken der zivilisierten Welt zu diesem Zeitpunkt aufgebaut ist. Deshalb ist aus dem freien, schöpferischen Spiel Ernst geworden, manchmal tödlicher Ernst.

Ein lohnendes Experiment bestünde darin, das zunächst einmal für sich allein wieder zurückzuverfolgen, also zu versuchen, Schritt für Schritt (so etwas wächst langsam) sich die Basis zu verschaffen für ein grundsätzliches Vertrauen; auf dem Grunde der Psyche – denn dort schlummert es immer noch – das Bewußtsein wiederzuentdecken, getragen zu sein, eingebettet in ein Universum, das uns ernährt. So, wie das noch ungeborene Kind im Bauch seiner Mutter alles bekommt, was es zum Leben braucht, seid ihr im Bauch der großen Mutter, des Universums, versorgt. Wenn ihr euer Bewußtsein so ausrichtet, dann wird euch alles zufließen, was ihr zum Überleben braucht. Das gilt für jeden Menschen. Es wäre sehr nützlich, wenn wenigstens einige von euch versuchen würden, diese Wahrheit zu prüfen, das heißt in ihrem eigenen Leben feststellen, ob eine solche Überzeugung in euch heranreifen kann und ob sie euch trägt.

Dann wird es möglich, nach und nach (das ist ein Prozeß, der bei manchen schnell geht, bei anderen sehr lange dauert) die Arbeit von der Last zu befreien, Mittel zum Überleben sein zu müssen. Es ist dann, als bekäme die Arbeit Schwingen und verwandelte sich in das, was sie im Grunde ihres Wesens eigentlich ist: freies, schöpferisches Spiel.

Das ist ein Beispiel dafür, wie man von einer negativen zu einer positiven Grundannahme gelangt. Es ist immer Resultat eines ganz intimen geistigen Entwicklungsprozesses. Auch der Prozeß selbst muß wiederum auf einer positiven Annahme fußen, sonst funktioniert er nicht. Das heißt, ihr dürft nicht von dem Gedanken ausgehen: ›Jetzt ist meine geistige Realität diese (negative), und ich versuche mich zu einer anderen geistigen Realität, einer positiven (nämlich Urvertrauen), hinzuarbeiten.‹ Nein, sondern die positive Grundbehauptung, von der wir ausgehen und die wir hiermit in die Welt setzen, ist: Vertrauen und Geborgenheit, verbunden mit der dazugehörigen Freiheit ist ein Urzustand, der auf dem Grunde eurer Psyche und eures Denkens tatsächlich vorhanden ist, aber noch schlummert. Dieser Zustand ist also nichts, was man erwerben oder künstlich herstellen müßte, sondern er ist bereits da. Man kann in ihn eintauchen. Und es gibt keine bessere, erfolgversprechendere und befreiendere Grundlage für ein wirklich effizientes, gutes, den Anforderungen dieser Zeit gewachsenes und spirituelles Management als dieses grundlegende Vertrauen und zusammen damit eine spielerische Einstellung zu dem, was Arbeit genannt wird.

Hinzu kommt die Tatsache – und auch das ist etwas, was wir einem jeden von euch empfehlen, in seinem eigenen Leben zu überprüfen –, daß das, was allgemein als Realität betrachtet wird, nichts weiter ist als eine Art Spiegel oder Feedbacksystem. Wenn ihr nun in der Lage seid, euch geistig umzuprogrammieren vom tödlichen Ernst der Arbeit hin zum schöpferischen Spiel, dann fließt euch das, was ihr braucht für eure Arbeit und für euer Leben (einschließlich Luxus, wenn ihr Luxus wünscht), mit Leichtigkeit zu. Und Dinge, die ihr nicht wirklich braucht und auch eigentlich nicht wirklich wünscht, fallen mit Leichtigkeit von euch ab. Solange ihr jedoch an der ernsten, todernsten Programmierung ›Arbeit, Überlebenskampf, Leistungsdruck‹ festhaltet, werden die Dinge, die ihr braucht, euch zwar möglicherweise auch zufließen, aber sicherlich zäher, denn ihr seid darauf programmiert, daß ihr kämpfen müßt. Es wird alles ein bißchen schwerer gehen. Wo Spiel herrscht, herrscht Leichtigkeit, Flexibilität, Fluktuation. Wo Arbeit herrscht, herrscht eine gewisse Zähigkeit und Schwere.

Das gleiche passiert auf der Ebene der zwischenmenschlichen Beziehungen in der Welt der Arbeit, also die Ebene von Hierarchie, Teambildung und so weiter: In der Welt der Arbeit herrschen strenge und relativ unflexible Gesetze diese Beziehungen betreffend. Auch in Bereichen, wo man sich bemüht, mehr Leichtigkeit, mehr Flexibilität, mehr Kreativität an den Tag zu legen, ist das oftmals nur aufgesetzt; darunter herrscht enormer Druck, herrschen große Zähigkeit und Schwere. In der Welt des Spiels sehen die zwischenmenschlichen Beziehungen anders aus.

Ein jeder, mit dem man hier zu tun hat, gehört in irgendeiner Weise zum Spiel, und man ist und bleibt sich dessen bewußt.

Beziehungen zu Menschen, die aufgrund ihrer Funktion übergeordnet sind, bekommen ein völlig anderes Gesicht, wenn man sich dessen bewußt bleibt, daß man Partner in einem Spiel ist; desgleichen Beziehungen zu Untergebenen, zu Konkurrenten, ja sogar zu erbitterten Feinden. Wenn all diese Beziehungen eingebettet sind in ein grundsätzliches, selbstverständliches Wissen darum, daß das Ganze ein großes Spiel ist, in dem jeder seine Rolle spielt, in dem man sich gegenseitig Bälle zuspielt, in dem man sich gegenseitig fordert und herausfordert zu spielerischen und sportlichen Zwecken, bekommen sie ein vollkommen anderes Gesicht. Man kann dann sehr viel leichter und schöpferischer mit Problemen umgehen, die sich aus der Natur der verschiedenen zwischenmenschlichen und hierarchischen Beziehungen ergeben.

Abgesehen von dem vielleicht eher langfristigen Prozeß einer Umstellung im Bewußtsein von Arbeit auf Spiel kann jedem, der an mehr oder weniger verantwortlicher Stelle in der Welt der Arbeit steht und daran interessiert ist, mehr Leichtigkeit, mehr Flexibilität, mehr Kreativität in sein Arbeitsleben zu bringen, eine Übung empfohlen werden: Setzt euch regelmäßig hin und stellt euch den gesamten Kontext, in dem ihr steht, das heißt das Unternehmen, die Mitarbeiter, die Vorgesetzten, die Untergebenen, möglicherweise die Konkurrenten, die Zielgruppe und so weiter als ein großes Spiel vor, welche Art von Spiel auch immer. Es kann spontan ein Bild im Bewußtsein aufsteigen, das dieses Spiel symbolisiert: Mensch-ärgere-dich-nicht, Schach oder Fußball zum Beispiel. Zwei bis fünf Minuten reichen aus, um sich darauf einzustellen. Wenn ihr diese Übung regelmäßig macht, kann sich die Arbeitswelt, in die ihr eingesponnen seid, erheblich verwandeln.

Gibt es hierzu Fragen?«

G: »Ja, zum Charakter der Herausforderung. Die spielerische Herausforderung wird als ein völliges Sicheinbringen mit allen

Sinnen und dem Geist empfunden. Die berufliche Herausforderung wird normalerweise anders erlebt. Der Ernst des Spiels ist nicht der Ernst der Arbeit.«

N: »Das ist richtig. Es ist eine vollkommen andere Art von Ernst. Was aus unserer Perspektive förderlich ist oder sogar erwünscht, weil es euch das Leben nicht nur sehr viel leichter macht, sondern euch auch mehr Tiefe gibt – das ist natürlich der Ernst des Spiels, dieses vollkommene Sichhineinwerfen, das nur aus einem Bewußtsein von grundlegender Freiheit, zusammen mit einem grundlegenden Vertrauen, entstehen kann. Der Kontext ›Spiel‹ erlaubt es, ein solches Vertrauen zu entwickeln. Spiel ist eben nicht Ernst. Man ist zwar ernst innerhalb des Spiels, man weiß aber, daß es kein wirkliches Risiko gibt. Das größte Risiko, das ich eingehe, ist, daß ich dieses Spiel verliere. Nun, dann kann ich eben das nächste gewinnen. Und selbst wenn ich auch das verliere, ist es nicht sehr schlimm. Es ist ein grundsätzlich anderes Bewußtsein, das einem erlaubt, sich sehr viel vollständiger der Sache, also dem Spiel, und dem Prozeß hinzugeben. ›Hingabe‹ ist überhaupt ein Schlüsselwort, nur ist es leider ein Wort, das für viele Menschen einen merkwürdigen Beigeschmack hat. Das grundsätzliche Spiel-Bewußtsein erlaubt es einem Menschen, sich vollkommen hinzugeben. Während das ernste, verbissene Bewußtsein einen Menschen gerade daran hindert, sich vollkommen hinzugeben, und ihn damit auch daran hindert, die Möglichkeiten dieses Spiels und somit der Existenz in diesem Körper, in dieser Rolle, in diesem Job und so weiter, wirklich auszukosten und auszuloten.«

G: »Bei einem Spiel kennt man die Spielregeln, das heißt, man weiß, was als nächstes passiert, und man kann sich auch in andere Spieler hineindenken. Im Arbeitsprozeß hingegen scheinen die Randbedingungen und die Herausforderungen durch nicht vorhersehbare Ereignisse viel komplexer zu sein, und von daher ist in der Regel das Bewußtsein der Manager eben nicht frei und nicht voll Vertrauen, sondern eher durch Unsicherheit gekennzeichnet, der man durch entsprechende Kontrollen begegnet.«

N: »Bei einem Spiel wie Fußball, Schach oder Mensch-ärgere-dich-nicht gibt es Spielregeln, die klar und verbindlich festgelegt sind. Es gibt nur sehr wenige Grenzfälle, in denen ein Schiedsrichter nicht genau entscheiden kann, was richtig ist. In dem großen Spiel, das da heißt ›Welt der Arbeit‹, gibt es auch diese Spielregeln. Sie liegen nicht als Heft vor, man kann sie nicht nachlesen. Aber es gibt sie im kollektiven Bewußtsein all derjenige, die an diesem Spiel beteiligt sind. Die Frage ist nun: Wie kommt man an diese Schicht des kollektiven Bewußtseins heran, in der diese Spielregeln festgelegt sind? Ganz einfach: indem man sich darauf einstellt. Indem man sich vertraut macht mit der Tatsache, daß es allgemeinverbindliche Spielregeln gibt, die aber flexibel sind. Sie sind nicht ein für allemal festgelegt, sondern sie verändern sich; nicht von heute auf morgen, sondern langsam, aber immerhin, sie verändern sich. Jeder von euch kann sich das bewußtmachen. Es ist nicht nötig, daß dieser Prozeß über den Verstand und über das Wortdenken läuft, daß man sich hinsetzt und Spielregeln aufschreibt. Man sollte sich vielmehr die grundlegende Tatsache bewußtmachen, daß es diese Spielregeln gibt und daß sie in der kollektiven Psyche festgeschrieben sind, denn sie wurden gemeinsam festgelegt. ›Ich stehe für die Dauer dieses Spiels und was den Bereich dieses Spiels anbetrifft, auf dem Boden dieser Spielregeln, und ich weiß das. Ich mache nur diese Tatsache bewußt.‹ Allein das zu wissen, kann schon bewirken, daß das Spiel überschaubarer wird. Der ›innere Pilot‹ kommt dann ins Spiel, der innere Pilot, der diese Spielregeln genau kennt, der auch weiß, wo der optimale Platz für einen ist. Das heißt, es werden dann verstärkt unmittelbares Wissen, Intuition, Blitze der Erkenntnis und Inspiration eintreten – und somit auch größere Sicherheit.

Wir berühren hier, mit diesem ganzen Prozeß und mit diesem ganzen Buch, Bereiche, die, vom Standpunkt des üblichen Denkens aus gesehen, vage und nebulös erscheinen. Der Weg, den wir hier empfehlen, mag deshalb für viele zunächst einmal aussehen wie ein Weg in den Nebel oder auf Glatteis, wie eine gefährliche und undurchschaubare Sache. Denn obwohl das

Leben in den Gegebenheiten dieses gewaltigen Universums und dieses gewaltigen Planeten, der Natur und der menschlichen Gesellschaft und der Unwägbarkeiten ihres Zusammenspiels eine Sache ist, von der niemand behaupten kann, daß er sie mit seinem Verstand überblicken und alle Risiken und Gefahren ausschließen kann, gaukeln sich doch die meisten Menschen und ganz besonders viele Manager vor, das Leben und die Welt der Arbeit und die Wirtschaft seien etwas, was zumindest zum großen Teil klar überblickt werden könne: daß man Gefahren und Risiken ausschließen könne und mit den Werkzeugen des Verstandes erkennen könne, wo es langgeht. Das heißt, aus dem ganzen Gewaltigen, Unendlichen und Unwägbaren habt ihr euch eine kleine Portion herausgeschnitten und versucht, eure Wahrnehmung scharfzustellen auf diesen kleinen Bereich und alles andere, was drumherum existiert, soweit es geht auszuschließen. Ihr redet euch ein, es sei eine einigermaßen überschaubare Sache, mit der man mit den Mitteln des Verstandes fertigwerden könne.

Das ist nicht so. Nicht vorausschaubare kosmische Katastrophen, Erdbeben, Überschwemmungen, Vulkanexplosionen, Meteoriteneinschlag und so weiter, liegen im Augenblick – und noch für sehr lange Zeit – völlig außerhalb der Reichweite des menschlichen Verstandes. Phänomene dieser Art kommen auch in der Wirtschaft vor, auch in der Welt der Arbeit, so etwas bricht auch in die kleinen, überschaubaren Mosaiksteinchen, die ihr euch aus der Gesamtwirklichkeit herausgeschnitten habt, ein. Das heißt, wer mit den Werkzeugen und Strategien des Verstandes arbeitet, bewegt sich in Wirklichkeit auf sehr dünnem und sehr glattem Eis und ist umgeben von Nebel. Nur daß er so tut, als gäbe es diesen Nebel nicht.

Es gibt aber eine Instanz im menschlichen Bewußtsein, in einer – nach innen hin – tieferen Schicht des Denkens oder, anders betrachtet, eine höhere Ebene des Denkens, die solche Unwägbarkeiten überschauen kann und deren Reichweite theoretisch unendlich ist. Dieser Schicht des Denkens entspringt Intuition, unmittelbares Wissen. Für diese Schicht des Denkens sind Dinge völlig klar, die für eure normale Bewußtseinseinstellung völlig unklar sind. Wenn man umschalten will vom gewöhnlichen Denken auf diesen intuitiven Modus, durchläuft man zunächst eine Phase, in der man wirklich ins Ungewisse geht. Einige Schritte ins Ungewisse muß man tun, bevor man eine andere Art von Klarheit bekommt. Und das ist es, was wir jedem empfehlen, der seinen Beitrag zum großen Spiel – seine Art, mit den Problemen des Managements, der Arbeit, des Lebens, der Beziehungen und so fort umzugehen – verbessern will: diese paar Schritte in den Nebel hineinzuwagen und die Werkzeuge des Verstandes einmal zur Seite zu legen. Sie werden gebraucht, sie sind sehr nützlich; aber es ist wichtig zu erkennen, wo sie wirklich nützen und wo sie eher Schaden anrichten. Wir werden später konkreter darauf eingehen.

Wenn die Basis des Ganzen Spiel ist, kann man es leicht wagen, sich seiner Intuition anzuvertrauen. Wenn die Basis des Ganzen aber Ernst ist, ernster Überlebenskampf, kommt es einem eher gefährlich vor, der Intuition zu vertrauen. Denn sie erscheint am Anfang ein bißchen unklar. (Es könnte ja nicht Intuition, sondern einfach eine Schnapsidee sein.) Also verläßt man sich lieber auf das Gewohnte, auf die Erfahrung, auf die Logik, eben auf die Werkzeuge des Verstandes. Ihr solltet euch jedoch eine Grundlage für Vertrauen schaffen, ein Bewußtsein von Spiel, freiem, schöpferischem Spiel entwickeln und lernen, eurer Intuition zu vertrauen – drei Dinge, die zusammengehören.

Wir berühren hier zwangsläufig zunächst einmal einige der ganz großen grundsätzlichen Fragen, die die Menschen allgemein bewegen. Es ist wichtig, weil wir bei der Mitte anfangen. Wir fangen nicht beim Beginn an, wir fangen nicht beim Ende an, wir fangen bei der Mitte an. Deswegen werden diese Fragen am Anfang aufgeworfen und, soweit es in Worten geht, beantwortet.«

B-A: »*Ich habe eine Frage im Zusammenhang mit Arbeit und Spiel. Inwieweit ist es überhaupt denkbar angesichts unseres jet-*

zigen Bewußtseinszustandes, daß wir innerhalb überschaubarer
Zeit aus der Arbeit wieder ins Spiel hineinkommen und sozusa-
gen die Vertreibung aus dem Paradies rückgängig machen? Ist
das in unserer Zeit überhaupt zu verwirklichen?«

N: »So wie du es formulierst, ist es eine langfristige Angelegenheit (zumindest was die primär hier angesprochene deutsche Gesellschaft betrifft). Aber so wie es gemeint war, liegt die Sache
etwas anders. Nimm die Arbeit, die dir gegeben ist, und versuche dahinter das Prinzip ›Spiel‹ wiederzuentdecken. Es ist keine
Perspektive, die bereits eine äußere Änderung verheißt, und es
ist vielleicht für einen Fließbandarbeiter schwer nachzuvollzie-
hen; es ist ein innerer Wandel, der jederzeit stattfinden kann.
Aber ein äußerer Wandel in der Form, daß einmal für alle Menschen Arbeit existiert, die stark spielerischen Charakter hat, ist
eine sehr langfristige Perspektive. Es ist jedoch gut, sie im Sinn
zu haben und für möglich zu halten.«

H: *»Um diese Frage zu vertiefen: Wie kann ich auf Menschen*
einwirken, damit sie diesen Ansatz, die positiv-spielerische Ein-
stellung zur Arbeit, verstehen?«

N: »Eine mögliche Form wäre, die Menschen an die schöpferischen und konstruktiven Spiele zu erinnern, die sie als Kinder
gespielt haben. Es läßt sich leicht nachvollziehen, daß das in anderem Maßstab und auf anderer Ebene doch das gleiche wie ihre
heutige Arbeit ist. Burgen bauen aus Sand oder Spiele, die eine
gewisse Interaktion zwischen den Kindern erfordern; Spiele, bei
denen man sich etwas merken muß; Spiele, bei denen es um
Kommunikation geht … Diese Erinnerungen wachzurufen wäre
ein Ansatz. Sicherlich gibt es viele andere.«

H: *»Für Menschen, die im sogenannten Arbeitskampf stehen,*
die ums Überleben kämpfen, ist es natürlich schwer zu verste-
hen, daß das alles ein Spiel sein soll. Obendrein sind wir ja auch
noch in einen falsch verstandenen Moralkodex eingezwängt. Wie

kann ein Arbeitnehmer in Deutschland bei den derzeitigen Ver-
hältnissen mit dieser Idee zurechtkommen?«

N: »Es gibt zwei Möglichkeiten. Die eine besteht darin, daß er
sich eine spirituell-philosophische Grundlage verschafft, die ihm
erlaubt, diese Gedanken tiefer zu verstehen und mit der Zeit
Vertrauen zu entwickeln. Die andere (und natürlich kann man
beide kombinieren): Er beschäftigt sich mit Biographien erfolg-
reicher Menschen, beispielsweise weltberühmter amerikanischer
Unternehmer. Er untersucht ihre Lebensläufe, wobei er sein Augenmerk auf das Element des Spielerischen und Risikofreudigen
richtet, und wählt sich den einen oder anderen in irgendeiner
Weise zum Vorbild. Er muß nicht selbst gigantischen Erfolg und
Reichtum anstreben; und doch kann er sich einen solchen Menschen auf seiner Ebene, vielleicht in einem viel kleineren Wir-
kungsbereich, zum Vorbild nehmen. Das heißt, er kann mit der
Qualität ›spielerische Kreativität‹ arbeiten, indem er sich einen
Menschen, der spielerisch-schöpferisch zu Reichtum und Erfolg
gekommen ist, zum Vorbild nimmt und sich mit diesem Menschen und dieser Qualität beschäftigt.«

H: »*Der biblische Kernsatz ›Im Schweiße deines Angesichts*
sollst du dein Brot verdienen‹ spielt ja in vielen Köpfen eine
große Rolle. Wie kann man hier das Bewußtsein verändern und
bewirken, daß die Menschen diese Gedankenstrukturen aufge-
ben?«

N: »Wenn es sich um Ansätze dreht, die in der Religion oder in
einer möglicherweise falsch verstandenen oder falsch interpre-
tierten Religion wurzeln, dann ist die einzige Möglichkeit, sie zu
entwurzeln, eine Änderung in der religiösen Auffassung herbeizuführen. Das findet zur Zeit allgemein ohnehin statt. In diese
Strömung kann jeder einzelne sich auf seine Weise einklinken,
indem er beispielsweise, wenn er im christlichen Rahmen bleiben möchte, sich an diejenigen (noch recht seltenen) Vertreter
der christlichen Religion hält, die Religion anders interpretieren;

oder indem er sich einer Gruppierung moderner Spiritualität anschließt, die sich vielleicht auf keine besondere Religion festlegt; oder indem er sich einer anderen Religion zuwendet oder sich seine eigene Religion schafft; oder indem er (und auch dies ist eine starke Strömung in dieser Zeit) von einem väterlichen zu einem mütterlichen Gottesbild umschwenkt. Das geschieht momentan in vielen Bereichen, durch viele Kanäle, teilweise unbemerkt, teils klar erkennbar: ein Umschwenken von der Vorstellung eines Gottes mit überwiegend väterlichen Qualitäten hin zu der Vorstellung eines Gottes mit eher mütterlichen Qualitäten. Es muß keine Göttin sein; aber eine eher von mütterlichen Qualitäten bestimmte Vorstellung: liebend und annehmend. Das ist etwas, was nur der einzelne im stillen und im tiefsten Inneren allein vollziehen kann – auch wenn er sich irgendeiner Gruppe anschließt.«

G: »Noch einmal zum Spielen. Mir scheint, Spielen ist ein ganz bestimmter Bewußtseinszustand; eine bestimmte psychophysiologische Einstellung befähigt die Menschen zu spielen. Man kann das bei Kindern beobachten. Es ist dabei eine gewisse Zeit- und Raumunabhängigkeit gegeben, ein Gesammeltsein auf das, was man spielerisch angehen möchte, vielleicht sogar hohe Konzentration, dabei herrscht doch Mühelosigkeit vor. Wie kann ein Mensch, der im Arbeitskampf steckt, in einen solchen Bewußtseinszustand finden, in dem Arbeit nicht mehr als Kampf und Mühe aufgefaßt wird, sondern als Spiel?«

N: »Zunächst einmal: Es ist nicht zu vermeiden, auch hier wieder grundsätzlich zu werden. Nur Technik allein reicht nicht. Das wichtigste und hilfreichste ist, sich zu erlauben, in einem ruhigen Moment – in einer Meditation oder wie auch immer man das nennen will – einen Schritt zurückzutreten, nicht nur vom täglichen Leben, sondern von seiner ganzen aktuellen Lebenssituation mit allen Bindungen, Verpflichtungen, Ängsten und so weiter, und sich einen Überblick zu verschaffen über sein Leben. Sich zu erinnern, daß man nur für kurze Zeit die Rolle dieses Menschen in diesem Körper in dieser Welt spielt; daß man diese Welt sehr bald wieder verlassen wird – sehr bald! Ganz gleich, was für Vorstellungen man in bezug auf das hegt, was danach kommt: Es ist eine Tatsache, daß jeder von euch sehr bald sterben wird. Die Zeit ist kurz. Das kann helfen – es ist eine enorme Hilfe, wenn man das wirklich anwendet –, um eine kreativere und spielerischere Sichtweise zu gewinnen: sich immer mal wieder an die Tatsache erinnern, daß man sterblich ist.

Wenn man sich immer mal wieder auf diese oder eine andere Weise Abstand verschafft zu seinem Leben, kann man anfangen, in bestimmten Bereichen des Lebens, die problembehaftet, aber nicht mit großer Existenzangst verbunden sind – also in harmloseren Bereichen –, konkret einen spielerischen Ansatz zu entwickeln. Also nicht gleich versuchen, den großen Existenzkampf auf Spiel ›umzupolen‹, sondern sich zunächst harmlosere kleinere Bereiche aussuchen, um mit diesen spielerischer umzugehen. Einzelne Probleme herausgreifen, die einem zu schaffen machen und wo das Risiko, wenn man etwas falsch macht, nicht so groß ist. Sich für dieses eine Problem, das man sich herausgegriffen hat, Zeit nehmen, um es von allen Seiten zu betrachten, um es im Geist ein wenig zu entschärfen, zu befreien von der Angst, die dahintersteckt. Man kann sich zu diesem Zweck immer fragen: Was kann denn im allerschlimmsten Fall passieren? Wenn man beispielsweise in einer Entweder-oder-Klemme sitzt, kann man versuchen, sich von diesem Entweder-Oder zu lösen und ganz andere Möglichkeiten zu finden. Oder sich in andere Menschen hineinversetzen, Menschen, die anders sind als man selbst, und sich fragen, wie diese Menschen handeln würden. Es gibt viele Möglichkeiten, schöpferisch und spielerisch mit einem Problem umzugehen. Dann sollte man sich langsam von den unbedeutenderen Problemen zu den bedeutenderen vorarbeiten und sich schließlich auch an die die Existenz berührenden Probleme heranwagen, mit der neuerworbenen spielerischen und schöpferischen Sichtweise. Das wäre ein Weg.«

H: »Ihr geht also davon aus, daß die Besinnung, so wie sie eben beschrieben wurde, dazu führt, jenen Freiheitsgrad zu bekommen, der notwendig ist, um den Alltag mehr aus einer spielerischen Haltung heraus zu gestalten?«

N: »Letztlich gibt es keine andere Möglichkeit, die wirklich greift, als das, was du ›Besinnung‹ nennst. Die Erinnerung an die Sterblichkeit ist eine Form der Besinnung; es gibt noch viele andere. Letztlich wird ein Mensch, der sich größere Freiheit schaffen möchte, nicht darum herumkommen, sich in irgendeiner Weise zu besinnen, und einen Schritt zurückzutreten; sich für einen Moment zu erlauben, nicht verwickelt zu sein, im Geist frei zu sein – bevor er sich wieder in die Verwicklung hineinstürzt. Alles andere, was man selbst unternimmt, ist oberflächlich und kann nur vorübergehend erfolgreich sein, bewirkt aber keine tiefgreifenden Veränderungen. Es gibt auf der anderen Seite natürlich die vielen Stöße, Schocks und Schubser, die das Leben einem verpaßt und die Veränderungen bewirken. Das ist etwas anderes. Aber was man bewußt selbst inszenieren kann, bleibt in seiner Wirkung oberflächlich, wenn es nicht mit Abstandnehmen, mit Besinnung einhergeht.«

G: »Um das nun in die Tagesroutine eines Managers einzufügen: Gibt es besonders gute Zeiten, um sozusagen wieder zur Besinnung zu kommen?«

N: »Der beste Zeitpunkt ist immer dann, wenn es eine kleine Zäsur gibt. Also beispielsweise wenn eine Besprechung oder ein Telefongespräch beendet ist oder wenn man sich einem neuen Vorgang zuwendet. All diese kleinen Zäsuren können dafür genutzt werden. Es muß keine ausführliche und zeitraubende Meditation sein, sondern es handelt sich hier nur um einen kleinen Moment der Erinnerung.

Dann ist es natürlich gut, den Arbeitstag mit einer Besinnung zu beginnen, entweder gleich nachdem man sein Büro betreten hat, oder noch zu Hause. Die Einstellung, die hier in bezug auf dieses Thema empfohlen werden kann, ist eine doppelte: zum einen einen großen Schritt zurücktreten und für einen Augenblick frei sein vom Beruf, frei von Bindung, frei von dem Zwang, irgend etwas zu tun, zu verdienen, zu erreichen; einen Moment wirklich zu sich kommen. Die große Erinnerung an Geburt und Tod – so merkwürdig das klingt, aber es ist wirklich die wirksamste Übung: sich erinnern, daß man nur für kurze Zeit hier ist. Einen Moment Freiheit atmen. Und dann sich aus diesem Abstand heraus auf den Tag einstellen. Was auch immer für ein Problem anstehen mag an diesem Tag; welche Herausforderung auf einen zukommt, was man zu tun hat: Darauf kann man sich einstellen. Es ist eine technische Einstellung; es handelt sich nicht um Überlegungen, sondern man stellt diesen Tag mitsamt seinen Zielen vor sich hin, und man nimmt so etwas wie eine Feinabstimmung an einem Radioapparat vor. Man bringt sich selbst mit diesem Tag und allem, was er bringen mag, was man erreichen und was man geben möchte, in Einklang. Und dann laufen die Dinge vollkommen, ebenso wie man das Programm, das aus dem Radio kommt, in vollkommener Weise hören kann, wenn man es richtig eingestellt hat.

Noch wirksamer ist es, wenn man diese Einstellung gleichzeitig einbettet in das große Gesamtklima, das heißt, wenn man sich mit dem Arbeitstag, der vor einem liegt, und den anzugehenden Unternehmungen und Problemen nicht isoliert sieht, sondern eingebettet in die Strömungen und Schwingungen der gegenwärtigen Zeit und Gesellschaft. Wenn man dieses Ganze, vielleicht verbunden mit einer visuellen Vorstellung, im eigenen Geist in Harmonie bringt, schafft man die Basis dafür, daß alles an diesem Tag in vollkommener Weise laufen kann.

›Vollkommen‹ bedeutet in diesem Zusammenhang nicht immer, daß alles optimal abläuft. Aber im Rückblick wird man erkennen können: Es war alles vollkommen. (Auch Ärgernisse können Teil der Vollkommenheit sein, was man aber oft erst hinterher erkennt.)

Man kann sich bei dieser Einstellung auch auf eine ganz bestimmte Eigenschaft, eine ganz bestimmte Qualität, die im Augenblick wichtig erscheint, einstimmen. Das kann Frieden oder Harmonie sein, das kann Kraft sein, Autorität, Verständnisfähigkeit, oder Intelligenz, Einsicht, Geistesgegenwart ... was auch immer, eben jene Qualität, die einem im Augenblick im Hinblick auf das, was ansteht, wichtig erscheint.«

G: »Was haltet ihr von Geräten, die auf Biofeedbackbasis beruhen und entweder mit Licht- oder mit Klangsignalen die Gehirnfrequenzen in bestimmter Weise beeinflussen, indem sie beispielsweise Alpha- oder Theta-Frequenzen erzeugen helfen? Man geht davon aus, daß das besonders kreative und spielerische Zustände sind, in denen der Abstand, von dem vorhin die Rede war, vorhanden ist, so daß kein Kampf entsteht zwischen neuen und alten Einstellungen und alles wie von selbst geht.«

N: »Das ist hilfreich. Aber es besteht eine Gefahr. Etwas galoppiert voraus, wenn du solche Geräte zu Hilfe nimmst, und das ganze System muß sehen, daß es irgendwie hinterherkommt. Das Gerät allein reicht nicht. Es erleichtert zwar vieles, aber es kann sein, daß der Mensch danach wieder zurückfällt. Es ist (auf lange Sicht und von unserer Warte aus gesehen) eher zu empfehlen, die Geräte wegzulassen und den etwas schwierigeren hilfsmittelfreien Weg zu gehen. Weil dann der ganze Mensch, der ganze Organismus Schritt für Schritt mitwächst und sich mitentwickelt. Doch die Geräte sind nicht unbedingt abzulehnen.«

G: »Auch dann nicht, wenn diese Verfahren in Gruppen eingesetzt werden, wo sich beispielsweise vier, fünf Personen als Kreativteam gemeinsam in eine bestimmte Frequenzlage bringen möchten, um dann beim nächsten Brainstorming entspannter und gelassener zu sein? Ich empfinde das manchmal als Manipulation und als unnatürlich.«

51

N: »Hier gilt die gleiche Antwort. Der Einsatz dieser Verfahren mag im Moment hilfreich sein; es mag sein, daß die Atmosphäre im Augenblick entspannter ist und Intuition und Inspiration im Augenblick besser laufen... Aber es ist nicht das, worum es wirklich geht. Worum es geht, wenn mehrere Individuen zusammen um einen Tisch sitzen und etwas schaffen wollen, ist aus unserer Perspektive etwas anderes als aus eurer üblichen Perspektive. Wenn ihr euch hinsetzt, um zusammen einen Plan für den Bau eines Hauses zu fertigen, dann geht es euch um das Haus. Aus unserer Perspektive geht es nicht um das Haus, sondern darum, wie diese verschiedenen Individuen zusammen etwas Neues schaffen; wie jeder einzelne an dieser Aufgabe wächst; wie sich aus diesem Wachstumsprozeß jedes einzelnen ein wachsendes Ganzes ergibt; wie dieses Ganze dann auf andere Menschen strahlt und so weiter. Das Haus ist dabei, übertrieben formuliert, nur ein Abfallprodukt. Das sind natürlich zwei völlig verschiedene Perspektiven. Jede Krücke, die du benutzt, um einen Teilaspekt dieses Prozesses zu erleichtern, macht es, wenn ihr in eurem Sinne ergebnisorientiert denkt, vielleicht leichter; wenn ihr aber in unserem Sinne prozeßorientiert denkt, macht es die Sache nicht unbedingt leichter.

Der *Prozeß* ist das Leben. Die Ergebnisse sind sozusagen Abfallprodukte; sozusagen, denn natürlich ist ein Haus etwas sehr wichtiges. Menschen können darin leben. Aber grundsätzlich gesagt: Der Prozeß ist das Leben, die Ergebnisse sind Abfallprodukte davon. Und die Produkte mögen noch so schön sein: Die größten Kunstwerke, die herrlichsten Schmuckstücke, die wunderbarsten Häuser – alles zerfällt. Aber das Leben ist ein immerwährender, immer lebendiger, immer neuer, immer dynamischer Prozeß.

Natürlich kann ein Mensch lernen, beide Perspektiven zugleich einzunehmen. Ihr müßt nicht unsere Perspektive übernehmen, aber ihr könnt sie als Ergänzung zu eurer eigenen dazunehmen.«

G: »Die Bewußtseinslage des Spiels ist die des Eingebettetseins in den Prozeß des Lebens, und die Bewußtseinslage der Arbeit, die

die meisten teilen, ist die, die Aufmerksamkeit auf das zu richten, was aus dem Spiel des Lebens hervorgeht, nämlich auf Produkte ...«

N: »Ja. Noch einmal ganz grundsätzlich: Wenn ein Mensch sein persönliches Bewußtsein immer wieder in Einklang bringen kann mit dem immer lebendigen Prozeß des Lebens, kann ihm nichts passieren. Selbst wenn ihm etwas geschieht, was in den Augen seiner Mitmenschen unangenehm oder furchtbar aussieht, so ist das für ihn nichts. Denn es gibt in ihm keinen Widerstand, er ist im Einklang mit dem Leben, was auch immer geschieht. Das ist die Grundlage für eine spielerische Einstellung, für Risikofreudigkeit, für Abenteuerlust und für Vertrauen. Wenn ein Mensch überwiegend prozeßorientiert denkt, so hat er eine gute Grundlage für ein ganz grundsätzliches Vertrauen. Ein religiöser Mensch würde das Gottvertrauen nennen, wir können auch sagen: Vertrauen ins Leben. Wenn jemand überwiegend produktorientiert denkt, hat er keine Grundlage für Vertrauen. Auch Geld ist in diesem Sinne Produkt. Es geht nicht nur um Produkte, an deren Herstellung man mitarbeitet, um Geld zu bekommen, es geht auch um das Produkt Geld selbst.

Der Mensch, ganz gleich, wie seine Stellung in der Gesellschaft ist, hat viel mehr Freiheit, als er denkt. Freiheit im ganz normalen, alltäglichen menschlichen Sinne verstanden. Eine Zelle im menschlichen Körper beispielsweise hat nicht sehr viel Freiheit. Eine Leberzelle gehört in die Leber; sie weiß, daß sie dort hingehört; sie verrichtet dort ihre Arbeit, und das ist etwas anderes, als eine Gehirnzelle oder eine Fingernagelzelle zu sein. Menschen besitzen sehr viel mehr Freiheit. Aber die meisten Menschen verhalten sich so, als hätten sie den gleichen Freiheitsgrad wie diese Zelle im Organismus. Der Organismus ›menschliche Gesellschaft‹ oder der Organismus ›Nation‹ oder der Organismus ›Unternehmen‹ verträgt es aber durchaus, daß seine Mitglieder von einem Platz zum anderen reisen. Die Gesellschaft verträgt es sehr gut, daß ein Mensch einmal an diesem

Platz steht und einmal an jenem und manchmal auch überhaupt keinem festen Platz. Das Bewußtsein dieser grundsätzlichen Freiheit wiederzuerlangen, würde auch helfen, bessere Einsicht in den Gesamtprozeß zu gewinnen, beispielsweise in den wirtschaftlichen Gesamtprozeß. Die meisten Menschen, die in diesen wirtschaftlichen Gesamtprozeß verwickelt sind, halten starr fest an ihrer Vorstellung von dem Platz, auf den sie gehören, beispielsweise weil sie nun einmal diesen Beruf gelernt haben und keinen anderen, oder weil sie in der sozialen Hierarchie auf diese Stufe gehören und nicht auf eine andere, oder weil sie bestimmte finanzielle Ansprüche haben und so fort. Diese starren Konzepte machen das Gesamtgebilde zu einem sehr unbeweglichen, schwer zu verändernden, schwer zu dirigierenden Ganzen. Darunter fließt trotzdem der Prozeß des Lebens und wirft alles immer wieder durcheinander; aber die meisten Menschen leisten diesem Prozeß Widerstand oder versuchen es zumindest.

Auf der einen Seite ist also das wirtschaftliche Gesamtgebilde etwas, das andauernd fließt, weil das Leben andauernd fließt, auf der anderen Seite aber fließen die meisten Menschen nicht mit oder versuchen jedenfalls, nicht mitzufließen. Es wäre deswegen sehr wichtig, auch im Interesse der Gesundheit und der Verbesserung der Regenerationsfähigkeit des ganzen Systems, wenn das Bewußtsein der Freiheit des einzelnen in bezug auf seinen Standort in der Gesellschaft, in der Berufswelt und im wirtschaftlichen Ganzen geweckt würde, so daß die Menschen insgesamt flexibler sein und sich besser anpassen, besser mitfließen können.«

B-A: »Wenn man sich überlegt, daß ein Körper gut funktioniert, weil jede Zelle nur das tut, was sie tun soll, dann würde ich die Hypothese aufstellen, daß es gar nicht so gut ist für das Gesamte, wenn jeder seinen Platz ständig wechselt.«

N: »Das ist ein guter Ansatzpunkt. Aber hier sind mehrere Themen ineinander verwoben. Wir müssen sortieren. Dieser

Gesamtprozeß zielt auf größere Freiheit, größere Flexibilität, größeres Bewußtsein der Freiheit des Individuums, und er ist noch nicht abgeschlossen; er ist noch nicht auf seinem Höhepunkt angelangt. Der Gesamtstrom, die Gesamtentwicklung nimmt ihren Weg durch die Herzen der einzelnen. Zunächst einmal, wenn der einzelne seine Freiheit entdeckt, geht er vielleicht hierhin und dorthin, und alles gerät ein bißchen durcheinander. Irgendwann auf diesem Weg, wenn er seine äußere Freiheit wirklich gefunden hat, wird er in seinem Leben etwas wie einen roten Faden finden: den roten Faden der Intuition, der aus seinen eigenen inneren Notwendigkeiten und zugleich den Notwendigkeiten des Ganzen entspringt. Und dieses Ganze ist kein Mosaik, keine starre Ordnung, sondern ein Strom. Wenn du mitschwimmen willst in diesem Strom, dann mußt du deinem inneren Faden folgen. Es gibt Zeiten, da erscheint das paradox, und man kann es nicht begreifen: Da steht auf der einen Seite das übergeordnete Ganze mit seinen Interessen, und hier stehe ich, der einzelne Mensch, mit meinen Interessen; es scheint ein Gegensatz zu sein. Tatsächlich aber mußt du, wenn du wirklich im Einklang mit dem Strom des Ganzen sein willst, dem roten Faden deines Lebens, sprich deiner inneren Stimme, folgen. Denn die innere Stimme des einzelnen ist die individualisierte Form der Stimme des Ganzen, es ist Gottes Stimme in dir, religiös ausgedrückt. Man kann das auch zurück auf kleinere Einheiten übertragen: vom großen Ganzen auf das Ganze einer Gesellschaft oder einer wirtschaftlichen Einheit, eines Unternehmens oder einer Gruppe – wobei ein solches kleineres Ganzes sich niemals isolieren läßt vom großen Ganzen. Das heißt, wenn innerhalb einer wirtschaftlichen Gruppierung (im Idealfall!) jeder einzelne seinem roten Faden, seiner inneren Stimme folgen und auch dazu stehen würde, auch auf die Gefahr hin, daß seine Handlungen für andere unverständlich oder ungemütlich sind oder zu seltsamen Situationen führen, dann könnte das Ganze auf eine sehr harmonische Weise fließen und sich immer wieder aufs neue den großen Gegebenheiten anpassen und sehr kreativ

und innovativ sein. Das ist natürlich der Entwurf eines Ideal-
zustandes, der nicht ohne weiteres aus dem Stand zu erreichen
ist. Aber es ist gut, sich vorzustellen, daß das möglich ist.

Dabei reicht es nicht aus, daß eine kleine Führungsschicht sich
daranmacht (wie es derzeit viele Manager tun), sich den Zugang
zu ihrer Intuition und Inspiration wieder freizuschaufeln, sondern die anderen Ebenen der Unternehmen müssen auch mit-
ziehen.«

*G: »Damit eine Organisation eine spielende Organisation wird,
braucht es da eine bestimmte Menge oder einen bestimmten Prozentsatz von Mitarbeitern, die in der Bewußtseinslage des Spiels
sind? Wann ist eine kritische Masse erreicht? Oder braucht es
keine kritische Masse, und das Unternehmen wird sozusagen
durch irgendeine Marktsituation vom Spiel umarmt und kommt
dann ganz von selbst in diesen Fluß?«*

N: »Das sind zwei verschiedene Möglichkeiten. Innerbetrieb-
lich gesehen braucht es entweder einen bestimmten Anteil, der
zwischen 30 und 40 Prozent liegen könnte, mehr als ein Drittel (dieses Drittel darf sich jedoch nicht nur auf den oberen
Etagen befinden); oder aber es bedarf einer Persönlichkeit,
deren Bewußtsein in diesem Sinne sehr fortgeschritten ist.
Fortgeschritten in der Weise, daß die ganze Persönlichkeit von
diesem Bewußtsein beeinflußt ist, so daß das Ganze nicht nur
im Kopf stattfindet. Eine Persönlichkeit, die eine sehr starke
Ausstrahlung hat, von den Menschen geliebt und angenommen
wird und Vorbildfunktion besitzt. Dann ist ein Mensch ausreichend. Die Reichweite einer solchen Persönlichkeit kann sich
auf eine Familie, einen Bekanntenkreis, ein Unternehmen oder
eine ganze Branche, auf ein ganzes Land, theoretisch auf die
ganze Menschheit erstrecken, je nach Reichweite der Ausstrahlung.«

*G: »Mich interessiert die Frage, wie ihr die Entwicklung des
Arbeitsbewußtseins innerhalb der deutschen Gesellschaft seht.*

Wohin geht der Trend im Umgang mit Arbeit? Wie verträgt sich das Verständnis von Arbeit als Spiel mit der heutigen Realität, wo jeder um seinen Arbeitsplatz kämpft?«

N: »Kurzfristig geht der Trend noch mehr in Richtung Spaltung: auf der einen Seite Arbeit, auf der anderen Seite Spiel, das beinahe ausschließlich in der Freizeit stattfindet. Es ist aber möglich, daß durch diese Spaltung, verbunden mit dem Prozeß, durch den mehr und mehr Menschen ihre Arbeit verlieren, langfristig eine neue Einstellung zur Arbeit gewonnen wird. Im Augenblick jedoch ist das noch nicht abzusehen. Es kann aber durch Bücher wie dieses angeregt werden, und auch durch stärkeren Kontakt von Managern und Arbeitnehmern aller Stufen mit Kollegen aus anderen Ländern, aus vollkommen andersartigen Gesellschaften. Es kann sein, daß die Spaltung mit der Zeit aufweicht. Im Augenblick aber wird sie offenbar in Deutschland noch stärker.

Man könnte sagen: Wenn jede Qualität ihren Schatten hat, dann ist Arbeit der Schatten von Spiel. Letztlich ist das, was der arbeitende Mensch tut, nichts anderes als das, was er als Kind unter dem Titel ›spielen‹ getan hat. Nur die Einstellung hat sich gewandelt. Das eine hat er freiwillig getan, das andere muß er tun. Auch Kinder nehmen große Anstrengungen auf sich, um im Spiel eine bestimmte Sache zu erreichen. Es ist nur eine Frage der Einstellung des Bewußtseins zu Spiel, zu Tätigkeit – am Ende heißt es dann ›Arbeit‹. Das hängt in erster Linie mit der Schule zusammen; um dieses Buch vollkommen zu machen, müßten wir deshalb eigentlich die Schule mit einbeziehen. Aber das führt zu weit. Jeder kann sich jedoch vorstellen, in welcher Weise die Schule, so wie sie derzeit aufgebaut ist, dazu beiträgt, daß es diesen Knick im Bewußtsein gibt.«

B-A: »Was ist der grundlegende Fehler, den die Schule macht?«

N: »Das ist eine wichtige Frage, denn sie bezieht sich auf ein sehr viel weiteres Spektrum, und die Antwort läßt sich auf vieles anwenden. Der größte Fehler, den die Schule macht und der in vielen anderen Bereichen auch gemacht wird, ist, von einem Negativum auszugehen. Die Schule sollte eigentlich das Potential des einzelnen Schülers aufgreifen und entwickeln helfen, statt von außen etwas, was in dem Schüler nicht vorhanden ist, in ihn hineinzutrichtern versuchen; das ist ein negativer Ansatz. Ein anderer negativer Ansatz: Im allgemeinen wird davon ausgegangen, daß Kinder nicht gern lernen. Sie lernen aber nur deshalb nicht gern, weil die Form, in der sie lernen müssen, ihrem Körper, ihrer Psyche und ihrem Geist widerstrebt.

Richtig wäre die positive Grundannahme, daß Kinder sehr gern lernen. Alles, was man ein Kind lehren kann, steckt latent schon in ihm, und es ist die Aufgabe der Lehrer, dieses Potential entfalten zu helfen, auf eine Weise, die dem Körper, der Psyche und dem Geist des Kindes entspricht und in der das Kind sich rundum entwickeln kann (nicht nur den Intellekt), in der es sich wohl fühlt und dadurch in der Lage ist, sich in einer ihm angenehmen Form auf eine Sache zu konzentrieren.

Der grundsätzliche Fehler ist also, um auf diese Frage zurückzukommen, der negative Ansatz. So ist es in vielen anderen Bereichen auch. Bitte überprüft das in eurem eigenen beruflichen und privaten Feld: Wo immer etwas im argen liegt, steckt der Fehler im negativen Ansatz. Auch in menschlichen Beziehungen, in der Arbeit und in Kollektivfragen wie denen, mit denen wir es hier zu tun haben: An der Quelle von Schwierigkeiten gibt es immer eine negative Grundannahme. ›Negativ‹ ist hier nicht im moralischen Sinne verstanden. Eine negative Annahme ist beispielsweise die, etwas sei *nicht* vorhanden. Alles, was von einer negativen Grundannahme ausgeht, muß irgendwann zu Schwierigkeiten führen beziehungsweise, auf lange Sicht gesehen, absterben.

Dem Negativen liegt immer ein Irrtum zugrunde. Von einer höheren Perspektive aus gesehen gibt es das Negative nicht. Das Negative ist immer Verneinung. Wenn man die zugrundeliegende irrtümliche negative Grundannahme aufdeckt, kann man vom negativen Ist-Zustand zum eigentlich wirklicheren, wahreren, aus geistiger Perspektive realistischeren Positiven gelangen. Wir werden in einem der nächsten Kapitel näher darauf eingehen.« (Siehe 3. Kapitel, »Positive und negative Grundannahmen«.)

2.
MANGEL, FÜLLE UND
DAS PRINZIP WAHRHEIT

B-A: »*Wenn man darüber nachdenkt, wie Arbeit funktionieren kann, stellt sich seit Jahren die Frage der Beteiligung der Arbeitnehmer am Kapital. Ist das ein Weg, der eine wesentliche Verbesserung der Produktivität, der Ausrichtung der Energien, mehr Zufriedenheit der Menschen und ein besseres Miteinander bringen würde, wenn eine größere Beteiligung aller arbeitenden Menschen am Kapital vorhanden wäre im Sinne einer Gleichrichtung der Interessen? Oder wäre das nur ein scheinbarer Vorteil?*«

N: »Das ist sozusagen eine Frage vom anderen Ende, das heißt von den äußeren Gegebenheiten ausgehend, anstatt von einem Punkt Null und einem Idealentwurf. Es ist aber möglich, auf sie einzugehen. Und zwar mit einem schlichten Ja. Beteiligung am Kapital oder am Gewinn ist immer förderlich.«

B-A: »*Ist das ein aktueller Ansatz? Es hängt ja mit der Fähigkeit zu teilen zusammen. Ist das im Augenblick überhaupt in größerem Maße zu verwirklichen? Oder vielleicht erst dann, wenn hundertprozentig klar ist, daß es auf keinen Fall so weitergehen kann wie bisher?*«

N: »Es sieht nicht so aus, als ob es im Augenblick zu realisieren wäre. Die verschiedenen dominierenden Interessen sind ganz anders, sogar entgegengesetzt. Es muß entweder zu einem Punkt kommen, wo man sieht, daß es so keinen Tag mehr weitergeht, oder zu einem völligen Zusammenbruch – oder aber auf eine sanfte Weise zu einer Regeneration der Wirtschaft, zu einer Gesundung, so daß aus einem gesünderen Zustand heraus neue Gesetze und Gegebenheiten geschaffen werden können. Es ist immer dann leicht möglich, etwas zu ändern, wenn die Lage katastrophal ist, oder aber aus einem neu erwachten Gesundheitsbewußtsein heraus. Zum gegenwärtigen Zeitpunkt sieht es nicht so aus, als ob die von dir angesprochene Strömung aktuelle Bedeutung hätte.«

B-A: »*Wie steht es mit unserem Zinssystem? Wenn wir von der Zukunft der Arbeit sprechen, dann sprechen wir ja auch vom Funktionieren der Wirtschaft. Wäre es ein Ansatzpunkt, am Zinssystem etwas zu ändern, zum Beispiel, radikal gesagt, den Zins abzuschaffen?*«

N: »Rein äußerlich gesehen würde das alles ändern. Es wäre der entscheidende Faktor in bezug auf die äußeren Gegebenheiten. Aber aus unserer Perspektive muß diese Änderung (also beispielsweise völlige Abschaffung der Zinsen) auch im Geist stattfinden. Das heißt, die geistige Haltung, die damit verbunden ist, muß sich auch verändern, damit es nicht nur Kosmetik bleibt. Zinsen zum Fundament einer ganzen Wirtschafts- und Weltordnung zu machen, entspringt einer bestimmten Geisteshaltung. Wenn die Menschheit nun in der Lage wäre – das ist Theorie, denn es funktioniert nicht –, die Zinsen völlig abzuschaffen und eine völlig neue Ordnung zu schaffen, jedoch *ohne* die entsprechende Bewußtseinsveränderung, dann wäre das wirklich nur äußere Kosmetik. Es müßte Hand in Hand gehen mit einer Bewußtseinsveränderung, sonst kann das alte System nicht abgeschafft werden. Aber es wäre tatsächlich ein ganz entscheidender und alles bestimmender, lenkender und verändernder Faktor.«

B-A: »*Wie würdet ihr denn die Geisteshaltung umschreiben oder definieren, aus der heraus dieses auf Zinsen gegründete System funktioniert?*«

N: »Zunächst einmal steckt die Absicht dahinter, das Hab und Gut zu mehren. Dem würde die gesündere Einstellung des Wachsenwollens gegenüberstehen. Dies bezieht sich auf die eigene Lebensqualität und den Entwicklungsprozeß; das andere bezieht sich mehr auf die äußere Seite, auf das, was einem von außen zukommt – was aus unserer Perspektive natürlich unwichtiger ist, weil es zerfällt. Geld kannst du nicht mitnehmen, wenn du diese Welt verläßt. Nichts kannst du mitnehmen. Aber das, was du bist, was du gewonnen hast an Sein, nimmst du mit. Das ist in gewisser Weise ewig.

Und wenn die Gesellschaft beziehungsweise ein gewisser Teil der Menschen diese Haltung entdeckt oder wiederentdeckt, daß es nämlich letztlich zufriedenstellender ist, das zu genießen, was man ist, und daß das Haben so etwas ist wie eine schöne Beigabe, aber nicht das eigentlich Wichtige, dann kann auch das ganze Zins- und Zinseszinssystem zerfallen, weil es nicht mehr notwendig ist. Solange der überwiegende Teil der Menschen aber immer noch mehr haben will, sind die Zinsen als Ausdruck dieser geistigen Realität im technischen Sinne notwendig.«

B-A: *»Eine Frage globaler Natur: Ist es eigentlich möglich, daß der ganze Planet im Wohlstand lebt? Die allgemeine Überzeugung lautet doch, es sei nicht genug für alle da.«*

N: »Es ist genug für alle da. Tatsächlich ist es sogar so, daß jedes Wesen, das in diese Welt geboren wird, in gewisser Weise das mitbringt, was es zum Leben braucht. Das klingt seltsam, ist aber aus geistiger Sicht eine Tatsache.

Aber historisch gesehen hat sich irgendwann in das Bewußtsein der Menschen der Gedanke eingeschlichen, es sei nicht genug für alle da: ›Ich muß kämpfen, damit ich genug bekomme‹, und: ›Das, was ich bekomme, nehme ich anderen weg.‹ Das ist ein mächtiger, in die kollektive Psyche eingegrabener Grundgedanke, der den meisten Menschen so selbstverständlich ist, daß sie gar nicht wissen, daß es nur ein Gedanke ist. Aber auf diesem Gedanken ist eine ganze Realität errichtet worden. Das heißt, dieser Gedanke ist Grundgesetz für eure Realität. Insofern hat er eine gewisse Tatsächlichkeit. Er kann aber ohne weiteres aus dem Denken einzelner oder auch eines kleineren oder größeren Kollektivs oder der ganzen Menschheit entfernt werden. Er kann ersetzt werden durch einen neuen Gedanken oder auch ersatzlos entfernt werden. In jedem Fall würde eine neue Realität entstehen, die anderen Gesetzmäßigkeiten gehorcht.

Es ist übrigens nicht nur in irgendeinem abgehobenen geistigen Sinne genug für alle da; es ist in eurem Sinne tatsächlich genug für alle da. Es ist eine Frage der Intelligenz, der Kreativität im Umgang mit Ressourcen und der Verteilung, und natürlich auch des Verantwortungsbewußtseins oder der Liebe. Denn da, wo Liebe ist, wird Verantwortungsbewußtsein überflüssig.«

H: »*Hier muß das Machtprinzip angesprochen werden, denn die Verteilung hängt ja mit Machtverhältnissen zusammen. Es gibt einige wenige Menschen auf der Erde, die hundert Millionen Dollar angehäuft haben, und viele besitzen gar nichts; es ist eine Frage der Macht. Wie kann denn dieser Reichtum besser verwaltet und verteilt werden? Wie kann ich das Bewußtsein der Mächtigen so verändern, daß sie dazu heranreifen, teilen zu wollen?*«

N: »Wenn du tatsächlich das Bewußtsein der anderen verändern möchtest, besteht natürlich der erste Schritt darin, dein eigenes Bewußtsein entsprechend zu verändern, und zwar wirklich bis ins alltägliche Handeln hinein, und dann Türen zu öffnen, Verständnis und Mitgefühl zu wecken und so weiter. Aber das ist nicht deine eigentliche Frage. Bitte formuliere sie klarer.«

H: »*Freiwillig werden sich die Mächtigen nicht zum Teilen bewegen lassen.*«

N: »Jetzt ist die Frage klarer. Dieser Typ Mensch ist auf lange Sicht gesehen zum Aussterben verurteilt. Nur die wenigsten dieser Mächtigen werden in der Zeit dieses Lebens in der Weise, die du angesprochen hast, ihr Bewußtsein verändern. Vielmehr werden andere an ihre Stelle treten, die anders denken und anders fühlen. Das ist aber ein langfristiger Prozeß.

Tatsächlich wachsen Menschen nach, die schon mit einem ganz anderen Bewußtsein in diese Welt kommen. Es ist wahrscheinlich, daß einige von ihnen auch machtvolle Positionen einnehmen werden. Sie sind jetzt noch Kinder. Aber die Chance, daß du beispielsweise mit Publikationen, Gesprächen oder dergleichen das Bewußtsein der Mächtigen verändern kannst, ist sehr gering.«

H: »*Ist es für uns noch zu früh, aus dem dualistischen Denken herauszukommen in etwas Übergeordnetes, in ein ganzheitliches Sein, das ja dann über die Polarität von Mangel und Fülle hinausgeht?*«

N: »Die Dualität in diesem Sinne ist aus unserer Perspektive immer ein Mißverständnis. Es gibt sie eigentlich nicht. Es ist wie Licht und Schatten: scheinbar Antipoden, scheinbar Gegner, scheinbar zwei verschiedene Wirklichkeiten; das in diesem Sinne positive Prinzip ist jedoch schon das übergeordnete. Das Licht nämlich ist die eigentliche Wirklichkeit. Schatten, könnte man sagen, ist die Abwesenheit von Licht; letztlich aber gibt es keinen Schatten. Alles ist geformt aus Licht, alles ist gedacht aus Licht, und alles ist gemacht aus Licht. Es gibt Abstufungen, wenn ihr so wollt. Aber die existieren nur in der Wahrnehmung. So ist auch Fülle die übergeordnete Wirklichkeit. Mangel ist etwas ähnliches wie Schatten, die Abwesenheit von Fülle. Ihr werdet jetzt natürlich entsetzt sein und sagen: ›Es gibt aber doch Leute, die verhungern! Es gibt doch Wüsten auf diesem Planeten!‹ Das ist richtig. Im Sinne der zugrundeliegenden geistigen Realität sind Wüsten und Hungergebiete entstanden aus einem Bewußtsein von Mangel, und dieses Bewußtsein von Mangel ist deshalb entstanden, weil der Sinn für die zugrundeliegende Urwirklichkeit, nämlich unendliche Fülle, verlorengegangen ist. Um also aus der Dualität herauszukommen, gilt es erst einmal, das Mißverständnis zu begreifen, das dem dualistischen Denken zugrunde liegt. Beantwortet das deine Frage?«

H: »*Ja. Ich sehe die primäre Wirklichkeit als Licht. Und ich sehe auch das Potential in jedem Menschen als Licht. Aber um dieses Licht, um die primäre Wirklichkeit zu erkennen, müssen wir ja erst einmal unseren Egoismus überwinden. Solange ich verhaftet bin in meiner Ichbezogenheit, sehe ich ja immer nur meine Sekundärwirklichkeit. Um mich von dem Mangeldenken, das mit dem Egoismus zu tun hat – wie im Fall von der Fülle –, zu lösen, muß ich meine Angst überwinden; sonst kann ich dem Licht nicht voll vertrauen. Wie kann ich mit dieser Angst umgehen? Wie kann ich es schaffen, in das Urvertrauen hineinzukommen?*«

N: »Es erfordert ein Tun. Es wäre zwar möglich, sich durch reines Denken, durch radikales Bis-zu-Ende-Denken eine Basis zu schaffen für ein solch grundlegendes Vertrauen; das allein reicht aber nicht aus, um Vertrauen auch wirklich zu gewinnen. Dazu ist Handeln nötig. Versucht vielleicht erst einmal in Bereichen, in denen es nicht gefährlich ist, so zu handeln, als würdet ihr bereits vertrauen. Anstatt gleich das Handeln in großen Bereichen wie Existenzkampf, Liebesbeziehungen oder dergleichen umzustellen, greift euch zunächst kleine Bereiche heraus und übt, eurer Eingebung, eurem Instinkt zu vertrauen, auch wenn er euch zu Handlungen inspiriert, die verrückt scheinen. Das Handeln soll dem tatsächlichen Vertrauen immer einen Schritt voraus sein. Wenn ihr immer wartet, bis wirklich Vertrauen da ist, und dann erst handelt, erreicht ihr nie Vertrauen. Ihr müßt einmal handeln, ohne daß wirklich Vertrauen da ist. Ihr müßt einmal ins kalte Wasser springen – um dann zu entdecken, daß ihr darin überleben könnt, daß ihr darin schwimmen könnt, daß ihr sogar Freude daran haben könnt. Und daß ihr auch wieder heil herauskommt.«

G: »*Ihr sprecht vorhin vom Mangelbewußtsein. Nun kann ja in einem Unternehmen aufgrund von veränderten Marktbedingungen, Absatzschwierigkeiten und so weiter das Bewußtsein Platz greifen, daß Mangel besteht, und Mitarbeiter beginnen etwa um ihren Arbeitsplatz zu fürchten. Gibt es eine Möglichkeit, aus diesem Bewußtsein des Mangels auszusteigen und ins Bewußtsein der Fülle und des Spiels umzuschalten?*«

N: »Das ist eine wichtige Frage. Es wird jetzt ein bißchen paradox (und das wird immer wieder vorkommen in diesem Buch). Es erfordert ein Sich-selbst-Zurückwerfen auf das Prinzip Wahrheit. Wir entfernen uns nun vom Prinzip Spiel und gehen über auf etwas, was scheinbar ganz entgegengesetzt ist und sehr ernst wirkt, nämlich das Prinzip Wahrheit. Das heißt: Wenn es existenzbedrohende Krisen gibt oder der Erfolg nachläßt, die Mittel ausgehen und so weiter, ist es eigentlich erforderlich, daß die Mitglieder der Führungsgruppe – oder in einem fortschrittlichen Unternehmen sogar alle Beteiligten – alles stehen- und liegenlassen und sich von den äußeren Gegebenheiten völlig abwenden und ihr Bewußtsein auf die zentrale Wahrheit lenken, die diesem Unternehmen innewohnt. Sie sollen überprüfen, ob dieses Unternehmen mit seinem Anliegen, also mit dem, was es herstellt oder anbietet, sowie mit den Motiven, die dahinterstehen, mit dem Prinzip Wahrheit übereinstimmt oder ob es ein oder zwei Schritte, einen Fingerbreit oder hundert Kilometer davon entfernt ist. Schließlich muß man das Ganze so zurechtrücken, daß es wieder auf dem Boden der Wahrheit steht. Das heißt, man muß nüchtern überprüfen: Stimmt das noch, was ich tue? Stimmt das noch, was ich anbiete? Hat es noch eine reale Grundlage? Ist es überhaupt noch erforderlich? Läuft es vielleicht irgendwelchen grundsätzlichen Interessen der Menschheit oder der Zielgruppe, der Nation oder des Planeten zuwider? Und: Muß ich das, was ich tue, vielleicht grundsätzlich revidieren? Muß ich es von innen heraus vollkommen verwandeln? Oder reicht es, wenn ich es nur ein wenig anpasse? Wenn man dann das Gefühl hat, das Ganze im Geist zurechtgerückt zu haben, und es stimmt wieder mit der grundsätzlichen Ausrichtung aller Mitarbeiter überein, also mit der äußeren und der inneren Wirklichkeit, dann kann man das Spiel wieder beginnen. Und jeder der Beteiligten spürt: Jetzt geht es wieder los, jetzt kommen neue Kräfte, jetzt taucht neue Freude auf, und mit dieser neuen Freude stellen sich gleichzeitig auch neue Mittel ein, vielleicht auf überraschenden Wegen und durch Kanäle, an die niemand gedacht hätte.

Das ist ein Angehen des Problems von innen heraus.«

H: »Da drängt sich bei mir eine Frage auf. Wir haben ja schon ziemlich viel an Umwelt verschmutzt und zerstört, und es haben schon viele Naturkatastrophen stattgefunden. Wie schaut es denn diesbezüglich aus über die nächsten Jahre? Was haben wir da zu erwarten an Signalen und Warnungen?«

N: »Ihr seid mittendrin. Es ist alles voll von Alarmsignalen. Es ist fast ein bißchen zuviel, nicht wahr? Die Menschen haben schon wieder abgeschaltet, weil es normal geworden ist, daß überall eine Alarmsirene erklingt. Aber es ist natürlich höchste Zeit, diese Alarmsirenen ernst zu nehmen. Das wissen die meisten Menschen, aber sie wissen nicht, wie sie damit umgehen sollen. Es ist so ähnlich, als wenn in der Nachbarschaft eingebrochen wird, und es geht eine Alarmklingel an; ein normaler Mensch denkt dann: ›Das geht mich nichts an, die Polizei wird schon kommen.‹ So ist es auch mit diesen Alarmsignalen. Das Problem ist hier nur, daß jeder einzelne auf seinem Posten und in seiner Funktion sich angesprochen fühlen und überprüfen sollte: Inwieweit betrifft mich dieses Alarmsignal? Was trage ich dazu bei, daß es diesen Mißstand gibt? Wie kann ich das ändern? Wie kann ich auf meinem Platz dazu beitragen, etwas zu ändern? Das führt weit weg von unserem Thema; wir können es aber zu unserem Thema hinführen.

Nehmen wir einmal den Fall eines Unternehmens, dessen Manager dieses Buch lesen und sich von dieser Problematik angesprochen fühlen. Das Unternehmen, für das sie tätig sind, stellt etwas her, wovon sie sich, wenn sie ehrlich sind, eingestehen müssen, daß es umweltschädigend ist. Nun hat man vielleicht schon die eine oder andere Maßnahme eingeführt, die diese Schädlichkeit ein wenig reduziert; man hat das Ganze ein bißchen geglättet und geschönt, auch in seinem eigenen Gewissen. Aber irgendwo im Inneren weiß man: Die Sache steht nicht mehr ganz auf dem Boden der Wahrheit, der eigenen inneren Wahrheit. Die eigene tiefe Überzeugung stimmt nicht ganz mit dem überein, was das Unternehmen tut.

Was ist zu tun? Nehmen wir zunächst einmal an, es handelt sich um einen einzelnen Manager. Er macht diesen Prozeß ganz allein durch und steht allein vor diesen Gewissensfragen. Er hat den Eindruck, daß seine Kollegen, Vorgesetzten oder Mitarbeiter auf einem ganz anderen Stand sind und nicht verstehen können, was in ihm vorgeht. Er ist in einem gewissen Maße erwacht aus der allgemeinen kollektiven Hypnose, die da heißt: ›Wir müssen ständig weiter- und mehr produzieren, wir müssen den Mechanismus, den wir geschaffen haben, am Leben erhalten; es gibt keinen anderen Weg, und ob dabei die Umwelt kaputtgeht oder nicht, das ist nicht so wichtig …‹ Er möchte nun gern den Kurs wechseln. Was kann ein einzelner tun?

Das erste, was er tun kann, ist, sich hinzusetzen und im Geist die äußere Realität, so wie sie ist, gründlich betrachten – ohne sie in irgendeiner Weise schöner und besser oder schlechter zu machen, als sie ist; also eine ganz klare Bestandsaufnahme: ›Was tut dieses Unternehmen? Was ist meine Rolle dabei? Wie ist meine innere Einstellung dazu? Wie sieht mein Platz in der Welt aus? Warum tue ich das?‹ Dabei ist es ganz wichtig, nicht zu urteilen, sondern eher den Standpunkt eines Forschers einzunehmen, etwa eines außerirdischen Forschers, der das Ganze unvoreingenommen betrachtet.

Wenn er zu dem Ergebnis kommt, daß das Ganze nicht auf dem Boden der Wahrheit steht; daß seine innere Wahrheit eine andere ist als die Wahrheit des Unternehmens; und daß die

Wahrheit dieses Unternehmens anders ist als die Wahrheit beispielsweise des Überlebensinteresses des Planeten; wenn es also überall Verschiebungen gibt – dann gibt es zwei Dinge, die er tun kann. Das erste: das Ganze in seinem eigenen Bewußtsein zurechtrücken, indem er sich vorstellt, visualisiert und empfindet, wie es wäre, wenn das Ganze sich so verändert hätte, daß es auf dem Boden der Wahrheit stünde und daß es mit seiner inneren Wahrheit übereinstimmt. (Wenn er absolut keine Möglichkeit findet, es zurechtzurücken, dann möge er das sein lassen und sich einen anderen Job suchen. Im allgemeinen aber besteht eine solche Möglichkeit.) Das andere: versuchen, innerlich Anschluß zu finden an die große Gemeinschaft derjenigen Menschen auf diesem Planeten, die bereits in dem von ihm angestrebten und erwünschten Sinne denken und handeln; also gewissermaßen telepathisch Kontakt aufnehmen zu dieser großen Strömung, die die Mißstände dieser Art zurechtzurücken bestrebt ist; Hilfe suchen im telepathischen Ozean, sich einklinken in eine geistige Strömung, der er sich nun aufgrund seiner neuen Erkenntnisse verwandt fühlt.

Diese Schritte reichen im allgemeinen aus, um eine Änderung der Verhältnisse herbeizuführen. Wie nun diese Änderung zustande kommt, ob sich tatsächlich im Unternehmen etwas bewegt, ob vielleicht plötzlich Kollegen auf ihn zukommen und ihn auf ähnliche Dinge ansprechen und er erkennt, daß es andere Menschen in seinem Wirkungskreis gibt, die ähnlich denken wie er, oder ob sich etwas ändert in seinem Leben, das ihn von diesem Unternehmen entfernt, oder ob ihm neue Menschen begegnen, neue Möglichkeiten oder was auch immer: das ist an diesem Punkt der Entwicklung nicht vorausschaubar. Aber auf jeden Fall leitet man, wenn man so vorgeht, eine Änderung ein, die in die gewünschte Richtung führt.

Bleibt natürlich noch als letzter Faktor, daß man, wenn man auf diese Weise vorgeht, auch tunlichst sein Verhalten in seinem eigenen Leben mit den angestrebten Prinzipien in Einklang bringen sollte. Wenn man das nicht tut, wird man etwas mehr Schwierigkeiten haben als zuvor, ganz einfach deshalb, weil dann überall kleine Alarmsirenen angehen, die sagen: ›Stop! Du gehst nicht auf dem Weg, auf dem du eigentlich gehen möchtest.‹ Man wird möglicherweise ab und zu anecken – ein Anecken, das dazu dient, einen aufzuwecken. Das sind nur kleine Mahnungen und Korrekturen, nichts Schlimmes. Falls man also plötzlich merkt, daß man andauernd stolpert und Schwierigkeiten bekommt, dann sollte man prüfen, inwieweit das eigene Verhalten mit dem übereinstimmt, was man postuliert, was man sich wünscht oder was man vorgezeichnet hat für die Gemeinschaft, für das Unternehmen, für die Gesellschaft, womöglich für die ganze Menschheit.

Wir haben hier nun zwei scheinbar völlig verschiedene Urprinzipien angesprochen: das Urprinzip Spiel und das Urprinzip Wahrheit. Um zu verstehen, wie sie zusammengehören, reicht es nicht aus, eine Erklärung zu bekommen. Es kann auch gar nicht bis zu Ende erklärt werden. Sondern es handelt sich dabei um eine Art Koan (der Vernunft unzugängliche Sentenz). Man kann mit diesen Urprinzipien im Geist jonglieren und spielen, um zu verstehen, wie sie zusammengehören. Diesen Zusammenhang möchten wir nicht vorgeben, um euch nicht die Möglichkeit zu nehmen, durch diese Übung zu einer sehr tiefgreifenden Erkenntnis zu gelangen. Ihr könnt das Grundprinzip Wahrheit und das Grundprinzip Spiel im Geist nebeneinandersetzen und dann euer Bewußtsein hin- und herwerfen von einem auf das andere, um zu einer Erkenntnis zu kommen, die beide Urprinzipien umfaßt, vereint und über sie hinausgeht. Das Ergebnis könnt ihr vielleicht nicht in Worten wiedergeben; das spielt keine Rolle.«

G: »Mich interessiert die Rolle der Verantwortung. Wie sieht es damit im Wechselspiel von Spiel und Wahrheit aus? Wenn man sich im spielerischen Kontext befindet, ist es leichter, sich verantwortlich zu fühlen. Aber im Feld Wahrheit geht es um etwas ganz Grundsätzliches ...«

N: »Es gibt zwei Antworten auf diese Frage. Die eine ist: Wenn du das empfohlene Spiel machst, wenn du mit Wahrheit und Spiel jonglierst, ist eine Facette dessen, was dabei herauskommt, ein neues Verständnis von Verantwortung. Die andere Antwort: Es gibt etwas, das noch nicht angesprochen wurde in diesem Text, das aber noch ins Spiel gebracht werden wird, das ist das Urprinzip Liebe. Wo Liebe ist, bedarf es des Begriffes ›Verantwortung‹ nicht. Aus Liebe erwächst ganz selbstverständlich Verantwortung, ohne daß es aber diesen ernsten, belastenden Beigeschmack von Pflicht, Druck und so weiter hätte.

Noch Fragen, um dieses grundsätzliche Kapitel über die Welt der Arbeit abzuschließen?«

H: »Werden die Menschen auch in Zukunft immer für jemand anderen arbeiten, oder wird sich das Bewußtsein dahingehend verändern, daß ein neues Selbstverständnis entsteht und daß man begreift, daß man auch für sich selbst etwas schaffen kann? Wird sich die Arbeitsstruktur zum Beispiel so verändern, daß man für viele arbeiten kann, mit oder ohne Vertrag? So etwas wie eine virtuelle Arbeitswelt?«

N: »Dafür gibt es Ansätze. Es ist eine Entwicklung, die noch nicht sehr viele, aber einige Menschen erfaßt hat.

Das alles sind jedoch außenorientierte Veränderungen. Es gibt auch innenorientierte Veränderungen, etwa bei Menschen, die zu entdecken beginnen, daß sie, während sie für jemand anderen arbeiten, zugleich für sich selbst arbeiten. Nicht nur indem sie Geld für ihren Lebensunterhalt verdienen; sondern in dem Sinne, daß sie im Arbeitsprozeß Möglichkeiten entdecken, zu wachsen oder Erlebnisse von Befriedigung oder Erfüllung zu haben (die keineswegs identisch sein müssen mit äußeren Erfolgserlebnissen); oder daß sie mehr und mehr davon profitieren, daß der Arbeitsplatz auch eine Kommunikationsstätte ist, wo sie Kontakte knüpfen, und so fort.

Solche Menschen sind etwas weniger abhängig von den äußeren Umständen an ihrem Arbeitsplatz oder sogar überhaupt von äußeren Gegebenheiten, weil sie aus allem, was ihnen geschieht, in irgendeiner Weise Nutzen ziehen, und sei es nur dadurch, daß sie verstehen, daß die Probleme, denen sie begegnen, Herausforderungen sind, an denen sie wachsen können. Und hier wird Arbeit wieder Spiel.«

H: »*Mich interessiert noch die Frage der Berufung und der persönlichen Neigung. Gibt es so etwas wie eine Bestimmung? Ist die persönliche Neigung mit ihr identisch?*«

N: »Es gibt Menschen, die eine Berufung haben. Das ist nichts anderes als ein eindeutiger Beweggrund, mit dem sie in dieses Leben eingetreten sind, und der bereits verbunden ist mit einer klaren, festumrissenen Vorstellung von einer diesem Motiv entsprechenden Tätigkeit. Es gibt aber andere, die nicht mit einer solchen klaren, auf eine Tätigkeit bezogenen Ausrichtung in dieses Leben gekommen sind; bei diesen Menschen kann man nicht von einer Berufung sprechen.«

G: »*Wir hatten vor dieser Sitzung ein Gespräch, bei dem es um die Unterscheidung zwischen Berufung und Auserwähltsein ging. Was macht diesen Unterschied aus?*«

N: »›Berufung‹ und ›Auserwähltsein‹ gehen von entgegengesetzten Standpunkten aus. Im Idealfall sind sie aber ein und dasselbe, zwei Pole ein und derselben Angelegenheit. Es ist dann so, als ob du einen Stecker in eine Steckdose steckst: Es gibt Strom, und mit diesem Strom kann irgend etwas betrieben werden, wenn der richtig geformte Stecker in die richtige Steckdose kommt. Das heißt: Kommt diese Berufung wirklich aus den Tiefen des eigenen Inneren, dann kommt sie gleichzeitig aus den Tiefen des kollektiven Bewußtseins, das weiß, an welchem Platz es den einzelnen im Idealfall haben möchte. Das ist dann das Auserwähltsein. Es kann aber sein, daß jemand sich einbildet, erträumt oder erdenkt, er hätte eine bestimmte Berufung, vielleicht weil er in seiner Jugend ein entsprechendes Buch gelesen oder einen Film gesehen hat – etwas, was nicht aus ihm selbst kommt. Er fühlt sich dann möglicherweise berufen, ist aber nicht auserwählt. Dann passen Stecker und Steckdose nicht zusammen, um bei diesem Bild zu bleiben.«

G: »Dann ist die Wahrscheinlichkeit groß, daß er auf vermeintliche Spielverderber trifft, die ihm klarzumachen versuchen, daß sein Platz woanders ist…«

N: »Ja. Solche Spielverderber sind in Wahrheit Freunde. Man muß sich nun nicht vorstellen, daß hinter dem Ganzen ein fertiges Konzept der universalen Intelligenz oder eines Gottes steckt, der sagt: Du gehörst dahin und du dorthin, und wenn jeder am richtigen Platz ist, dann ist es perfekt. In gewisser Weise ist es zwar so, aber dieses Ganze ist dynamisch, in jedem Augenblick veränderungs- und entwicklungsfähig. Es ist also nicht ein für allemal vorbestimmt. Darum kann auch so etwas wie ein zugrundeliegender Plan der kosmischen Intelligenz oder ein göttlicher Plan nur per Intuition im jeweiligen Augenblick erkannt werden, aber nicht als starres Konzept, das für lange Zeit entworfen wurde – oder gar in alle Ewigkeit gilt.«

3.

POSITIVE UND NEGATIVE
GRUNDANNAHMEN

N: »Realität im Sinne einer letztgültigen Wirklichkeit, die man beschreiben könnte, gibt es nicht. Letztgültige Realität ist etwas, was keinerlei Form hat, keinerlei Charakter, keinerlei Art; etwas, das ungeformt ist, aus dem aber alles hervorgeht. Es ist nichts und enthält potentiell alles. Deshalb kann man sagen: Es ist in sich negativ (nichtseiend) und potentiell positiv.

Das Universum ist unendlich. Es gibt unendlich viele Daseinsformen, unendlich viele Bewußtseinsstufen und unendlich viele Formen und Stufen von Manifestation, mehr oder weniger dicht und somit in eurem Sinne mehr oder weniger materiell. Die Menschheitsfamilie ist nicht die einzige dieser Art im Universum und nicht der Nabel des Universums oder die Krone der gesamten Schöpfung. Soviel vorweg.

Die Grundtatsache, die eben angedeutet wurde, bedeutet: Das menschliche Bewußtsein in sich ist neutral. Es ist einfach nur Sein, und dieses Sein ist in Bewußtwerdung begriffen. Aber genau wie das Gesamtsein und -bewußtsein ist es potentiell positiv. Das heißt: Aus diesem neutralen Nichts läßt sich alles, was ihr wollt, entwickeln; sowohl eine Welt, die nach euren Maßstäben negativ ist (destruktiv, egoistisch), als auch etwas, was nach euren Maßstäben positiv ist; die Wahrheit liegt jenseits davon. Was ist euch lieber? Was ist euch dienlicher? Welches ist eure Wahl? Wollt ihr Krieg, Hunger, Umweltverpestung haben, oder wollt ihr, daß es euch allen gutgeht? Das ist der Unterschied zwischen positiv und negativ in eurer Welt, in der Welt, auf die wir uns in diesem Buch beziehen.

In diesem Sinne ist positives Denken dem allgemeinen

menschlichen Zweck – nämlich Glücklichsein – dienlicher als negatives Denken. Keins von beiden ist absolut gültig, aber ihr seid frei, so oder so zu denken. Es gibt keinen Menschen, der grundsätzlich und immer negativ oder grundsätzlich und immer positiv denkt. Auch die vielen Menschen, die sich bemühen, positiv zu denken, denken mitunter recht negativ. Es vermischt sich immer. Das eigentlich für euch Interessante liegt darin, Klarheit zu gewinnen darüber, in welcher Weise sich in eurem eigenen Bewußtsein positives und negatives Denken mischt; Klarheit über eure eigenen Gedanken, über eure typische Art zu denken, über die Gefühle, die mit euren Gedanken einhergehen, und so fort, um dann klare und bewußte Entscheidungen treffen zu können: ›Wie möchte ich denken? Was möchte ich schaffen? Welche Realität möchte ich schaffen?‹

Denn alle Realität entsteht aus Bewußtsein – über viele Manifestationsstufen. ›Welche Realität möchte ich schaffen in meinem Leben, in meinem Umfeld, im kollektiven Feld, in der Wirtschaft und so fort? Zur Schaffung von welcher Art von Realität möchte ich beitragen?‹ Das ist eure bewußte Entscheidung. Ihr könnt euch aber nicht bewußt entscheiden, positiv zu denken, wenn ihr euch über euer negatives Denken nicht im klaren seid, das heißt, wenn ein Großteil eurer Denkvorgänge im Unbewußten liegt, im Schatten oder im Zwielicht des Bewußtseins, und ihr sie nie anschaut.

Deshalb ist es zunächst einmal wichtig, euer eigenes Denken und Fühlen zu beobachten, bewußt wahrzunehmen. Dann lernt ihr zu verstehen, wie ihr denkt, wie euer Denken funktioniert, auf welche Weise es mit Emotionen verknüpft ist und mit dem Körper; dabei kann irgendeine Form von Therapie unterstützend wirken: Psychotherapie oder körperorientierte Psychotherapie auf der einen und Meditation auf der anderen Seite. Und wenn ein gewisser Grad an Klarheit erreicht ist, dann könnt ihr anfangen, bewußte Entscheidungen in bezug auf die Art, wie ihr denkt, zu treffen. Und die Art, wie ihr denkt, bestimmt zum großen Teil die Art, wie eure Wirklichkeit sich gestaltet. Von besonders großer Bedeutung sind dabei eure positiven und negativen Grundannahmen.

Einige Beispiele von Grundannahmen, die sehr fundamental formuliert sind und bis in jeden Zipfel eures Berufsalltags ihre Wirkung haben. Zum Beispiel könnt ihr der grundsätzlichen Auffassung sein, der Mensch sei schlecht – oder aber gut; oder Kinder seien von Natur aus faul, deswegen müsse man sie zum Lernen prügeln (wenn man so von Kindern denkt, denkt man ähnlich von Erwachsenen); oder der Mensch sei von Natur aus habgierig und egoistisch. Eine ganze Reihe solcher negativer Grundannahmen bestimmen die Struktur eures Zusammenlebens und wirken stark bestimmend im Wirtschafts- und Finanzsektor.«

G: »Ich ergänze: ›Menschen brauchen Führung‹, anstatt: ›Menschen können sich selbst führen.‹ – ›Menschen müssen in ihre positive Entwicklung hineingeführt werden‹, oder: ›Menschen entwickeln sich aus sich selbst heraus.‹«

N: »Sehr gute Beispiele. Nun ist jede Grundannahme eine sich selbst erfüllende Prophezeiung; die ganze Realität funktioniert auf diese Weise. Ganz einfach deshalb, weil die ganze Realität sich letztendlich zurückführen läßt auf etwas, was man Intelligenz nennen kann, und dann, in zweiter Instanz, auf etwas, was man Bewußtsein nennen kann, nämlich insoweit die Intelligenz sich ihrer selbst bewußt wird; und um das zu werden, projiziert sie, grob gesagt, die Inhalte ihres Denkens und Erkennens in eine wahrnehmbare Form, und das ist das Universum.

Dieser Vorgang wiederholt sich in jedem einzelnen Individuum. Das heißt, deine Intelligenz ist schöpferisch, sie schafft Realität. Wenn du nun in einer Firma eine leitende Funktion innehast, und du bist dir mit deinen leitenden Kollegen einig in dem Punkt, daß Menschen sich nicht selbst führen können, sondern Führung brauchen, dann wird sich in deiner Firma diese Annahme bewahrheiten. Dort, wo sie sich nicht bewahrheitet, wird es Reibereien geben, und Mitarbeiter werden ausscheiden oder unzufrieden sein. Im großen und ganzen aber wird sie sich bewahrheiten. Je mehr Leute in eurer Firma dieser Auffassung sind, desto mehr wird sie sich bewahrheiten, schon deshalb, weil ihr nur das wahrnehmt, was mit eurer Überzeugung im Einklang steht. Alles andere pflegt ihr aus eurer Wahrnehmung auszublenden. So verstärkt ihr eure Schöpfung, indem ihr feststellt: ›Es ist so, wie ich immer sage.‹

Um nun die Sache mit den positiven und den negativen Grundannahmen zu Ende zu führen: Es gibt also das Positive jenseits des Positiven und Negativen. So kann man, grob vereinfacht, sagen, daß die jeweils positive Grundannahme (damit sind gemeint: Überzeugungen, die sich ganz grundsätzlich auf die Natur des Lebens, des Menschen und so weiter beziehen) der Realität etwas näher steht als die negative Grundannahme und, zweitens, schöpferischer und brauchbarer für euch ist als die negative Grundannahme. Wenn ihr also sagt: ›Der Mensch ist grundsätzlich gut, entwicklungsfähig, intelligent, in der Lage, sich selbst zu führen‹, dann kommt ihr in eurer Entwicklung, sowohl individuell als auch kollektiv, weiter, als wenn ihr dies alles leugnet. Jede negative Grundannahme beinhaltet eine Verleugnung, eine Verneinung. Ihr seid frei, zu verneinen oder zu bejahen (wir bewegen uns hier in einem sehr grundsätzlichen Feld), und die Bejahung ist immer die Alternative mit dem größeren Spektrum an schöpferischen Entwicklungsmöglichkeiten. Das wird jedem ohne weiteres einleuchten, wenn er es an einzelnen Beispielen untersucht. Im Bereich der Erziehung ist es bereits auch experimentell bewiesen worden.

Wenn du dich also zu der Ansicht durchringen kannst, daß der Mensch grundsätzlich gut ist, dann trägst du etwas dazu bei, daß der Mensch insgesamt tatsächlich etwas besser wird, weil jede Grundannahme eine sich selbst erfüllende Prophezeiung ist. Du kannst aber zu der Annahme, daß der Mensch grundsätzlich gut, entwicklungsfähig, selbstorganisierend ist, nur kommen, wenn du das bei dir selbst herausfindest. Es kann auch helfen, wenn du es an deinen Kindern beobachtest; aber noch tiefer wird diese Erkenntnis, wenn du es bei dir selbst herausfindest. Das heißt, und damit sind wir wieder bei dem, was schon empfohlen wurde: anfangen zu beobachten, was du tust, denkst und fühlst, mit der ehrlichen und unvoreingenommenen Absicht, die Wahrheit herauszufinden. Das eigene Verhalten, die eigenen Gedanken und Gefühle neutral beobachten. Wenn du das tust, wirst dú sehr bald hinter allem, was dir negativ erscheint, das grundsätzlich Positive, das grundsätzlich Gute, Entwicklungsfähige, Schöpferische und Bejahende finden. Wenn du das einmal in dir selbst gefunden hast, dann wirst du zu einer positiven Grundüberzeugung kommen, die dir nichts und niemand mehr rauben oder zerstören kann und die du dann in der Folge auf alles und alle anwenden kannst.«

H: »*Es geht also um Gewahrsein des eigenen Denkens, Fühlens und Handelns. Ich möchte die Frage einer angstfreien Wahrnehmung aufwerfen. Die meisten Menschen nehmen nur wahr, was ihnen ins Konzept paßt; alles andere wird durch blinde Flecken ausgeblendet. Wie kommen wir zu einer angstfreien Wahrnehmung, damit wir Dinge, die gesehen werden wollen, nicht schnell wieder zudecken?*«

N: »Durch Wahrnehmung. Wenn du anfängst mit der Übung ›Wahrnehmen‹, dann sind all diese Ängste noch da, aber trotzdem sagst du: ›Ich beginne jetzt wahrzunehmen.‹ Dann nimmst du auch deine Angst wahr, und schon hast du den Faden in der Hand. Du kannst dann gar nicht anders als immer weiter wahrnehmen, entdecken, aufdecken. Jede Aufdeckung – auch von etwas Negativem, das wirst du durch die Praxis merken – ist wohltuend, weil heilend. Du mußt also nur einmal mit der Übung anfangen, mitsamt der Angst. Vielleicht sagst du: ›Die Übung wird bei mir nicht viel nützen, denn ich verdränge viel.‹ Aber sobald du deine Absicht klargestellt hast und dich darauf einstellst, alles wahrzunehmen, was in deinem Inneren geschieht, ist es schon fast ein von selbst laufender Prozeß; außer wenn du deine Wahrnehmung wieder betäubst, indem du etwa andauernd fernsiehst, liest, Alkohol trinkst oder dergleichen.

Du kannst also ruhig deine Angst anerkennen und sagen: ›Ich weiß, ich habe Angst, aber was ich wahrnehmen kann, werde ich wahrnehmen.‹

Um euch die Angst und das Mißtrauen zu nehmen, ist ein Großteil dieses Textes formuliert worden. Es ist hilfreich, einen Text wie diesen zu lesen; wenn ihr ihn lest, fühlt ihr die Wahrheit und befindet euch in einer erleichternden Atmosphäre. Auch wenn ihr es nicht beabsichtigt, entsteht doch ein Ansatz von Vertrauen. Und dann könnt ihr an die Übung herangehen; es wird euch dann leichter fallen. Dieser Text wirkt nicht nur durch die Worte, sondern auch durch die übermittelte Atmosphäre.

Ferner ist es gut, sich vor Augen zu halten: Das, was ist, ist. Und das, was ist, wirkt. Ob ihr es wahrnehmt oder nicht. Deshalb ist es intelligenter, es wahrzunehmen. Ihr seid dann überhaupt erst frei, zu entscheiden, wie ihr handeln möchtet. Ein Beispiel: Ein Manager arbeitet bei einem Pharmakonzern. Er bekommt dieses Buch oder ein ähnliches in die Hand, und er beschließt, mit der Übung ›Wahrnehmen‹ anzufangen. Er möchte wahrnehmen, was vorgeht in seinen Gedanken und Gefühlen, er möchte ehrlich und genau wahrnehmen. Er merkt plötzlich, daß er Angst hat vor dieser Übung, weil er ahnt, daß es in der Tiefe seines Gewissens irgendwo eine Stimme gibt, die da sagt. ›Das, was ihr in dieser Firma tut, ist nicht gut, du müßtest eigentlich woanders arbeiten oder etwas in deiner Firma verändern.‹ Aber er möchte diese Stimme nicht wahrnehmen, weil er keine Lust hat, entsprechend der Stimme seines Gewissens zu handeln. Er mag seinen Job, er verdient viel Geld, und überhaupt hat er keine Lust, sich zu verändern. Also zieht er es vor, seine Wahrnehmung einzuschränken und diese Stimme zu ignorieren.

Diese Stimme ist jedoch trotzdem da. So entsteht eine Diskrepanz, eine Reibung zwischen einer Schicht seines Wesens und einer anderen, zwischen seinem bewußten und seinem unbewußten Handeln und Denken. Es ist so ähnlich, wie wenn Erdschollen aufeinanderstoßen und sich aneinander reiben – es kann gewissermaßen Erdbeben geben. Oder es kann ein ständiges

Irritiertsein entstehen, ein ständiges Unwohlsein, eine ständige Nervosität, die sich später manifestieren können in Form von Schäden am Nervensystem oder am Herzen.

Wenn sich aber dieser Mensch entschließt, trotz seiner Angst ehrlich wahrzunehmen, dann kann er sich sagen: ›Ich werde üben, zu beobachten, was in meinem Inneren wirklich vorgeht; das bedeutet aber nicht, daß ich als Konsequenz dieser Wahrnehmung gezwungen bin, so oder so zu handeln.‹ Nun kann folgendes geschehen: Er nimmt als erstes die Angst wahr. (Wenn es um Emotionen geht, ist es wichtig, sie nicht nur wahrzunehmen im Sinne von Benennen, also intellektuell, sondern die Angst wirklich zu empfinden, für einen Augenblick in das Gefühl ›Angst‹ einzutauchen und seine Realität zu empfinden.). Nachdem er sich genügend mit der Angst beschäftigt hat, kommen die vormals verdrängten Gedanken an die Oberfläche des Bewußtseins. Und plötzlich merkt er: Da ist eine Unzufriedenheit, und sie war die ganze Zeit schon da. Sie bezieht sich offenbar darauf, daß er etwas tut, was er im Inneren nicht für richtig hält. Bis zu diesem Punkt ist nichts weiter geschehen, als daß er über sich selbst Klarheit gewonnen hat. Er hat etwas, was ohnehin die ganze Zeit vorhanden war und an ihm nagte, wahrgenommen. Dem folgt ein allgemeines Aufatmen in allen Schichten seines Wesens, und er fühlt sich wieder wohl.

Dann, in zweiter Instanz, kann er überlegen, wie er handelt. Wenn er dann sagt: ›Okay, ich bin unzufrieden, ich nehme es wahr, aber dieser Job ist mir trotzdem wichtiger‹; dann ist das eine bewußte Entscheidung; er kann dazu stehen und gleichzeitig wissen, daß es Stimmen in seinem Inneren gibt, die dagegen sind; und es entsteht dennoch kein tiefer seelischer Konflikt, der krank macht. Alles ist auf die Ebene des Bewußtseins heraufgeholt und kann bewußt verarbeitet werden. Das ist viel gesünder, als wenn es verdrängt wird.

Ähnliches kommt auch in Beziehungen vor. Zwei Menschen sind miteinander verheiratet, und es entwickelt sich ein Gefühl der Unzufriedenheit aufgrund von Differenzen oder aufgrund einer ständigen emotionalen Unterernährung, Mangel an Zuwendung zum Beispiel, und ein oder beide Partner gestehen sich das nicht ein – aus Angst, sie müßten die Beziehung auflösen, wenn sie es sich eingestehen. Das ist aber nicht der Fall! Im Gegenteil: Wenn der unzufriedene Teil sich seiner Unzufriedenheit bewußt wird und sie in seinem Bewußtsein verarbeitet, dann ist er frei, zu entscheiden. Entweder er sagt: ›Die Unzufriedenheit ist so groß und die Lage so hoffnungslos, daß ich gehen muß‹; oder aber: ›Ich bin unzufrieden, aber ich bleibe. Vielleicht läßt sich die Situation verändern.‹

Bewußtwerdung heißt also nicht, gezwungen zu sein, so und so zu handeln, sondern im Gegenteil: Bewußtwerdung bedeutet, freier entscheiden zu können.«

H: »Das ist ein äußerst wichtiger Punkt. Wenn mir ein Inhalt bewußt wurde (ich stelle fest, daß ich unzufrieden bin), dann ist es ungeheuer wichtig, das mir selbst gegenüber auch aussprechen zu können. Ich glaube, daß die Unzufriedenheit sich in diesem Augenblick auch schon weitgehend auflöst.«

N: »Ja. Solange du die Unzufriedenheit nicht wahrnimmst, wird sie immer größer. Wie ein kleines Kind, das deine Aufmerksamkeit fordert, und du verweigerst sie ihm: Es wird quengeln und quengeln, immer lauter, und keine Ruhe geben. Wenn du der Unzufriedenheit nicht erlaubst, in dein Bewußtsein aufzusteigen, dann steigt sie in deinen Körper hinab und richtet dort etwas an, was nach Aufmerksamkeit schreit, oder sie steigt in dein Leben hinaus und richtet dort etwas an, was ebenfalls nach Aufmerksamkeit schreit. Irgendwo manifestiert sie sich. Wenn du sie aber bemerkst und sie vor allem auch fühlst – es geht nicht nur um das Benennen, es ist kein rein intellektueller Vorgang, sondern du mußt sie emotional erkennen und annehmen – und dir das auch zugestehst (›Ich habe das Recht, unzufrieden zu sein; die Situation ist wirklich so, daß ich unzufrieden sein kann‹), dann bist du mit dir selbst im Einklang. Schon das bringt Erleichterung und Verbesserung.«

H: »Können wir nun von der persönlichen auf die kollektive Ebene gehen? Nehmen wir den Manager im Pharmakonzern: Er ist sich nun seiner Unzufriedenheit bewußt geworden, auf der anderen Seite aber gibt es doch ein starkes kollektives Glaubenssystem, das, aus der Perspektive dieses Managers gesehen, nun aufgelöst werden soll...«

N: »Das kollektive Glaubenssystem, das der Entwicklung der chemischen und der Pharmaindustrie zu ihrem derzeitigen Stand verholfen hat, ist schon wieder im Erliegen begriffen. Es existiert zwar noch in den Köpfen der Menschen, aber eigentlich nur noch als Relikt aus der Vergangenheit, als Gespenst, als Echo. Es hat keine Realität mehr.

In Wirklichkeit ist die Entwicklung des kollektiven menschlichen Bewußtseins in dem Feld, von dem wir hier sprechen, schon viel weiter fortgeschritten, und alle wissen das, jeder auf seine Art. Der eine ahnt es, und der andere weiß es explizit. Wenn nun unser unzufriedener Mitarbeiter, der seiner Unzufriedenheit gewahr geworden ist, nicht beschließt, auszusteigen und auf Sizilien Bio-Tomaten zu ziehen, sondern in seinem Konzern auf seinem Posten zu verbleiben und dort von innen heraus bewußtseinsverändernd zu wirken: Wie kann er nun vorgehen?

Das erste, was er tun muß, ist: das in der Vergangenheit reale und in der Gegenwart nur noch als Überrest existierende kollektive Denken, das zur Entwicklung der Pharmaindustrie zu ihrem derzeitigen Stand geführt hat, in seinem eigenen Bewußtsein entdecken. Denn auch wenn er sich schon davon distanziert hat, so wird er bei genauer Beobachtung entdecken, daß noch Reste davon in seinem eigenen Bewußtsein zu finden sind. Gemeint ist dieses Denken, soweit es sein eigenes Leben und Fühlen betrifft, sein eigener Anteil an der Entwicklung, die er nun verurteilt.

Und dann muß er prüfen, wo es im eigenen Denken, in der eigenen Psyche, im eigenen Leben Ansätze gibt für eine Neuorientierung; nicht nur im Kopf, sondern im

Außen- und Innenleben. ›Wo bin ich schon ein bißchen anders geworden? Wo haben neue Überzeugungen schon wirklich Fuß gefaßt? Wo handle ich schon anders als die Masse, von der ich mich jetzt distanziere und die ich verändern möchte?‹ Vielleicht benutzt er schon ein Öko-Waschmittel zu Hause, vielleicht ist er schon auf Homöopathie umgestiegen ... Vielleicht hat er schon gelernt, mit seiner Familie anders umzugehen ... Das alles hängt zusammen. Diese zarten Pflänzchen einer Neuentwicklung muß er dann fleißig begießen und pflegen, das heißt an seiner eigenen Bewußtseinsentwicklung, seiner eigenen Neuorientierung weiterarbeiten.

Wenn man das nicht tut, passiert folgendes: Du hast angefangen, anders zu denken und vielleicht auch ein kleines bißchen anders zu fühlen und zu handeln, und dann stürzt du dich auf die anderen. Jetzt sollen die anderen das fortführen, was du in deinem Leben erst angefangen hast. Der Effekt ist, daß sich die anderen sehr schnell von dir distanzieren; oder aber daß ihre Bewußtseinsveränderung nur an der Oberfläche stattfindet. Wenn du aber an deiner eigenen Entwicklung ernsthaft arbeitest und in deinem eigenen Leben konsequent bist und auch in die Tiefe gehst, dann veränderst du dein ganzes Umfeld ohne Worte ganz von selbst. Deine Ausstrahlung verändert sich, deine Aura verändert sich im (feinstofflich) materiellen Sinne, für jeden spürbar; und ohne daß der andere weiß, wie ihm geschieht, geht etwas in ihm vor, und etwas verändert sich auch in ihm. Erst wenn du selbst merkst, daß du wirklich Fortschritte gemacht hast, daß du selbst anders geworden bist, erst wenn du sicher stehst auf dem neuen Boden, kannst du anfangen, nach draußen zu gehen. Und auch hier möglichst nicht mit Vorträgen, sondern indem du deine Macht als Manager benutzt, um bestimmte Dinge zu ändern und umzustrukturieren und um vielleicht klammheimlich die eine oder andere Neuerung einzuführen und überaltete Muster abzuschaffen. Und erst in dritter Instanz kannst du in die Welt hinausgehen und als Prophet auftreten. Dann hast du ein Maximum an Wirkung erzielt.

Das erste Feld aber, das es zu beackern gilt, bist immer du selbst.«

H: »*Aber dann gehe ich nicht mehr hinaus, um Vorträge zu halten, weil mir klar ist: In Vorträgen rede ich über das, was ich selbst am nötigsten habe.*«

N: »Ja. Das ist allgemein üblich. Es ist auch in gewisser Weise natürlich. Und zwar, weil bestimmte bewußtseinsentwickelnde und persönlichkeitsentfaltende Vorgänge unterhalb der Schwelle des rational gesteuerten Bewußtseins ablaufen, also irgendwo im Feld Unterbewußtsein bis Unbewußtes. Um selbst zu erkennen, in welcher Weise ihr euch weiterentwickeln möchtet, projiziert ihr das, was in euch latent, unbewußt schlummert, nach außen, in Gestalt von Reden und Vorträgen. Wenn ihr dann euren eigenen Vorträgen lauscht und das, was ihr so schön gesagt habt, anwendet, dann hat das Ganze seinen Zweck erfüllt. Es ist durchaus natürlich und ganz in Ordnung. Und es können sehr wohl unter den Zuhörern auch Menschen sein, die davon profitieren.

Auch wenn du dann keine Vorträge mehr hältst, ist das ganz in Ordnung. Erstens gibt es immer noch genügend Leute, die Vorträge halten. Und zweitens geht es nicht um Vorträge. Die tiefgreifenden und wirklichen Veränderungen geschehen auf einem Trägermedium jenseits von Worten; es ist so etwas wie eine Erkenntnis vor Worten oder jenseits von Worten; dann auf der Ebene von Emotionen, was sehr wichtig ist; dann auf einer Ebene, die man Stimmung nennen kann, und auf der körperlichen Ebene.

Wenn du durch dein Sosein stillschweigend etwas Neues demonstrierst, dann wird es große Wirkung haben. Wenn du es nur sagst, ohne es zu demonstrieren, kann es zwar auch einmal bei jemandem auf fruchtbaren Boden fallen, weil es die Information ist, die er gerade gebraucht hat; aber die Wirkung insgesamt wird nicht so groß sein, als wenn du es demonstrierst und nicht darüber redest.

Erst ganz am Schluß der Entwicklung kannst du dahinkommen, daß du demonstrierst und redest.«

G: »*Wir haben nun sehr viel über negative Einstellungen und ihre Transformation gesprochen. Haben aber nicht auch positive Einstellungen einen begrenzenden Charakter? Und nochmals: Gibt es nicht auch einen Zustand jenseits positiver und negativer Einstellungen?*«

N: »Bitte nenne ein Beispiel für die mögliche Begrenztheit positiver Annahmen.«

H: »*Die sich selbst erfüllende Prophezeiung ...*«

G: »*In einer Zielsetzung, die Unternehmer vornehmen, können sie sehr positive Erwartungen formulieren und damit die Entwicklung auf einen Punkt festschreiben, der vielleicht viel positiver hätte verlaufen können ...*«

N: »Wenn ihr euch ein Ziel setzt, dann streben alle Kräfte auf dieses Ziel zu. Kräfte, die möglicherweise eine viel größere Reichweite oder Laufzeit gehabt hätten, werden an dieses Ziel gebunden. Ob du dich auf 50 Meter Laufen programmierst oder auf 100 Meter, macht einen Unterschied.

Was Zielsetzungen betrifft, so ist es gut, wie folgt vorzugehen: Setzt euch zusammen und fixiert, soweit möglich, aus eurem Verstandeswissen heraus euer Ziel; laßt es dann hinter euch und setzt euch in Verbindung mit den weiterblickenden schöpferischen Kräften in eurem Inneren und überprüft euer Ziel aus dieser Innenperspektive heraus noch einmal. Vielleicht tauchen bei dieser Innenschau Vorstellungen auf, die erst einmal irrational erscheinen; sie sollten aber unbedingt ausgesprochen werden, weil es sein kann, daß sich aus diesen unkonventionellen Vorstellungen heraus eine neue Zielsetzung entwickelt, die weitaus interessanter ist als das auf rationalen Wegen festgesetzte Ziel. Eine andere Vorgehensweise: Du steckst dein Ziel nach bestem Wissen und Gewissen und sagst dann: ›Dein Wille geschehe.‹ Auch wenn du nicht religiös bist, sagst du damit sinngemäß: Ich habe mir aus meinem persönlichen Verstand heraus ein Ziel gesetzt; es gibt aber eine kollektive kosmische Intelligenz, die über meinen Verstand hinausreicht; diese Intelligenz bitte ich, mir in meiner Zielsetzung beizustehen.

Noch Fragen zum Thema positiv/negativ?«

H: »Ja. Speziell in Deutschland ist das kritische Denken sehr gefördert worden. Leider führt dieses Denken zu einer Art Zweckpessimismus, einer eher negativen Grundhaltung, die wir stark spüren, wenn wir die Medien betrachten. Alles, was eigentlich positiv sein könnte, wird heruntergemacht. Aber was schlimmer ist: Positives Denken, wie wir es heute verstehen, ist ja nichts anderes als Zweckoptimismus, die andere Seite derselben Münze, die, zumindest aus meiner Sicht, genauso negativ ist wie das zweckpessimistische Denken. Gibt es etwas, was uns über diese Dichotomie hinausführt?«

N: »Ja. Die Wahrheit. Die Wahrheit ist neutral und läßt sich nicht in Worte fassen. Sie ist vom Potential her grundsätzlich positiv.

Du hast einen bestimmten Zweckpessimismus angesprochen, eine Grundhaltung der Journalisten. Hinter dem, was so negativ erscheint, steckt ursprünglich eine positive Absicht, etwa: ›Wir möchten, daß die Welt in Ordnung ist, daß alles gut ist, und dort, wo sie nicht in Ordnung ist, decken wir das auf, damit es von der Öffentlichkeit wahrgenommen und wieder gut gemacht wird.‹ Leider ist bei vielen, die in den Medien mitwirken, diese ursprünglich positive Absicht verlorengegangen oder aus unbewußten persönlichen Gründen, aus der Sphäre des Ego heraus, überdeckt worden von negativen beziehungsweise eher egoistischen Absichten. Mit negativen Meldungen läßt sich mehr Furore, mehr Umsatz, mehr Geld machen als mit positiven; eine Katastrophe ist interessanter darzustellen als etwas Gutes ... Die ursprüngliche Absicht aber war positiv, und in diesem Sinne ist es gut (sowohl für Medienarbeiter als auch für Medienkonsumenten), sich immer wieder an diese ursprüngliche gute Absicht zu erinnern.«

G: »Noch einmal zurück zum Grundsätzlichen. Wenn alles nur eine sich selbst erfüllende Prophezeiung ist, dann wird die Wahrheitsfrage so, wie sie in der Regel gestellt wird, hinfällig...«

N: »Richtig. In dem Feld, in dem die Philosophen die Wahrheit suchen, werden sie keine Wahrheit finden. In dem Feld gibt es nur Glatteis. Auch die Naturwissenschaftler haben das mittlerweile entdeckt. Es gibt keine verläßliche Wirklichkeit in dem Feld. Es ist Spiel. Wenn ihr so wollt: Die Wirklichkeit spielt mit euch; Gott spielt mit euch; ihr spielt selbst mit euch.

Ihr müßt aus diesem gesamten Feld heraustreten, um Wahrheit zu finden. Wahrheit liegt jenseits von alledem. Und Wahrheit ist nichts, was beschrieben werden könnte.«

H: »So gibt es also nur persönliche Wahrheiten?«

N: »Ja. Persönliche Wahrheit ist zum Beispiel: ›Ich fühle mich hier unbehaglich.‹ Oder: ›Ich fühle mich im Einklang mit dieser Sache.‹ Das ist persönliche Wahrheit.«

H: »Wir sind von positiver oder negativer Wirklichkeitswahrnehmung ausgegangen. Wäre nicht dann das, was darüberliegt, die nächste Ebene, einfach nur ein liebevollerer Blick auf die Welt?«

N: »Ja. Da bist du bereits dem sehr nahe, was man eine übergreifende Sichtweise nennen könnte. Das ist das Positive jenseits von positiv und negativ. Um noch einmal in das Feld dieser Polarität hineinzugehen: Nehmen wir die positive Grundannahme ›Der Mensch ist eigentlich gut. Wenn er mal schlecht ist, dann deshalb, weil das Gute aufgrund irgendwelcher Dinge verdreht ist, und wenn man diesen Dingen auf den Grund geht, findet man wieder das Gute‹. Nun die negative Grundannahme: ›Der Mensch ist grundsätzlich schlecht. Wenn er mal gut ist, dann aus egoistischen Motiven heraus.‹ Wenn du auf die Ebene des Herzens gehst, dann siehst du eine andere Realität, nämlich weder eine positive noch eine negative Grundannahme, sondern du nimmst einfach wahr, was ist, auf eine Weise, die man ungefähr ›mitfühlend‹ nennen könnte, oder auch ›liebevoll‹. Diese eigentlich positive Haltung wendest du neutral an, auf das Böse ebenso wie auf das Gute, auf das Häßliche wie auf das Schöne, vollkommen neutral und doch liebend. Das ist eine Ebene jenseits dieser Spaltung.«

H: *»Und sie bezieht das Fühlen mit ein. Dadurch ist der kritische Verstand ausgeblendet.«*

N: »Ja. Es ist eine Art von Fühlen. Es liegt jedoch eine Stufe höher als die Emotion selbst, auf einer Warte, von der aus du die Emotionen fühlend erfassen kannst und überhaupt die Realität eines Menschen oder einer Situation fühlend erfassen kannst. Du kannst sie aber nicht beschreiben, du mußt eintauchen in diese Realität. Du mußt erst einmal dein Herz finden, mit dem Herzen wahrnehmen und fühlen lernen, und dann bist du diese Realität, aber du kannst sie nicht beschreiben. Du bist mitten in der Realität, du nimmst sie wahr, du kennst sie, aber du kannst sie nicht beschreiben. Das ist das Problem.«

H: *»Dann wird alles einfach zu einer unterschiedlichen Qualität. Ich sehe es dann mehr von der Energie her. Es ist wie bei Farben; wir sagen ja auch nicht: ›Braun ist schlecht, und Rosa ist gut‹, sondern es sind einfach unterschiedliche Nuancen und Qualitäten. Ich glaube, daß wir dann weniger urteilen.«*

N: »Ja. Und es kommt noch etwas hinzu: Es handelt sich dann nicht mehr um die distanzierte Subjekt-Objekt-Wahrnehmung –

›Hier bin ich, und dort ist dieses Rosa, das ich wahrnehme‹; sondern du erlebst die Qualität ›Rosa‹ dann in dir selbst. Dein Wahrnehmen ist gleichzeitig ein Sein. Du sitzt an deinem Schreibtisch, jemand kommt herein und spricht dich an, und du befindest dich auf der Ebene des Herzens; dann kannst du das, was diese Person im Inneren wirklich bewegt, wahrnehmen. Du nimmst es in dir wahr. Und trotzdem verwechselst du es nicht mit deinem eigenen Zustand. Du bist nicht besessen oder besetzt von dieser Person und wirst verwirrt. Es ist Einheit und gleichzeitig Verschiedenheit. Deswegen ist die Ebene des Herzens für euch etwas sehr Praktisches.«

4.

INTUITION

N: »Intuition ist das A und O im Management. Es gibt eine Ebene des Seins und des Bewußtseins, die einfach ›Wissen‹ genannt werden kann. An anderer Stelle (in ›*Neues Wissen, neues Denken für eine bessere Zukunft*‹) wurde sie ›Ozean des Wissens‹ genannt. Es ist eine Sphäre, in der alles Wissen latent existiert, sozusagen schlummernd. Dieses Wissen kann durch verschiedene Methoden geweckt und an die Oberfläche des menschlichen Bewußtseins gebracht werden. Es kann aber auch unwillkürlich und plötzlich aufwachen, sozusagen von selbst, und wie ein Blitz der Erkenntnis bis an die Oberfläche des alltäglichen Wachbewußtseins dringen. Das ist Intuition. Es ist so ähnlich, als würdet ihr für einen Augenblick hinter die Kulissen schauen. Aber der Augenblick ist im allgemeinen so kurz, daß er nicht bewußt wahrgenommen wird, sondern nur eine Spur davon im Bewußtsein haftenbleibt. Es ist so etwas wie eine Ahnung, ein Gefühl oder ein sehr flüchtiger Gedanke. Das liegt daran, daß dieser Augenblick so kurz ist, und auch daran, daß ihr in eurem Normalzustand zu langsam seid, um diesen Augenblick ganz erfassen zu können. Wenn ihr euch selbst ein wenig beschleunigt, die Frequenz insgesamt erhöht, könnt ihr solche Augenblicke der Intuition intensiver wahrnehmen.

Diese Beschleunigung hat nichts damit zu tun, daß ihr euch nun noch mehr beeilen sollt, als ihr euch ohnehin beeilt. Im Gegenteil: Wenn ihr euer Grundtempo, eure Grundfrequenz ein wenig beschleunigt, müßt ihr euch weniger beeilen, habt ihr mehr Zeit. Wir wollen versuchen zu beschreiben, wie ihr das konkret bewerkstelligen könnt. Eine Möglichkeit wäre, sich morgens hinzusetzen und sich ganz unbeweglich zu machen, für einen Augenblick alle Aktivität einzustellen, abgesehen von den unwillkürlich laufenden Aktivitäten wie Atmung und so fort. Keine eigene Aktivität, keine willkürliche Bewegung, keine Bewegung der Gedanken. Und dann vergegenwärtigt euch den Strom des Lebens. Ihr selbst seid unbewegt; was sich bewegt, ist der Strom des Lebens. Und dann stellt euch vor, daß ihr in vollkommener Weise mit diesem Strom schwimmt.

Diese Einstellung (eine oder zwei Minuten reichen dafür aus) kann euch zu einer leichten und sehr gesunden Beschleunigung verhelfen, so daß ihr im Laufe des Tages im Einklang mit dem Rhythmus der Geschehnisse seid. Innerer und äußerer Rhythmus stimmen dann überein, und euch geht alles leichter von der Hand. Und gleichzeitig seid ihr in der Lage, diese blitzartigen Einschübe von unmittelbarem Wissen, die man Intuition nennt, ein wenig ausführlicher mitzubekommen und klarer zu erfassen. Wenn ihr irgendwann spürt, daß sich etwas wieder verschoben hat, daß ihr nicht ganz im Einklang seid mit dem Rhythmus der Gegebenheiten, dann könnt ihr diese Einstellung kurz wiederholen: euch für einen Augenblick ganz unbeweglich machen, den Strom des Lebens visualisieren oder spüren, sich in diesen Strom hineinbegeben und mitfließen.

Die zweite Möglichkeit, Intuition verstärkt wahrnehmen und nutzen zu können, ist größere Schnelligkeit auch im Handeln; das heißt, wenn ein Impuls aus der Tiefe des eigenen Wesens auftaucht oder ein Blitz von Intuition, sofort zu handeln. Wenn es nicht möglich ist, ihm sofort zu folgen, dann ihn wenigstens sofort bewußt registrieren. Wenn ihr euch das vornehmt, wird es euch immer öfter gelingen, und in dem Maße, in dem es euch gelingt, wird auch Intuition verstärkt durchbrechen.

Vielleicht noch eine kleine Bemerkung dazu, warum Intuition sich niemals täuschen kann. Stellt euch vor, daß es nicht Myriaden von ›Bewußtseinen‹, sondern, wie das Wort schon zeigt, nur *ein* Bewußtsein gibt. Und stellt euch vor, es gibt nur *eine* Intelligenz. Das Bewußtsein ist sozusagen der Wahrnehmungsapparat dieser einen Intelligenz. Auf einer sehr tief inneren Ebene, jedem in besonderen Bewußtseinszuständen, wie etwa in tiefer Meditation, zugänglich, gibt es so etwas wie eine zentrale Schaltstelle dieser einen Intelligenz. Intuition, Eingebung, auch Offenbarung kommt aus dieser zentralen Schaltstelle, die auf dem Grunde eines jeden individuellen Bewußtseins existiert und wirkt. Das heißt: Das, was die innere Stimme eines Menschen sagt, ist für ihn und gleichzeitig für die Gesamtheit gut. Das ist der Grund, warum Intuition sich niemals täuschen kann. Menschen können sich jedoch täuschen in bezug auf Intuition, ganz besonders Menschen, die dazu neigen, zu fantasieren, und einen sehr lockeren Umgang mit der Wahrheit pflegen; diese werden Schwierigkeiten haben, Intuition von Fantasie zu unterscheiden. Ihnen hilft es, das ganze Seele-Geist-Emotion-Körper-System zurechtzurücken und so, wie es im vorigen Kapitel in bezug auf Unternehmen oder Gruppen geschildert wurde, wieder auf den Boden der Wahrheit zu stellen und sich eine Zeitlang streng der Fantasterei, Übertreibung und Schwindelei zu enthalten. Es braucht dann zwar eine Weile, bis ein solcher Mensch in der Lage ist, ein klares Gespür für Intuition, für die innere Stimme zu bekommen, aber es tritt in jedem Fall ein.

Was ein Manager braucht (jeder Mensch braucht es, aber ganz besonders Manager), das ist Wissen von zwei Enden. Das eine Ende: Daten aus der äußeren Welt, die für ihn notwendig sind, damit er den Überblick bekommt und behält, die richtigen Entscheidungen treffen kann, damit er immer im Bilde ist auf allen Ebenen seines Unternehmens und der Gesamtwirtschaft, auch der Politik und so weiter. Diese Daten zu sammeln in einer möglichst einfachen, effizienten Weise, ist die eine Seite. Die andere Seite ist unmittelbares Wissen aus der tiefen Schicht des kollektiven Bewußtseins, des Ozeans des Wissens. Diese beiden Arten von Wissen – wir können sie äußeres und inneres Wissen nennen – müssen zusammentreffen, im Idealfall in jedem Augenblick, damit der Manager in optimaler Weise handeln, entscheiden, planen und ordnen kann. Das äußere Wissen stellt die technische Grundlage, in gewisser Weise das Handwerkszeug dar, mit dem das innere Wissen arbeiten kann. Auch für einen

Menschen, der gewillt ist, der Intuition die Führung zu überlassen, ist das äußere Wissen trotzdem von großer Wichtigkeit.
Intuition allein reicht nicht aus; inneres und äußeres Wissen
müssen im Gleichgewicht sein. Dort, wo das eine überwiegt,
muß das andere gestärkt werden, und umgekehrt.

Jeder kann in seinem Leben und in seiner Arbeit überprüfen,
welche Seite überwiegt, und dann versuchen, geeignete Methoden zu finden, um die andere Seite zu stärken. Die intuitive Seite
kann zum Beispiel gestärkt werden durch intuitives Malen, intuitives Schreiben, auch durch gewisse alternative Arten von
Körperbewegung. (Die Feldenkrais-Methode ist dafür zum Beispiel gut geeignet.)

Es gibt eine sehr einfache Übung dazu. Sie mutet ein bißchen kindlich an, ist aber recht wirkungsvoll: Die Arme an-
gewinkelt nach vorne ausstrecken und die Hände mit den
Handflächen nach oben öffnen. Die rechte Hand bewegen,
so als wollte man etwas auffangen, und dann die linke Hand.
Und dann versuchen, ein Gleichgewicht zwischen dem, was
die rechte und dem, was die linke Hand auffangen kann, zu
empfinden oder herzustellen. Das ist eine Methode, die den
Ausgleich zwischen den beiden Gehirnhälften fördert.

Eine konkrete Empfehlung, wie äußeres und inneres Wissen
vereinbart und gemeinsam genutzt werden können, ist eine optimale Vorbereitung für wichtige Gespräche und Verhandlungen:

1. Alle Daten, die von Bedeutung sind für dieses Gespräch, sammeln, sich einverleiben und ordnen.
2. Klären, mit welcher Motivation man in dieses Gespräch hineingeht; ob es etwas gibt, was man darin erreichen möchte,
   und wenn ja, was.
3. Sich einstellen und einstimmen auf die Gesprächsrunde; am
   besten, indem man alle Aufmerksamkeit in seinem energetischen Herzzentrum (in der Mitte der Brust) konzentriert und
   dann Verbindung herstellt zwischen den einzelnen Mitgliedern der Gesprächsrunde und dem eigenen Herzen.

4. Dann alle Vorbereitungen, alles, was man sich einverleibt und in sich aufgenommen hat, aus dem Bewußtsein wegwischen. (Keine Sorge, es bleibt trotzdem verfügbar, aber der Kopf muß vollkommen leer und frei sein.) Nach Möglichkeit noch irgend etwas tun, was dabei hilft, den Kopf leerzumachen, beispielsweise einen Spaziergang unternehmen und dann in das Gespräch hineingehen. Ohne aber nun unmittelbar vor dem Gespräch sich schnell noch alles ins Gedächtnis zurückzurufen, sondern voller Vertrauen darauf, daß dank der gründlichen Vorbereitung nun aus der Leere genau das auftaucht, was man im jeweiligen Augenblick an Informationen, an Impulsen, an Inspiration für dieses Gespräch braucht. Ganz wichtig: Während des Gesprächs möglichst beide Fußsohlen auf dem Boden lassen. Es bewirkt, daß man ›mit beiden Füßen fest auf dem Boden steht‹, daß man nicht ›den Boden unter den Füßen verliert‹, daß man nicht umgepustet werden kann von Argumenten anderer, daß man die gegebenen Realitäten nicht aus den Augen verliert, auch wenn man sich ganz und gar der Intuition und Inspiration öffnet.

Gibt es Fragen zu diesem Thema?«

H: »*Vielleicht sollte man den Unterschied zwischen Intuition und dem konzeptionellen Denken, das uns immer wieder Streiche spielt, klären. Die Intuition kann mir einen Hinweis geben für eine angemessene Frage oder Antwort. Aber ich brauche auch meinen Kopf für bestimmte Inhalte. Und es ist oftmals schwer zu unterscheiden: Ist es die Intuition oder der Kopf, was jetzt die der Situation angemessene Handlung hervorbringen kann?*«

N: »Es ist eine Frage der Priorität, in einem doppelten Sinne. Zuerst einmal: Die innere Stimme ist immer die erste. Man muß sehr schnell sein, um sie zu erfassen. Die zweite Instanz, die sich blitzschnell einschaltet, ist das, was Kopf genannt wird. Der Kopf hat selbstverständlich eine wichtige Funktion. Im Idealfall zeigt dir die Intuition die Grundlagen, auf denen die ganze Angelegenheit steht, und enthüllt dir die richtige Richtung und möglicherweise das Ziel. Alles andere, also was du im einzelnen tun mußt, um dieser Richtung zu folgen, um dieses Ziel zu erreichen, um im Einklang mit diesem inneren Wissen zu handeln und so fort, also das ganze konkrete Handlungsgebäude, kann der Kopf entwerfen, das ist eine seiner Funktionen. Oder aber du gehst den radikal-intuitiven Weg und verläßt dich in jedem Augenblick ganz auf die Intuition. Dann ist die Funktion des Kopfes wirklich darauf beschränkt, konkrete Einzelpläne für konkrete Dinge zu erarbeiten.«

H: »Intuition kann Raum-Zeit transzendieren und Information beschaffen, die das Denken nicht erreichen kann. Wie kann ich nun die Intuition nutzen, um das Wissen in meinem Kopf zu ergänzen durch ein Vorauswissen, beispielsweise in bezug auf Aktienkurse, neue Erfindungen oder überhaupt Dinge, die meinem Verstand nicht zugänglich sind? Wie kann ich die Intuition nutzen als Anreicherung für meinen Verstand?«

N: »Aus unserer Perspektive betrachtet funktioniert es umgekehrt besser: Den Verstand nutzen als Anreicherung für die Intuition, oder besser als Instrumentarium für die Intuition; ihn nutzen, um so viele Daten wie möglich zu sammeln und zu ordnen. Und nachdem du dir diese Daten einverleibt hast, folgst du ganz klar und unzweideutig der Intuition. Auf diese Weise kannst du das Wissen von außen, das über den Verstand erworben wurde, und das Wissen von innen gleichzeitig nutzen. Beantwortet das deine Frage?«

H: »Mir geht es um das Erkennen von Trends, Tendenzen, Zeitgeist...«

N: »Intuition erfaßt das alles. Du kannst aber, wenn du dich auf bestimmte Dinge spezialisieren möchtest, wenn es dir beispielsweise ein Anliegen ist, Trends zu erfassen, dein inneres Radarsystem auf diesen Bereich einstellen. Setz dich hin und mach dir klar, was deine Absicht ist, und richte dich dann sehr direkt und geradlinig auf dieses Ziel aus. Den Rest kannst du deiner Intuition überlassen.«

H: »Die Information kann sicherlich auch im Traum oder in vielfältiger Weise erscheinen?«

N: »Ja. Das ist ein wichtiger Punkt. Die Information kann auf jedem Wege zu dir kommen. Wenn du dich einmal ausgerichtet hast, ist es deine Aufgabe, wach zu sein für jede Art von Information. Sie kann im Traum erscheinen, sie kann als typischer Eingebungsblitz ins Wachbewußtsein einschlagen, also als plötzliches Wissen, sie kann als Gefühl auftauchen, sie kann aber auch von außen kommen, indem dir jemand sagt, was du wissen mußt, oder dir einen Hinweis gibt, oder indem du ein Buch oder eine Zeitung in die Hand bekommst, irgend etwas, das dir den entscheidenden Hinweis gibt. Noch Fragen zur Intuition?«

B-A: »Ich habe im Verlauf meiner Zeitschriften- und Fernseharbeit oft intuitiv Trends erfaßt und umgesetzt, mit denen ich jedoch zu früh dran war. Es war eine sehr interessante Arbeit, aber ich habe damit Schwierigkeiten bekommen. Ich habe immer zu früh versucht, gewisse Erkenntnisse an die Öffentlichkeit zu bringen.«

N: »Oh, ihr Kleingläubigen und Kurzsichtigen! Es war nicht zu früh. Es war genau richtig. Jemand muß der erste sein. Du gehörst zu diesen Pionieren.«

H: »Pioniere haben es nur etwas schwerer.«

N: »Ja und nein. Vordergründig mögen sie es schwerer haben. Aber in gewisser Weise haben sie es auch leichter. Was dabei hilft, ist zu wissen, daß man ein Pionier ist. Dann rückt sich alles zurecht. Es ist aber gefährlich, weil manche Menschen, wenn man ihnen sagt: ›Du bist ein Pionier‹, sich plötzlich für wichtiger halten als andere Menschen. Jeder ist auf dem Platz, auf dem er steht, wichtig. Da gibt es letztlich keine Unterschiede.

Es ist aber wichtig, daß du diese Rolle wahrnimmst, das heißt, daß du Informationen und Handlungen nicht deshalb zurückhältst, weil du denkst, es sei zu früh. Es ist zwar keine Tragödie, wenn du es zurückhältst; es kommt dann durch jemand anderen. Aber es ist für dich selbst wichtig, diese Rolle wahrzunehmen.«

G: »Könnt ihr noch etwas sagen zur Qualität der intuitiven Information? Der Ozean des Wissens ist ja geschichtet, hat unterschiedliche Tiefen. Wie kann man die Qualität bewerten?«

N: »Die übliche Einstellung des menschlichen Bewußtseins ist auf die Oberfläche, die Außenseite oder die Peripherie ausgerichtet. (Wobei diese nicht abgewertet werden soll, in gewisser Weise ist sie eine Krönung des Ganzen; diese äußere Realität soll in keiner Weise gegenüber der Mitte, auf die wir gleich zu sprechen kommen, herabgesetzt werden.) Der Ozean des Wissens ist eine Seins-, Bewußtseins-, Realitätsschicht, die etwas mehr zur Mitte hin, in der Tiefe, angesiedelt ist. Und natürlich hat er mehrere Schichten. Diejenige, die am leichtesten erreichbar ist, ist am nächsten am individuellen Wachbewußtsein gelegen, dann kommen Schichten, die immer tiefer und immer näher zum Kern des Ganzen hin liegen.

Die äußere Schicht dieses Ozeans, die am leichtesten für jeden erreichbar ist, äußert sich in Hinweisen, die die Person selbst betreffen. Je tiefer es nun in diesen Ozean hineingeht, zur Mitte allen Seins, desto allgemeingültiger werden die Informationen, bis hin zu dem, was man eine große Offenbarung nennen kann, die die ganze Menschheit betrifft, wobei plötzlich der Vorhang weggezogen wird und man etwas Grundsätzliches über die Natur des Universums erkennt.

Wieviel Information aus diesem Ozean einen Menschen erreicht und welche Tiefe ihm zugänglich ist, wird bestimmt von seiner Ausrichtung, von seinen Motiven, von seinen Absichten.

Wenn seine Motive und Absichten sehr klein, sehr eng, sehr persönlich sind, dann äußert sich die Intuition – auch wenn ihr Ursprung in der Mitte allen Seins und allen Wissens liegt – in einer Weise, die auf ihn persönlich bezogen ist. Je weiter der Blickwinkel des Menschen wird, je universaler seine Ausrichtung, seine Absichten, auch seine Sehnsucht nach Wissen werden, desto weiter reicht sein Geist hinein in die Tiefen dieses Ozeans, und desto allgemeingültiger und grundsätzlicher und größer werden seine Eingebungen, seine intuitiven Erkenntnisse.

Folgendes ist interessant für jemanden, der im Wirtschafts- und Arbeitsleben einen verantwortungsvollen Posten hat: Je mehr Mitmenschen seine Motive und Absichten und Wünsche umfassen, desto weitreichender sind auch die intuitiven Erkenntnisse, die ihm zuteil werden. Wenn sein Handeln in seiner Arbeit nur von persönlichen, also egoistischen Motiven bestimmt wird, kann er zwar wie jeder andere auch Anteil haben an Intuition; Intuition ist unparteiisch. Sie wird ihm helfen, sein Ziel zu erreichen, wenn er einigermaßen mit sich selbst in Übereinstimmung ist und Intuition und Verstand unterscheiden kann. Wenn seine Interessen jedoch auch die Interessen anderer Menschen mit einschließen, dann bekommt er intuitive Erkenntnisse von einer etwas größeren Reichweite. Wenn seine Interessen nun die Interessen des Ganzen, auch die Interessen beispielsweise der ganzen Lebensgemeinschaft, der gesamten Natur und des Planeten selbst umschließen, dann wird er intuitive Erkenntnisse von einer sehr großen Reichweite bekommen. Das ist kein moralischer, sondern ein technischer Zusammenhang.«

G: »*Das Ethos bei der Entstehung eines Gedankens oder Wunsches bestimmt also die Qualität der Einsichten, die bei der Erfüllung des Wunsches oder der Umsetzung des Gedankens erhalten werden ...*«

N: »So kannst du es auch ausdrücken.«

H: »*Da drängt sich mir noch eine Frage auf. Wenn die Qualität des Gedankens die Qualität der intuitiven Information bestimmt, dann muß dabei auch die innere Führung eine Rolle spielen. Wir alle haben ja einen inneren Führer. Wie steht dieser in Beziehung zur Intuition?*«

N: »Wenn du so willst, ist dieser innere Führer eine Schicht deines eigenen Wesens. Also nicht eine Abteilung deiner Persönlichkeit; nein, deine Persönlichkeit und der innere Führer sind zwei. Aber innerhalb des Gesamtwesens bildet deine Persönlichkeit eine Schicht und der innere Führer eine andere. Und er oder sie liegt zwischen der Peripherie, an der das persönliche Bewußtsein angesiedelt ist, und dem Kern. Es strömt Wissen (die Bewegung der Intelligenz, also eigentlich Erkenntnis) vom Kern an die Peripherie, also vom allgemeinen kosmischen oder göttlichen Bewußtsein ins persönliche Bewußtsein über viele, viele Stufen. Der innere Führer ist eine Schaltstelle auf diesem Weg. Das heißt, er ist die Station, über die du unmittelbar Verbindung aufnehmen kannst mit dem Kern deines Wesens und aller Wesen, und es ist die Station, von der dir unmittelbar Wissen zuteil wird. Es strömt aber auch Wissen umgekehrt von der Peripherie zum Kern hin. Dazu kommen wir später.«

H: »*Das bedeutet, wenn wir die Qualität unserer Gedanken ändern können, dann müßte sich ja auch der innere Führer verändern...*«

N: »Es ist nicht der innere Führer, der sich verändert. Es gibt ein Bild, das das verdeutlichen kann: Stell dir vor, es gibt eine Schnittstelle in deinem Bewußtsein. Diesseits dieser Schnittstelle (von deiner gewohnten Perspektive aus betrachtet) befinden sich das gewöhnliche, bewußte Denken und Fühlen, die bewußten Motive und Absichten der Person, und jenseits der Schnittstelle liegt der Ausschnitt aus dem Ozean des Wissens, der diesem persönlichen Bewußtsein zur Verfügung steht. Diese beiden Figuren sind deckungsgleich. Auf der Mitte dieser Schnittstelle ist das Ich. Auf der anderen Seite ist der persönliche Blickwinkel. Er kann sehr eng sein, so wie zuvor geschildert wurde, also aus rein egoistischen Motiven bestehen, oder sehr weit sein, daß heißt, die Interessen und Wünsche dieses Menschen schließen diejenigen vieler Wesen mit ein, dann wäre das Bild ungefähr so:

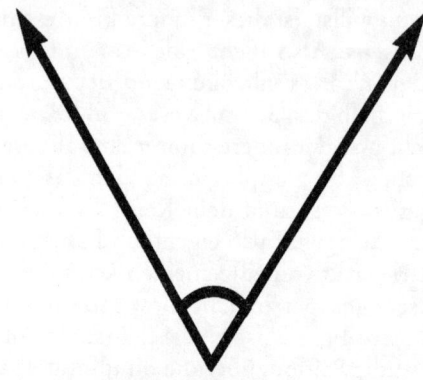

Und dem entspricht jenseits dieser Schnittstelle spiegelgleich der zur Verfügung stehende Ausschnitt aus dem Ozean des Wissens:

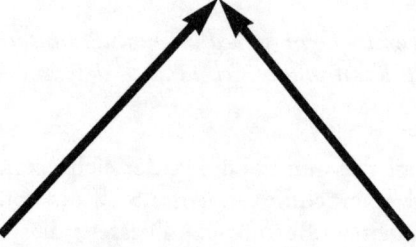

Also oben wie unten, hüben wie drüben. Das entspricht sich genau: enger Blickwinkel, enger Einblick. Großer Blickwinkel, großer Einblick, sprich Intuition. Der innere Führer aber ist immer die gleiche Instanz; jedoch kannst du von ihr viel oder wenig bekommen, je nach deiner persönlichen Ausrichtung.«

G: »*Ist der innere Führer gleichsam das Gesicht des Ichs, welches in den Raum nach hüben oder nach oben gerichtet ist?*«

N: »Das ist kein treffendes Bild. Es ist einfach eine andere Etage deines Gesamtbewußtseins, eine Instanz in dir, die *weiß,* und zwar das weiß, was du im gegebenen Augenblick brauchst.«

G: »*Aber der innere Führer arbeitet mit der Intuition? Oder ist es das Ich, das mit der Intuition arbeitet?*«

N: »Der innere Führer vermittelt die Intuition an das Ich.«

G: »*Er vermittelt den Inhalt der Intuition ans Ich? Und das Ich hat eine Erkenntnismöglichkeit, nämlich Intuition als Fähigkeit, mit der das Ich sich dem inneren Führer und dem Feld des inneren Wissens öffnet?*«

N: »Ja. Das Ich sitzt an der Schnittstelle und nimmt von innen Informationen auf von dieser Instanz, die man innere Führung nennen kann, und ebenfalls von außen, aus der Außenwelt. Es hat die Aufgabe, diese beiden Ströme von Wissen und von Erkenntnis zu vereinbaren und dementsprechend zu handeln.«

G: »*Ich habe eine Frage, die sich auf Gruppenintuition bezieht. Gibt es in eurer Wahrnehmung so etwas wie einen geistigen Führer für eine Gruppe und eine entsprechende Ausrichtung von Gruppenintuition auf Einsichten, die nur im Zusammenwirken dieser Gruppe gewonnen werden können? Und wie kann man auf Managementprozesse bezogene Gruppenintuition stimulieren? Gruppen bilden, die besonders geeignet sind für den Entwicklungsprozeß eines Unternehmens?*«

N: »Intuition und Gruppenintuition – ein weites Feld. Es gibt viele Möglichkeiten, Gruppenintuition zu fördern, in Gang zu setzen, zu stärken. Zunächst einmal zwei grundsätzlich verschiedene Techniken: das Sprechermodell und das demokrati-

sche Modell. Es ist möglich, daß ein Team einen Sprecher bestimmt, durch den die Gruppenintuition laufen soll, so ähnlich
wie das hier beim Zustandekommen dieses Buches geschieht.
Dieser Sprecher muß nicht derjenige sein, der die beste Sach-
kenntnis hat, sondern es muß derjenige sein, bei dem Intuition
ohnehin durch Training, Begabung oder was auch immer am besten fließt und der in der Lage ist, sich in geordneter Weise zu
artikulieren. Das ist das Sprechermodell. Es wird später näher
darauf eingegangen. Das demokratische Modell besteht darin,
daß sowohl jeder einzelne als auch die Gruppe gemeinsam sich
auf Intuition, also auf den intuitiven Modus, einstellen und dann
während der gesamten Arbeit oder Gesprächsrunde diesbezüglich am Ball bleiben. Welches Modell gewählt wird, hängt davon
ab, ob alle Mitglieder der Gruppe bereit sind, sich der Intuition
zu öffnen und sich neuartigen oder andersartigen Methoden
zu öffnen; ob es bei einzelnen Mitgliedern Vorbehalte gibt oder
ob alle mitmachen möchten; ob eine natürliche Vorliebe besteht
für das eine oder das andere Modell und so fort. Wir wollen
beide Modelle näher erklären.

Erst einmal das Sprechermodell: Gehen wir davon aus, daß
der Hauptsprecher ausgewählt worden ist. Es können übrigens
in einer größeren Gruppe auch zwei oder drei Sprecher sein.
Wichtig ist dann, daß die Gruppe – entweder die ganze Gruppe
oder die Sprecher, wenn es mehrere gibt – sich zusammen-
schließt und im Gespräch Einigkeit erlangt über die angestrebten Ziele, über die möglicherweise erwünschten Inhalte. Diese
Ausrichtung muß so klar sein, daß sie von einer Person so formuliert und vorgebracht werden kann, daß es von allen akzeptiert wird. Das ist der erste Punkt.

Der zweite Punkt: Jeder Teilnehmer sollte eine Beziehung
herstellen zwischen dem Anliegen, das definiert wurde, und seinem eigenen Herzen (das heißt dem energetischen Herzzentrum
in der Mitte seiner Brust). Es geht nicht um eine sentimentale
Beziehung, sondern um eine technische Beziehung zwischen
dem energetischen Herzen und der Angelegenheit, die anvisiert
wird. Was sich daraus ergibt, ist eine Überprüfung der eigenen

Motive und Gefühle in bezug auf diese Angelegenheit. (Diese Überprüfung findet im stillen statt.)

Der dritte Schritt: Jeder muß sich vergegenwärtigen, daß es im eigenen Inneren eine Instanz gibt, deren Wahrnehmungsvermögen über das persönliche Wahrnehmungsvermögen hinausreicht, aus der das kommt, was man Intuition nennt, und sich darauf einstellen, daß diese wissende Instanz im eigenen Inneren sich nun verbindet mit der entsprechenden Instanz in den anderen Teilnehmern und daß sich diese selbe Instanz in allen Teilnehmern durch den oder die Hauptsprecher artikuliert.

Nun das demokratische Modell. Der erste Schritt ist der gleiche: klare Ausrichtung, klare Einstellung des Bewußtseins auf die Angelegenheit, um die es geht, auf die Ziele, die Wünsche, klare Formulierung, die von allen Teilnehmern akzeptiert werden kann.

Auch der zweite Schritt ist der gleiche: die Beziehung, die zwischen dem eigenen Herzen und dieser Angelegenheit herrscht, klären.

Der dritte Schritt ist ebenfalls der gleiche: sich vergegenwärtigen, daß es die wissende Instanz in den Tiefen des eigenen Bewußtseins gibt.

Der vierte Schritt nun ist anders: jeder Teilnehmer kann sich in der Mitte der Runde ein Bild vorstellen, einen visuellen Eindruck von der Angelegenheit, um die es geht, oder von dem Ziel, das man anstrebt. Dann visualisiert man um dieses Bild herum die Gruppe und schließlich die Gesamtheit der Realität auf diesem Planeten, in die die Angelegenheit eingebettet ist. Dann kann man sich vorstellen, daß zwischen der Angelegenheit, um die es geht, und der Gesamtheit eine Beziehung besteht. Diese Beziehung muß man nicht mit dem Verstand erfassen und benennen können; man kann sich einfach vorstellen, daß irgendeine Beziehung zwischen der einzelnen Angelegenheit und der Gesamtheit existiert. Am Ende visualisiert man, daß diese Beziehung mitten durch das eigene Bewußtsein hindurchläuft und sich in Form von Eingebungen, Intuition, Inspiration artikuliert.

Nachdem man sich solchermaßen vorbereitet hat, kann man auf die übliche Weise in das Gespräch oder den Prozeß hineingehen. Und nur wenn es Pausen gibt in dem Prozeß, sollte man die Einstellung noch einmal kurz erneuern.«

G: »Wie bekommt die Gruppe die Sicherheit, daß das, was sich als Ergebnis oder Lösung herauskristallisiert, auch tragfähig ist für die Umsetzung? Muß darüber abgestimmt werden, oder stellt sich eine spontane Gewißheit ein?«

N: »Von der inneren Seite her ist die beste Prüfung das, was allgemein ›das Gefühl‹ genannt wird; das heißt, wenn etwas erarbeitet worden ist, fordert man die Teilnehmer auf zu prüfen, was sie fühlen in bezug auf das erarbeitete Resultat. Die Instanz ist wiederum das Herz. Hineinfühlen ins Herz, ins energetische Herzzentrum; sich das erarbeitete Resultat vergegenwärtigen und prüfen: Fühlt man sich stark oder schwach in Anbetracht dieses Resultats? Gibt es Zwiespalt, oder herrscht Einigkeit im eigenen Inneren? Und dann muß natürlich der Verstand, der auf die äußere Welt ausgerichtet ist und Erfahrungswerte und Daten gesammelt hat, auch ein Wörtchen mitreden: in bezug auf die Realisierbarkeit, den Zeitrahmen und so weiter.

Wenn Einmütigkeit herrscht in bezug auf das Gefühl – wenn das eindeutig und positiv ist –, wird es kaum Widersprüche geben. Der Verstand hat dieser Instanz untergeordnet zu sein. Das heißt, der Verstand hat dann Mittel und Wege zu finden, um das richtig einzuordnen, beispielsweise den Zeitrahmen festzusetzen, die richtigen Modalitäten und die richtigen Strategien zu finden und so weiter, eben um dieses innere Wissen dann mit den äußeren Daten und Erfahrungen, die er gesammelt hat, in Übereinstimmung zu bringen.

Es werden sich Wege finden. Daran herrscht kein Zweifel.

Nun gibt es natürlich auch Fälle, in denen ein einzelner Manager sehr wohl bereit und auch in der Lage ist, intuitiv und mit solchen Techniken zu arbeiten, wie sie hier geschildert sind, aber

damit alleine steht. Dann ist es möglich, alleine genauso wirkungsvoll mit Intuition in bezug auf das Unternehmen oder die
ganze Gruppe zu arbeiten. Das ist das hierarchische Modell.
Alle Methoden, die vorher genannt wurden, um Zugang zur und
Wahrnehmung der eigenen Intuition zu verstärken, können auch
hier angewandt werden. In einem solchen Fall kann man den geschilderten Prozeß allein durchschreiten. Das heißt, man stellt
sich die betreffende Gruppe vor – das Team, um das es geht, das
ganze Unternehmen oder die entsprechende Gruppe von Mitarbeitern. Dann vergegenwärtigt man sich, so wie es eben beschrieben wurde, sehr klar die Angelegenheit, die Ziele oder
Wünsche, um die es geht, formuliert sie und arbeitet so lange an
dieser Formulierung, bis man selbst ganz und gar zufrieden ist
damit. Dann spricht man sie aus. Der dritte Schritt: Man stellt
Beziehung her zwischen dem eigenen Herzen und der betreffenden Angelegenheit, das heißt, man prüft: ›Wie sind meine Gefühle und meine Motive in bezug auf diese Angelegenheit?‹ Und
dann vergegenwärtigt man sich, daß es in den Tiefen des eigenen
Bewußtseins eine Instanz gibt, die *weiß*, deren Wahrnehmungsvermögen weit über das persönliche Wahrnehmungsvermögen
hinausreicht. Man stellt sich vor, daß diese Instanz, also die
eigene innere Führung, der die Intuition entspringt, verbunden
ist mit der entsprechenden Instanz in allen anderen Menschen,
die am Geschehen oder Unternehmen beteiligt sind, und fordert
diese Instanz auf, sich klar und sehr deutlich zu äußern. Das ist
die Einstellung, die man allein vornehmen kann. Man kann diese
dann noch erweitern, wenn man will, indem man sich die Angelegenheit, um die es geht, oder das anvisierte Ziel, die Gruppe,
das Team, den Kreis, an dem man selbst teilhat, vorstellt und
sich dann das große Ganze vorstellt, in das diese Angelegenheit
eingebettet ist, und schließlich die Beziehung, die zwischen alledem herrscht. Auf diese Weise kann man die Reichweite seiner
Intuition noch vergrößern.«

*G: »Gibt es für Menschen, die kein ausgeprägtes Vorstellungs-
vermögen haben, irgendwelche Hilfsmittel?«*

N: »Am besten bereitet man sich vor, indem man das liest, was hier eben geschildert wurde, sich das genau vergegenwärtigt und einverleibt, und dann läßt man die entsprechenden Bilder einfach entstehen. Bei dem einen werden es klar wahrnehmbare Bilder sein, bei dem anderen Empfindungseindrücke. Man kann aber, wenn gar nichts auftaucht, mit sehr einfachen Bildern arbeiten, die vorgegeben werden können, nämlich mit Kreisen. In der Mitte ist ein sehr kleiner Kreis, der die Angelegenheit oder das Ziel, um das es geht, symbolisiert. Drumherum befindet sich ein etwas größerer Kreis, der die Gruppe von Menschen, das Team oder Unternehmen repräsentiert.«

G: *»Man kann ja dann in diese verschiedenen Kreise bestimmte Symbole legen...«*

N: »Ja. Konkrete Bilder. Man kann auch Worte hineinsetzen.

Es gibt zwei Richtungen im Strömen von Wissen oder Erkenntnis, das wurde zuvor schon einmal angedeutet. Zum einen fließt Wissen beziehungsweise Erkenntnis, also die Bewegung der Intelligenz, vom Kern des Ganzen zur Peripherie hin. Zum anderen aber fließt von der Peripherie etwas zum Kern zurück. Das ist die Umkehrbewegung. Es ist das Resultat, das Wissen, das da draußen an der Peripherie entfaltet und manifestiert wird. Das Resultat, die Essenz dieses Wissens, dieser Erfahrung fließt zurück in den Kern und bereichert den Kern. Anstatt dir vorzustellen, Wissen, Eingebung, Inspiration, Intuition kommt aus dem innersten Kern deines Wesens und Bewußtseins über den inneren Führer an die Oberfläche deines Wachbewußtseins (also die übliche Bewegung von Erkenntnis und Intuition), kannst du auch umgekehrt vorgehen. Du stellst dir dieses bereits manifestiert vor und verleihst ihm so etwas wie ein eigenständiges Wesen. Und diese neue Schöpfung, diese kleine Unterabteilung des großen Ganzen, ist so etwas wie ein Wesen. Und du läßt dann dieses aus deiner jetzigen zeitlichen Perspektive noch ungeborene Wesen, das aber in der Zukunft bereits geboren ist, zu dir sprechen. Du fragst es, was es braucht, um das zu werden, was es sein soll. Das ist Intuition vom anderen Ende her.«

H: »Das ist doch die sich selbst erfüllende Prophezeiung, die Visionsarbeit. Sie hat nur folgenden Nachteil: Wenn ich das, was ich mir einmal gewünscht habe, tatsächlich bekomme, möchte ich es womöglich nicht mehr haben. Ich muß aber trotzdem hier sein, um die Erfüllung des Wunsches zu ernten. Ich werde wieder hierherkommen, um die Früchte zu ernten, die ich gesät habe. Stimmt das?«

N: »Nicht unbedingt. Das mußt nicht unbedingt du selbst tun. Bildlich ausgedrückt: Du kannst den Ball in die Luft werfen und dann weglaufen, und jemand anderer muß ihn auffangen. Letztlich bleibst du mit dem, was du gesät hast, natürlich in Beziehung. Aber du mußt nicht unmittelbar selbst ernten. Du bleibst nur in irgendeiner Weise damit in Beziehung, bis die Sache rund und vollendet ist. Es kann aber durchaus sein, daß du etwas in die Welt setzt und dich dann fortbewegst, um an einer anderen Sache teilzuhaben, und es sind andere Leute, die ernten, was du gesät hast. Das ist aber nur ein Teilaspekt dessen, was dich interessiert.«

H: »Ja. Ich hatte selbst schon über Visionsarbeit geschrieben, und mir wurde immer klarer dabei, daß es ein wichtiger Schritt ist, absichtslos zu sein. Ich kann einen Wunsch immer nur aus meinem jetzigen Bewußtsein heraus formulieren. In dem Moment, wo sich der Wunsch manifestiert, bin ich bereits in einem anderen Bewußtsein. So würde ich immer nur neue Wünsche in die Welt setzen. Das muß doch ein Ende haben. Ich müßte absichtslos sein, damit die Natur ihre Wünsche durch mich verwirklichen kann. So daß ich ganz bewußt ein Instrument der Natur werde.«

N: »Wünsche aus dem persönlichen Bewußtsein heraus, also aus der Oberfläche des Bewußtseins heraus zu formen und ihnen zur Manifestation zu verhelfen, das ist *eine* Sache. Wünsche aus der Tiefe des Seins, also aus den immer universaler werdenden Schichten deines Wesens heraus an die Oberfläche zu bringen und ihnen zur Manifestation zu verhelfen, das ist eine etwas anders geartete Sache.

Es kommt darauf an, an welchem Punkt deiner Entwicklung du stehst, ob du Wünschen aus dieser oder aus jener Schicht den Vorzug gibst. Du kannst das, was du eben formuliert hast, natürlich als Ziel anpeilen. Aber die Entwicklung nimmt mehr oder weniger ihren Lauf in diese Richtung. Es gibt Wünsche des Körpers, es gibt Wünsche, die aus dem persönlichen Bewußtsein entstehen, es gibt Wünsche des Intellekts, es gibt Wünsche, die aus tieferen Schichten kommen. Im Zuge der Evolution durchläuft ein Individuum all diese Phasen, allerdings nicht schnurgerade. Du kannst nicht sagen, daß du, wenn du einen Punkt erreicht hast, an dem du absichtslos bist, weiter bist als jemand, der sich gerade mit persönlichen Wünschen beschäftigt. Diese Entwicklung verläuft nicht schnurgerade, eher spiralförmig. Das alles soll euch nicht zu Werturteilen und zur Vorstellung von (linear angeordneten) Entwicklungsstufen verleiten. Aber soweit du deine eigene Entwicklung überschauen kannst, kannst du sagen: ›Jetzt bin ich absichtsloser als ein paar Jahre zuvor, und ich will noch absichtsloser werden.‹ Wenn du vollkommen absichtslos geworden bist, wirst du erkennen, daß du das schon immer gewesen bist, aber es nicht gewußt hast. Das heißt, all diese Entwicklungsetappen finden statt, und gleichzeitig, von einer anderen Warte aus gesehen, sind sie null und nichtig. Sie finden statt innerhalb des Bewußtseins und von einer bestimmten Perspektive aus betrachtet. Läßt du diese Perspektive weg, dann gibt es sie nicht. Aber das führt zu weit weg vom Thema.«

5

Hierarchie oder: Die natürliche Ordnung der Dinge

N: »Der Mann – oder die Frau – an der Spitze ist nach dem Ordnungs- oder Hierarchiemodell des Neuen Zeitalters der Mensch in der Mitte. Anstatt sich den Aufbau eines Unternehmens, einer Organisation, eines Staates vorzustellen wie einen Kegel, bei dem es ganz oben an der Spitze eine Person gibt, direkt darunter vielleicht zwei oder drei, dann einige mehr, und schließlich unten an der breiten Basis das ›gemeine Volk‹, die Arbeiter und Angestellten, ist es den Strömungen der neuen Zeit angemessener, sich das Ganze vorzustellen wie eine Kugel (der Kegel ist ein Teil aus einer Kugel): Die Führung sitzt in der Mitte – und dies in innerem wie äußerem Sinne.

Beginnen wir bei dem Prinzip ›innere Führung‹. Wir gehen noch einmal zurück zu dem Bild von der Peripherie und der Mitte, das im vierten Kapitel verwendet wurde: Das, was hier als ›Peripherie‹ bezeichnet wird, ist das physische Universum mit den Ereignissen innerhalb des Raum-Zeit-Systems, also diejenige Realität, auf die ihr normalerweise eure Wahrnehmung richtet. Wenn ihr eure Aufmerksamkeit gewissermaßen einklappt und von der Peripherie nach innen zieht, kommt ihr in Bereiche eurer Psyche und eures Bewußtseins, wo ihr, je mehr ihr nach innen geht, immer stärker und enger verbunden seid mit euren Mitwesen, seien es Menschen, Tiere, Pflanzen, Planeten oder was auch immer. Ganz im Inneren könnt ihr euch einen Punkt vorstellen, an dem alles eins ist. Im Inneren dieses Modells steht die Einheit, und außen an der Peripherie die Vielheit. Der Punkt in der Mitte kann als das genommen werden, was als Gott bezeichnet wird; von diesem Punkt geht Intuition, innere Führung aus. Aus diesem Grunde bezieht Intuition, auch wenn sie einen einzelnen Menschen und nur dessen persönliche Angelegenheit betrifft, immer das Wohl des Ganzen mit ein.

Dies ist nur ein Modell, ein Versuch, die Wirklichkeit auf eine Weise darzustellen, die von jedem Menschen verstanden werden kann. Genau dieses Modell könnt ihr auf die äußere Realität übertragen. Denn das, was an der Peripherie stattfindet, ist seinem Wesen nach nicht anders als das, was in tieferen Schichten oder in der Mitte liegt. Es ist alles im Wesen eins, und es ist alles im Wesen gleich, und es entspricht sich alles, von Ebene zu Ebene; nur ist es jeweils anders ausgedrückt. Deshalb kann das eben geschilderte Modell einer natürlichen Ordnung auf die äußere Welt übertragen werden. Und wenn ihr das tut, dann habt ihr ein optimales Hierarchiemodell. Ihr werdet verstehen, daß das lineare Denken, gemessen an den Möglichkeiten der jetzigen Zeit, ein primitives Modell ist; vielleicht könnt ihr auch begreifen, daß lineares Denken nicht nur stark begrenzt ist, weil es lediglich einen Ausschnitt der Wirklichkeit erfaßt; daß es sogar eine Wirklichkeit erschafft, die es nur aus der Perspektive des linearen Denkens gibt. Hierarchiemodelle, die aus dem linearen Denken entstanden sind, stimmen also nicht mit der natürlichen inneren Ordnung der Dinge überein und müssen früher oder später zusammenbrechen. Entweder werden sie ausgehöhlt und funktionieren nur noch als leere Hülsen, wobei alle Welt weiß, daß sie nicht mehr stimmen, oder sie werden gewaltsam zu Fall gebracht durch Revolutionen, Kriege und dergleichen.

Das Kugelmodell entspricht mehr der inneren Ordnung der Dinge. Wie würde es aussehen, wenn man es auf die äußere Struktur eines Unternehmens, einer Gruppe oder Organisation überträgt?

Den ›Mann an der Spitze‹ gibt es hier nicht, es gibt den ›Mann in der Mitte‹ (beziehungsweise die ›Frau in der Mitte‹). Das ist ein großer Unterschied. Der Mann oder die Frau an der Spitze ist derjenige Mensch, der entweder die meiste Macht besitzt oder das meiste Geld oder beides – und zusätzlich vielleicht noch die meiste Erfahrung. Der Mensch in der Mitte hingegen ist derjenige, der das Ganze repräsentiert, der die Belange des Ganzen in seinem Wesen enthält, keine persönlichen Interessen hat, die anders sind als die Interessen der Mitarbeiter und eins ist mit der Sache, um die es geht – der Dienstleistung, der Ware, der Botschaft. Und eins ist mit den Interessen der Kunden. Sicherlich gibt es solche Exemplare Mensch bereits in eurer Zeit, und es gab sie auch schon vorher, aber nur vereinzelt.

Wenn wir jetzt dieses äußere Hierarchiemodell und das zuvor geschilderte innere Führungsprinzip zusammenbringen, dann bedeutet es noch mehr: Der Mensch in der Mitte ist gleichzeitig derjenige, der mit der zentralen Schaltstelle des großen Ganzen eins oder in so starkem Maße mit ihr verbunden ist, daß er sich sehr klar, sehr bewußt und eindeutig von seiner inneren Führung leiten läßt. Das wäre natürlich die optimale Führung: auf der einen Seite die Mitte, das Herz des Unternehmens oder der Gruppe zu sein und auf der anderen Seite aus seiner eigenen Mitte die Führung zu bekommen, um das Unternehmen oder die Gruppe zu leiten.

Das ist der Mensch in der Mitte. Nun geht es schrittweise durch die verschiedenen hierarchischen Etagen nach außen zur Peripherie hin. Die nächste Etage, also ein Ring, der etwas weiter außen liegt, ist ebenfalls noch in sehr starkem Maße eins oder zumindest stark mit der Sache des Unternehmens oder der Gruppe sowie mit der eigenen inneren Führung verbunden; und Führung von außen, die sie durch den Mann oder die Frau in der Mitte bekommt, trifft zusammen mit der Führung, die diese Menschen von innen erhalten. Konkret: Der Chef sagt mir etwas, und ich spüre nach, ob es stimmt. Ich sehe, daß es stimmt, und reiche es weiter. Nach außen, zur Peripherie hin, kann sich die Identifizierung mit den Interessen des Ganzen immer mehr verlieren. Es ist nicht notwendig und wird nicht möglich sein – jedenfalls nicht in absehbarer Zeit –, daß auch der Arbeiter draußen an der Peripherie sich ebenso vollständig mit der Sache und mit dem Ganzen identifiziert und ebenso vollständig an seine innere Führung angeschlossen ist wie der Mensch in der Mitte.

Aber der Mensch in der Mitte hält das Ganze zusammen, und zwar in seinem Herzen. Dadurch, daß seine Interessen eins sind mit den Interessen aller, die an der Sache beteiligt sind, webt er einen Zusammenhalt. Er holt sich nicht von der Peripherie etwas, um seine eigene Macht, seinen eigenen Reichtum zu erhöhen, sondern er strahlt etwas nach außen aus. So ist es eher eine Bewegung von innen nach außen, die das Ganze zusammenhält – das Gegenteil von dem, was im allgemeinen zur Zeit in Unternehmen abläuft.

Nun bringen wir das Ganze zusammen mit Aspekten, von denen in früheren Sitzungen die Rede war. Damit es eine stimmige Struktur geben kann, muß man wiederum in der Mitte anfangen. Jemand, der ein Unternehmen oder eine Gruppe innerhalb eines Unternehmens leitet, muß zuerst einmal prüfen, inwieweit er selbst mit der Sache, um die es in seinem Unternehmen geht, eins ist. Davon war bereits in einem früheren Kapitel die Rede: sich selbst in bezug auf die Sache des Unternehmens prüfen und mitsamt dieser auf den Boden der Wahrheit stellen. Dabei ist das Herz die prüfende Instanz. Man fragt einfach sein Herz, was es von der Sache hält, an der man mitarbeitet. Man prüft sorgfältig, wo Übereinstimmung herrscht und wo nicht, und korrigiert die Sache im Geist so lange, bis sie stimmt. Vielleicht muß nur eine Kleinigkeit geändert werden; vielleicht muß man alles ändern; vielleicht muß man überhaupt etwas anderes tun.

Das Ganze muß jedenfalls so lange korrigiert werden, bis man eins ist mit dem Unternehmen. Es geht hier nicht um Moral, sondern um Technik. Dann stellt man sich vor, daß man selbst im Kern, in der Mitte der Sache und der Gruppe steht; weiterhin, daß sich in der Mitte seiner selbst noch eine andere Instanz befindet (nämlich die Mitte des großen Ganzen), die sich per Intuition, als innere Führung oder Inspiration äußert. Und dann betrachtet man, wie sich andere beteiligte Personen auf natürliche Weise darum herum gruppieren, bis hin zur Peripherie, und schließlich, wie dieses Ganze nun eingebettet ist in ein größeres Ganzes. Diese Bilder oder Eindrücke sollen im Bewußtsein aufsteigen und nicht konstruiert sein. Ausgerüstet mit alledem, was man bisher gelesen hat, kann man sich nun hinsetzen und sich in dieser Weise ausrichten und zentrieren.

Das ist die Voraussetzung dafür, daß in den darauffolgenden Tagen oder Wochen Wissen darüber auftaucht, was zu geschehen hat; wie man das Unternehmen oder die Gruppe entweder aufbauen oder umstrukturieren muß oder was man ändern muß, oder ob es so, wie es ist, in Ordnung ist. Wenn man diese Einstellung sorgfältig vornimmt, dann ist man so gut vorbereitet, daß man mit schlafwandlerischer Sicherheit in der nächsten Zeit die richtigen Maßnahmen treffen wird, um eine optimale Organisation zu erzielen.

Es ist von zwei Strömungen die Rede gewesen: von der Mitte zur Peripherie (eine gebende Einstellung) und von der Peripherie zur Mitte (das heißt, der Mensch in der Mitte versucht, soviel wie möglich aus den äußeren Bereichen zu bekommen). Das sind zwei grundsätzlich verschiedene Einstellungen. Bei oberflächlichem Hinsehen scheint es, daß die Wirtschaft überwiegend aufgrund der machtvollen Initiative von Menschen funktioniert, die auf Nehmen ausgerichtet sind – nehmen, nehmen, soviel wie möglich nehmen. Wenn man genauer hinsieht, stellt man allerdings fest, daß Menschen, die es zu sehr viel Macht und sehr viel Reichtum gebracht haben, oftmals auch sehr viel zu geben haben. Auch wenn sie selbst nicht unbedingt auf Geben eingestellt sind und nur an ihren Profit denken, so sind es doch meist Menschen, die viel geben. Das ist ein wichtiger Punkt, den zu prüfen nicht nur für Unternehmer, sondern auch für Manager interessant ist: Wie schaut es bei mir aus, bin ich mehr ausgerichtet auf Geben oder mehr auf Nehmen? Viele Menschen denken vielleicht zuerst, daß sie mehr auf Nehmen ausgerichtet sind. Sie gehen nur zur Arbeit, um etwas zu bekommen, nämlich Geld, sonst würden sie diese Arbeit niemals tun. Aber wenn man näher hinsieht, dann erkennt man, daß sie doch im Zuge ihrer Tätigkeit sehr viel geben, auch wenn sie nicht daran denken. Wenn man also prüfen möchte, ob man mehr auf Geben oder auf Nehmen ausgerichtet ist, dann muß man anschauen, was man im täglichen Leben tut, wie man mit Menschen umgeht – mit Vorgesetzten, mit Mitarbeitern, mit Kunden, in seinen persönlichen Beziehungen. Erst wenn man das genau betrachtet, kommt man dahinter, ob man mehr auf Nehmen oder auf Geben ausgerichtet ist. Wenn ihr andere Menschen in diesem Sinne genau beobachtet, dann werdet ihr sehen, daß tatsächlich eine Gesetzmäßigkeit existiert, wonach Menschen, die viel zu geben haben, auch viel bekommen – nur nicht immer in gleicher Währung. Wenn man mehr auf Geben ausgerichtet ist, schaltet man sich in einen positiven Strom ein, wenn man mehr auf Nehmen ausgerichtet ist, schaltet man sich in einen negativen Strom ein. Auch hier geht es nicht um Moral, sondern um Technik! Es ist übrigens von Lebensphase zu Lebensphase verschieden; fast niemand ist vom ersten bis zum letzten Moment seines Lebens ein großer Geber oder ein großer Nehmer. Ihr könnt in eurem eigenen Leben beobachten, daß ihr immer dann in einer positiven Strömung schwimmt, sehr viel bekommt, in irgendeiner Weise reich seid, wenn ihr auf Geben geschaltet habt, und daß ihr immer dann sehr arm und in irgendeiner Weise bedürftig und ziemlich erfolglos seid, wenn ihr auf Nehmen ausgerichtet seid. Es geht jedoch nicht darum, nur noch ein Geber zu sein und nichts mehr nehmen zu wollen, sondern um die Betonung. Also bitte prüft: ›Wo liegt bei mir, in meinem tatsächlichen Handeln, Denken, Wünschen und Wollen die Betonung? Sind meine Mitmenschen und auch die weitere Umwelt für mich in erster Linie Quelle von etwas, was ich bekommen kann – Geld, Macht, Ansehen, interessante Informationen, Zuwendung, interessante Erlebnisse ...? Oder begegne ich meinen Mitmenschen auch in der Weise, daß ich ihnen etwas zu geben habe von mir oder weiterzugehen von dem, was mir gegeben wurde?‹ Nicht nur die Motive prüfen, sondern vor allen Dingen das Handeln. Das ist es, was Aufschluß gibt.

Um nun wieder zum Organisationsmodell zurückzukommen: Der Mensch in der Mitte empfängt fortlaufend aus seiner Mitte, also aus den Tiefen seines Wesens, und gibt dies weiter an die nächsten und diese wiederum an die übernächsten und so fort, bis zur Peripherie. Und das ganze Unternehmen gibt weiter an die Kunden. Hier kehrt sich der Strom um: Nun kommt Feedback von außen. Es strömt Geld zurück, auch Anerkennung – positives Feedback. Es ist ein ständiger Kreislauf. Das Ganze muß, damit es gut läuft, von innen nach außen ausgerichtet sein und von innen her immer wieder überprüft werden: ›Was tue ich hier? Ist mein Herz dabei? Gibt es ein echtes Bedürfnis für das, was ich produziere? Muß ich etwas ändern?‹ Man muß stets darauf achten, daß diese grundsätzliche Bewegung von innen nach außen erhalten bleibt. Der Mensch in der Mitte oder nahe der Mitte hat zu geben, zu geben, zu geben. Draußen an der Peripherie kehrt sich von selbst die Bewegung um, und es kommt Feedback, unter anderem in Gestalt von Geld und Erfolg. Wenn jedoch der Mensch in der Mitte auf Nehmen eingestellt ist, dann kehrt sich der Strom zu früh um, und früher oder später hat das Unternehmen keine Resonanz mehr und muß vom Markt verschwinden. Je weiter der Strahl des Gebens reicht, desto mächtiger ist das positive Feedback, das zurückkommt. Beim gelegentlichen Überprüfen und Erneuern dessen, was man tut in seinem Unternehmen, seinem Bereich oder seiner Gruppe, kann man mit dem Scheinwerfer seiner Aufmerksamkeit gar nicht weit genug gehen. Erstens sorgt man auf diese Weise dafür, daß das Ganze stets mit der Zeit geht, immer wieder auf den Boden der Wahrheit gestellt wird, und zweitens dafür, daß ständig positives Feedback von außen kommt, daß also das Unternehmen floriert.

Sicher werden nun einige einwenden: Ja, aber es gibt doch etliche, auch gigantische Unternehmen, die von Menschen geleitet werden, die auf nichts weiter aus sind als darauf, soviel Profit wie möglich zu erzielen, Unternehmen also, in denen die umgekehrte, die ausbeuterische Bewegung vorherrscht. Genau diese Unternehmen werden aussterben. Aber schaut bitte genau hin, wenn ihr solche Dinge behauptet. Es kann sein, daß der Mensch an der Spitze eines solchen Unternehmens tatsächlich selbst nur an Profit denkt, trotzdem aber etwas sehr Wertvolles zu geben hat. Je stärker die Ausrichtung auf Geben ist, desto größer und dauerhafter ist schließlich auch der Erfolg. Und hier treffen sich diese technischen Gesetze, diese geistigen Naturgesetze, mit moralischen Vorstellungen.

Es gibt noch andere Hierarchiemodelle. Beispielsweise eines, das sich grundlegend von dem eben geschilderten unterscheidet und das wir hier ein wenig anreißen können. Dieses Modell ist wesentlich fortgeschrittener und braucht deshalb wahrscheinlich mehr Zeit, um verwirklicht zu werden beziehungsweise sich durchzusetzen. Bei diesem Modell gibt es keine äußere Führung. Es ist eine Anarchie mit Ordnung. Damit diese Struktur funktionieren kann, sind Menschen vonnöten, die klar und eindeutig mit ihrer inneren Führung verbunden sind, die ihre Intuition sehr deutlich wahrnehmen und ihr wirklich folgen, so daß jeder am richtigen Platz ist, von innen geführt wird und niemand von außen geführt werden muß. Dies ist das Modell, auf das die Entwicklung insgesamt möglicherweise hinzielt. Aber das könnte noch viel Zeit brauchen.«

H: »Ich komme gleich zum Kernpunkt: Ein Unternehmen wird finanziert durch Investoren, Stichwort Wall Street. Die Wall Street beobachtet Unternehmen und treibt sie zu diesem geierhaften ›profit first‹, weil die Menschen, die das Geld aufbringen, damit das Unternehmen existieren kann, einen maximalen Gewinn erzielen wollen. Auf der anderen Seite haben wir aber die Konsumenten, die auch maximal profitieren wollen, indem sie hohe Qualität zum niedrigsten Preis wünschen. So haben wir in jedem Unternehmen einen Widerspruch. Wie steht ›geführte Führung‹ in Beziehung zu diesen beiden Gegenpolen?«

N: »Das geschilderte Modell ist ein Idealmodell. Es ist etwas, was als Möglichkeit oder Wahrscheinlichkeit geistig bereits im Raum steht und sich verwirklichen kann; nicht aber etwas, was sich in kleinen Schritten als lineare Folge aus der derzeitigen Realität ergibt. Die Investoren, die Aktionäre, die Geldgeber muß man in dieses Modell mit einbinden. Was die Konsumenten wollen, ist ganz natürlich und wird auch so bleiben: möglichst gute Ware für möglichst wenig Geld. Das ist ein Punkt, den wir so lassen müssen, wie er ist. Aber die Geldgeber müssen in das Modell mit eingebunden werden. Sie gehören mit in den Kern. In der neuartigen Struktur wäre ein Investor, ein Aktionär nur jemand, der an der Sache, um die es in dem betreffenden Unternehmen geht, interessiert ist und dessen primäre Zielsetzung nicht darin besteht, Profit daraus zu ziehen (Profit erzielt er sowieso!), sondern darin, sich an einer guten Sache zu beteiligen. Man kann sein Herz fragen und dann noch die Intelligenz dazuschalten und prüfen, ob die Sache, in die man sein Geld steckt, funktionieren kann. Natürlich müssen Herz und Verstand zusammenwirken und muß auch Intuition hinzukommen. Der Profit stellt sich dann ohnehin ein. Von der Realität, wie sie heute ist, kommst du schlecht in kleinen Schritten zu unserem Modell. Wenn dir das Modell jedoch sympathisch ist und du es unterstützen willst, mußt du es in deinem Geist erschaffen und dann in der äußeren Welt aktiv zu seiner Verbreitung beitragen: So hilfst du ihm, sich zu verwirklichen. Es gelangt dann sozusagen von oben in die materielle Wirklichkeit und nicht auf einer horizontalen Linie als Weiterentwicklung dessen, was jetzt existiert. Es kommt aus einer anderen Dimension. Ist das verständlich?«

H: *»Ja. Aber ich bin noch nicht ganz einig. Dieser Investor, der aus dem Herzen heraus, gefühlsmäßig sein Geld investiert, ist schon ausgestorben. Der Investor der jetzigen Zeit gibt sein Geld einer Bank, und diese investiert das Geld nach Gutdünken. Das heißt, wir haben internationale Kapitalströme, die in* *alle möglichen Bereiche hineininvestieren und das Geld global kanalisieren. Wir wissen gar nicht mehr, hinter welchem Produkt welche Geldgeber stecken. Aber wir wissen, daß jeder Geldgeber maximalen Gewinn erzielen möchte. Das ist eines der großen Probleme unserer Zeit. Ich unterstütze das geschilderte Modell natürlich lieber als alles andere. Aber bedarf das nicht eines völlig anderen Finanzsystems? Einer anderen Form von Geld?«*

N: »Um darauf einzugehen, kann man entweder weiter in diesem utopischen Bereich bleiben (utopisch in einem positiven Sinne, nämlich eine Vision schaffen oder herbeiziehen aus einer höheren Realität, diese zu einer Möglichkeit, dann zu einer Wahrscheinlichkeit und schließlich zu einer Realität verdichten), oder aber wir können darauf eingehen, wie ein Unternehmer oder Manager, der sich hineingestellt sieht in diese Realität, die nun einmal so ist, wie sie ist, trotzdem etwas von dem geschilderten Modell verwirklichen kann. Das sind zwei völlig verschiedene Möglichkeiten. Auf welche sollen wir eingehen?«

H: *»Mehr Menschen interessiert die letztere Sicht, denke ich. Sie sind in diese Realität hineingestellt. Ich kenne viele Unternehmer, die gern anders handeln würden, das Herz sagt es ihnen längst. Aber was nützt das, wenn die Kapitalgeber ihre Rendite haben wollen?«*

N: »Man kann das Unmögliche möglich machen. Man muß dabei wiederum im Geist beginnen und die Schritte, die bisher schon geschildert worden sind, unternehmen und dabei die Investoren oder die Geldgeber mit einbeziehen in sein Interesse. Man kann sie in seiner Imagination in die konzentrische Struktur mit einbetten. Ihr erinnert euch: Der Mensch in der Mitte oder der Mensch nahe der Mitte, also beispielsweise ein Manager, hat ein so großes Herz, daß nicht nur seine eigenen Interessen darin erfaßt sind, sondern auch die seiner Mitarbeiter bis hin zur alleräußersten Peripherie sowie die der Kunden. Nun kann man dieses Bild erweitern und auch die Interessen der Geldgeber vom Herzen her mit einbeziehen ins eigene Interesse. Voraussetzung dabei ist allerdings, daß man mit dem Herzen dabei ist. Wenn die Basis nicht gesund ist, wenn man für ein Unternehmen arbeitet, das eine Sache vertritt, herstellt oder organisiert, hinter der man nicht steht, dann kann es nicht funktionieren. Aber nehmen wir einmal an, die Basis stimmt, man ist mit der Essenz des Unternehmens in Übereinstimmung, dann kann man das Unmögliche möglich machen. Man kann tatsächlich seine eigenen Interessen so weit reichen lassen, daß sie die Mitarbeiter, die man betreut oder leitet, die Kunden und die Geldgeber mit einbeziehen. Das ist möglich. Es ist ein Schritt, den man im eigenen Herzen tun muß. Dann funktioniert es auch innerhalb der gegebenen Realität. Aber es ist etwas, was man innerlich ernsthaft angehen muß. Dann hat man eine Grundeinstellung geschaffen, auf der man arbeiten kann. Es ist ein Balanceakt, aber man hat dann sozusagen das Seil, auf dem man gehen kann. Dies ist eine Teilantwort. Frag weiter.«

H: »*Das ist die Antwort, die ich mir selbst gern gegeben hätte. Aber sie ist mir zu esoterisch. Denn die Realität zeigt: Wenn der Mensch in der Mitte sein Bewußtsein ausdehnt und alle Lieferanten und alles, was mit der Sache in Beziehung steht, bewußtseinsmäßig trägt, dann ändern sich die Produkte und vieles andere, auch in Richtung höherer Qualität; und trotzdem sind schon eine Reihe dieser Unternehmen bankrott gegangen, weil der anonyme Investor seine Aktien verkauft und sein Geld woanders investiert hat. Wie kommen wir an ein anderes Finanzsystem, ein anderes Finanzierungssystem, das auch dem Manager mit gutem Willen und großem Herzen ermöglicht, in dieser Umbruchzeit erfolgreich zu sein?*«

N: »Heißt deine Frage: Wie kommen wir heran an ein solches System? Oder: Wie sähe ein neues System aus?«

H: »*Beides. Wie schaut es aus, und wie erreichen wir es?*«

N: »Wir müssen zuerst zurückgehen zu deiner vorigen Frage. Du sagtest, du kennst viele Leute, die ihrem Herzen nicht folgen können, weil die Investoren so sind, wie sie sind. Hier ist unser Vorschlag, trotzdem seinem Herzen zu folgen, auch auf die Gefahr hin, daß man seinen Posten oder seine Firma verliert – dann gelangt man eben in eine neue Situation, in der man besser aufgehoben ist! Es ist die Angst, die alles so schwierig macht. Wenn alle Menschen, die bereits die Stimme ihres Herzens kennen, dieser Stimme folgen würden, würde sich im Nu das ganze System ändern. Es ist die Angst, die euch daran hindert.

Das heißt: Das Wundermittel, das gebraucht wird, damit ein neues, ein menschlicheres System Fuß fassen kann, ist Vertrauen. Und damit sind wir wieder ganz am Anfang. Wir haben von Vertrauen gesprochen – grundsätzlichem Vertrauen ins Leben, religiös ausgedrückt Gottvertrauen; ihr könnt aber auch sagen, Vertrauen ins eigene Leben, ins Leben überhaupt, Selbstvertrauen ... wie auch immer. Das ist etwas, was jeder sich selbst erarbeiten muß, am besten, indem man einen Schritt wagt: ›Mein Herz sagt, ich soll das und das tun, Herr X sagt etwas anderes; ich werde meinem Herzen folgen. Schauen wir einmal, was passiert. Vielleicht kann ich sogar mit diesem Herrn X oder mit der Gruppe Y aus dem Herzen heraus reden, und zwar so, daß sie wirklich verstehen. Vielleicht geht es schief, und ich muß mir eben einen anderen Job suchen.‹ Wo ist das Problem? Ihr seid sowieso nur für kurze Zeit hier. Wir werden euch noch oft daran erinnern, auch wenn es euch auf die Nerven geht. In dieser Persönlichkeit, dieser Gestalt, unter diesem Namen, in diesem Leben seid ihr nur für kurze Zeit. Warum nicht ein bißchen mehr riskieren in dieser kurzen Zeit? Die ganze Sicherheit, die ihr euch hier erarbeitet – Geld, Haus, Status, Auto –, könnt ihr nicht mitnehmen, wenn ihr dieses Leben verlassen müßt, was sehr bald sein wird, bald, viel zu bald.«

H: »*Wir sind uns völlig einig. Aber das größte Vertrauen überwindet nicht die Tatsache, daß unser System beispielsweise ver-*

langt, daß wir die Gesundheit einer Nation mit dem Brutto-sozialprodukt messen, einem rein quantitativen Meßfaktor. Er muß wachsen. Dem kann ich zwar Vertrauen entgegensetzen, aber das System ist empfindungslos gegenüber Vertrauen und Selbstvertrauen. Wir müssen am System etwas ändern.«

N: »Es fehlen noch einige Zwischenbemerkungen in dem vorangegangenen Text, um dort hinzukommen, wo du jetzt bist. Wir sind ausgegangen von dem Fall der von dir erwähnten Manager, die sich in einer Konfliktsituation befinden. Ihr Herz sagt dies, die Investoren sagen etwas anderes. Sie folgen nicht ihrem Herzen. Vertrauen würde bedeuten: dem Herzen folgen und schauen, wo das hinführt. Wir sagten: Wenn alle Menschen, die schon die Stimme ihres Herzens hören, ihr aber nicht folgen, statt Angst Vertrauen entwickeln und frei nach ihrem Herzen entscheiden, würde sich das ganze System sehr schnell ändern – viel schneller, als ihr denkt, denn ihr seid nicht allein. Es sind sehr viele Menschen, die im Begriff sind zu erwachen – deren Herz erwacht. Gerade unter den Managern gibt es sehr viele. Um also zurückzukommen zu der ursprünglichen Frage ›Was können wir tun, um ein besseres System herbeizuziehen?‹: Der einzelne, der sich diese Frage stellt, sollte fortan der Angst nicht mehr erlauben, ihn daran zu hindern, seinem Herzen zu folgen; er sollte es wagen, in dem, was er tut (wie groß oder wie klein auch immer sein Bereich ist), seinem Herzen zu folgen. Viele der Menschen, die mit ihm zu tun haben, werden davon angesteckt werden. Auch wenn nie davon geredet wird; einfach nur durch sein Handeln und durch sein Sosein bekommen sie den Impuls, etwas Ähnliches zu tun. So erreicht ihr dieses Ziel am schnellsten. Nicht so sehr durch Planung, Überlegung und Konstruktion, als vielmehr durch das Herz. Das Herz kennt den Weg.«

G: *»Die heutige Realität in den Unternehmen ist durch Gruppen geprägt. So stehen in den meisten größeren Unternehmen im Zentrum nicht Einzelpersonen, sondern Gruppen, seien es*

Aufsichtsräte, seien es Vorstände, sei es eine Kombination von beiden, Geschäftsführungsgruppen ... Es sind ja im allgemeinen mehrere, die für ein Unternehmen Verantwortung tragen. Welche Qualitäten müssen solche Menschen besitzen, um diese Verantwortung tragen und solchen Situationen standhalten zu können? Wenn kein Gründungsunternehmer mehr da ist, sondern eine Gruppe von Managern ein Unternehmen trägt, bildet sich aufgrund bestimmter Gesetzmäßigkeiten eine Person heraus, die für das Ganze steht. Könnt ihr zu diesen Gesetzmäßigkeiten etwas sagen?«

N: »Zum einen ist das eine Person, die in starkem Maße eins ist mit der Sache, um die es geht. Das ist keineswegs das einzige Kriterium, aber eine wichtige Voraussetzung. Damit unser Modell funktionieren kann, muß die Identifikation groß sein. Und der Mensch, der in der Mitte steht oder stehen will, muß auch wirklich eine starke Affinität zu dem Unternehmensinhalt haben und mit dem Herzen dabeisein, ganz und gar dahinterstehen. Dazu kommen andere Qualitäten.

Je stärker ein Mensch verbunden ist mit seiner Intuition, seiner inneren Führung, oder auch Inspiration aus höheren Ebenen erhält und ferner in der Lage ist zu geben – oder ausgerichtet ist auf Geben, desto größer ist auch das Charisma dieses Menschen. Charisma ist etwas, was einen Menschen befähigt, viele andere unter seine Fittiche zu nehmen, zu prägen, zu beeindrucken, zu beeinflussen. Das ist auch eine wichtige Fähigkeit. Hinzu kommen viele andere Qualitäten, die eigentlich nicht erwähnt werden müssen, weil sie selbstverständliche Voraussetzung sind für Positionen dieser Art. Intelligenz, Mut, Macht – ein einigermaßen ungebrochenes Verhältnis zur Macht –, Autorität, Souveränität, eine gewisse Unabhängigkeit. Er darf nicht aus Angst dazu neigen, sich abhängig zu machen – sei es von der Gunst seiner Mitarbeiter oder Kollegen, sei es von Anerkennung im allgemeinen, sei es von Zuwendungen der Geldgeber, wie auch immer diese aussehen mögen. Er braucht eine Art von Souveränität und Unabhängigkeit, die dazu führt, daß er letztlich mehr Mittel bekommt als jemand, der versucht, alles richtig und alles recht zu machen, aber im Inneren abhängig ist von den anderen. Diese Qualitäten müssen zusammenkommen, damit jemand eine Führungspersönlichkeit in diesem Sinne sein kann.«

G: »*Einige Unternehmen zeichnen sich dadurch aus, daß sie ein sehr starres Entwicklungssystem in der Hierarchie vorgeben, beispielsweise die Dauer der Zugehörigkeit zum Unternehmen zu einem wesentlichen Kriterium machen, um auf der Karriereleiter weiterzukommen. Das scheint mir zu kollidieren mit eurer Vorstellung, daß in der Hierarchie ein Aufstieg durch die Qualität des Gebens ermöglicht wird. Könnt ihr zu solchen Entwicklungssystemen in Unternehmen etwas sagen?*«

N: »Treue zum Unternehmen hängt in keiner Weise zusammen mit unserem Modell. Es ist der menschlichen Entwicklung nicht unbedingt förderlich, so etwas zum Kriterium zu machen. Menschen neigen dazu, stark abhängig zu werden und von ihrem eigenen Weg abzukommen durch solche Strukturen. Es kann sein, daß es für jemanden besser wäre, in einem anderen Unternehmen oder Beruf zu sein, aber durch derartige Strukturen wird er daran gehindert. Gleichwohl kann es sein, daß jemand, der dem Unternehmen oder der Sache schon seit langer Zeit dient, auch deswegen ganz besonders wertvoll ist. Es hängt nicht mit unserem Modell zusammen, es ist von Fall zu Fall verschieden.

Aber zum Aufstieg ganz grundsätzlich: Das Idealmodell, das geschildert wurde, ist in sich viel flexibler als die derzeitige Praxis. Die Flexibilität kommt daher, daß das Ganze stark innenorientiert ist, das heißt orientiert an Führung von innen, an Intuition. Je stärker eine Sache innengeführt ist, desto größer ist die Flexibilität außen. Unser Modell ermöglicht es, daß jemand entdeckt, daß er an dem Platz, an dem er jetzt steht, nicht mehr richtig ist, daß er eigentlich an einem anderen Platz stehen müßte. Er spürt das. Wenn man beginnt, sich auf innere Führung einzustellen, fängt man an, solche Dinge sehr klar zu spüren. Eines Tages kommt man in sein Büro und merkt: ›Das ist jetzt abgeschlossen. Es ist Vergangenheit. Ich muß etwas anderes tun.‹

Wenn man mit Vorgesetzten zu tun hat, die solchen Erkenntnissen gegenüber offen sind und selbst auch intuitiv arbeiten, dann ist es möglich, mit ihnen darüber zu reden und den Platz zu finden, der der neuen inneren Situation entspricht, ob dieser nun weiter oben, auf gleicher Ebene oder weiter unten in der Hierarchie angesiedelt ist; man kann es gemeinsam herausfinden. Und wenn das Ganze optimal funktioniert, wird an diesem Platz auch gerade jemand gebraucht. Hier gibt es also keinen generell linearen Aufstieg, sondern das System ist flexibel in alle Richtungen.«

G: *»Ich habe noch einen Gedanken zur Frage der Hierarchiebildung. Es gibt Unternehmen, in denen Menschen zusammenkommen, die stark an Herrschaft interessiert sind, denen es weniger darum geht, zu dienen, etwas beizutragen, zu geben und so weiter, sondern um die persönliche Inszenierung. Es sind Menschen, die auch die Unternehmen wechseln, um bessere Möglichkeiten zur persönlichen Inszenierung zu finden und in der Hierarchie im klassischen Sinne aufzusteigen. Diese herrschaftsorientierten Menschen prägen den Geist einer Reihe von Unternehmen sehr stark und tragen auch dazu bei, daß das Unternehmen erfolgreich ist. Hierin scheint für mich ein Widerspruch zu liegen zu eurer Behauptung, daß Menschen, die am meisten geben können, auch aufsteigen in der Hierarchie.«*

N: »Solche Widersprüche tauchen immer auf, wenn man die Sache oberflächlich betrachtet. Man muß sehr genau hinschauen. Ein Mensch kann herrschaftsorientiert sein und trotzdem seiner Umwelt sehr viel geben, ohne das aber primär zu beabsichtigen – einfach durch sein Sosein. Vielleicht gibt er viel Inspiration, weil er seine guten Ideen verkauft, um dafür Macht zu bekommen; mit Sicherheit wirst du finden, daß solche Menschen auch etwas zu geben haben. Es sind dies allerdings oft auch Scheinwerte; die anderen scheinen davon zu profitieren, aber nur an der Oberfläche. Diese Luftblase platzt früher oder später. Wenn der Mensch Glück hat, platzt sie noch während seiner derzeitigen Lebenszeit, das heißt, er gelangt in eine Krise, und das Ganze wird zerschmettert. Wenn er Pech hat, platzt die Blase erst bei oder nach seinem Ableben. Oftmals aber handelt es sich um Individuen, die tatsächlich viel geben, auch wenn sie selbst gar nicht daran interessiert sind. Es gibt viele Dinge, die Menschen geben ... Im Bereich der Wirtschaft insgesamt muß man mit großen Zeitspannen rechnen. Es kann sein, daß es Generationen dauert, bis ein Unternehmen, das nicht auf dem Boden der Wahrheit steht, zusammenbricht. Das ist für euch nicht interessant, weil ihr nicht gewohnt seid, in solchen Bögen zu denken. Ihr denkt in kleinen Bögen, weil ihr immer nur an dieses eine Leben denkt. Manche denken noch für die Kinder mit, nur wenige denken über mehrere Jahrzehnte, über Jahrhunderte hinweg.«

G: »Also im Idealfall wird die Hierarchie bestimmt durch Menschen, die der Wahrheit des Unternehmens, wie ihr das formuliert, am nächsten sind. Was ist, wenn sich die Wahrheit ändert, wenn es Veränderungen im Markt gibt? Auf einmal ist ein Vorstand, der für einen bestimmten Bereich der Firma steht, der bislang im Zentrum stand, an der Peripherie des Unternehmens. Wie kann man sich vorbereiten, um solche Wandlungsprozesse verkraften zu können, so daß man in diesem inneren Führungsfluß bleibt und nicht plötzlich sagen muß: ›Bis zum letzten Jahr war ich an der Führungsspitze, und jetzt bin ich an der Peripherie, nächstes Jahr bin ich ganz draußen ...‹?«

N: »Man kann immer vom Idealfall ausgehen und das dann auf die Realität übertragen. Dazu muß man das Werten aufgeben. Man lernt das Werten aufzugeben, indem man mit den Werten jongliert und sie auch einmal umkehrt. Ein Beispiel: Wer sagt, daß es wertvoller ist, an der Spitze oder in der Mitte zu sein, als in der Peripherie zu sein? Wer sagt, daß es besser ist, drinnen als draußen zu sein? Wer sagt, daß nicht vielleicht ein großer, wunderbarer Entwicklungsschritt in deinem Leben stattfindet, wenn du plötzlich draußen bist und etwas ganz anderes tust? Man kann die Perspektive umkehren: Du bist Direktor. Stell dir vor, du landest ganz draußen an der Peripherie. Was für eine herrliche neue Welt gäbe es dort zu entdecken! Vielleicht ist es dort viel lustiger oder interessanter. Vielleicht ist es überhaupt mal ein wunderbarer Zustand, seine Arbeit losgeworden zu sein. So kann man mit den Werten jonglieren und sie auf den Kopf stellen und dann langsam verlernen, in der gewohnten Weise zu werten. Dann kann man (das geht wieder Hand in Hand mit dem Prozeß, Vertrauen zu entwickeln ins Leben, ins Schicksal, in den Fluß der Dinge) sich vom Fluß des Lebens hierhin und dorthin tragen lassen, und es ist jeder Platz interessant. Wenn du so handelst, bist du übrigens auch ganz schnell wieder an einem im üblichen Sinne interessanten Platz! Denn ein Kriterium, das eben nicht erwähnt wurde und das Menschen sehr schnell nach oben katapultiert, ist Interesse. Stell dir vor, du kommst in einen untergeordneten Job, etwa als Stenotypist, und du findest den Job stupide: Das ist die beste Voraussetzung dafür, um für immer dort hängenzubleiben. Wenn du aber Interesse aufweist, wenn du die neue Arbeit und alles, was sich darumherum abspielt, mit Neugier betrachtest und mit Interesse bei der Sache bist, wirst du tausend Möglichkeiten finden, einen besseren Job zu bekommen. Das Werten aufzugeben und in jedem Zustand das Interessante zu entdecken, ganz gleich, ob man oben oder unten ist, ist gleichzeitig die beste Voraussetzung dafür, in der Hierarchie wieder zur Mitte hin aufzurücken.

Erfolg aus der Innenperspektive und Erfolg aus der Perspektive des üblichen menschlichen Denkens sind zwei grundverschiedene Dinge. Aus geistiger Sicht gesehen kann ein Mensch seinen allergrößten Erfolg erzielt haben, wenn er von der Hierarchieleiter heruntergestürzt ist, sein ganzes Denken, sein ganzes Selbstbild, sein ganzes Weltbild zerschmettert ist und er wie Phönix aus der Asche völlig erneuert daraus hervorgeht. Und es kann unter Umständen einen gewaltigen Mißerfolg bedeuten, wenn jemand eine Position ganz oben in der Hierarchie auf Dauer behält.«

H: »*Ich dachte immer, daß eine demokratische Unternehmensführung die Zukunft bildet, komme aber immer mehr davon ab. Ich dachte früher, die Mitarbeiter sind wie Zellen im Gesamtunternehmen. Aber viele Mitarbeiter sind noch so fremdbestimmt und so desinteressiert, daß eine demokratische Führung, also die Beteiligung der Mitarbeiter an Unternehmensentscheidungen, mir nicht mehr gut vorkommt.*«

N: »So wie es im Augenblick aussieht, ist eine demokratische Unternehmensführung aus den geschilderten Gründen nicht wünschenswert. Wer kann daran etwas ändern? Im Kontext dieses Buches müssen wir sagen: Es muß wichtiges Anliegen der Unternehmensführung und des Managements sein, ein diesbezügliches Umdenken bei den Mitarbeitern auf allen Stufen herbeiführen zu helfen. Hier sind die Manager aufgefordert, ihren Mitarbeitern zu einer anderen Perspektive zu verhelfen. Damit sie das können, müssen sie erst einmal selbst eine andere Perspektive gewinnen. Das setzt an bei dem Modell ›Führung von innen‹, wie es bereits geschildert wurde. Es enthält schon deshalb eine andere Perspektive, weil es jeden einzelnen Mitarbeiter respektiert und als wichtig erachtet, denn jeder einzelne hat seine innere Führung. Wichtig ist, daß das auch zum Tragen kommt. Das heißt, ihr müßt den Leuten helfen, zu entdecken, daß es so etwas wie eine innere Stimme überhaupt gibt; und Bestrebungen seitens der Mitarbeiter, ihrer inneren Stimme oder ihrem Herzen zu folgen, müssen gewürdigt werden. Das ist einer der Bausteine, die eine Veränderung bewirken. Und hier müssen wir das Hierarchiekapitel noch einmal vom anderen Ende her aufrollen.

Nehmen wir den Fall eines Unternehmens, das ein Produkt herstellt. Wenn wir die Frage der Hierarchie einmal von einem ganz anderen Ende beleuchten, dann können wir sagen, die wichtigste Person ist der Kunde, der Verbraucher. Er ist der Mensch, der das größte Wissen hat in bezug auf das Produkt, aber dieses Wissen wird nicht genutzt. Es wird zwar Marktforschung betrieben, aber dabei wird nicht in wirklich umfassender Weise das Wissen des Verbrauchers gewürdigt. Es wird vielmehr versucht, den Verbraucher oder Kunden zu steuern, ihn dorthin zu bekommen, wo man ihn gern haben möchte, oder ihm Bedürfnisse anzudichten, die er nicht hat. Ihr kennt das alles. Man könnte nun versuchen, im Geist eine Hierarchie zu konzipieren, in der der Kunde tatsächlich König ist und in der in allererster Linie der Dialog mit dem Kunden gefördert wird, und zwar ein offener und ehrlicher, kein manipulativer Dialog. Das Unternehmen würde ungeheuer davon profitieren.

Der zweite in dieser Hierarchie ist derjenige, der in der üblichen Hierarchievorstellung ganz unten ist. Das heißt der Mensch, der unmittelbar mit der Herstellung des Produktes befaßt ist. Nennen wir diese Gruppe von Menschen vereinfacht ›der Arbeiter‹. Der Kunde weiß alles über das Produkt, und der Arbeiter in unserem Idealmodell weiß alles über die Herstellung dieses Produktes. Alle anderen, also die verschiedenen Managementstufen sind untergeordnet, und ganz unten steht der, der im konventionellen Sinn der oberste ist. Er oder sie ist in diesem Modell der unterste Diener – der aber das Ganze trägt.

Wenn dieser Ansatz berücksichtigt wird, dann müßte das ehrliche, offene Gespräch mit dem Kunden an oberster Stelle stehen und nicht nur einmal stattfinden, wenn ein neues Produkt auf den Markt gebracht werden soll, sondern ständig, und zwar in nichtmanipulativer Weise. Das Wissen, das der Kunde hat, müßte in vollem Umfang genutzt werden, und die Wünsche und Sehnsüchte des Kunden sollten in vollem Umfang gewürdigt werden. Ferner müßte eigentlich dauernd ein Austausch zwischen der Gruppe von Menschen, die wir ›Arbeiter‹ genannt haben, und der Gruppe, die mit Management befaßt ist, stattfinden: ein ständiger, offener, unvoreingenommener, nicht urteilender, sondern informativer Dialog. Das heißt, der Arbeiter kann ständig Kritik, Beschwerden, Verbesserungsvorschläge, persönliche Visionen, Wünsche und so fort formulieren und dafür wiederum ein ehrliches und offenes Feedback bekommen von den verschiedenen Managementetagen. Das sind also die drei großen Gruppen, die miteinander in ständigem Dialog stehen sollten: der Kunde, der Arbeiter und das Management.«

6.
DIE WIRBELNDEN KRÄFTE

H: »*Wir befinden uns in einer Umbruchsituation. Das Alte besteht noch, das Neue ist noch nicht vorhanden. Im alten System spielt Macht eine viel zu große Rolle, so daß auch Menschen, die gern vom Herzen aus handeln würden, immer wieder an Personen und Institutionen scheitern, die sich der alten Machtinstrumente bedienen; seien das Werbeetats, Gelder, Stellenangebote oder was auch immer. Könnt ihr für die Menschen, die gern neue Wege gehen möchten, sich aber nicht trauen, weil sie vielleicht schlechte Erfahrungen gemacht haben, etwas Ausführlicheres sagen?*«

N: »Ja. Gibt es ein konkretes Beispiel?«

H: »*Etwa den Fall eines Journalisten, der Dinge aufdeckt, woraufhin der Ministerpräsident den Verleger auffordert, ihn zu entlassen. Und er wird entlassen.*«

N: »Wo genau liegt deine Frage, beziehungsweise worin genau besteht das Problem? Befürchtest du, daß er auf der Straße sitzt und keinen neuen Job bekommt?«

H: »*Meine Frage lautet eher: Wie kann ein Mensch, der aus dem Herzen heraus handelt, sich einem Menschen, der sich an Machtstrukturen klammert, verständlich machen, ihm vielleicht sogar eine Vision zeigen, in der beide Gewinner sind?*«

N: »Die Menschen, so, wie sie im allgemeinen zur Zeit sind – ganz besonders Journalisten –, nämlich überwiegend kopfgesteuert, werden tatsächlich in einer solchen Situation Schwierigkeiten haben, miteinander zu kommunizieren. Es sei denn, die Kraft des Herzens wird in einem solche Maße mobilisiert, konzentriert und gestärkt, daß der Betreffende in der Lage ist, diese Kraft des Herzens (die die größte ist, über die ein Mensch verfügen kann) in seine Worte, in seinen Gesamtausdruck einfließen zu lassen, so daß, auch wenn sein Gegner ›verkopft‹ ist, trotzdem Kommunikation auf der Ebene des Herzens stattfindet – auch wenn dieser das eigentlich nicht will, weil diese Kraft fast unwiderstehlich ist. Dann hast du eine Tür geöffnet für wirkliche Kommunikation. Wie diese dann im einzelnen aussieht, muß unbedingt der Inspiration, der Intuition, der Wahrheit des Augenblicks überlassen bleiben. Man darf also nicht wieder ›in den Kopf rutschen‹, sondern man muß weiter aus dem Herzen heraus sprechen und das Gegenüber auch zu Wort kommen lassen und wirklich zuhören, und zwar mit dem Herzen. Auch der Mensch, der in einem solchen Fall dein Gegner ist, hat Beweggründe, hat Nöte, hat Zwänge, aus denen heraus er handelt, und es ist wichtig, diese mit dem Herzen aufzunehmen, um in der Lage zu sein, wirklich zu kommunizieren. Es können dann auch durchaus sehr harte Worte gesprochen werden, aber es besteht eine relativ große Chance, daß die Botschaft, die man vermitteln möchte, ankommt.«

H: »Wir sollen also immer vom Herzzentrum ausgehen. Gilt das auch fürs Schreiben? Kann man diese Technik auch anwenden, wenn man Artikel schreibt?«

N: »Bevor du anfängst, etwas zu schreiben, kannst du all deine Energie, alle deine Aufmerksamkeit zusammenziehen im energetischen Herzzentrum in der Mitte der Brust (das immer gemeint ist, wenn vom Herzen die Rede ist). Das allein reicht jedoch nicht; zur Technik muß das Verständnis dessen kommen, was das inhaltlich bedeutet. Du mußt die Verbindung zwischen dem Thema, über das du schreibst, und deinen inneren Beweggründen finden. Wenn du beispielsweise einen Artikel über neue Autos schreibst, prüfe, bevor du anfängst zu schreiben, warum du diesen Artikel schreibst. Einfachste Möglichkeit: Man hat es dir angeboten, du bekommst Geld dafür. Das heißt, dein Motiv für das Schreiben dieses Artikels ist Geldverdienen. (Dagegen ist nichts einzuwenden.) Du hast aber keinen wirklichen Bezug, keine energetische Beziehung zum Thema an sich. Wenn das so ist, prüfe weiter; schau dir an, was für dich ›Auto‹ bedeutet, was für dich Verkehr bedeutet, was für dich Autofahren und all das, was damit verbunden ist, bedeutet: Wo besteht eine Beziehung zwischen deinem Herzen und der Sache, um die es geht? Und dann erst beginne, deine Kräfte im Herzzentrum zusammenzuziehen; stell dir anschließend vor, daß die Energie vom Herzen aus zum Gehirn und in die Hand, die schreibt, fließt oder in die Stimme, falls du den Text auf Tonband sprichst. Das wäre eine Möglichkeit, diese Technik fürs Schreiben zu nutzen. Aber das ist nur ein Thema am Rande. Die eigentliche Frage, um die es immer noch geht, ist Macht.

Es gibt etwas sehr Wichtiges, was noch nicht angesprochen wurde. Es könnte gleichzeitig eine Antwort auf Teilaspekte deiner Frage sein und ein neues Kapitel: *Die wirbelnden Kräfte nutzen.*

Das ist es, was wir generell einem Menschen empfehlen können, der sich in einer Lage befindet, wie du sie geschildert hast. Diese Empfehlung geht von der Tatsache aus, daß alles, was existiert, von wirbelnden Kräften angetrieben wird beziehungsweise wirbelnde Kräfte in seinem Inneren hat. Diese Kräfte werden je nach Wahrnehmungsfähigkeit eines Menschen wahrgenommen oder imaginiert als Spirale, also als geordnete und sinnvolle Form, oder aber als Wirbelsturm, dem man hilflos ausgeliefert ist und dessen Verlauf und Struktur man nicht erkennen kann. Aber wenn ihr alles genau anschaut, den Aufbau des Mikro- wie des Makrokosmos, werdet ihr überall diese wirbelnden Kräfte am Werk finden. Zentrifugale und zentripetale Kräfte. Sie existieren nicht nur im physischen Universum, sondern ebenso im psychischen und im geistigen Universum.

Diese Kräfte kann man entweder ignorieren, weil man sie nicht kennt oder nicht anerkennt und sich seine Welt eher wie eine statische Angelegenheit vorstellt; oder man kann sie nutzen. Beherrschen kann man sie nicht, das ist eine Illusion, der sich viele Menschen verschreiben, die beispielsweise versuchen, Magie zu praktizieren. Man kann nur mit ihnen gehen, von ihnen herumgewirbelt werden oder sie ignorieren und versuchen, sich jenseits oder zwischen diesen wirbelnden Kräften eine stabile Illusion aufzubauen, eine einigermaßen statische Welt; das heißt, eine Welt, die sich zwar verändert, aber eher in geraden Linien, gemäß den Gesetzen der Logik; oder die Entwicklung bekommt plötzlich einen Knick, und dann entsteht so etwas wie ein rechter Winkel; und aus dem Ganzen entsteht (im Geist!) ein schönes, rechtwinkliges, festes Gebäude. Dieses Gebäude ist dann die geistige Wirklichkeit oder, wenn man so will, die geistige Illusion, in der man sich befindet, sich einigermaßen sicher fühlt und die man meint überschauen zu können. Natürlich wird ein solches Gebäude im Verlaufe einer Lebenszeit einmal oder viele Male durcheinandergebracht von den wirbelnden Kräften, denen es nicht standhalten kann. Die Frage ist, in welcher Weise man dies wahrnimmt und verarbeitet.

Nehmen wir den Fall eines Menschen, der seinem Herzen folgen will, wie du gesagt hast, aber von den herrschenden Mächten (also beispielsweise von Menschen, die politisch das Sagen haben oder die das Geld besitzen) daran gehindert oder um seinen Posten gebracht wird. Wenn er die grundlegende Tatsache, daß es die wirbelnden Kräfte gibt, kennt, kann er versuchen, sie sich zunutze zu machen. Das bedeutet: Er versucht, der Stimme seines Herzens zu folgen und sich ganz bewußt, zunächst mal in seiner Vorstellung (wenn man es nicht gewohnt ist, seine Wahrnehmung auf derartige Phänomene einzustellen, muß man sie sich erst einmal vorstellen) in einen solchen Wirbelsturm hineinzustellen und zu schauen, wohin ihn die Entwicklung trägt, wenn er konsequent seinem Herzen folgt. Wenn er beispielsweise in der Folge gekündigt wird, darf er dort nicht stehenbleiben, sondern er muß immer weiter mit dem Strom der Entwicklung gehen, indem er stets seinem Herzen, seinen wirklichen inneren Wünschen, seiner inneren Stimme folgt.

Wenn jemand das konsequent tut, kommt der Moment, wo der Wirbel ihn wieder an eine Stelle trägt, die ähnlich ist wie die, die er vorher innehatte, aber auf einer anderen Ebene liegt. Wichtig ist es, wenn dies geschieht, nicht dort wieder Wurzeln zu schlagen und zu versuchen, sich ein neues statisches Weltgebäude aufzubauen, sondern auch hier offenzubleiben für den Lebensstrom, der immer und immer den Menschen vorwärtstreibt und nicht zuläßt, daß er erstarrt – jedenfalls nicht auf Dauer. Sich diesem Strom immer weiter zu überlassen heißt, die wirbelnden Kräfte zu nutzen. Das erfordert sehr große Beweglichkeit. Wer das einmal ausprobiert hat, wird feststellen, daß er diesen Kräften vertrauen kann. Es gibt keine Autorität, die sagen könnte: ›Du kannst diesen Kräften vertrauen‹ und für diesen Menschen vertrauenswürdig genug wäre, daß er sich blindlings auf sie verlassen würde. Die einzige Autorität, der die meisten Menschen wirklich vertrauen, ist die eigene Erfahrung. Es muß also zumindest einmal ausprobiert werden.

Diese wirbelnden Kräfte sorgen dafür, daß Evolution stattfindet, daß kein Chaos ausbricht beziehungsweise sich auf Dauer halten kann; sie sorgen letztlich für Struktur, harmonisches Zusammenspiel und Evolution. Das ist der Grund, warum man ihnen vertrauen kann.

Eine Körperübung, die dazu verhelfen kann, den wirbelnden Kräften zu vertrauen, ist das Drehen. Probiert einmal aus, ob ihr euch lieber rechtsherum oder linksherum dreht; am besten mit ausgebreiteten Armen, wie ein kleines Kind. Nicht zu oft drehen, nicht so, daß euch schwindlig wird, aber doch so, daß dabei ein Gefühl von Freude entsteht und von Loslassen, ein Gefühl, sich diesen wirbelnden Kräften anzuvertrauen. Aber achtet darauf, gut zentriert zu bleiben in eurer Längsachse. Dann versucht, diese wirbelnden Kräfte wahrzunehmen in allem, was geschieht. Versucht, Prozesse, Entwicklungen und überhaupt eure Umwelt unter diesem Gesichtspunkt zu betrachten. Übt, die wirbelnden Kräfte wahrzunehmen. Dann könnt ihr sie besser nutzen.«

G: »*Dabei erscheinen bei mir Bilder von Wasserspiralen oder von tanzenden Menschen und Erinnerungen, wie in früheren Kulturen solche Kräfte personalisiert wurden. Könnt ihr noch weiterführende Empfehlungen geben, wie man sich durch Vorstellungen diesen wirbelnden Kräften annähern kann?*«

N: »Die Beobachtung von Strudeln im Wasser; das Gewahrwerden der Rotation des Planeten um die eigene Achse und des Drehens um die Sonne; und zumindest die Vorstellung der Rotation sämtlicher Planeten und sämtlicher physischer Systeme überhaupt in diesem Universum; dann die Vorstellung der wirbelnden Kräfte in den Atomen, im Mikrokosmos; die Beobachtung von Wolkenformationen im Wind. Ein Rückblick auf den Verlauf des eigenen Lebens: versuchen, darin etwas wie eine Spiralentwicklung festzustellen, sich zu vergegenwärtigen, ob man öfter im Leben vor dieselben oder ähnliche Probleme gestellt war; ob man in bezug auf dieses jeweilige Problem im Kreis geht wie ein Hamster im Tretrad, oder ob man möglicherweise, wenn man erneut bei ein und demselben Problem ankommt, doch ein Stückchen weitergekommen ist. Versuchen, sich in einem gegebenen Augenblick, beispielsweise wenn man spazierengeht, der Gesamtheit seines Wahrnehmungsfeldes bewußt zu werden. Und versuchen, die wirbelnden Kräfte innerhalb dieses Wahrnehmungsfeldes im gegebenen Augenblick, also innerhalb des Ausschnitts der Realität, den man wahrnehmen kann, zu empfinden, wahrzunehmen oder auch nur sich vorzustellen. Die Vorstellung ist immer die Brücke zur wirklichen Wahrnehmung. Das sind Möglichkeiten, wie man diese Kräfte entdecken kann.

Es hilft auch, Rhythmen wahrzunehmen: in der Natur, im eigenen Lebensverlauf, im Wachstum, in den Jahreszeiten. Diese rhythmisch-spiralige Entwicklung kann man auch, wenn man seine Wahrnehmung schult und darauf einstellt, im Schicksalsverlauf eines Unternehmens feststellen, genau wie im Schicksalsweg eines Menschen oder im Wachstumsverlauf einer Pflanze. Ein Unternehmen hat seinen Frühling, seinen Sommer, seinen

Herbst, seinen Winter. Und es kann wichtig sein, festzustellen, wenn Entscheidungen getroffen werden müssen, in welcher dieser Phasen sich das Gesamtunternehmen oder der betreffende Bereich des Unternehmens gerade befindet. Wenn weitreichende Entscheidungen getroffen werden, sollte man sich immer fragen: Befindet sich das Unternehmen, insgesamt gesehen, in der aufsteigenden oder der absteigenden Phase, und auf welche Weise können die existierenden Kräfte genutzt werden, um den Schwung, der beim Abstieg entsteht, zu nutzen, um einen neuen Gipfel zu erklimmen; oder muß der Abstieg unterbrochen und etwas völlig Neues eingeführt werden, eine Innovation, um zu verhindern, daß man ganz auf den Boden kommt?

Es gibt ein Orakel, das sich an Rhythmen orientiert, die in allem, was existiert, herrschen, sei es ein Unternehmen, ein Menschenleben oder eine Pflanze: Das ist das *I Ging*. Aber natürlich kann man auch ohne Orakel die Wahrnehmung dieser Rhythmen entwickeln. Gibt es dazu Fragen?«

H: »*Ein konkretes Beispiel: ein Stuhlfabrikant, der auf den Bankrott zusteuert und nun krampfhaft versucht, einen noch besseren Stuhl oder ein noch ansprechenderes Design zu finden. Nun befindet sich dieser Möbelhersteller aber in einem Kontext von fünf Millionen abgebauten Arbeitsplätzen in Deutschland. Das heißt, es stehen Millionen Stühle leer. In diesem Zusammenhang ist es falsch, einen noch besseren Stuhl produzieren zu wollen, damit die Geschäfte wieder laufen. Wenn nun dieser Hersteller unser Buch liest und nach diesen Wirbeln und Rhythmen sucht ...«*

N: »Er befindet sich natürlich in der Abstiegsphase, die zentripetalen Kräfte dominieren. Er muß prüfen: Wie stark ist der Schwung dieses Abstiegs? Gibt es die Möglichkeit, daß überhaupt nach dem Tal, das er ansteuert, ein neuer Gipfel kommt? Wie könnte der aussehen? Kann ihn der Schwung dort hinauftragen? Wie weit trägt er ihn hinauf? Das sind Fragen, die nicht mit dem Verstand untersucht werden sollten, sondern wofür man durch Schärfung der Wahrnehmung in der geschilderten Weise ein Gefühl bekommen muß. Man muß es spüren.

Aber das, was eigentlich zuerst notwendig ist für diesen Unternehmer, ist das, was weiter vorne empfohlen wurde: nämlich prüfen, ob das Ganze überhaupt noch auf dem Boden der Wahrheit steht. Dann muß er die Sache zurechtrücken, das heißt prüfen, wie er sich mit seinen persönlichen Motiven, Talenten und so fort erneut auf den Boden der Wahrheit stellen kann, und dann das ganze Unternehmen zurechtrücken. Möglicherweise kommt bei diesem Zurechtrücken heraus, daß er etwas anderes produzieren muß; oder daß er die ganze Produktion anders aufziehen muß; oder daß er innerhalb der Stuhlproduktion etwas Neues finden muß; daß er Stuhlrecycling betreiben muß oder was auch immer. Wenn er alles zurechtgerückt hat, dann steuert er sozusagen den neuen Hügel oder Berg an. Erst dann sollte er versuchen, mit den wirbelnden Kräften in Einklang zu kommen, indem er sie erst einmal wahrnimmt und dann versucht, sie zu nutzen. Noch einmal: Das ist eine Sache der intuitiven Wahrnehmung und nicht des Verstandes. Man kann es auch nicht weiter erklären, denn dann würde es leicht auf eine falsche Ebene, nämlich auf die des Verstandes, geraten. Aus seinem Gefühl heraus werden ihm dann die richtigen Einsichten, Eingebungen und Inspirationen kommen, damit er den noch bestehenden Schwung, der ja sogar beim Abstieg stärker wird, nutzen kann, um dem Ganzen eine neue Richtung zu geben und auf diese Weise wieder auf die Spirale zu kommen.«

G: »Ihr habt eben von der Energie gesprochen, die frei wird in Abbauprozessen, in Phasen, wenn Produkte auslaufen, Abteilungen aufgelöst oder ganze Firmen geschlossen werden. Könnt ihr dazu noch etwas mehr sagen? Was ist das für eine Energie, und wie kann sie wieder konstruktiv in aufbauende Prozesse eingespeist werden?«

N: »Wenn ein Unternehmen sich in einer Phase befindet, die zwischen Gipfel und Talsohle liegt, also in einer Abstiegsphase, dann gibt es viel ungebundene Energie. In der Aufstiegsphase ist alle Energie gebunden. In der Abstiegsphase aber nehmen viele der Mitarbeiter ihre Energie aus dem Unternehmen oder den Zielen des Unternehmens heraus, weil es sich nicht mehr lohnt, sie zu investieren, weil sie sich innerlich distanzieren oder auf etwas anderes einstellen oder in irgendeiner Weise aufgeben. Jeder dieser Menschen verfügt aber über ein gewaltiges Potential an Energie; nur wird diese nicht mehr investiert in Hoffnungen auf eine Aufwärtsentwicklung des Unternehmens oder in eine positive Motivation, die das Unternehmen tragen kann, in unternehmensfördernde Projekte und so weiter, sondern sie ist ungebunden. Diese Energie kann nun aufgesaugt werden von anderen Dingen: Die Mitarbeiter wenden sich etwa einem neuen Unternehmen zu oder einem neuen Lebensstatus, beispielsweise dem des Arbeitslosen (auch eine neue Perspektive); oder sie investieren diese Energie verstärkt in ihr Privatleben, in andere Aktivitäten, in den Konsum von Alkohol oder Drogen. Aber trotzdem bleibt noch sehr viel Energie übrig, die nicht gebunden wird. Diese Energie steht potentiell zur Verfügung, um einen neuen Aufstieg zu tragen. Das ist der Schwung, von dem gesprochen wurde. Dafür ist es wichtig, daß ein neuer Berg zumindest in Sicht ist; daß die Unternehmensführung eine Vorstellung davon hat, wie dieser neue Berg aussehen könnte. Und dieser neue Berg darf nach Möglichkeit nicht eine genaue Reproduktion des alten sein, sondern man muß, wie vorher geschildert wurde, das Ganze auf einen realeren Boden stellen, also Ziele anvisieren, die der gegenwärtigen Realität angemessen sind. Und dann muß man etwas unternehmen, um die freie Energie der Mitarbeiter aller Ebenen auf dieses neue Ziel hin zu dirigieren, das heißt den Schwung der Abwärtsbewegung zu nutzen. Mit anderen Worten: die Mitarbeiter informieren über die anvisierten neuen Ziele; oder sie auch nur zunächst einmal ehrlich über die Lage aufklären; vielleicht auch die Ideen, die Inspirationen, die Intuitionen der Mitarbeiter nutzen, um neue Ziele zu finden. Und dann durch Information, durch Gespräch, durch motivierende Maßnahmen die Energie der Mitarbeiter auf den neuen Aufstieg, auf das Ziel richten.«

G: *»Diese neuen Maßnahmen sind sozusagen Wirbelgestalten? Oder sind Wirbelgestalten auf einer anderen Ebene zu sehen?«*

N: »Der Auf- und Abstieg, die Wellental- und Wellenkamm-Bewegung, das ist der Wirbel. Es hängt davon ab, wie man das wahrnimmt. Einmal ist es ein Auf und Ab, und einmal ist es ein Wirbel, je nachdem, ob man zwei- oder dreidimensional denkt.

Das alles kann dich lehren, dich nicht nur dem Aufstieg, sondern dich im gegebenen Fall auch den Kräften des Abstiegs anzuvertrauen. Wenn du sie geschickt zu nutzen weißt, geben sie dir Schwung, um einen neuen Aufstieg zu erreichen.«

H: *»Kann es auch sein, daß Unternehmen determiniert sind zum Bankrott, sei es durch das in ihnen vorherrschende Denken, sei es durch fehlende neue Impulse? Daß sie einfach aus dem Leben scheiden müssen wie alles andere auch irgendwann einmal?«*

N: »Ja, das ist natürlich möglich. Es ist auch möglich, daß es einfach eine Komponente des letztlich selbstgewählten Schicksals eines Menschen ist, Bankrott zu erleiden. Aber das ist nicht fest vorherbestimmt, denn Schicksal, Leben ist in jedem Moment dynamisch. Das heißt, auch jemand, der aus der Perspektive seines höheren, nicht in Raum-Zeit gefangenen Bewußtseins heraus vielleicht beschlossen hat, mit einem Unternehmen bankrott zu gehen, kann dieser Entwicklung eine ganz andere Richtung geben, wenn er neue Perspektiven gewinnt. Es ist alles dynamisch, es ist alles jeden Augenblick in Bewegung. Nichts ist statisch, nichts ist starr.

Nehmen wir einmal an, es gibt in einem Unternehmen eine Person, die *der Unternehmer* oder *die Unternehmerin* ist: Selbst wenn es das Schicksal dieser Person sein sollte, einen wirtschaftlichen Zusammenbruch zu erleben, muß nicht das ganze Unternehmen und müssen nicht alle Mitarbeiter davon betroffen sein. Wenn der Rest des Unternehmens wach ist und offen für neue Entwicklungen und einigermaßen daran gewohnt, auf

Intuition und Inspiration zu hören, dann ist es durchaus möglich, daß der Absturz eine persönliche Angelegenheit des Betreffenden wird und daß das Unternehmen trotzdem in irgendeiner Form weiterleben kann; oder daß das Ganze zwar auseinanderfällt, sich aber in anderen Gruppen neu zusammensetzt.

Es kann so etwas wie eine Implosion oder so etwas wie eine Explosion geben. Das gehört auch zu den wirbelnden Kräften. Das heißt, der Kopf des Unternehmens, von dem die Rede war, könnte bei einer Explosion einfach abgetrennt werden, und der Rest bleibt intakt, oder es entsteht so etwas wie ein Krater, wobei die obersten Etagen fortgeweht werden, der Rest aber bleibt. Oder aber es kann eine Implosion geben, wobei das Ganze in sich zusammenkracht.«

G: »Bei dem Hierarchiemodell, das wir letztes Mal besprochen haben, müßte das dann aber doch ganz anders aussehen, weil wir da davon ausgegangen sind, daß im Zentrum der Mensch der Mitte sitzt, der immer wieder aus der Quelle des Unternehmensgeistes schöpft, so daß solche Explosionen nicht stattfinden können...«

N: »Dieses Modell ist, das ist vielleicht nicht genügend zum Ausdruck gekommen, in sich sehr flexibel – dynamisch, beweglich, immer offen für die wirbelnden Kräfte. Das heißt, der Mensch in der Mitte sitzt nicht dort festgemauert, sondern es kann ihn möglicherweise auf einen anderen Posten wehen, jemand anderer kann seinen Platz einnehmen – es muß nicht immer derselbe Mensch sein. Die Mitte ist nicht an eine bestimmte Persönlichkeit gebunden, sondern sie kann von diesem oder jenem besetzt werden. Damit das aber so flexibel sein kann, bedarf es einer großen Beweglichkeit und Risikofreudigkeit der beteiligten Personen. Darauf zielt das ganze bisherige Buchdiktat ab – angefangen bei dem Spielkapitel bis hin zu der Sache mit den wirbelnden Kräften. Wir wollen euch helfen, die Flexibilität zu erreichen, die es euch ermöglicht, mit der Wahrheit zu fließen, anstatt euch irgendwo festzuklammern und zu versuchen, ein Bollwerk zu bilden gegen die herrschenden Lebenskräfte, die immer in Bewegung sind. Es könnte also durchaus in einem solchen Hierarchiemodell, wie es geschildert wurde, eine Art Rotation herrschen.«

H: »*Es ist so oft von ›Wahrheit‹ die Rede. Ist damit die Wirklichkeit gemeint, so wie sie ist, oder was ist darunter zu verstehen?*«

N: »Es ist hier eher die innere Wahrheit. Das heißt, wie du in deinem Inneren, in deinem Herzen zur Wirklichkeit – zur äußeren Wirklichkeit – stehst. Nehmen wir einmal an, du bist in einem Unternehmen der Mensch in der Mitte, und eines Morgens wachst du auf und stellst fest: Du hast Lust, etwas ganz anderes zu tun. Das ist in diesem Augenblick deine innere Wahrheit. Vielleicht ist es auch nur ein kurzlebiger Impuls, der gleich wieder verschwindet. Entweder, weil dein Verstand sofort dagegenspricht und sagt: ›Ich kann doch diesen Posten nicht aufgeben, das Unternehmen bricht ohne mich zusammen‹ (eine große Illusion!), oder aber es war kein Impuls aus dem tiefsten Inneren, sondern nur eine vorübergehende Erscheinung, sozusagen eine modische Anwandlung. Vielleicht hast du im Fernsehen irgend etwas gesehen, das dich dazu inspiriert hat. Wenn es aber ein Impuls aus dem Inneren ist, ein Herzenswunsch, dann würdest du, wenn du dieser Idealmensch in dieser Idealhierarchie wärest, schauen, ob es innerhalb deines Unternehmens einen Platz gibt, wo du dem, was dir Freude macht, mehr frönen kannst; oder ob du deinen Platz so verändern kannst, daß er dir mehr Freude macht entsprechend deiner gegenwärtigen Wahrheit; oder ob du aussteigen mußt aus dem Unternehmen, etwas anderes tun, womöglich unter einer Brücke wohnen – was auch immer.«

H: »*Es geht also um die persönliche Wahrheit. Könnte man nun annehmen: Die Summe aller persönlichen Wahrheiten ist eine übergeordnete Gesamtwahrheit? Ich nehme allerdings an, das ist ein Trugschluß…*«

N: »Es ist nicht die Summe. Es gibt keinen mathematischen Begriff, der das bezeichnen könnte. Es ist eher die innerste Essenz all dieser persönlichen Wahrheiten. Diese innerste Essenz ist eine Wahrheit, die in Myriaden von Facetten erscheint. Das bedeutet auch: Wenn jeder dieser inneren Wahrheit folgen würde, wäre alles immer am richtigen Platz, oder vielmehr an einem idealen Platz. Es muß allerdings dazu gesagt werden, daß letztlich niemand umhin kann, seiner inneren Wahrheit zu folgen. Er kann zwar Schleifen und Kurven machen, aber alles in allem ist das Leben des Individuums so angelegt, daß es immer wieder auf die Straße seiner persönlichen Wahrheit schubst. Und manchmal dienen Zusammenbrüche genau dazu: Beinbrüche, Krankenhausaufenthalte, wirtschaftliche Bankrotte können dazu dienen, einen Menschen an seine Wahrheit zu erinnern. Letztlich kann er nicht umhin festzustellen, daß der Weg der Wahrheit der leichteste Weg ist. Es gibt Menschen, die ihr Leben lang kämpfen, die gelernt haben, daß Leben aus Kampf besteht; irgendwann aber passiert etwas, wodurch sie die Waffen strecken müssen. Das ist ein Moment vollkommener Entspannung, vollkommener Hingabe, vollkommenen Loslassens oder vollkommener Resignation, und dann plötzlich erhebt sich irgendeine Kraft aus dem Inneren, stellt diesen Menschen wieder auf die Beine, führt ihn, bewegt seine Beine, seine Arme und seinen Kopf, und er entdeckt, daß das alles auch ohne Kämpfen geht. Dann ist er auf seinem eigenen Weg angekommen. Aber dieser eigene Weg war trotzdem immer die Achse, um die herum er seine Kurven und Umwege gemacht hat.

Die Frage der Macht wurde noch nicht zufriedenstellend beantwortet. Wie geht man mit den herrschenden Kräften um? Erstens: seine Kräfte bündeln, das heißt die eigene Motivation, die eigene Vision, die eigene Zielvorstellung bündeln zu einem mächtigen Strahl, der aus dem Herzen kommt, und dann auf diesem Strahl sprechen, schreiben, handeln und so fort. Und zweitens: sich den wirbelnden Kräften anvertrauen, wohin auch immer sie einen tragen. Die wirbelnden Kräfte sind mächtiger als die Mächtigen, die auf ihren statischen Gebäuden sitzen. Wenn du mit ihnen gehst, bist du stärker als alles andere. Aber du mußt dabei jegliche Vorstellung von persönlicher Macht und Machtstrukturen, die deine persönliche Macht stützen, aufgeben; sonst bis du nicht mit diesen Kräften in Einklang.«

H: »Ich habe noch eine Frage. Ihr sagtet schon mehrere Male: ›Ihr werdet früh sterben.‹ Was war damit gemeint?«

N: »Es ist keine Prognose in dem Sinne, daß ihr aus einem bestimmten Grund, der sich konkret abzeichnet, sehr bald sterben werdet. Sondern: Ganz gleich, ob du mit 60, 70, 80 oder 100 Jahren stirbst: Es ist immer sehr bald. Je älter du wirst, desto schneller geht es. Deshalb ist es unbedingt anzuraten, sich mit dieser Tatsache vertraut zu machen. So paradox es klingt, aber der Tod gibt euch eine neue Perspektive. Er gibt eurem Leben ein neues Gesicht. Jeder von euch weiß, daß er sterben wird, aber niemand weiß es wirklich. Wenn ihr euch mit dieser Tatsache sehr vertraut macht und gut anfreundet, bekommt alles ein neues Gesicht. Vor allem seid ihr beweglicher, leichter, baut nicht so viele starre Gebäude, weil ihr wißt, daß sie sowieso zusammenfallen. Ihr seid risikofreudiger. Ihr könnt spielerischer mit den Dingen umgehen und gleichzeitig den Mut haben, wirklich eurem Herzen zu folgen.

Natürlich seid ihr, sind wir letztlich unsterblich, ewig. Aber das, was du üblicherweise zu sein glaubst, stirbt. Um Ewigkeit zu erreichen, mußt du erst einmal in Ewigkeit eintauchen und den ewigen Aspekt deines Wesens berühren. Das gelingt nicht, wenn du dich mit deinem Bewußtsein einkapselst in deine Persönlichkeit, die gebunden ist an deine körperliche Existenz. Wenn du dir persönliche Unsterblichkeit vorstellst, ist das so ähnlich, als würdest du dir vorstellen, du müßtest dein Leben lang immer denselben Anzug tragen.«

7.
WIRBELNDE KRÄFTE:
FRAGEN UND ANTWORTEN

G: »Ihr habt die Ebene des Beobachtens und Wahrnehmens der wirbelnden Kräfte in der Natur angesprochen. Aber es gibt sicher auch Möglichkeiten, rein mental oder gefühlsmäßig Kontakt mit ihnen aufzunehmen.«

N: »Man kann sie fühlen; es ist ein körperliches Spüren. Wo auch immer man sich aufhält, kann man versuchen, die vorhandenen wirbelnden Kräfte zu erspüren. Du kannst die Frage aber weiter präzisieren oder einengen.«

G: »Ja, in bezug auf mentale Kontaktaufnahme. Durch welche Gedanken kann man mit diesen Kräften Kontakt aufnehmen? Welche Rolle spielt der Wille dabei? Und haben die wirbelnden Kräfte Namen?«

N: »Nein, um gleich damit anzufangen. Du kannst ihnen natürlich Namen geben. Aber sie sind so etwas (in statischen Begriffen gesprochen) wie ein Grundbaustein des Universums auf allen Ebenen. Sie sind vollkommen neutral. Sie sind überall vorhanden. Was diesen wirbelnden Kräften dann so etwas wie Gestalt oder Richtung gibt, das sind Gedanken, aber Gedanken, die auf einer sehr tiefen inneren, grundlegenden Ebene entstehen. Nicht die Oberflächengedanken, die euch üblicherweise bewußt sind – das ist nur ein Gekräusel an der Oberfläche. Sondern die tiefen Gedankenmelodien, aus denen alles hervorgeht und hervorgegangen ist.

Wenn du mit diesen wirbelnden Kräften bewußt umgehen

möchtest, ist das Wichtigste zunächst, dir nicht vorzustellen, du könntest etwas erzeugen in diesem Ozean aus Wirbeln und Strudeln. Nimm diese Kräfte als gegeben und versuche in der jeweiligen Situation festzustellen, wie sie am Werk sind. Die Wirbel bilden so etwas wie eine bewegte Landkarte, die deine Augen jedoch nicht sehen können. Und nun stell dir vor, du könntest sie plötzlich sehen. Dann würdest du Wege finden, mit ihnen umzugehen. Aber bitte nicht den Fehler machen (das gilt besonders für Menschen, die magisch veranlagt sind), zu glauben, man könne sie erzeugen. Sie sind Grundbaustein, Grundtatsache des Universums; sie sind einfach vorhanden. Du kannst mit ihnen arbeiten, sie ignorieren, ihnen zum Opfer fallen oder versuchen, ihnen entgegenzuarbeiten, was ziemlich sinnlos ist. Die beste Art, mit ihnen umzugehen, besteht also in erster Linie darin, sie wahrzunehmen. Es ist so, wie wenn du im Dunkeln durch ein unbekanntes Gelände gehst. Deine einzige Hilfe ist, zu versuchen, auf irgendeine andere Art als mit den Augen wahrzunehmen, wie das Gelände strukturiert ist. Du kannst die Landschaft nicht umgestalten, sie ist, wie sie ist. So ist es auch mit den wirbelnden Kräften. Du kannst sie nicht verändern, aber du kannst sie meistern, das heißt, du kannst sie wahrnehmen und bewußt beschließen, in welcher Weise du mit ihnen umgehst, welche Wirbel du dir zunutze machst.«

H: »*Ich habe dazu eine Frage. Nehmen wir einmal an, Unternehmer A, ein Stuhlfabrikant, nimmt so einen Wirbel und macht sich diesen Wirbel zunutze und baut damit sein Unternehmen, seinen Marktanteil aus, aber Unternehmer B, der auch Bürostühle herstellt, kommt ebenfalls auf die Idee, sich einen Wirbel anzuheuern und diesen entsprechend für sich einzusetzen. Dann stehen wir ja wieder auf derselben Ebene, auf der wir schon seit Jahrtausenden stillstehen. Wie kommen wir denn über diese Konkurrenz hinaus? Oder habe ich diese Frage vielleicht falsch gestellt?*«

N: »Ja, sie ist so, wie sie gestellt ist, schwierig zu beantworten, weil sie nämlich ein Mißverständnis enthält. Dieses Mißverständnis weist uns darauf hin, daß man die Sache genauer erklären muß, damit sie eben nicht mißverstanden wird. Insofern ist die Frage gut.

Unternehmer A und Unternehmer B haben eines gemeinsam, nämlich die Idee, Stühle zu produzieren. Abgesehen davon aber steht Unternehmer A mitsamt seiner Mannschaft und allem, was dazugehört, in einem Feld und Unternehmer B in einem anderen. Beide haben ihr eigenes Energiefeld, Gedankenfeld, Emotionsfeld, ihr historisches Feld, ihr Feld aus Bezugspersonen und so fort. Jeder von ihnen ist so etwas wie ein Extrawirbel, eine Extrastruktur im großen Ganzen – auch wenn sie mit dem Ganzen verbunden sind. Beide sollten die Struktur, die Figur der Entwicklung, in der sie stehen (das heißt die Geschichte, aus der sie hervorgegangen sind und die Geschichte, in die sie gegenwärtig eingebettet sind), studieren und ihre eigene Beziehung zu der gegebenen Situation und zu der Geschichte, die abgelaufen ist, untersuchen. Das alles gehört dazu, um zu erfassen, wie die wirbelnden Kräfte am Werk sind und wo sie hinführen: Wenn beide das tun, dann kann es zwar durchaus sein, daß jeder der beiden Bürostühle produziert; aber wenn sie das sehr genau tun und dementsprechend handeln, dann wird jeder der beiden sich mit seiner Produktion auf eine eigene, ihm entsprechende Schiene begeben; auf gar keinen Fall beide auf die gleiche Schiene. Das heißt, ihre Produkte werden sich ergänzen. Allgemein gesagt: Wenn du alles, was bisher gesagt wurde, tust, nämlich: das Unternehmen auf den Boden der Wahrheit stellen (also die Gegebenheiten prüfen und dich in Übereinstimmung bringen); die geschichtliche Entwicklung, die bis zu diesem Punkt geführt hat, prüfen, ihre Struktur betrachten und feststellen, wo du gerade stehst innerhalb dieser Struktur; dann findest du deine eigene Sache. Die stimmt dann für dich, für das ganze Feld und für das große Ganze, sie beißt und bekämpft sich nicht mit der Sache eines anderen. So ist alles am richtigen Platz.«

H: »*Das heißt, die Wirbel können dazu verhelfen (statt in der Dichotomie zu polarisieren), daß sich die Gegensätze ergänzen.*

Trotzdem wird es Menschen geben, die sich dieser Wirbel bemächtigen und versuchen, einen mächtigeren Wirbel zu haben als die anderen. Auch Hitler hat sich solcher Kräfte bemächtigt. Meine Frage: Ist das nicht letztlich selbstzerstörerisch? Zerstört mein eigener Wirbel mich am Ende?«

N: »Das kann passieren. Wenn du mit destruktiven Vorstellungen an etwas herangehst und machst dir diese Kraftwirbel zunutze, dann wird deine eigene destruktive Vorstellung, verstärkt durch den Wirbel, letztlich deinen Untergang herbeiführen. ›Untergang‹ meint hier natürlich den Untergang der Persönlichkeitsstruktur, die sich mit diesem destruktiven Gedankenmaterial angereichert hat. Jeder Gedanke, der sich gegen einen anderen oder gegen etwas anderes richtet, ist in diesem Sinne destruktiv; das heißt, der Gedanke muß gar nicht unbedingt heißen ›Ich möchte diese Person ausschalten‹; sich gedanklich gegen eine andere Person oder gegen irgend etwas anderes zu stellen, reicht bereits, damit in unserem Sinne auf einen Gedanken die Definition ›destruktiv‹ zutrifft. Und Destruktives, das ausgeschickt wird, ist wie ein Bumerang: Er kommt immer wieder zu euch zurück. Dafür sorgen auch die wirbelnden Kräfte.«

H: *»Wir brauchen ja nur in die Geschichte zu schauen. Nehmen wir zum Beispiel Krankheiten. Jeder Forschungszweig ist gegen Krebs, gegen Aids, gegen diese und jene Krankheit. Dabei haben wir immer nur mehr Krankheiten erzeugt. Aber leider ist es bis heute nicht durchgedrungen, daß wir statt dessen besser für etwas sein sollten, nämlich für Gesundheit. Das Problem in unserem Gesellschaftssystem ist aber: Wenn man für Gesundheit wäre, gäbe es irgendwann keine Krankheit mehr, gäbe es keine Krankenhäuser, keine Ärzte, keine Pharmaindustrie, keine Versicherungen mehr. Und da liegt wohl die Blockade im menschlichen Denken.«*

N: »Ja. Dem liegt wieder ein Irrtum zugrunde. Hier kommen wir wieder auf das zurück, was ganz am Anfang gesagt wurde:

Dieses Denken geht von einer negativen Grundannahme aus. Genau da liegt der Irrtum. Eine Gesellschaft, die insgesamt nach Gesundheit strebt, könnte jedoch sehr wohl vielen Menschen Brot und Arbeit geben, um ihr Streben nach Gesundheit zu unterstützen. Es könnte Gesundheitshäuser geben, Ärzte, die dafür da sind, die Gesundheit zu pflegen, und gesunderhaltende Medizin (wie es sie ja auch schon gibt). Medizin, die nicht gegen Erscheinungen ankämpft, sondern mit ihnen geht und Harmonisierung zum Ziel hat. Mit alledem läßt sich auch Geld verdienen. Wie die Preise dann bemessen werden, wie teuer diese Medizin verkauft wird, das ist eine andere Sache. Das wird ja von den Menschen selbst festgesetzt. Aber im Prinzip ließe sich mit Gesundheit, wenn die Menschen es wollten, genausoviel Geld verdienen wie mit Krankheit.«

G: »Wenn ich euch richtig verstehe, existieren die wirbelnden Kräfte nicht jenseits, unter oder hinter dem konkreten Leben, sondern sind die Gestalt dieses Lebens, die wir wahrnehmen können, wenn wir diese Erkenntniseinstellung haben. Es geht also um eine Form des Entdeckens von Leben – und nicht um irgendein metaphysisches Etwas?«

N: »Nein, es ist ganz konkret. Es ist sogar konkreter als die eher statischen Erscheinungen und Strukturen, die ihr üblicherweise wahrnehmt. Ihr könnt eure Wahrnehmung schulen, um das zu erkennen.«

B-A: »Es gibt in Wirklichkeit keine feste Materie. Alles wirbelt umeinander nach bestimmten Gesetzen – Atome, Moleküle und so weiter. Ist es nun empfehlenswert, sich die Dinge so vorzustellen? Wenn ich mir beispielsweise meinen Körper als aus lauter Kleinstwirbeln bestehend vorstelle? Oder stört das nur?«

N: »Was deinen eigenen Körper betrifft, kann es sehr hilfreich sein, dir das so vorzustellen; beziehungsweise du kannst das direkt so wahrnehmen. Dazu brauchst du noch nicht einmal die Brücke der Vorstellung. Was den eigenen Körper betrifft, ist das sehr gut, weil es befreiend wirkt. Du wirst sehen, daß Verkrampfungen, Zusammenballungen, Ein- und Ausgrenzungen, alles, was in irgendeiner Weise aus dem Fluß, aus der Harmonie geraten ist, sich sehr viel leichter wieder auflöst oder einrenkt, wenn du dich daran gewöhnst, deinen Körper öfter als dynamisches, offenes Gebilde oder als vielfältige Wirbelstruktur zu sehen, als wenn du denkst, daß es ein fester Körper ist. An die Vorstellung ›fest‹ ist geknüpft, daß alles ziemlich lange dauert: Wenn ich eine Störung habe, so hat sich das über Jahre aufgebaut und braucht lange, um zu heilen … Ein Körper aus Wirbeln ist viel beweglicher. Wenn du eine Gesundheitsstörung hast, kannst du sie sehr viel schneller wieder loswerden, wenn das Symptom sich nicht in deiner Vorstellung kristallisiert als etwas Festes.«

G: *»Gibt es die Möglichkeit, Wirbelkräfte zu beschleunigen oder gar zur Ruhe kommen zu lassen?«*

N: »Nicht so, wie die Frage gestellt ist. Es ist schwer zu übersetzen in Begriffe von Raum und Zeit, denn die Wirbel wurzeln jenseits von Raum und Zeit. Innerhalb des Verlaufs eines Wirbels gibt es Phasen des Beschleunigens, Phasen von Verlangsamungen und auch vollkommene Ruhe. An einem bestimmten Punkt im Wirbel bewegt sich nichts, da herrscht vollkommene Ruhe – im Zentrum.

Du kannst dich nun einklinken in eine Phase der Beschleunigung, der Verlangsamung, der Ruhe oder wo auch immer. Aber den Wirbel selbst kannst du nicht verändern. Das heißt, um es noch einmal zu wiederholen, weil es so wichtig ist: Die Kunst, sich die Wirbel zunutze zu machen, besteht in erster Linie darin, sie wahrzunehmen. Wenn du sie erst einmal wahrgenommen hast, kannst du wählen, wie du damit umgehen willst.«

G: *»Das heißt für den Arbeitsalltag: Jeder Manager müßte die Möglichkeit haben, sich einklinken zu können in den Anteil*

Energiewirbel, den er gerade braucht. Mal braucht er mehr Ruhe, mal möchte er Dinge beschleunigen ...«

N: »Genauso ist es. Und um das wieder zu vereinfachen – es klingt ja alles sehr kompliziert: Wenn jemand das übt, wovon vor dem Wirbelkapitel die Rede war, nämlich auf seine innere Stimme zu hören, dann ist er hundertprozentig im Einklang mit den wirbelnden Kräften. Dann geht er mit ihnen. Dann ist er immer in der jeweils – für ihn und für das Ganze – richtigen Phase. Dann kann er sich alles andere sparen. Dann braucht er nicht zu lernen, Wirbel wahrzunehmen und bewußt mit ihnen zu arbeiten. Es handelt sich hier um zwei grundsätzlich verschiedene Möglichkeiten: Du gehst entweder genau auf dem schmalen Grat der inneren Stimme, oder du gehst den Weg der Meisterschaft, in dem du lernst, die Kräfte wahrzunehmen, mit ihnen umzugehen, sie dir bewußtzumachen und dich bewußt bestimmten Kräften anzuvertrauen. Du handelst dann gemäß deinem Wunsch, deinem Willen und deiner Vision. Du weißt, was du willst, was du erreichen möchtest oder was du dir wünschst, und machst dir diese Kräfte zunutze, um es zu erreichen.«

G: »Ist es auch vom Rang innerhalb der Hierarchie oder nur von der persönlichen Neigung oder dem individuellen Charakter abhängig, welchen Weg man wählt? Hängt es auch von sozialen Faktoren ab, ob man mehr geneigt ist, sich der Entwicklung hinzugeben, oder ob man mehr gestalterisch ist?«

N: »Das hängt nicht unmittelbar zusammen. Es gibt eine andere Art von Zusammenhang. Jemand, der in der herkömmlichen Hierarchie sehr weit oben steht, genießt ein größeres Maß an Freiheit in seinen Entscheidungen als jemand, der sich weiter unten befindet, das heißt, er kann sich eher den Luxus leisten, streng seiner inneren Stimme zu folgen. Ein Mensch, der weiter unten in der Hierarchie angesiedelt ist, fährt vielleicht besser damit zu lernen, die herrschenden Kräfte wahrzunehmen und mit ihnen umzugehen. Während jemand, der sehr weit oben steht, es sich eher leisten kann, den eigentlich einfacheren Weg zu gehen, nämlich schlicht und ergreifend in jedem Augenblick seiner inneren Stimme zu folgen. Ansonsten ist es Temperamentssache.

Es ist eigentlich eine interessante, eine sehr grundlegende Entscheidung. Man trifft auf diese Art von Entscheidung in den verschiedensten Themenbereichen des Lebens: Lasse ich mich führen – was eine grundsätzlich passive Einstellung ist, ungefähr der taoistischen entsprechend –, oder wähle ich meinen Weg, bahne ich mir meinen Weg, forme ich mir meine Vision? Dies ist eine eher aktive Einstellung. Die beiden Haltungen sind wie Yin und Yang. In einer Phase des Lebens kann die eine und in einer anderen die andere Einstellung die geeignete sein. Aber der Mensch hat aus seinem persönlichen Bewußtsein heraus diesbezüglich keine Wahl. Es ist eher so, daß entweder die eine oder die andere Neigung vorhanden ist. Das kann er nicht verändern.

Schwierigkeiten werden vielleicht diejenigen Menschen haben, die zwischen diesen beiden Wegen hin- und herspringen: Heute will ich Meister meines Schicksals sein, morgen will ich mich blind führen lassen. Das ist natürlich ein bißchen schwierig. Die beiden Wege lassen sich vereinbaren; aber es ist nicht leicht. Um sie vereinbaren zu können, muß man lange Zeit erst den einen und dann den anderen Weg gegangen sein.

Die meisten Menschen gehen keinen von diesen beiden Wegen. Sie gehen irgendwo und irgendwie, sie lassen sich bestimmen von dem Durcheinander irgendwelcher kollektiver Gedanken, Gefühle und Vorstellungen, in denen das leise Stimmchen der eigenen Gedanken sich verliert und wieder auftaucht. Es wird keine bewußte Entscheidung darüber getroffen, welchen Weg man gehen will. Das ist für einen Manager natürlich nicht besonders dienlich. Es ist besser, wenn er genau weiß, ob er sich auf diesen oder auf jenen Weg einläßt. Sonst wird er kein Manager sein, sondern eine Marionette, ein Spielball der äußeren Umstände und der herrschenden Mächte.

Für einen Manager, der von alledem gar nichts weiß, der nie auf solche Ideen gekommen ist, der so denkt, wie die Masse denkt, der ganz von äußeren Wahrnehmungen und Faktoren bestimmt ist und im Strom des kollektiven Denkens mitschwimmt, ist das Managen eine schwierige Sache. Er bekommt einen Ball zugeworfen und muß entscheiden, wohin er ihn weitergibt. Er weiß aber nicht, woher der Ball kommt; der Ball kommt für ihn aus dem Dunkeln, denn er sieht nicht den Hintergrund, in den die Ereignisse, die er mit Sinnen und Verstand überblicken kann, eingebettet sind. Er kann den Verlauf, die Gestalt oder Struktur der herrschenden Kräfte nicht erkennen. Er sieht nur Spuren davon, aber er kommt nicht auf die Idee, Zusammenhänge zu sehen.«

H: »*Das sind die Führungskräfte, die kraft ihres Amtes führen anstatt kraft ihrer Persönlichkeit und aufgrund einer authentischen Autorität.*«

N: »Das ist auch ein Aspekt. Was diesen Menschen vor allem fehlt, ist der Überblick. Du siehst einen kleinen Ausschnitt der Wirklichkeit und denkst, dieser kleine Ausschnitt sei die Wirklichkeit. (Die meisten Menschen denken so.) Und du denkst, was in dem Bereich, den du als Manager überblicken kannst (und der kann sehr groß sein), stattfindet, sei ein geschlossenes System und habe seine Logik. Tatsächlich aber wurzelt alles, was in diesem Bereich stattfindet, in einer Realität, die der normale Mensch nicht wahrnimmt, und es führt in eine Realität, die er ebenfalls nicht wahrnimmt. Das heißt, es ist eingebettet in eine für den normalen Menschen unsichtbare Realität.

Wenn du nun beginnst, entweder dich mit den wirbelnden Kräften vertraut zu machen oder deiner inneren Stimme zu folgen, dann bist du den Unwägbarkeiten dieser unsichtbaren Realität nicht mehr so sehr ausgeliefert, sondern im einen Fall führt dich dein innerer Führer dann immer genau auf den richtigen Weg, und im anderen Fall lernst du das, was unsichtbar war, wahrzunehmen, und so kannst du wesentlich besser den Ursprung und die Folgen der stattfindenden Vorgänge erkennen, du hast mehr Überblick.«

H: »*Ja. Aber auf den inneren Führer zu hören, ist für die meisten Menschen schwer. Denn die Voraussetzung dafür ist, Ungewißheit und Ambiguität ertragen zu können. Das können die meisten Menschen nicht.*«

N: »Deswegen wurde der andere Weg geschildert. Es ist in der Tat nicht leicht, sich führen zu lassen. Wenn man sich zu dieser Möglichkeit hingezogen fühlt, aber Angst hat, kann man trotzdem einen Versuch starten. Man kann sich eine Zeitspanne setzen. Es kann eine Zeit außerhalb der Arbeit sein; die Zeit eines Urlaubs oder eines Wochenendes. Eine festumrissene Zeit, in der man zum alleinherrschenden Prinzip erhebt, seiner inneren Führung zu folgen, und das ganz konsequent übt. Das wäre eine Einstiegsmöglichkeit.«

H: »Aber das Unterscheidungsvermögen – wann spricht mein Kopf, und wann ist es wirklich Intuition?«

N: »Wenn du das entwirren mußt, ist es schon zu spät. Die Intuition spricht zuerst. Du mußt sehr schnell sein. Der Verstand bemüht sich, noch schneller zu sein, um die innere Stimme zu überholen, aber die innere Stimme ist zuerst da. Es ist nur Schnelligkeit, die dich aus diesem Konflikt rettet. Rein äußerlich kannst du dabei sehr ruhig, sehr geruhsam sein. Aber wenn du aus dem Haus gehst und die innere Stimme sagt: ›Nimm den Schirm mit‹, dann nimm sofort den Schirm. Laß es erst gar nicht dahin kommen, daß du denkst: ›Ja, aber der Himmel ist doch blau …‹ Es geht um Schnelligkeit. Es ist eine Sache des Trainings, und niemand kann und soll von sich erwarten, daß er es sofort kann. Dann wird er nur frustriert, verheddert sich, und alles wird noch schwieriger. Einfach immer weiter üben. Hat es einmal nicht geklappt, klappt es beim nächsten Mal.«

H: *»Ich habe eine Frage zur Wahrnehmungsfähigkeit. Vielleicht ist das, wovon ich jetzt rede, nicht direkt verwandt mit den Wirbeln, vielleicht aber doch. Je höher unsere persönliche Schwingung ist, so ist wenigstens meine Erfahrung, desto langsamer läuft die Wirklichkeit um mich herum ab, und um so mehr und um so intensiver kann ich wahrnehmen und die Zusammenhänge erkennen. Wenn ihr das bestätigen könnt, dann wäre meine Frage: Welche Möglichkeiten und Methoden gibt es, die eigene Schwingung anzuheben?«*

N: »Zur Frage nach Bestätigung: Es ist deine Wahrnehmung, und du brauchst sie dir nicht bestätigen zu lassen. Man sollte sich nicht seine eigenen Wahrnehmungen bestätigen lassen. Die Frage ist vielleicht, ob diese Wahrnehmung allgemeingültig ist. Das ist sie. Das ist auch der Grund, warum die meisten Menschen so hektisch sind. Würden sie ihr Schwingungsniveau anheben, brauchten sie sich nicht so sehr zu beeilen. Dafür gibt es viele Tricks.

Aber jenseits aller Tricks ist das Mittel zu diesem Zweck, das für alle Menschen leicht zugänglich ist, einfach Begeisterung. Ein Leben, in dem Begeisterung fehlt, schwingt langsam und träge. Wenn du feststellst, daß das bei dir der Fall ist, dann solltest du unbedingt prüfen: ›Wo gibt es in mir ein Potential für Begeisterung?‹ Es ist wichtig in deinem eigenen Interesse, im Interesse deiner Gesundheit, deines Wohlbefindens, deiner Lebendigkeit, aber auch im Interesse deiner Mitmenschen und des Ganzen. Die Fragen, die man sich dann stellen muß, sind: ›Wonach sehne ich mich? Was würde mir Freude machen? Was würde mich begeistern? Wo möchte ich mich einsetzen? Wofür möchte ich mich engagieren? Was würde in mir Begeisterung wecken?‹ Und dann muß man irgend etwas davon aktivieren oder reaktivieren. Es kann alles mögliche sein, vom Fußballspiel bis zum politischen Engagement oder zum Singen im Kirchenchor. Oder sich verlieben – auch das ist Begeisterung. Man kann natürlich auch Begeisterung wecken ohne irgendeinen bestimmten Anlaß oder Auslöser. Wer sich davon angesprochen fühlt, kann versuchen, sich einfach in eine Stimmung von Begeisterung hineinzuversetzen. Eigentlich bietet alles Anlaß zur Begeisterung: Wenn du Straßenbahn fährst und schaust die Menschen um dich herum an oder die Häuser, die vorbeiziehen; oder wenn du Wolkenformationen, Bäume, Blumen, Tiere betrachtest – alles könnte Begeisterung auslösen. Daß du überhaupt da bist. Daß du diesen Körper hast. Daß du ihn bewegen kannst. Daß du sprechen kannst. Es ist ungeheuerlich! Die Menschen haben das vergessen.

Ein anderes Mittel besteht darin, die Zeit dehnen zu lernen. Darauf sind wir hier noch nicht eingegangen. Du kannst dich morgens hinsetzen und dir den Tag vorstellen von dem Augenblick an, in dem du dich befindest, bis zum Ende deines Tages, beispielsweise von sieben bis 23 Uhr. Du kannst dir das vorstellen wie ein Lineal mit Unterteilungen für die Stunden, vielleicht auch für die halben Stunden. Nun plazierst du im Geist all das hinein, was du an diesem Tag tun möchtest, sowie all das, was passieren wird an diesem Tag, was du aber noch nicht benennen kannst, weil du es nicht weißt. Dieses Lineal nun kannst du auseinanderziehen, so lange, bis all das, was du zu tun beabsichtigst, plus all das, was an diesem Tag geschehen wird (was du aber noch nicht benennen kannst), darin Platz hat und zusätzlich noch Pausen enthalten sind. Pausen, die nicht gefüllt sind, auch nicht mit Essen oder anderen Aktivitäten. Dehne die Skala und betrachte damit deine Zeit, die Zeit dieses vor dir liegenden Tages, als gedehnt. Du wirst sehen, daß du an diesem Tag für alles genügend Zeit hast, daß du dich nicht beeilen mußt. Vorausgesetzt allerdings, du behältst das grobe Raster, das du angelegt hast, im Bewußtsein. Wenn du von deinem Plan abweichst und beschließt, etwas ganz anderes zu tun als vorgesehen, dann funktioniert es nicht. Dann mußt du eine neue Skala anlegen. Du mußt im Einklang bleiben mit dem Raster, das du angelegt hast, damit es funktioniert. Dann hast du für alles genügend Zeit. Und damit du für alles genügend Zeit hast, erhöht sich deine Schwingungsfrequenz ein wenig, und die Ereignisse ziehen langsamer an dir vorbei.

Das waren die beiden leichtesten Möglichkeiten.«

G: »Das gleiche gilt sicher auch für Gruppen. Sie kommen in eine andere Schwingung, wenn ihre Aufgabe mit Begeisterung verbunden ist.«

N: »Ja. Auch wenn in einem Unternehmen neue Ziele gesetzt oder neue Visionen geformt werden: Begeisterung dafür zu wecken, selbst Begeisterung zu empfinden, wenn man der Schöpfer oder Mitschöpfer dieser Ziele oder Visionen ist, das ist das Allerwichtigste. Allerdings kann Begeisterung nicht in andere hineingezwungen werden, sondern sie muß in ihnen geweckt werden. Das heißt, die in den anderen Menschen latent vorhandene Begeisterungsfähigkeit muß angefacht werden.«

G: »Die zweite Strategie, das Dehnen der Zeit: Wie kann ich mir das vorstellen für Arbeitsgruppen und Teams?«

N: »Das ist nur dann möglich, wenn alle Mitglieder des Teams bereit und in der Lage sind, diese Übung zu machen. Es ist ansonsten eher eine individuelle Übung. Du kannst versuchen, dich allein auf den Geist des Teams einzustimmen. Du mußt in einen Zustand kommen, in dem du nicht allein, sondern das ganze Team bist, und dann diese Übung machen. Versuche es. Es kann nicht garantiert werden, daß es funktioniert.«

H: »Prioritäten zu setzen wäre dann wohl die nächstuntere Ebene für das Team. Denn bei der Zeitdehnung ist ja das Schöne, daß dann bestimmte Situationen nicht mehr eintreffen. Das ist meine Erfahrung: Wenn ich unter Druck gerate, ruft jemand an und sagt, daß er nicht kommen kann, und auf einmal habe ich eine Stunde mehr Zeit. Für eine Gruppe könnte ich mir vorstellen, daß das gleiche durch Prioritätensetzen geschieht.«

N: »Du kannst die gleiche Einstellung mit der gesamten Gruppe vornehmen, ohne es in diese etwas esoterisch anmutende Übungsform zu kleiden. Du mußt sehr klar den Zeitraum bestimmen, sehr klar die Prioritäten setzen, sehr klar gemeinsam festlegen, was in diesem Zeitraum geschehen soll. Dann sollen die Menschen sich vorstellen, daß sie genügend Zeit für alles haben, daß sie mit ihrer Konzentration bei der Sache bleiben und so wenig wie möglich abschweifen, so daß sie genügend Zeit haben für alles, und sie sollen sich darauf einstellen, daß um die einzelnen Aktivitäten herum noch genügend Raum bleibt für Pausen. Das ist sicherlich für alle nachvollziehbar. Dann brauchst du nicht vom Dehnen der Zeit zu reden, denn das werden viele Menschen nicht akzeptieren können. Aber von der Kunst, alles innerhalb des gegebenen Zeitrahmens richtig zu plazieren, genügend Zeit zu haben und genügend pausieren zu können, kannst du sprechen. Es wirkt ja auch suggestiv, wenn du das in dieser Weise vorbringst.«

H: »Zur Inspiration möchte ich aus meiner Erfahrung noch etwas sagen: daß nämlich jede Phase der Inspiration ihr natürliches Ende findet und einer andersartigen Phase weicht. Damit der Leser sich darüber klar ist, daß auch Inspiration nur eine Phase ist, und wenn sie zu Ende ist, bedeutet das nicht unbedingt Stagnation, sondern die Inkubationsphase für eine neue Inspiration.«

N: »Völlig richtig. Da hast du eine klassische Wirbelstruktur erfaßt.«

H: »Und es scheint so zu sein, als wären Leben und Tod Gegensätze. Aber das stimmt nicht. Denn es zieht sich nur das Leben zurück; es gibt gar keinen Tod als solchen. Es gibt nur den Rückzug des Lebens in bestimmten Phasen. Und so ist vielleicht auch eine Phase der Desolation nichts anderes als ein Rückzug, um auf neue Weise eine neue Inspiration oder ein neues Leben zu beginnen.«

N: »Es ist wie Ebbe und Flut; wobei die nächste Ebbe nicht die gleiche ist wie die vorige. Mehrdimensional ausgedrückt: Es ist wie eine Spiralbewegung, eine Wirbelstruktur.

In einem Team, einer Gruppe, einem Unternehmen haben sich Individuen mit verschiedenartigen Lebensläufen, Biorhythmen und so fort zusammengeschlossen. Wenn der eine sich in einer Hochphase befindet, ist der andere in einer Tiefphase. Es sind nie alle gleichzeitig in einer Hochphase. Es gibt ständig Bewegung, und es ergänzt sich im Idealfall, so daß, wenn du die grundsätzliche Begeisterung aufrechterhältst, immer genügend Inspiration, immer genügend Leben da ist, um das Ganze zu tragen und voranzubringen. Wenn es allerdings vorkommen sollte, daß die ganze Gruppe geschlossen in ein Tief fällt, dann ist es an der Zeit zu prüfen, ob etwas nicht stimmt. Dann gibt es irgendeinen Faktor, der das Ganze herunterzieht und bremst. Man muß prüfen, worin diese Bremse besteht.

Die wirbelnden Kräfte oder spiraligen Entwicklungsstrukturen mit ihren verschiedenen Phasen sind eine grundlegende Tatsache im physischen Universum, in der Welt der Gedanken, der Welt der Emotionen, auf allen Ebenen. Die wirbelnden Kräfte durchziehen das alles, beleben das alles, geben allem Leben, Kraft, Richtung. Jenseits dieser von wirbelnden Kräften bewegten, belebten, getragenen Welt gibt es einen Bereich von Stille – von Nichts, von Leere, wie auch immer man das nennen will. Dort gibt es keinen Wirbel, findet keine Bewegung statt. Es ist eher statisch als dynamisch. In diese Welt kannst du eintauchen, und du tust es in bestimmten Tiefschlafphasen und tauchst dann wieder auf in die Welt der Dynamik, der Bewegung, in die Welt der Evolution, in die Welt der Wirbel. Du kannst in diese unbewegte Tiefe auch in der Meditation eintauchen. Vielleicht geschieht es auch einmal unwillkürlich. Die andere Stille findest du in der Mitte eines Wirbels. In diese Stille einzutauchen kann sehr fruchtbar und sehr wichtig sein. Es ist ein anderes Eintauchen als das Eintauchen in die allem zugrundeliegende Stille.

Um das tun zu können, mußt du in einen Wirbel hineintauchen, bis du in seine Mitte gelangt bist und dort die Stille findest. Das muß konkretisiert werden, damit es verstanden werden kann. Inhaltlich ist es ungefähr gleichbedeutend mit ›sich den Dingen stellen‹: in die Ereignisse und Begegnungen mitten hineingehen, anstatt sich entweder von ihnen herumwirbeln zu lassen oder ihnen auszuweichen. Nimm beispielsweise eine Gefahrensituation, die auf dich zukommt: Eine, und bestimmt nicht die schlechteste, Möglichkeit ist, wegzulaufen, ihr auszuweichen. Eine andere Möglichkeit ist, halb träumend, teils bewußt, teils unbewußt, so wie die meisten Menschen leben, einfach in ihren Sog zu geraten und von ihr herumgewirbelt zu werden. Die Möglichkeit, von der jetzt die Rede ist, ist jedoch die: ganz direkt, dabei ganz in sich selbst zentriert, auf die Gefahrensituation zugehen und sich mitten hineinbegeben in der Absicht, in den Kern der Angelegenheit zu gelangen. Das heißt, die Schicht, in der Bewegung herrscht, Emotion existiert, Entwicklung stattfindet, wo die wirbelnden Kräfte am Werk sind, durchstoßen, bis du direkt in die Mitte der Angelegenheit, in die Mitte dieses Wirbels kommst. Dort herrscht absolute Ruhe.«

H: »Das wäre doch dann das Fließgleichgewicht. Das heißt, der Wirbel bewegt sich, aber du bist in der Stille ... ein Fließen innerhalb eines Gleichgewichts, so würde ich das verstehen. Denn im Absoluten zu verharren, ist ja kein Fließen. Und in der Dynamik des Wachbewußtseins ist keine Stille, da ist nur Fließen.«

N: »Soweit erfaßt werden kann, was dem zugrunde liegt, was du sagst, ist nicht ganz dasselbe.«

H: »Aber der Wirbel bewegt sich doch in eine bestimmte Richtung. Und kann es nicht so sein, daß meine Evolution gleich der Bewegung des Wirbels ist ...«

N: »Das ist eine weitere Möglichkeit: mit dem Wirbel zu gehen. Davon war an früherer Stelle die Rede. Dies hier ist etwas anderes: die Angelegenheit durchstoßen, bis du auf den Kern triffst.«

H: »Das würde auch bedeuten, die eigenen Muster zu erkennen ...«

N: »Du mußt sie nicht unbedingt erkennen, sondern sie durchstoßen, das heißt ungeachtet der Muster mitten in die Sache hineinspringen. Normalerweise, wenn du mit einer Gegebenheit konfrontiert bist – sei es ein Ereignis, ein Problem oder eine Gefahr –, veranlassen dich deine Muster, so oder so damit umzugehen. Es ist oft ein kurvenreicher, komplizierter Weg. Oder dein Muster veranlaßt dich, der Sache auszuweichen oder so zu tun, als ob du etwas willst, was du in Wirklichkeit nicht willst, dann aber doch wieder willst, oder umgekehrt ... Das ›Durchstoßen‹ würde erfordern, daß du in dir eine Kraft mobilisierst und in jedem Augenblick wachhältst, die es dir ermöglicht, ungeachtet der Muster dich ganz direkt mitten in die Sache hineinzubegeben, dich mit dem zu konfrontieren, was gerade ist, um der Sache wirklich auf den Grund zu gehen. Beispielsweise wenn du mit jemandem eine Auseinandersetzung führst; dieser jemand vertritt seine Ansicht, die er schon hundertmal vertreten hat, und du vertrittst die deine, die du ebenfalls schon hundertmal geäußert hast. Jetzt hast du diesen neuen Impuls bekommen. Du möchtest so handeln, wie es eben geschildert wurde. Das würde bedeuten, daß du dich dem, was dieser andere sagt, ganz und gar stellst, daß du hingebungsvoll zuhörst, daß du versuchst, unter allen Umständen Wahrheit zu finden; die Wahrheit, die dem zugrunde liegt, was er sagt, die Wahrheit, die eurer Situation und dem zugrunde liegt, was du vorträgst. Das erfordert Mut. Wenn du so vorgehst, kommst du in den Kern der Angelegenheit, um die es geht. Und dann wirst du sehen: Unstimmigkeit, Diskussion, Meinungsverschiedenheit, Bewegung, Emotion sind plötzlich wie weggeblasen, und es ist nur noch etwas da wie ein tiefes ›Aha‹.«

H: *»Das würde uns auch über die Rechtfertigungsphase hinausbringen ...«*

N: »Ja. Das ist uninteressant. Das wird durchstoßen.«

G: *»Wenn ihr Worte wie ›durchstoßen‹ und ›hineinspringen‹ benutzt, sieht das nach einer aktiven Willensleistung aus. Ist es*

nicht auch so, daß das stille Zentrum des Wirbels eine hohe An-
ziehungskraft hat, so daß man sich nur bewußtseinsmäßig dar-
auf einrichten muß?«

N: »Richtig. Das ist eine sehr wichtige Ergänzung. Du kannst diese Anziehungskraft in dem Moment spüren, wo du dein Herz mobilisierst. Dein Herz ist immer bestrebt, Wahrheit zu finden. Wahrheit ist immer, letztlich, identisch mit Liebe. Warum? Jeder Mensch ist ein Stück Wahrheit. Das ist eine grundlegende Tatsache, um die du nicht herumkommst. Wenn du in einer gegebenen Situation, die problematisch ist oder zu werden verspricht, dein Herz weckst und mobilisierst, dann wird die Anziehungskraft des Kerns der Angelegenheit, um die es geht – also dieses stillen Punkts –, sich bemerkbar machen. Denn dein Herz zieht es immer mitten in den Kern der Dinge hinein, in den Kern der Wahrheit.

Es gibt im wesentlichen zwei große Bestrebungen, die das bewirken können. Das eine ist der Wunsch nach Wahrheit; der Wunsch, den Dingen wirklich auf den Grund zu gehen, ungeachtet dessen, was man sich an Meinung zurechtgebastelt hat, ungeachtet aller Aggressionen, die dein Gegenüber vielleicht in dir hervorruft; der ehrliche Wunsch, in dem Ganzen wirklich Wahrheit zu finden. Eine andere sehr mächtige Kraft, die das Herz öffnet, ist Liebe. Je nachdem, um welche Art von Situationen es sich handelt, kann es auch Mitgefühl sein; der Wunsch nach Harmonie oder nach Frieden, nach Übereinstimmung ... Das alles sind im Grunde genommen nur Färbungen ein und derselben Kraft. Eine dieser Färbungen kannst du dir zunutze machen, um dein Herz zu öffnen für die Situation. Dann wirst du automatisch zu diesem Punkt hingezogen.

Dieser Vorstoß darf nicht aus dem Ich-Zentrum beziehungsweise aus dem Ego (also dem, was üblicherweise als Ich-Zentrum betrachtet wird) kommen. Denn gerade dieses Selbstbild, das die Menschen normalerweise hegen, steht dem Wunsch, den Kern der Dinge zu erreichen, im Wege. Es muß vielmehr aus dem Herzen kommen.

(Diese Aussagen klingen ziemlich allgemein und sind manchmal schwer zu verstehen. Sie sind dafür gedacht, daß man sie so wörtlich, wie sie dastehen, aufnimmt und direkt anwendet, ohne den Kopf dazwischenzuschalten, der versucht, sie zu interpretieren, zu konkretisieren, zu übersetzen. Das ist wichtig zu wissen. Wenn jemand es nur liest, wird er möglicherweise nicht schlau daraus. Und doch wendet es sich an eine Schicht in seinem Bewußtsein, die das alles sehr direkt verstehen kann: verstehen durch anwenden. Es ist eine Art von Sprache, die für den Intellekt schwer zu begreifen ist, die aber einer anderen Funktion der Intelligenz unmittelbar verständlich ist. Das wirkliche Verstehen kommt allerdings erst durch das Anwenden. Und jeder, der es anwendet, wird im Zuge des Anwendens feststellen, daß er ein Buch darüber schreiben könnte. Das wäre dann ein vollkommen anderes Buch als dieses: ein Buch, das für die Leser sehr viel konkreter klänge – weil es aus der Anwendung, aus der Praxis hervorginge.)

Ein Abstecher zum Thema Krankheit und Krankheitssymptome. Wenn in einem Organismus Fieber herrscht, Entzündung oder Erkältung, dann sind darin die wirbelnden Kräfte am Werk. Auch hier gibt es wieder die geschilderten verschiedenen Möglichkeiten, mit ihnen umzugehen: Die eine ist, sich einfach von ihnen herumschleudern zu lassen, ohne zu wissen, was los ist; die andere ist, zu versuchen, ihnen auszuweichen, indem man andere Gedanken hegt als Krankheitsgedanken oder indem man Maßnahmen ergreift, die Gesundheit zu pflegen anstatt die Krankheit; oder eine weitere Möglichkeit: diese Kräfte wahrzunehmen. Versuchen, die wirbelnden Kräfte im Erscheinungsbild Fieber, Entzündung oder dergleichen wahrzunehmen. Und sehr bewußt mit ihnen zu gehen, anstatt sich gegen sie zu stehen. Das ist auch eine Art, die Heilung zu beschleunigen oder zu fördern. Durch dieses Wahrnehmen und diese Einstimmung werden dann automatisch die richtigen Erkenntnisse, die richtigen Eingebungen bezüglich eventuell zu treffender Maßnahmen auftauchen.

Und schließlich gibt es die Möglichkeit, die zuletzt geschildert wurde: sich in die Mitte des Wirbels hineinzubegeben, das heißt, sich den Gesamtzustand ›Krankheit‹ oder ›Symptom‹ zu vergegenwärtigen. Es ist nicht nur ein körperlicher Zustand. Es ist ein körperlicher, psychischer, geistiger und ein Schwingungszustand. Man muß sich wach und sehenden Auges mitten in diesen Zustand hineinbegeben; nicht ausweichen, nicht Änderung (sprich Heilung) erzielen wollen, gar nichts erreichen wollen; sich einfach mitten in diese Krankheit, in dieses Gefühl hineinbegeben und mit ihm eins werden. Dann geht man der Krankheit auf den Grund, und im selben Augenblick taucht Verständnis für die Situation auf. Es kommt von selbst, man muß es nicht erarbeiten. Im selben Moment befindet man sich in der sicheren Zone, in der einem nichts mehr passieren kann. Das, was man Krankheit nennt, mag noch da sein, aber es umgibt einen; man selbst befindet sich in einer heilen, heiligen Zone mittendrin. Dort gibt es keine Krankheit – auch keine Gesundheit –, dort ist nichts, höchstens etwas, was man als Stille, Frieden, Einklang beschreiben kann. Bevor man wieder hinausgeht, sollte man das, was einem zufließt an Erkenntnis auf mehreren Ebenen, ernten (Emotionen, Gedanken, Bilder, Gefühle, unmittelbares Wissen). Wenn man aus diesem Zustand herauskommt, ist entweder die Krankheit verschwunden, oder man ist um irgend etwas reicher: um Erkenntnis, um Vergebung, um Frieden ... Und die Krankheit hat keine Bedeutung mehr. Sie kann dann wegfallen.«

8.
KREATIVITÄT

N: »Kreatives Management kann nur dort gedeihen, wo ein gewisses Bewußtsein von Freiheit besteht. Echte Kreativität ist etwas, was immer der Leere entspringt, der Mitte des Seins, dem noch Ungeformten; dem Potential, zu dem jeder in seinem Inneren Zugang hat. Kreativität braucht Spielraum und das Bewußtsein von Freiheit, damit sie sich entfalten kann. Natürlich ist es auch kreativ, verschiedene bereits bestehende Bausteine zu einem neuartigen Ganzen zusammenzufügen. Was dabei kreativ ist, ist nicht die Schaffung des neuen Ganzen, das dabei entsteht, sondern die neue Art, mit den Bausteinen umzugehen. Aber das ist nicht das, wovon hier die Rede ist. Sondern die Rede ist von dem immer wieder spontanen und erfrischenden Schöpfen aus dem unendlichen Potential des noch nicht Geformten, zu dem, wie gesagt, jeder Zugang hat. Viele Menschen glauben, daß es nichts gibt, was noch nicht da war; diese Annahme beruht auf einem Mißverständnis. Wenn man sagt: ›Es gibt nichts, was noch nicht dagewesen wäre‹, werden verschiedene Ebenen miteinander vermischt. Tatsächlich ist das Potential dessen, was noch nicht dagewesen ist, das heißt noch nicht im Raum-Zeit-System existiert hat, immens groß, um nicht zu sagen theoretisch unendlich. Dennoch könnte man sagen, daß in gewisser Weise alles, was da ist, bereits dagewesen ist, aber jenseits von Raum und Zeit – als Idee, als Vision, als Gedankenform.

Was Manager und Unternehmer brauchen, um in diesen schwierigen Zeiten, wo die zu überschauenden Zusammenhänge immer komplexer werden und die Entwicklungen immer schneller vonstatten gehen, nicht nur zurechtzukommen, sondern ihre Aufgaben gut zu erfüllen, ist Kreativität: die Fähigkeit zum schöpferischen Denken und Handeln. Das heißt, es geht nicht nur darum, Elemente, die bereits existieren, vorgegeben oder geplant sind, zu managen. Es geht vor allem auch darum, ganz besonders in dieser schnellebigen Zeit, immer wieder neue Wege zu finden, immer wieder auf neue Ideen zu stoßen, immer wieder neue Visionen zu entdecken und sich formen zu lassen, immer wieder das Neue zu finden. Das darf nicht verwechselt werden mit dem, was Innovation genannt wird. Es geht nicht unbedingt immer darum, neue Produkte zu entwickeln oder das, was man herstellt, völlig zu verändern. ›Neue Ideen, neue Konzepte, neue Visionen‹ können sich auf alle Bereiche des Unternehmens erstrecken. Es fängt damit an, wie man selbst mit der Arbeit, die sich auf dem Schreibtisch einfindet, umgeht. Bereits hier kann Kreativität einsetzen. Es ist nicht nötig, sein ganzes Leben lang auf dieselbe Art und Weise mit seinem Schreibtisch, seinem Sekretariat umzugehen. Es ist durchaus möglich, Gewohnheiten abzustreiten, wenn neue Ideen auftauchen, wie man mit diesem Arbeitsfeld umgehen kann. Es kann sein, daß man es von einem Tag auf den anderen völlig umgestaltet, weil einem neue Ideen kommen. Die meisten Menschen sind jedoch nicht offen für solche neuen Ideen, weil sie sich festgelegt haben auf ein ganz bestimmtes Selbstbild: ›Ich bin so und so, ich habe diese und jene Eigenschaften, ich neige dazu, das so und so zu tun …‹ Das sind nur Gedanken, aber es ist nicht die Wirklichkeit. Es sind zwar Gedanken, die eine Wirklichkeit erschaffen; aber wenn man sie ändern würde, würde man andere Wirklichkeiten erschaffen. Man kann von einem Tag auf den anderen seine Gewohnheiten ändern; auch seine Neigungen und seine Eigenschaften.

Kreativität erstreckt sich auf alle Arbeitsbereiche, beispielsweise auch auf die Art, wie man mit Menschen telefoniert – mit Kollegen, Geschäftspartnern, Untergebenen und so weiter. Im allgemeinen haben Menschen eine bestimmte Art zu telefonieren, etwa ein Gespräch anzufangen, wenn sie etwas erreichen wollen, wenn sie entschlossen sind, nicht nachzugeben. Es entwickeln sich Muster und Gewohnheiten. Kreativität heißt, immer wieder diese Muster und Gewohnheiten zu durchbrechen, zu überwinden oder zur Seite zu stellen und offen zu sein für die neue Möglichkeit, die sich meldet. Mitten im Gespräch merkt man vielleicht, daß man gerade dabei ist, ein Muster abzuspulen, und es fällt einem ein, wie es auch ganz anders gehen kann.

Kreativität steckt natürlich auch in der Art und Weise, wie Gruppen, wie Teams gebildet werden und wie diese miteinander arbeiten. Sie erstreckt sich dann natürlich auch auf die Gesamtorganisation, für die man zuständig ist. Auch da ist es gut, immer wieder zu prüfen: Entspricht diese Art der Organisation, diese Art und Weise, etwas zu organisieren, noch der Wahrheit des Augenblicks, oder ist es vielleicht eine Struktur, die schon überholt ist und die man ganz anders gestalten könnte?

Dann fließt Kreativität in Innovation, in Produktentwicklung. Sie sollte aber auch in diesem Bereich nicht stehenbleiben bei der Vorstellung, etwas Neues, etwas anderes oder Besseres schaffen zu wollen, also bei der objektbezogenen Vorstellung. Sie sollte sich auch auf den Prozeß erstrecken, durch den das Produkt hergestellt wird. Möglicherweise gibt es ein enormes Potential bei den Mitarbeitern, die im Herstellungsprozeß arbeiten, das bei der herkömmlichen Arbeitsweise nicht oder kaum zum Tragen kommt, weil diese Mitarbeiter nicht angeregt werden, in ihrem Arbeitsbereich Kreativität zu entfalten.

Kreativität bedarf, so wie die Dinge im Augenblick bei den meisten Menschen und in den meisten Unternehmen liegen, der Anregung, des Anstoßes, der Übung, der Wiederentdeckung. Sie muß wieder freigeschaufelt werden. Hierzu gibt es viele Techniken. Das wichtigste wurde schon am Anfang des Buches gesagt: versuchen, Arbeit als Spiel zu entdecken oder wiederzuentdecken – was sie eigentlich auch wirklich ist. Was dabei hilft, ist das Bewußtsein der Vergänglichkeit aller Dinge, auch des eigenen Lebens. Dieses Bewußtsein führt zu größerer Freiheit, die einen befähigt, die Dinge spielerischer anzugehen. Das ist die Basis, auf der sich Kreativität entfalten kann.

Dann folgt ein Schritt, der sich mit dem Negativen befaßt, bevor wir uns mit dem Positiven beschäftigen: die Überwindung von Gewohnheiten und Mustern – Denkgewohnheiten, Sprech-, Verhaltens-, ja sogar Entscheidungsgewohnheiten. All dies steht dem schöpferischen Denken und Handeln, das immer spontan aus dem Augenblick entsteht, im Wege. Nun ist es aber schwierig, Gewohnheiten und eingeschliffene Muster durch Bekämpfen loszuwerden. Es ist sogar fast unmöglich. Immerhin aber kann man sein Augenmerk auf diese Muster und Gewohnheiten richten und sich vornehmen, sie zu entdecken und zu enttarnen, indem man feststellt, daß das nur Gedankengewohnheiten sind, nur alte, überholte Muster, die mit den wirklichen Gegebenheiten der aktuellen Situation nichts zu tun haben. Man muß sie dann nicht bekämpfen. Es reicht, sie zu entdecken und als solche zu identifizieren und sich somit von ihnen zu distanzieren. Man erreicht dies, indem man sein Denken und Fühlen beobachtet.

Die positive Seite (und hier wird auch wieder einiges zusammengeknüpft, was in den vorigen Kapiteln schon gesagt wurde): Da Kreativität immer aus dem Augenblick entsteht – und zwar in gewisser Weise aus dem Nichts, aus der Leere, aus dem Potential des noch Unerschaffenen –, besteht die beste Übung, die zur Entwicklung von Kreativität führen kann, darin, im Augenblick zu leben und der Stimme des Augenblicks zu folgen. Wach zu sein für die Wahrheit des Augenblicks, anstatt den Kopf angefüllt zu haben und zu halten mit all den Daten aus der Vergangenheit, die verknüpft wurden mit der Gegenwart und mit der voraussichtlichen, wahrscheinlichen oder eventuellen Zukunft; statt dessen sollte ein großer Platz im Bewußtsein reserviert bleiben für Leere: ein Platz, in den man sich immer wieder zurückziehen kann, wo man das gewobene Muster von Ursachen, Zielen, Zwecken und so weiter hinter sich läßt und eintaucht in den Jetzt-Moment, sich befreit von allen Vorstellungen und Freiheit in der Gegenwart findet. Nur in diesem Jetzt-Moment und nur im Bewußtsein der Freiheit kann man mit der Quelle, der alle Kreativität entspringt, in Berührung kommen. Diese Quelle fließt im eigenen Inneren, im Inneren von jedem und allem. Denn alles, was ist, ist in gewisser Weise auch kreativ beziehungsweise hat teil an der universalen Kreativität – der göttlichen Kreativität, wenn ihr so wollt.

Was ebenfalls wichtig und sehr hilfreich besonders für Manager ist (nicht nur für Manager im engen Sinne, sondern für alle Menschen, die etwas zu managen haben, beispielsweise auch Hausfrauen mit einem großen Verantwortungsbereich): sich Freiräume zu schaffen. Das kann eine Stunde sein, ein Tag, ein Wochenende oder eine Woche, die man sich herausschneidet aus dem üblichen Ablauf von Arbeit, Familienleben, Freizeit und so weiter. Eine Zeit, die man sich selbst widmet, wie ein kleines Fest, das man allein für sich veranstaltet. Dieser Freiraum ist dem Einfach-nur-Dasein gewidmet. Die Zeit sollte vorher festgesetzt werden. Es ist gleichgültig, wie kurz oder wie lang sie ist. Wichtig ist, daß das regelmäßig praktiziert wird. Was dann im einzelnen geschieht, soll der spontanen Eingebung des Augenblicks überlassen bleiben. Und man sollte möglichst kein Instrumentarium in diesen Freiraum mitnehmen: kein Buch, keine Arbeit, keine Stricknadeln. Es kann sein, daß es einem dann einfällt, irgendwo herumzusitzen und mit Kieselsteinen zu spielen oder spazierenzugehen oder auf dem Rücken zu liegen und in den Himmel zu schauen, zu spielen, zu singen, zu tanzen oder zu zeichnen; vielleicht schläft man auch ein, weil man müde ist; es kann auch sein, daß man in die U-Bahn steigt und irgendwo hinfährt, weil einem das spontan einfällt. Hauptsache, es ist Freiraum, es ist eine Portion Zeit, innerhalb derer man vollkommene Freiheit genießt, das zu tun, was einem gerade einfällt und was einem gerade guttut. Das ist eine Technik, die ganz enorm die Kreativität fördert und gleichzeitig die Fähigkeit, auf die Eingebung des Augenblicks, auf die innere Stimme zu hören. Sie kann jedem ans Herz gelegt werden.«

G: »Wie geht man mit Gedanken um, die in diesem Freiraum entstehen?«

N: »Man sollte sie auf jeden Fall beachten und achten. Wenn man sich einen solchen Freiraum reserviert und sich sagt: ›Dieser Raum ist mir und meiner Freiheit gewidmet‹, stellt sich das Unterbewußtsein, der ganze mentale und emotionale Apparat darauf ein. Wenn nun Gedanken auftauchen, sind sie auf jeden Fall von Bedeutung und sollten nicht weggeschoben werden, auch wenn es Gedanken sind, die denen ähnlich sind, die auch sonst auftauchen. Jetzt ist vielleicht die Gelegenheit gegeben, sie einmal anzuschauen, zur Kenntnis zu nehmen. Aber sagt nicht: ›Fort mit euch, Gedanken! Das hier ist mein heiliger Freiraum, hier dürft ihr nicht sein.‹ Das ist keine geeignete Methode. Besser ist es, den Gedanken einen Moment Aufmerksamkeit zu widmen. Es kann sein, daß dieser Moment sich als sehr wichtig erweist.«

B-A: »*Mir fallen oft Muster und Gewohnheiten auf, die ich gern ablegen würde. Ich nehme sie bewußt wahr und habe den Wunsch, sie abzulegen. Aber es funktioniert nicht.*«

N: »Es ist der Wunsch, sie abzulegen, der das schwierig macht, weil darin ein Irrtum liegt. Es ist immer derselbe Irrtum, der zur Falle wird bei allem geistigen Tun. Du entdeckst Muster und Gewohnheiten und möchtest sie ablegen. Der Irrtum, der darin liegt, ist die Grundannahme, von der du unbewußt ausgehst: ›Ich unterliege diesem Muster, ich habe diese Gewohnheiten.‹ Es gilt zu begreifen, daß du mit diesen Mustern und Gewohnheiten nichts zu tun hast. Du *bist* frei von ihnen.«

B-A: »*Ja, wieder nur ein Denkvorgang. Nun will man sich von diesem Denkvorgang befreien und sitzt in derselben Falle.*«

N: »Das ist dieselbe Falle. Es gibt nichts zu befreien. Du *bist* frei. Du bildest dir ein, du seist gefangen in diesen Mustern. Immer wenn du denkst: ›Ich will mich befreien‹, sitzt du in der Falle dieser Einbildung. Und dadurch wird sie immer stärker. Deswegen wird immer wieder gesagt: Kämpft nicht an gegen diese Dinge; ihr macht sie damit immer realer. Was möchtest du erreichen? Das ist die Frage, um die es geht.«

B-A: »*Wenn ich mir zum Beispiel vornehme ›Ich will früh ins Bett gehen‹, so hat das unmittelbar zur Folge, daß ich ganz besonders spät ins Bett gehe. Das beobachte ich, aber es ändert sich nichts. Ich habe das aus der Kindheit mitgebracht. Sobald irgend jemand mir sagt, was ich tun soll, geht es nicht ...*«

N: »Sogar wenn du selbst dir das sagst. Das ist ein Muster.«

G: »*Dieses Muster ist auch im Management weit verbreitet. Aufforderungen, bestimmte Aufgaben zu erledigen, wirken eher als Blockade. Gibt es Empfehlungen, wie man mit dieser alten Gewohnheit, Aufforderungen erst einmal abzuwehren, anders umgehen kann?*«

N: »Ja. Die Frage ist immer, was man erreichen möchte – nicht vom Kopf her, sondern in Wirklichkeit; man könnte sagen, was man unbewußt erreichen möchte. Solange es – und das ist bei den meisten Menschen der Fall – eine Spaltung gibt im Bewußtsein, also eine Vorstellung wie ›Hier bin ich, und dort ist etwas anderes, das Macht über mich hat oder Autorität über mich ausübt‹, gleich, ob dieses andere ein anderer Mensch ist oder Gott, der Vater oder der verinnerlichte Vater, so lange rebelliert man dagegen, und die eigentliche Absicht, die hinter dieser Rebellion liegt, ist, Freiheit zu erreichen. (Das, was nun folgt, ist für diejenigen Menschen gedacht, die mit Hilfe von logischem Denken weiterkommen.) Nimm dir diese Erkenntnis, Antje (du nämlich möchtest Freiheit erreichen), und taste dich durch bis zu dem Zustand, in dem du deine Freiheit entdeckst, in dem du dich frei fühlst, wirklich frei bist. Das ist allerdings keine reine Kopfakrobatik. Du mußt das wirklich entdecken. Dann wirst du lachen und feststellen: Das gibt es alles nicht. Das sind Gespenster, gegen die du kämpfst. In Wirklichkeit bist du frei. Es sind alles Scheinmanöver.

Aber um noch einmal auf die allgemein gestellte Frage in bezug auf Management zurückzukommen: Du kannst diese Frage nicht für jemand anderen stellen oder beantworten, sondern nur für dich selbst. Jemand, der das Problem selbst hat und die Frage für sich selbst stellt, der kann es lösen. Wir gehen deshalb jetzt davon aus, daß du selbst dieses Problem hast. Beziehungsweise daß diesen Text jemand liest, der das Problem hat, leicht bockig zu werden. Er möge in sich gehen und sich fragen: ›Was ist meine Absicht? Was ist meine wirkliche innere Absicht bei diesem Verhalten?‹ Man kann dabei in sein Herzzentrum eintauchen und sich selbst diese Frage vorlegen. ›Warum verhalte ich mich so?‹ Man wird im allgemeinen genau das entdecken, was eben gesagt wurde: ›Ich wünsche Freiheit. Ich rebelliere gegen Unfreiheit. Ich rebelliere gegen Macht, die mir aufgezwungen wird, Verhaltensweisen oder Entscheidungen, die mir aufgezwungen werden. All das bedeutet für mich Unfreiheit. Ich wünsche Freiheit.‹

Hier gibt es nun zwei Möglichkeiten. Entweder arbeitet man weiter mit den Mitteln seines Verstandes, untersucht die Situation, in der man sich befindet. Man stellt fest: ›Ich bin hier, auf diesem Posten, weil ich es gewählt habe.‹ Ferner: ›Ich bin in dieser speziellen Situation aufgrund von Entscheidungen, die ich getroffen habe. Es ist meine freie Wahl, hier zu sein.‹ So kann man sich Schritt für Schritt zu seiner Freiheit vortasten. Man sieht dann die Hierarchie, in die man eingebettet ist, als etwas, in das man sich freiwillig begeben hat. Man tastet dann den Spielraum von Freiheit, den man innerhalb der gegebenen Verhältnisse hat, ab und macht ihn in seiner Vorstellung so weit wie möglich. Es kann sehr gut sein, daß man seinem Chef, wenn es um einen solchen geht, tatsächlich widersprechen kann. Es kann sein, daß man tatsächlich etwas Besseres vorzubringen hat als er. Dann soll man das versuchen. Es kann aber auch sein, daß das, was der Chef oder die fremde Autorität einem nahelegt, durchaus gut und vernünftig ist. Dann hat man die freie Wahl, dem zuzustimmen. Mit solchen Betrachtungen (die aber nicht oberflächlich, sondern in Ruhe und mit Konzentration und einer gewissen Tiefe angestellt werden müssen) kann man dahinkommen, daß man in der gegebenen Situation wie ein Erwachsener und freier Mensch handelt und nicht wie ein bockiges Kind.

Die zweite Technik ist für meditative oder kontemplative Naturen geeignet: sich zurückziehen aus den äußeren Gegebenheiten in die eigene Wesensmitte, um dort die Freiheit zu finden, die man wirklich besitzt – die man wirklich *ist,* könnte man sagen. Ganz tief im Grunde seines Wesens ist man frei, ist man Freiheit. Dorthin kann man gelangen durch ein sehr tiefes Zurückziehen in den eigenen Kern.

Es ist diese Freiheit der Entscheidung, die Freiheit der Wahl, die es ermöglicht hat, daß man sich überhaupt in dieser Zeit in diesem Körper in dieser Welt und im Rahmen dieser Umstände befindet. All das ist letztlich Folge freier Wahl. Aber um das zu entdecken, muß man in eine sehr tiefe Schicht seines Wesens eintauchen, dorthinein nämlich, wo diese Entscheidungen getroffen werden. Das kann man durchaus. Eine Methode dazu ist Meditation.

Das waren zwei Möglichkeiten, die eine für den mehr intellektuellen, die andere für den mehr kontemplativen Menschen. Aber, noch einmal: Für andere kannst du dieses Problem nicht lösen. Wenn du auf Widerstände dieser Art bei anderen stößt, mußt du prüfen, wie du deine Kreativität, deinen Einfallsreichtum, deine Inspiration, deine Eingebungen nutzen kannst, um mit ihnen umzugehen. Wenn du oft auf solche Widerstände stößt, dann sollte es dir allerdings zu denken geben und du solltest der Sache nachgehen. Du kannst dich fragen, ob diese Widerstände dir etwas widerspiegeln, was in dir selbst vorhanden ist, und dann mit dem, was du in dir entdeckst und was die anderen dir widerspiegeln, in der geschilderten oder einer anderen Weise kreativ umgehen.«

G: *»Wie kann man kreative Potentiale bei Mitarbeitern freisetzen?«*

N: »Im Prinzip gilt folgendes: Ein Mensch kann in anderen Menschen nur das freisetzen oder fördern, was er selbst in sich entwickelt hat. Ausnahmen bilden, aber nur sehr bedingt, Medien (›Channels‹), Künstler (die ja, wenn sie wirkliche Künstler sind, auch Kanäle sind), die etwas übermitteln, was in höheren Sphären Wirklichkeit ist, aber in ihrer eigenen Persönlichkeit noch nicht Ausdruck gefunden hat. Sie sind Kanal für diese Dinge, um sie in anderen zu wecken. Aber abgesehen von diesen Ausnahmen kann ein Mensch in anderen Menschen nur das wecken, was er selbst in sich entwickelt hat.

Das heißt, wenn du ein sehr kreativer Mensch bist und diese Kreativität auch manifestierst, und zwar nicht nur in dem eingeschränkten Sinne, wie es allgemein verstanden wird, sondern in jedem Augenblick deines täglichen Lebens (wobei es dann so etwas wie einen Alltag nicht mehr geben dürfte), dann färbt das ab. Dann wird das kreative Potential in den Menschen, mit denen du in Berührung kommst, geweckt. Aber du kannst schwerlich Kreativität in anderen wecken, ohne sie in dir selbst bis zu einem hohen Grad entwickelt zu haben. Natürlich kannst du hingehen und Seminare veranstalten oder Arbeitsgruppen und die Menschen animieren, mit Ideen, mit Worten, mit Bauklötzen zu spielen (es ist immer Spielen, was die Kreativität anregt). Aber wenn du selbst ein kreativer und deshalb origineller Mensch bist, dann ist das allein schon die allerbeste Methode, um andere Leute zu inspirieren, auch kreativ zu sein.«

G: »*Was nun Teams betrifft: Gibt es so etwas wie eine kollektive Kreativität, die ein Team anzapfen kann? Und wenn ja, wie?*«

N: »Die Methode besteht darin, sich gemeinsam auf genau diesen Wunsch einzustellen.«

G: »*Auf den Wunsch, eine Idee zu bekommen für eine bestimmte Sache?*«

N: »Beispielsweise. Wobei dann, wenn es sich um eine Gruppe handelt, die so zusammengesetzt ist, wie das üblicherweise der

Fall ist, diese Idee in Einzelportionen durch die einzelnen Menschen zustande kommt. Jeder leistet seinen Beitrag. Es ist deshalb sehr wichtig, nachdem die Einstellung erfolgt ist, auch jeden Beitrag zu beachten, und wenn er noch so unsinnig erscheinen mag. Es sind manchmal die unsinnigsten Bausteinchen, die sich nachher als besonders wichtig erweisen. Weder sollten die Gruppenmitglieder in sich selbst irgend etwas unterdrücken und zensieren, weil sie denken, daß es dumm ist, daß es nicht paßt oder dergleichen, noch sollte ein Mitglied, auch nicht der Leiter der Gruppe, irgendwelche Ideen oder Vorschläge vom Tisch wischen. Erst einmal muß man alles unzensiert einsammeln, und daraus kann dann die Idee sich entwickeln.

Was man zusätzlich noch nutzen kann, das sind die wirbelnden Kräfte. Das heißt, man kann sich (nachdem die Einstellung erfolgt ist, die den Prozeß einleitet) bewußtmachen, daß die wirbelnden Kräfte am Werk sind, in jedem einzelnen Mitglied der Gruppe – in seiner Psyche, in seinem Denken, in seinem Körper – und in der Gruppe insgesamt, und sich dann vorstellen, daß aus diesem Wirbel die erwünschte Idee oder Vision entsteht.«

G: »Das erste der beiden von euch genannten Verfahren ist ja bekannt als Brainstorming – unzensiertes Fließenlassen von Ideen. Das zweite Verfahren klingt eher wie etwas, was einen Quantensprung in der Kreativität auslösen kann. Dieser Quantensprung hat vielleicht noch zusätzliche Randbedingungen über das hinaus, was ihr gesagt habt. Gibt es noch weitere Empfehlungen, wie eine Gruppe sich in eine Verfassung bringen kann, die einen solchen Quantensprung in der Kreativität ermöglicht?«

N: »Es gibt Techniken. Aber das ist ein bißchen heikel, denn es geht in Bereiche hinein, die vielen Menschen nicht geheuer sind, beispielsweise – es wurde zu Anfang schon einmal angedeutet – den Körper einzubeziehen. Das wird viel zuwenig getan. Wenn man in eine Gruppensitzung hineingeht, sollte man nicht einfach, so wie es üblich ist, vielleicht erst ein wenig um den Tisch oder die Stühle herumstehen, sich dann hinsetzen und den ganzen Prozeß im Sitzen stattfinden lassen; sondern man sollte erst einmal den Körper freischütteln und dann (das wäre die effektivste Methode, um sich selbst auf die wirbelnden Kräfte aufmerksam zu machen und sie nutzen zu können) sich drehen. So wie kleine Kinder sich drehen, mit ausgebreiteten Armen.«

G: »Rechtsherum oder linksherum?«

N: »So, wie es einem gerade einfällt. Rechts- oder linksherum macht zwar manchmal einen Unterschied, aber für diesen Zweck nicht. Es geht hier um das Drehen als solches. Dann – und hier wird es noch merkwürdiger – wäre es optimal, sich im Kreis aufzustellen und an den Händen zu fassen. Auch wiederum, um sich der wirbelnden Kräfte bewußt zu werden und um die einzelnen Wirbel sich zu einem Gesamtwirbel verbinden zu lassen.«

G: »Wie sieht es mit Pausenstrategien aus? Ruhe zwischen den einzelnen Beiträgen beispielsweise ...«

N: »Erst einmal ist es wichtig, daß eine besondere Gesprächstechnik beachtet wird: Jeder spricht, jeder sagt das, was er zu sagen hat, ohne unterbrochen zu werden, und man stellt sich ausnahmsweise einmal nicht auf Dialog ein, nicht auf Diskussion, nicht darauf, sich gegenseitig Bälle zuzuwerfen, sondern jeder wirft seinen eigenen Ball in die Mitte. Zu Beginn der Runde konzentriert man sich nicht so sehr auf das, was andere sagen und was man darauf erwidert, sondern bleibt eher in seinem eigenen Inneren zentriert und spricht das aus, was aus dem eigenen Inneren spontan auftaucht, und nicht das, was als Erwiderung, Echo oder Ergänzung zu dem, was ein anderer gesagt hat, auftaucht. Das kann dann später, in einer zweiten Phase, geschehen.

Innerhalb dieser ersten Phase sind Kleinstpausen gut, um jedem die Gelegenheit zu geben, wieder zu sich zu kommen, sich wieder an seine eigene innere Kreativitätsquelle anzuschließen, anstatt sich in dem, was außen stattfindet, zu verlieren, in dem, was andere gesagt haben, und so fort.«

G: »Wie können einzelne und Gruppen feststellen, daß die Ideen, die sie entwickelt haben, wirklich kreativ sind, gute Lösungen bringen, ganzheitlich fördernd und nützlich sind?«

N: »Diese Frage ist fast nicht zu beantworten, denn wenn eine Idee all diese Eigenschaften hat, die du genannt hast, erkennt das jeder an einer sehr starken Resonanz in sich selbst und in der ganzen Gruppe. Da gibt es keine einzelnen Kriterien; es ist einfach starkes Echo vorhanden, starke Zustimmung, von positiven Emotionen getragene Begeisterung. Wenn das alles nicht auftaucht, wenn Zwiespalt vorhanden ist oder Zweifel, wenn die Begeisterung nicht sehr groß ist, dann kannst du davon ausgehen, daß es noch nicht das ist, was ihr finden wolltet.

In diesem Fall sollte man das Ganze abbrechen und zu einem anderen Zeitpunkt in eine neue Runde gehen. Oder herausfinden, ob es innerhalb dieser Arbeitsgruppe bremsende Faktoren gibt, beispielsweise persönliche Schwierigkeiten zwischen Mitgliedern der Gruppe, ein sehr schlechtes allgemeines Energieniveau oder eine falsche Platzverteilung. Wenn die Kreativität in einer Gruppe nicht so recht in Fluß kommen will, kann es von Nutzen sein, eine Pause zu machen und die Sitzordnung völlig durcheinanderzuwirbeln, so daß jeder woanders sitzt. Es kann auch sein, daß die Sitzung im falschen Raum stattfindet; dann muß ein anderer Raum gewählt werden.

Das sind Dinge, die fast alle Menschen spüren, sobald sie sich auf solche Fragen einstellen; sobald man überhaupt in Erwägung zieht, daß es Faktoren dieser Art geben kann, findet man sie auch schon. Denn sie liegen auf der Hand. Räume, die lang und schmal sind, sind beispielsweise im allgemeinen nicht sehr förderlich für die Kreativität von Gruppen.«

G: »*Ihr hattet über den Zusammenhang von Kreativität und vernetztem Denken gesprochen. Vernetztes Denken gilt ja als eine sehr wichtige Technik. Man setzt auch Gruppen entsprechend zusammen, so daß möglichst eine Pluralität von Denkstilen und Informationsfeldern zusammenkommt. In eurer Beschreibung des kreativen Prozesses – die Idee, die aus der Stille kommt – wird das Denken überschritten. Für mich scheint das ein Widerspruch zu sein.*«

N: »Das ist der gleiche ›Widerspruch‹, der immer wieder in diesen Texten auftauchen wird. Es ist kein Widerspruch, sondern Polarität: Es sind zwei Enden. Die meisten Techniken, die in diesem Buch gegeben werden, sind intuitive Techniken; ganz einfach deshalb, weil die anderen sattsam bekannt sind. Hier wurde das Kapitel ›Kreativität‹ ganz von der intuitiven, inneren Seite aus angegangen. Vernetztes Denken geht vom anderen Ende aus, vom äußeren Pol: vom Verstand. Vernetztes Denken geschieht mit den Mitteln des Verstandes – wobei sich natürlich Intuition hineinweben kann. Aber zunächst einmal bedeutet ›vernetzt denken können‹ so etwas wie ein guter Schachspieler zu sein: zu wissen, wenn ich A tue, ergibt sich B, und aus B ergibt sich C und so fort. Das Steinchen, das ich anstoße mit einer kleinen Fußbewegung, setzt möglicherweise eine ganze Lawine in Bewegung. Diese Lawine, wenn auch natürlich nicht mit allen, aber doch mit vielen ihrer Folgen überblicken zu können, das ist vernetztes Denken; erkennen können, wie die verschiedenen Ebenen und Funktionsbereiche beispielsweise der menschlichen Gesellschaft oder der Natur oder der Wirtschafts- und Finanzwelt ineinandergreifen, zusammenspielen, einander gegenseitig beeinflussen und so weiter. Das alles wird bis zu einem gewissen Grade bewerkstelligt mit dem Instrumentarium des Verstandes. Wobei, wie schon gesagt, alle Vorgänge, die innerhalb des dem Verstand zugänglichen Feldes – und das kann sehr groß sein – stattfinden und die ein Mensch mit einem gut funktionierenden Gehirn überblicken kann, doch in Bereichen wurzeln, die jenseits dieses Feldes liegen, in Bereichen, die der Mensch mit seinem Verstand und mit seinen fünf Sinnen eben nicht erfassen kann. Da greift nur die Intuition. Im Idealfall also arbeitet ein Manager mit beiden Instrumenten, mit Intuition und mit Verstand. Wobei aus unserer Perspektive die Intuition übergeordnet ist, einfach deshalb, weil sie ein viel weiteres Feld überblickt und weil sie aus einer überpersönlichen Quelle stammt, weshalb alles, was der Intuition entspringt, zur Harmonie, zum optimalen Zusammenspiel des großen Ganzen beiträgt; wohingegen ein Mensch mit seinem Verstand immer nur ein begrenztes Feld überschauen kann, auch wenn der Verstand hervorragend funktioniert.

Die Frage ist natürlich: Wie bringt man diese beiden scheinbar so gegensätzlichen Pole dazu, zusammenzuarbeiten? Es ist eigentlich sehr einfach. Der Anfang liegt in dem, was bisher schon oft gesagt wurde: die innere Stimme entdecken; die Kunst kultivieren, im Augenblick zu leben und aus der Wahrheit des Augenblicks heraus zu handeln, spontan zu handeln, seinen Eingebungen zu folgen und so weiter. Wenn man die Eingebung hat, dann kann man das Instrumentarium seines Verstandes nutzen, um zu schauen, wohin der Weg, den man auf Geheiß der Eingebung einschlagen möchte, führen kann. Aber auch wenn jemand das sehr weit überblicken kann, sowohl in die Breite (das heißt alle Bereiche, die in die Sache hineinspielen) als auch in die Ferne, in die Zukunft, so kommt doch am Ende der Wegstrecke, die er überschauen kann, ein großes Unbekanntes: ein Bereich, den er nicht erfassen kann. Da spielen unvorausschaubare Faktoren eine Rolle; Schicksal, der göttliche Wille und so weiter.

Am Anfang liegt etwas, was man nicht erfassen kann, und am Ende liegt ebenfalls etwas, was man nicht erfassen kann. Am Ende greift wieder die Intuition, und zwar in Gestalt von Ahnung.

Zusammengefaßt: Zunächst erstrebt man eine Eingebung, die

die zündende Idee liefert oder den Weg weist. Dann kommt das Denken, im Idealfall das vernetzte Denken, und fächert die Idee auf, konkretisiert sie, versucht zu planen und vorauszuschauen, wohin das alles führt und was sich daraus ergibt. Und dann kommt wieder die Intuition, die Ahnung; sozusagen als Prüfstein, an dem man feststellen kann, ob die Gedankengespinste richtig gewoben sind. Die Ahnung ist das, was weiß, wo es hinführt. Wenn diese drei Komponenten harmonisch zusammenspielen und einander nicht widersprechen. Dann ist es vollkommen.

Natürlich ist es gut, eine Arbeitsgruppe oder ein kreatives Team aus Menschen mit möglichst unterschiedlichen Denkweisen zusammenzustellen, aus möglichst unterschiedlichen Bereichen. Wobei es gerade dann besonders wichtig ist, daß diese Menschen nicht zueinander in Konkurrenz treten oder einander widersprechen, sondern daß jeder seinen Beitrag leisten kann und daß dieser Beitrag so, wie er ist, im Raum steht und zur Kenntnis genommen wird. Und umgekehrt: Bei homogeneren Gruppen, bei Gruppen, die zum Beispiel aus Menschen zusammengesetzt sind, die ohnehin dauernd zusammenarbeiten oder die aus gleichen, ähnlichen oder verwandten Bereichen kommen, ist es wichtig, darauf zu achten, daß man nicht auf eine Übereinstimmungsschiene gerät, daß man nicht allzusehr den gruppenkollektiven Denkgewohnheiten folgt, daß man sich immer wieder ganz bewußt zurückzieht in seine eigene Mitte, in die Freiheit des jeweiligen Augenblicks, und aus dieser Freiheit heraus das ausspricht, was man zu sagen hat. Auch wenn es der Logik oder den Denkgewohnheiten der Gruppe oder des Gruppenleiters widerspricht.

Es ist ratsam für ein Team, das zu kreativen Zwecken zusammenkommt, die Arbeit zu unterbrechen, bevor ein Ergebnis gefunden ist, außer wenn sich dieses spontan einstellt. Ansonsten ist es hilfreich, den Gruppenprozeß zu unterbrechen, wenn jeder seinen Beitrag geleistet hat, damit das Ganze sich setzen kann, und um der Idee Raum zu geben, indem sie Gestalt annehmen kann. Man sollte also nicht aus den vorgetragenen Einzelbausteinen irgend etwas zusammenklopfen, sondern alle Beiträge, die geleistet wurden, sammeln und zur Seite legen. Sowohl der Gruppenleiter als auch jedes Mitglied sollte dann Raum schaffen für Leere, für Stille, für Ruhe, aus dem dann die eigentliche Idee oder Vision an einem anderen Tag, in einer neuen Runde geboren werden kann.

Der ganze Prozeß ist mehr ein Geschehenlassen als ein Tun. Es könnte wichtig sein, die Teilnehmer zu Beginn auf diesen Punkt hinzuweisen. Es macht einen großen Unterschied, wenn darauf hingewiesen wird, daß es mehr darum geht, den Fluß des Denkens, Fühlens und Schaffens, den Fluß der Kreativität durch die einzelnen Mitglieder und durch die Gruppe fließen zu lassen, als darum, irgend etwas tun oder schaffen zu wollen. Es geschieht müheloser, und es birgt viel weniger Potential für Konflikte und Schwierigkeiten in sich.

Der Mensch denkt stets von seiner Person aus. Eine Gruppe ist eine Ansammlung von Personen. Der Mensch sagt: ›Hier sitze ich oder hier sitzen wir – und ich möchte/wir möchten eine Idee entwickeln in bezug auf diese Angelegenheit.‹ Man könnte statt dessen aber auch sagen, und in gewisser Weise entspricht es etwas mehr der Realität (auch wenn die Wahrheit letztlich über beide Perspektiven hinausreicht): Es ist andersherum. Da ist eine Idee, und diese Idee will sich verwirklichen. Sie bedient sich dieser Menschen, um das zu tun. Dies ist eine Sichtweise, die zu müheloser Kreativität und großem Einfallsreichtum führt, dazu, daß man die Dinge geschehen lassen kann, anstatt sie machen zu wollen. Damit ist sehr viel Leichtigkeit verbunden.«

G: »Das verstehe ich gut. Es gibt dann mehr Energie und Zielgerichtetheit, um auch die Verwirklichungsphase, die ja ein Teil des kreativen Prozesses ist, durchzustehen und durch Widerstände zu gehen, die bei der Umsetzung entstehen.«

N: »Es ist grundsätzlich ein sehr förderlicher Ansatz (eigentlich ist es der spirituelle Ansatz): alles umkrempeln. Anstatt immer von sich aus zu denken, von der eigenen Person oder Gruppe, sich angewöhnen, alles vom anderen Ende, vom geistigen Ende aus zu sehen. Das klingt nach Opfer, nach Hintanstellen der Person, Abwürgen des Ego, ist jedoch etwas sehr Angenehmes, etwas, das das Leben leicht und mühelos macht. Geht einfach davon aus: Da sind Ideen, und diese Ideen trachten danach, sich zu verwirklichen. Sie benutzen euch, um sich zu verwirklichen. Jenseits von Personen gibt es Qualitäten (in gewisser Weise nämlich ist die Qualität das Primäre, erst dann kommt die Person, die aus diesen Qualitäten geboren wird), grundlegende, archetypische oder göttliche Qualitäten, die sich manifestieren wollen, sichtbar werden, Gestalt annehmen, sich verwirklichen, miteinander in verschiedenen Gruppierungen in Interaktion treten wollen. Und daraus seid ihr, sind eure Persönlichkeiten, sind eure Körper, sind eure Leben entstanden. Es ist ein Denkansatz, eine Vorstellung, die alles viel leichter macht. Ihr strampelt euch ab, weil ihr denkt, ihr müßt alles tun, ihr müßt für alles sorgen, ihr seid diejenigen, die alles tun, in Gang setzen. Völlig falsch.«

B-A: »*Das erinnert mich an etwas, was ihr vor Jahren einmal gesagt habt: Bevor eine Frage gestellt wird, ist die Antwort da. Und weil diese Antwort existiert und sich manifestieren möchte, fühlt man sich veranlaßt, die dazugehörige Frage zu stellen.*«

N: »Ja. Damit die Antwort sich manifestieren kann.«

G: »*Das würde für gestalterische Prozesse im Management bedeuten, daß die Lösungen für Probleme, für Entwicklungen von neuen Produkten, Dienstleistungen und so weiter schon im Raum sind und daß die betreffenden Manager diese nur finden müssen und dazu in einen schöpferischen Bewußtseinszustand gehen …*«

N: »Ja, das ist vollkommen richtig. Die Lösung ist da. Die Tatsache, daß es das Problem gibt, weist darauf hin, daß die Lösung da ist. Allerdings sind die Ausdrücke ›Lösung‹ und ›Problem‹ irreführend, weil sie aus dem üblichen, kausalen Denken entstammen. Es ist schwer, das in seinem Denken umzukehren, wenn man an diese Ausdrücke gefesselt ist. Aber sagen wir es trotzdem so: Weil die Lösung da ist und sich verwirklichen möchte, gibt es das Problem, beziehungsweise weil eine bestimmte Konstellation geistig vorhanden ist und physisch Gestalt annehmen möchte, gibt es das Problem. Das Problem veranlaßt die Menschen, sich für die besagte Konstellation zu öffnen und damit gewissermaßen zum Kanal zu werden, der es dieser geistigen Gestalt ermöglicht, sich in Raum und Zeit als Ereignis oder als Produkt zu verwirklichen.«

B-A: »Diese Perspektive verändert alles. Ein völlig anderes Grundgefühl.«

N: »Alles wird auf den Kopf gestellt. Eine körperliche Übung, die dabei hilft (es klingt kindlich und einfach, aber probiert es aus), ist tatsächlich der Kopfstand; oder andere Umkehrübungen, wenn Kopfstand unmöglich ist; halber Kopfstand, Kerze, sich mit den Beinen an eine Stange hängen oder Ähnliches.

Das heißt auch, im Geist den Zeitablauf umzukehren. Der Zeitablauf sieht im allgemeinen im menschlichen Bewußtsein so aus: Zuerst war die Ursache da, dann kommt der Schlamassel und dann der Zweck – nämlich in der Zukunft. Man kann das umkehren. Am Anfang steht der Zweck. Aus dem Zweck entsteht der Schlamassel und daraus die Ursache.

Erst ist der Zweck da. Der Zweck ist so etwas wie eine Absicht; religiöse Menschen würden sagen: die göttliche Absicht (mit anderen Worten: das Ziel, das die Intelligenz des Universums ansteuert). Damit der Zweck sich erfüllen kann, bedarf es einer bestimmten Situation, die der Mensch als problematisch empfindet. Und damit diese Situation herbeigeführt werden kann, bedarf es der Sache, die üblicherweise Ursache genannt wird.«

B-A: *»Das stimmt auch mit Prigogine und seiner Chaos-Theorie überein.«*

N: »Es ist eine Einstellung, die das Leben leichter macht und die gerade die im allgemeinen sehr gestreßten, belasteten, geplagten Manager von einem Großteil ihrer Last entheben kann.«

G: *»Nun erleben Manager sich natürlich immer als tätig. Diese Umstellung der Perspektive könnte aber auch bedeuten, daß man einmal nichts tun muß; daß man viel mehr Geduld an den Tag legen muß, bis man sich einklinken kann in den Zweck, der da ist und realisiert werden will. Das widerspricht dem normalen Selbstverständnis des Managers, dem Prinzip des tätigen Gestaltens ...«*

N: »Ja. Allerdings, ob so oder so herum, ein Manager bleibt tätig. Nur, wenn er die Perspektive umkehrt, empfindet er nicht mehr sich selbst als denjenigen, der diese Tätigkeit anstößt, sondern er wird angestoßen zum Tätigsein. Das ist ein kleiner, sehr wichtiger Unterschied. Das Ergebnis kann sein, daß er viel schneller handelt als zuvor; es kann aber auch vorkommen, daß er sich große Pausen gönnt. Genau wie du sagst: um sich einzustimmen oder einfach, weil es Zeit ist, eine Pause zu machen, und er das spürt.

Um diese Umkehrung der Perspektive überhaupt zuwege bringen zu können, ist Entspannung nötig, und zwar auch auf der körperlichen Ebene. Jedwede Technik, die dem Menschen dazu verhilft, sich muskulär zu entspannen – autogenes Training, bestimmte tiefgreifende, entspannende Arten von Massagen, entspannungsorientierte Atemschulung –, ist hilfreich, um die Umkehrung in Gang setzen zu können. Denn diese erfordert in allererster Linie ein Loslassen. Vertrauen, sich hingeben lernt der Mensch am leichtesten und am schnellsten über den Körper, ebenso wie alles andere auch. Der Körper ist ein wunderbares Medium zum Erlernen all dieser Dinge.«

G: »*Der Körper ist also ein wichtiges Instrument, das einem Manager hilft, die Phase vom ›Management durch Denken‹ hinter sich zu lassen und ›geführtes Management‹ zu betreiben?*«

N: »Eines der wichtigsten überhaupt. Wobei eine ganze Reihe von Möglichkeiten der Körperarbeit zur Verfügung stehen, die speziell Managern empfohlen werden können. Darüber seid ihr besser im Bilde. Jedenfalls alles, was zur muskulären Tiefenentspannung und zum Loslassen verhilft.«

B-A: »*Es wäre gut, wenn solche Methoden Managern innerhalb ihres Unternehmens zur Verfügung stünden. Man könnte zum Beispiel Massage, Rolfing, Feldenkrais oder dergleichen anbieten.*«

N: »Das wäre natürlich optimal. Gerade Feldenkrais, eine für Manager sehr geeignete Technik, fördert die Fähigkeit zum Umschalten, zum Umpolen und auch die Kreativität. Es gibt ein gewaltiges Feld von fördernden Techniken. Es wäre, ganz im Ernst, eine sehr förderliche Methode, wenn eine Mannschaft, die tagtäglich zusammenarbeitet, sich allmorgendlich einstimmt auf die Zusammenarbeit, indem sie sich im Kreis aufstellt und an den Händen hält! Auf diese Weise öffnet man sich für den Energiefluß in dieser Gruppe und fördert ihn; man fördert das harmonische Zusammenspiel innerhalb der Gruppe.«

9.

ZWISCHENSPIEL

Gespräch über Gut und Böse, männlich und weiblich,
Wunsch und Erfüllung

N: »Es sind in eurem Vorgespräch einige wichtige Bemerkungen gemacht, wichtige Fragen angeschnitten worden. Sie passen nicht in den Kontext, sind aber von grundsätzlicher Bedeutung.

Es war die Rede von Bösewichtern, welche die Welt regieren, von Guten, von scheinbar Guten, und wie das alles zusammenhängt.

Wer der Bösewicht ist, wer der Gute, der scheinbar Gute oder auch der scheinbar Böse ist, das ist eine Frage der Perspektive. Wenn ihr euch im Geist entfernt von dem Spiel, das im Sandkasten ›menschliche Gesellschaft auf der Erde‹ stattfindet, könnt ihr versuchen, verschiedene Perspektiven einzunehmen. Das ist eine geistige Übung. Schaut, ob, wenn ihr verschiedene Standpunkte einnehmt, eure Auffassung davon, wer der Böse, der Gute, der scheinbar Gute und so weiter ist, sich verändert, und sei es auch nur ein wenig. Ihr könnt auch üben, die Sichtweise des Bösen oder die des Guten einzunehmen. Es ist alles eine Frage der Perspektive. Denn was immer stattfindet im Rahmen dieses Sandkastens (das ist kein abwertender Ausdruck, sondern ein Bild, das eine Erkenntnis auslösen soll), dient einem höheren Zweck. Der Bösewicht dient diesem Zweck genauso wie der Gute.

Trotzdem sieht sich jeder Mensch, der im Sandkasten sitzt und spielt, immer wieder, Tag für Tag, vor die Notwendigkeit gestellt, Entscheidungen zu treffen. Man könnte denken: ›Ich habe die Möglichkeit, zwischen einer guten und einer bösen Handlungsweise zu entscheiden.‹ Das ist aber eine eingeengte Sichtweise. Tatsächlich gibt es die Möglichkeit, aus einem weiten Spektrum von Verhaltens- und Handlungsweisen zu wählen, nur steht den meisten Menschen dieses weite Spektrum nicht zur Verfügung, weil ihre Sichtweise eingeschränkt ist. Im allgemeinen gibt es nicht nur die Möglichkeit, zwischen A und B zu wählen, sondern das ganze Alphabet von A bis Z steht zur Verfügung. Und die eine Hälfte dieses Alphabets geht mehr in die Richtung, die als böse bezeichnet wird, die andere in die Richtung, die als gut bezeichnet wird. Von einem höheren Standpunkt aus spielt das keine Rolle.

Aber: Es gibt als treibende Kraft hinter dem Ganzen – hinter der ganzen Schöpfung, hinter dem Spiel im Sandkasten, hinter allem, was abläuft, hinter dem ganzen Prozeß – etwas, was man nicht anders nennen kann als Liebe. Ihr werdet kein treffenderes Wort dafür finden. Man muß sehr tief tauchen, um herauszufinden, daß es tatsächlich so ist. Diese Kraft treibt zwar ohnehin alles an, und ohnehin schwimmt ihr alle in dem Strom, den diese Kraft auslöst, aber der Unterschied ist: Ihr könnt spüren oder zumindest ahnen, daß es eine Urkraft gibt; ihr könnt sie in eurem Herzen spüren, sie kann hindurchschimmern bis in die Zellen eures Körpers, sie kann ausstrahlen von euch, sie kann in euren Gedanken durchschimmern (wobei sie dann die Gedankengebäude zum Einsturz bringt); oder ihr seid euch dieser Kraft nicht bewußt oder nur wenig bewußt, oder ihr versucht, mehr oder weniger erfolgreich, diese Kraft aus eurer Wahrnehmung, aus eurem Bewußtsein auszuklammern. Das sind verschiedene Wahlmöglichkeiten.

Wenn ein Mensch beginnt, sich dieser Kraft bewußt zu werden (nicht auf intellektuelle Weise, sondern unmittelbar), dann verändert sie seine Handlungen, sein Denken, sein Sprechen, seine Erscheinung – manchmal dramatisch, manchmal unmerklich und langsam. Man könnte sagen: Es beginnt sich zu lichten in seinem Leben und in seinem Bewußtsein; es kommt mehr Licht hinein; Licht auch im Sinne von Erkenntnis, Einsicht – Erkenntnisse, die von innen kommen, jenseits verstandesmäßiger Konstruktionen, logischer Schlußfolgerungen. Es wird heller und wärmer in seinem Leben.

Es kann allerdings mit einigen zunächst einmal recht unangenehmen Erfahrungen beginnen, wenn diese Art von Wandel, von Bewußtwerdung, von Aufwachen eintritt. Denn – wie ihr alle wißt oder euch leicht denken könnt – alles, was verdrängt wurde in Randschichten des Bewußtseins, in das sogenannte Unterbewußtsein oder auch in den Körper, kommt an die Oberfläche, sobald diese Bewußtwerdung beginnt.

Dies ist ein Prozeß, der im Bewußtsein des Individuums und auf nichtlineare Weise im Bewußtsein des Kollektivs geschieht. Das heißt, was das Bewußtsein des Kollektivs betrifft, so kann man in keiner Weise mathematisch oder statistisch darstellen, wie dieses Erwachen des Bewußtseins vor sich geht. Man kann nicht sagen: Bei einer Person fängt es an, dann erfaßt es zwei, dann vier, dann sechzehn und so fort; es ist eine absolut nichtlineare und rational nicht erfaßbare Weise, wie dieser Prozeß des Erwachens – eigentlich ist es das Erwachen des Herzens – im Kollektiv stattfindet.

Hieran könnten nun Fragen geknüpft werden.«

H: »Wenn ich das richtig verstanden habe, bedeutet das: Das sogenannte Böse ist Helfer des Guten. Das heißt, daß Negativ und Positiv immer in einer Wechselbeziehung stehen und daß das Produkt letztlich Gewahrsein ist oder eine erweiterte Wahrnehmung. Wenn ein Mensch glaubt, gut zu sein, aber in Wirklichkeit nicht sehr bewußt ist, kann es sein, daß er einen sogenannten Bösewicht braucht, der auf ihn einwirkt, damit er wacher wird: Der Täter wird nötig, um das Opfer aufzuschrecken, damit es wach wird. Sehe ich das richtig?«

N. »Ja, das ist ein Aspekt. Es sollte aber nicht verallgemeinert werden. Das *kann* ein Zweck sein, der das Auftauchen eines Bösewichts in Gang setzt. Es war bereits die Rede davon, Kausalität umzukehren: erst der Zweck, dann, damit er erfüllt werden kann, das Problem, und damit das Problem entstehen kann, bedarf es der Ursache. So ist auch hier mit den Bösewichtern: Erst ist der Zweck da, die Absicht, die die Intelligenz des Universums verfolgt; der Bösewicht taucht auf, die kritische Situation entsteht. Der Zweck kann in dem bestehen, was du erwähnt hast (der Bösewicht dient dem Erwachen); aber es gibt auch andere Zwecke. Letztlich dient allerdings alles dem Erwachen, das ist schon richtig. Aber ›Erwachen‹ beinhaltet eine gewaltige Spanne menschlicher Erlebnismöglichkeiten.«

H: »*Also Luzifer als Lichtbringer… Jetzt geht es mir aber um scheinheilige Menschen. Gut oder Böse, ich kann das nicht auseinanderhalten. Es scheint mir aber so zu sein, daß viele Institutionen dieser Erde, alle fundamentalistischen Organisationen, beispielsweise die päpstliche, nur ein einziges Ziel haben: etwas zu bewahren, was vielleicht vor Jahrtausenden einmal angemessen war. Sie haben gar nicht unbedingt das Ziel, etwas Böses zu tun, aber sie sind aus meiner Sicht einfach schon deshalb böse, weil sie etwas bewahren wollen, was längst überholt ist. Sehe ich das falsch?*«

N: »Bitte versuche, die Frage zu formulieren, die du dazu auf dem Herzen hast.«

H: »*Es gibt Wirtschaftsorganisationen, religiöse Institutionen, die schon seit Jahrhunderten die Menschen ganz bewußt dumm halten, um sie erstens besser manipulieren zu können und zweitens das Alte zu konservieren. Um zu einem konkreten Beispiel zu kommen: Wo ordne ich den Papst ein, der ja das Menschsein vor dem Geborenwerden so hoch schätzt, aber von dem Moment an, wo ein Mensch geboren ist, seinen Wert anscheinend nicht mehr achtet? Menschen können zu Millionen verhungern, und das scheint nicht wichtig zu sein. Gerade aus den katholischen Ländern gehen auch die größten Verbrechensorganisationen hervor. Wie kann ich den Papst mit seiner Organisation einordnen?*«

N: »Jetzt beginnt die Frage hindurchzuschimmern. Du möchtest nicht wissen, wo du den Papst als Person oder Institution auf der Skala, die von Gut nach Böse reicht, einordnen sollst; du möchtest wissen, wie du dieses Phänomen verstehen sollst, welche Rolle es spielt im Bezug auf den universalen oder göttlichen Zweck, von dem zuvor die Rede war.«

H: »Genau. Ich meine nicht unbedingt den Papst persönlich, sondern diese Institution, die durch Jahrhunderte hinweg nichts anderes tut als erwachendes Bewußtsein niederzuhalten, unter dem Deckmantel, Licht zu bringen.«

N: »Was nun folgt, ist ein Vergleich, der zum besseren Verständnis dienen soll. In der Erziehung können möglicherweise als erziehende Personen zwei verschiedenartige Kräfte auftreten. Die eine Kraft ist getragen von bedingungsloser Liebe und Annahme – die mütterliche –, die andere Kraft ist herausfordernd, möglicherweise unterdrückend, fordernd – die väterliche Kraft. Es hat Zeiten gegeben auf diesem Planeten innerhalb der letzten Jahrtausende, in denen die mütterliche Kraft regiert hat, und es hat Zeiten gegeben, in denen die väterliche Kraft regiert hat. Die Kirche ist Teil der väterlichen Kraft, im archetypischen Sinne. Sie stellt eine starke Herausforderung dar, sie setzt sehr enge Grenzen. Sie versucht, ein Korsett zu bilden, das dem Menschen hilft, eine bestimmte Struktur zu wahren. Das Korsett engt ein, das ist der negative Aspekt. Der positive Aspekt ist, daß es formt.

Es gibt verschiedene Möglichkeiten, mit dieser Kraft umzugehen. Man kann sich ihr unterordnen; man kann sie voll und ganz akzeptieren, also mit ihr eins werden, Teil von ihr werden; man kann ihr ausweichen; man kann ihr Widerstand entgegensetzen, gegen sie kämpfen, eine Gegenkirche aufstellen. Das sind Möglichkeiten, mit dieser Herausforderung umzugehen.

Von einem neutralen Standpunkt aus gesehen, stellt es einfach eine sehr starke Herausforderung dar; die Menschen haben die Wahl, wie sie damit umgehen. Es gibt andere Aspekte, die hineinspielen. Beispielsweise der, daß eine Institution, die so stark ist und von so vielen Menschen getragen wird wie diese Kirche, etwas reflektiert, das im Bewußtsein der Menschen, die sie maßregelt und unterdrückt, vorhanden ist. Das heißt: Die Menschen, die sich von dieser äußeren Institution unterdrücken und maßregeln lassen, maßregeln und unterdrücken sich selbst. Die Institution tut nichts anderes, als ihnen das widerzuspiegeln. Aber sie verstehen es nicht.

Dies alles sind jedoch nicht wertende Betrachtungen. So könntest du jede Institution der Welt betrachten: von der Zweckseite her.«

H: »*Und ähnlich verhält es sich in der Wirtschaft. Viele Unternehmer und große Unternehmen verhindern, daß die Mitarbeiter selbständig denken und auch unternehmerisch handeln. Sie sagen zwar, sie möchten unternehmerisch handelnde Mitarbeiter, aber in Wahrheit wird alles, was zur Selbständigkeit führen könnte, wie Persönlichkeitsentfaltungskurse, oder daß Menschen in Positionen kommen, wo sie wirklich wachsen könnten, bewußt unterbunden. Das heißt: Man möchte der Chef sein, und die anderen sollen Untergebene bleiben. Jeder, der zu denken beginnt, könnte ja gefährlich werden. Wie können wir dazu beitragen, das zu überwinden?*«

N: »Durch ein tieferes Verständnis dieser beiden archetypischen Kräfte, die ›mütterlich‹ und ›väterlich‹ oder ›weiblich‹ und ›männlich‹ genannt werden. Dies alles ist väterliche Struktur. Die anwesenden Männer werden gebeten, nicht gekränkt zu sein; es hat nichts damit zu tun, Mann oder Frau zu sein. Es handelt sich um archetypische Prinzipien. Sie können sich in Männern und in Frauen gleichermaßen manifestieren. Die Entwicklung, die unter dem Titel ›Neues Zeitalter‹ stattfindet, nimmt ihren Anfang in einem Wechsel von der männlichen zur weiblichen Sichtweise. Das Ziel ist, über beide hinauszugehen. Wenn du nun von vornherein einen übergeordneten Standpunkt einnimmst, wirst du sehen: Die Machthaber, die so handeln, wie du es geschildert hast, stellen eine starke Kraft dar, und der Mensch, der mit ihnen zu tun hat – sei es als Untergebener, als gleichgestellter Kollege oder als Geschäftspartner –, muß mit dieser Kraft irgendwie fertigwerden. Es ist ähnlich wie beim sportlichen Training. Stell dir vor, dein Lehrer oder dein Trainingspartner hat dich in irgendeiner Weise beim Training körperlich im Griff. Vielleicht hat er dich auf den Boden geworfen und drückt dich mit dem Arm hinunter, und er ist sehr stark. Du bist in der unterlegenen Position. Was tust du? Du mußt sehen, wie du damit zurechtkommst. Du willst heraus aus dieser Situation oder zumindest aus den unangenehmen Empfindungen, die die Situation in dir hervorruft. Du hast die verschiedenen Möglichkeiten, von denen soeben die Rede war: Du kannst versuchen, ihn zurückzuschleudern, also eine Gegenkraft zu mobilisieren; du kannst versuchen, dich herauszuwinden, zu flüchten; du kannst flüchten und ihn von hinten angreifen; du kannst dich entspannen, dich der Situation hingeben und so weiter. Das männliche Prinzip beinhaltet immer Herausforderung. Das, was angesteuert wird mit diesem Buch, ist jedoch, den weiblichen Ansatz zu finden; nicht um darin zu verharren, sondern um zu einem übergeordneten Standpunkt zu finden, der beides integriert und transzendiert. Aber um diesen überhaupt finden zu können, mußt du erst einmal die weibliche Sicht-, Fühl- und Handlungsweise entdecken und aktivieren. Das ist der Weg, der hier geschildert wird.«

H: »Das weibliche Prinzip ist für mich das Nährende, ein sehendes Herz, ein liebevollerer Blick auf die Welt. Ist das gemeint?«

N: »Ja, das sind Aspekte. Aber es geht noch weiter, fort vom aktiven Prinzip hin zum passiven Prinzip (wobei in dieser Passivität Aktivität liegt und umgekehrt), fort vom Wunsch, alles zu behandeln, zu formen, zu gestalten, zu machen, selbst aktiv zu tun, hin zum Geschehenlassen. Geschehenlassen hat zu tun mit Vertrauen, und deshalb war die Entwicklung des Vertrauens so wichtig.«

H: »*Geduld auch …*«

N: »Geduld ist eine Frage der Entspannung. Wir müssen fort vom Angespannten, hin zum Entspannten, wobei aber die Fähigkeit der Anspannung in der Entspannung vorhanden ist. Es ist nie nur das eine oder das andere. Es ist im Yin das Yang enthalten und umgekehrt.

Wir müssen also weg vom Tunwollen und hin zum Nichttun, weg vom Bestimmenwollen, mehr hin zum Geschehenlassen, ohne sich aber treiben zu lassen – das ist wieder etwas anderes. Es handelt sich um ein waches Geschehenlassen. So könnte man diesen Wechsel zum mehr weiblichen Ansatz grob umreißen.«

H: »*Aber das setzt einen sehr weit entwickelten Menschen voraus, der geschehen lassen kann, der Vertrauen hat, einen Menschen, der nicht mehr getrieben wird zur Aktivität, der nicht mehr so viele Defizite zu füllen hat, der seine Wünsche schon weitgehend ausgelebt oder überwunden hat …*«

N: »Das muß nicht sein. Nicht getrieben zur Aktivität, ja. Aber es könnte auch ein Mensch sein, der begreift, daß Wünsche sich leichter erfüllen, wenn man die Dinge auf sich zukommen läßt, als wenn man ihnen hinterherläuft.

Im Prinzip ist dieser Wechsel jedem Menschen möglich, und zwar jeweils in dem Bewußtseinsspektrum, in dem er sich befindet. Die Frage ist, auf welcher Ebene der Wechsel ausgelöst wird. Er kann beispielsweise auf körperlicher Ebene ausgelöst werden. Das ist sogar leicht. Selbst oder gerade bei Menschen, die sehr stark getrieben werden, die sehr stark bestimmt sind vom persönlichen Willen, die von großer Unrast getrieben sind oder auch sehr ›verkopft‹ sind oder sehr ehrgeizig, kann es erstaunlich leicht sein, diesen Wechsel über Körperarbeit herbeizuführen. Methoden wie Feldenkrais beispielsweise und andere moderne Formen der Körperarbeit können da helfen. Bei anderen Menschen kann der Wechsel über das intellektuelle Erkennen geschehen; dieses kann durchaus ein Anfang sein! Es ist ganz unterschiedlich. Es können Gruppenprozesse, die sanft angeleitet werden von einem Menschen mit einem offenen Herzen, auch in sehr hartnäckigen Fällen auf leichte und manchmal geradezu spektakuläre Art diesen Wechsel in Gang setzen. Wobei man nicht erwarten sollte, daß ein Mensch von einem Augenblick zum anderen vom einen ins andere Extrem verfällt. Aber es kann ihm ein Rahmen zur Verfügung gestellt werden, beispielsweise der sichere Rahmen einer Gruppe, in dem er die Möglichkeit bekommt, für kurze Zeit – und sei es nur für den Bruchteil eines Augenblicks – eine andere Art von Handeln, Empfinden, Fühlen, Denken zu berühren. Das reicht schon, um eine große Veränderung auszulösen – die aber über einen größeren Zeitraum abläuft.

Das ist die Arbeit, um die es geht. Wenn ihr selbst diese Arbeit tun wollt, müßt ihr darauf achten, euch immer wieder aus dem Bereich des spekulativen Denkens, der Verstandeskonstruktionen, der logischen Schlußfolgerungen, der Interpretation von Erfahrungen und der Projektion dieser Interpretationen in die Zukunft herauszulösen. Achtet darauf, immer wieder gegenwärtig zu werden, in Fühlung zu kommen mit euch selbst, mit eurem Körper, mit eurem Herzen und, gegebenenfalls, mit den Personen, die unmittelbar anwesend sind und mit denen ihr zu tun habt. Sonst kann es leicht geschehen, daß ihr in eine Falle tappt. Ihr denkt, ihr macht Fortschritte, weil ihr dies und das erkannt habt, tatsächlich aber bleibt ihr so, wie ihr seid, und euer Verstand amüsiert sich mit seinen Spielen, ohne daß es euch berührt und verändert.«

G: »Ist dieses In-Berührung-Gehen auch im Rahmen von Unternehmen einer der wichtigen Zwecke, warum Menschen überhaupt miteinander arbeiten?«

N: »Ja, das ist natürlich ein sehr wichtiger Zweck. Ein Unternehmen ist ein großartiges Erlebnisfeld, das den Menschen viele Möglichkeiten der Berührung bietet, viele Wahlmöglichkeiten von Reaktionen – ›Wie reagiere ich auf diese Art von Berührung, von Präsenz, von Ausstrahlung, von Wesen, von Handlung? Wie kann ich damit umgehen? Wie verändert mich diese Berührung, diese Begegnung?‹ Und gleichzeitig: ›Wie kann Kreativität in einer Gruppe von Menschen aufbrechen, auftauchen, sich ausdrücken, sich organisieren?‹ Es sind verschiedene Zwecke, die zusammenkommen.

Wenn man einmal den üblichen menschlichen Standpunkt einnimmt, könnte man sagen: Das Drama ist, daß die Menschen im allgemeinen sich eben nicht berühren und sich nicht voneinander berühren lassen. Von einem übergeordneten Standpunkt aus gesehen würde man sagen: Das ist kein Drama, es ist einfach eine Phase der Entwicklung. Es ist in unserem Kontext aber ganz nützlich zu sagen, daß es ein Drama ist. Denn ihr wollt Veränderungen in Gang setzen, in euch selbst, in eurem Umfeld, in den anderen, in der Welt ... Und da ihr Veränderung wünscht (das ist gut so, es ist Teil der Evolution), ist es gut zu sagen: Es ist ein Drama, denn es stellt ein Problem dar.

Ein Schlüssel für eine Veränderung innerhalb eines Unternehmens oder einer Gruppe liegt natürlich darin zu lernen, den Menschen, denen man begegnet in seiner Arbeit, auch wirklich zu begegnen. Das erfordert zuallererst aber – denn sonst kann man das nicht –, sich selbst zu begegnen; in Fühlung zu bleiben mit seiner körperlichen Realität, also nicht nur ›im Kopf‹ zu sein und in Gedanken, sondern in seinem Körper zu sein, zu fühlen, was der Körper fühlt, also seiner Empfindungen gewahr zu sein. Wenn ein Mensch den Raum betritt, in dem ihr euch befindet, reagiert euer Körper auf die Anwesenheit dieses Menschen. Es ist interessant, wahrzunehmen, wie der Körper reagiert.«

H: »Ich finde, das ist eminent wichtig. Denn viele Menschen sind an dem Punkt angelangt, wo sie sich einfühlen möchten; sie meinen immer, sie müßten in den anderen quasi hineinspringen, um ihn zu fühlen. Was ihr sagt, ist genau das, um was es geht: nämlich den anderen in sich selbst zu fühlen! Das heißt sich selbst zu fühlen, um dann den anderen zu fühlen.«

N: »Das ist noch ein weiterer Schritt. Erst einmal seine eigene körperliche Realität fühlen. Ihr seid mit dem Körper mehr eins, als ihr denkt; auch wenn euer Bewußtsein den Körper eines Tages verlassen wird. Solange es ihn nicht verläßt, ist es eins mit ihm. Der Körper kann euch fast alles sagen, was ihr wissen müßt in bezug auf eure Begegnungen. Aber erst einmal müßt ihr euch seiner Realität gewahr werden. Das heißt nicht, sie zu kommentieren; es ist nicht nötig, Empfindungen zu benennen – »Aha, kalte Füße‹ –, es reicht, die Kälte in den Füßen zu fühlen. Der zweite Schritt ist dann, wenn ihr in Kontakt tretet mit einem Menschen, wahrzunehmen oder besser gesagt zu erleben, wie euer Körper auf die Gegenwart dieses Menschen reagiert. Damit – sehr richtig – bekommst du gleichzeitig ein Gefühl für die Realität dieses Menschen, denn eure Realitäten sind in dem Augenblick, wenn ihr in Berührung tretet, verwoben. Deine eigene körperliche Realität ist nicht getrennt von der Realität des anderen. Du kannst zwar sagen: ›Hier bin ich, und dort ist der andere, und wenn dieser andere in meine Nähe kommt, bekomme ich kalte Füße‹; das ist eine Aussage, die Getrenntheit ausdrückt. Aber daß du kalte Füße bekommst, hat etwas mit der inneren Realität des anderen zu tun. Du erfaßt etwas von seiner inneren Realität, wenn zu lernst, in deinem Körper zu sein und dir dessen gewahr zu sein. Allerdings ist es dann nützlich, nach Beendigung der Begegnung bewußt Abschied, Entfernung, Loslösung zu praktizieren und das, was du in dich hereingeholt hast, auch wieder hinausgehen zu lassen. So könntest du, wenn du beispielsweise auswählen mußt zwischen verschiedenen Bewerbern für einen bestimmten Job, jenseits von und ergänzend zu rationalen Erwägungen den körperlichen Eindruck, das unmittelbare Gewahrsein dieses Wesens erfassen und dann schauen, wie sich das zu den Daten, die du über die Person besitzt, fügt: Ausbildung, Vorgeschichte, Kenntnisse und so fort.«

H: »*Ja, das funktionale, methodische Vermögen über die Ratio beurteilen und das emotionale Vermögen und die Integrität eines Menschen über das Einfühlen.*«

N: »Übrigens kannst du auch dein Bewußtsein (das heißt deinen individuellen Zipfel des allgemeinen Bewußtseins) in den anderen hineinprojizieren, um zu versuchen, etwas von seiner Realität zu erfassen, anstatt ihn in dich hineinzuholen. Aber darin liegt die Gefahr, daß du dich nicht wirklich in den anderen hineinversetzt, sondern es dir nur einbildest. Du nimmst dein Ego, deine Person, deine Vorstellungswelt mit und denkst, du hast dich in den anderen hineinversetzt; tatsächlich hast du dich selbst einschließlich deiner persönlichen Anschauungen in die Haut des anderen hineinversetzt, und das ist natürlich nicht dasselbe. Ehrlicher, leichter, unmittelbarer ist das Verfahren, das eben geschildert wurde: in dir selbst fühlen und nicht im anderen.«

H: *»Um nun das als Basis zu nehmen und einen Schritt weiterzugehen: Wenn ich jemanden einstellen möchte für ein Unternehmen in einer bestimmten Funktion, könnte ich dann nicht ein Feld aufbauen, ein elektromagnetisches Feld, das mir diese Person irgendwie zuführt? Dasselbe würde ja auch für Kunden und Interessenten zutreffen.«*

N: »Ja. Das tust du, indem du Wunsch und Vision vereinst. Eigentlich müßte man sagen, ›Sehnsucht‹, aber das ist ein Wort, das in diesem Bereich deplaziert wirkt. Und doch ist es genau das: die Emotion Sehnsucht. Wenn du diese Emotion mobilisierst, dich nach dem optimalen Mitarbeiter sehnst – das ist etwas anderes, als wenn du sagst: ›Ich wünsche mir diesen Mitarbeiter.‹ Wenn du von Sehnsucht sprichst, erfaßt du etwas von dem, was dein Herz sich wünscht in bezug auf den Menschen, der diesen Posten ausfüllen soll. Es klingt kitschig und sentimental, ist aber technisch gemeint. Wenn du das tust, entdeckst du ganz andere Kriterien, als du sonst vielleicht anwenden würdest. Aus dieser Sehnsucht des Herzens (bleiben wir ruhig bei diesem Begriff, auch wenn er bei manchen Menschen auf Ablehnung stoßen mag) formst du eine Vision nicht aus dem Kopf heraus. Diese Vision lädst du auf mit Gefühl: mit Freude. Stell dir vor, dieser Mensch ist gefunden, und du freust dich. Du beteiligst dich also an dieser Vision mit der Ganzheit deiner selbst. Es ist nicht nur eine visuelle und gedankliche Vorstellung; es ist ein optischer Eindruck, ein emotionaler Eindruck, ein Gedankengebilde ... eine ganze Vision. Damit schaffst du das Feld, von dem du gesprochen hast. Das ist das Nest, das du baust. Der Vogel braucht sich nur noch hineinzusetzen. Er wird es finden.«

H: »Gut. Laßt uns jetzt bei diesem Punkt bleiben und in ein Dilemma hineingehen, das die meisten Menschen hier haben: Angst taucht auf, daß das, was man sich wünscht, nicht eintrifft. Auch als Kollektiv stecken wir in diesem Dilemma: Wir wünschen die Veränderung, halten aber trotzdem ängstlich an dem Alten, Bekannten fest, das uns dann nicht losläßt. Das heißt: Ich habe mein Nest zwar aufgebaut, das einen Resonanzkörper erzeugt, auf den jemand reagieren kann, aber das reicht nicht, ich muß gleichzeitig auch die Angst loslassen, daß die Erwartung, die ich aufgebaut habe, enttäuscht wird. Ich möchte damit die Notwendigkeit ansprechen, Ängste loszulassen.«

N: »So herum ist es schwierig. Leichter ist es andersherum. Du baust das ›Nest‹, du tust alles, was du tun kannst, damit dein Wunsch sich erfüllt, und zwar trotz deiner Angst. Du läßt die Angst ruhig bestehen. Kommt der Vogel dann ins Nest, schwindet die Angst von selbst. Jedesmal, wenn du ein Erfolgserlebnis dieser Art hast – ein Erlebnis, das dir zeigt, daß du vertrauen kannst –, schwindet Angst. Angst ist so etwas wie Schatten. Schatten hat keine eigene Realität. Dort, wo Licht hinfällt, gibt es keinen Schatten. Dort, wo Vertrauen hinkommt, entfällt Angst. Es gibt sie nicht. Wenn du aber sagst: ›Ich muß meine Angst loslassen‹, dann denkst du, daß die Angst etwas ist – du bestätigst ihre Realität. Tatsächlich hat sie keine eigene Realität. Sie ist nur die Abwesenheit von Vertrauen. Du brauchst zu Anfang noch kein Vertrauen zu haben; es reicht, wenn du sagst: ›Ich probiere es aus. Ich habe Angst, daß es nicht funktioniert. Aber ich probiere es aus.‹«

H: »Ich bin damit nicht ganz einig. Ich sehe die Angst als Schatten von Vertrauen, einverstanden; aber Angst ist genauso der Schatten von Wünschen. Das heißt: Ich habe einen Wunsch, und zugleich erscheint der Schatten, die Angst, daß sich der Wunsch nicht erfüllen könnte. Das ist das Dilemma, das ich ansprechen möchte.«

N: »Man könnte fast sagen: Du hast keine andere Wahl. Du hast einen Wunsch; entweder du vertraust darauf, daß der Wunsch erfüllt wird, oder du hast Angst, daß er nicht erfüllt wird. Das ist ein Tanz um den Wunsch herum. Es ist eigentlich belanglos. Tatsache ist: Du hast diesen Wunsch. Der Wunsch ist ein Magnet. Er zieht seine Erfüllung an. Wunsch und Erfüllung gehören zusammen. Ob du vertraust oder Angst hast – das ist letztlich unerheblich. Hier ist der Wunsch – da ist die Erfüllung. Das ist alles.«

H: »Würdet ihr nun auch ähnlich wie in der letzten Sitzung beim Thema ›Problem und Lösung‹ sagen: Die Erfüllung ist schon vorhanden, sie sucht nur noch ihren Wunsch?«

N: »Selbstverständlich! Aber du mußt in die Tiefe tauchen. Du mußt den wirklichen Wunsch finden. Den wirklichen Wunsch, der Teil deiner Realität ist, den du als innere Realität fühlen kannst mit dem Instrument, das solche Dinge fühlen kann, nämlich mit dem Herzen, mußt du finden. Das ist der eigentliche Wunsch, der auf jeden Fall in Erfüllung geht. Er hat noch keine Gestalt; er richtet sich nicht auf ein gestaltetes Objekt beziehungsweise einen bestimmten Menschen, eher auf eine bestimmte Art von Erleben, eine bestimmte Art von Qualität, von Seinszustand – etwas Grundlegendes. Dann passiert er den Filter des Verstandes und nimmt eine bestimmte Form an. Die Form, die der Wunsch schließlich annimmt, ist unerheblich; der eigentliche Wunsch ist wichtig, und der geht in Erfüllung. Aber er kann in ganz anderer Form in Erfüllung gehen, als du es dir ausgemalt hast.«

H: »*Genau. Wir müssen also unterscheiden zwischen dem, wovon wir glauben, daß wir es wünschen, und dem wirklichen Herzenswunsch.*«

N: »Du kannst deine Wünsche fühlen! Es ist sehr einfach. Die Menschen vergessen das nur. Es erfordert, daß man zunächst einmal mit der Realität seines Körpers in Kontakt kommt und dann mit dem Herzen. Dort sind die Wünsche fühlbar, und zwar als Sehnsucht. ›Wunsch‹ ist ein blasses Wort. Es ist Sehnsucht, was fühlbar und Teil deiner Realität ist. Aber die gestalteten, geformten Wünsche sind Übersetzungen, sind Versuche, diese Sehnsucht zu übersetzen in eine äußere Form oder sie an bestimmte Menschen, Unternehmungen, Konstellationen oder Dinge zu heften. Zwischen Sehnsucht und geformtem Wunsch liegen also Übersetzungsinstanzen, in die mehrere Faktoren hineinspielen: die Erfahrungen, die man gemacht hat, die Glaubenssätze, die das Denken strukturieren, und alle möglichen verfälschenden und verzerrenden Umstände. Im Bereich der Liebesbeziehungen läßt es sich am leichtesten darstellen: Du hast eine Sehnsucht in deinem Herzen nach einer bestimmten Art von Erfüllung; diese Sehnsucht bekommt plötzlich ein Gesicht: Du wünschst dir das Zusammenleben mit einem ganz bestimmten Menschen, deine Sehnsucht hat sich an diesen Menschen geheftet. Es kann passieren, daß das Schicksal dir diese Erfüllung verweigert und dir jemand anderen schickt. Es kann sein, daß du später feststellst, daß dieser andere deine Sehnsucht erfüllt; der, den du eigentlich im Visier hattest, hätte sie nie erfüllen können, weil er nicht so ist, wie du glaubtest.

Es sind die wirklichen Wünsche des Herzens, die immer erfüllt werden; das ist mehr als ein Naturgesetz; es ist eine Realität, es geht gar nicht anders.«

H: »*Das impliziert, daß wir eigentlich gar nichts falsch machen können.*«

N: »Kannst du das tatsächlich empfinden?«

H: *»Ja...«*

N: »Das ist Vertrauen.«

H: *»Oftmals habe ich mir gewünscht, daß es eine Maschine gibt, die einem bei Entscheidungen hilft. Man steht ja immer wieder im Leben vor Situationen, wo man zwischen A und B wählen muß. Man wählt vielleicht A, weiß aber nicht, was geschehen wäre, wenn man B gewählt hätte. Wenn man die entsprechenden Daten in die Maschine gäbe, könnte sie für mich erarbeiten, wie es aussehen würde, wenn ich B gewählt hätte... Aber ich habe das Gefühl, daß, wenn man mit sich selbst in Fühlung ist und sich selbst vertraut, es gar nicht so wichtig ist, welche Wahl man trifft, also daß nicht das ›Was‹, sondern vielmehr das ›Wie‹ wichtig ist: wie ich auf die Dinge reagiere.«*

N: »Ja! Sehr richtig. Das ›Was‹ gibt es nicht eigentlich, aber das ›Wie‹ gibt es. Du weißt es auch schon. Es ist eine sehr vereinfachte, verengte, lineare Vorstellung, zu glauben: ›Es gibt diese Realität, ich befinde mich in diesem Unternehmen, dieser Rolle; wenn ich in das andere Unternehmen eingetreten wäre, dann hätte es eine andere Realität gegeben, die abrufbar, die vorstellbar ist.‹ So etwas wie zwei verschiedene Pakete, die man miteinander vergleichen könnte. Das ist nicht der Fall. Die Realität ist dynamisch. Du veränderst dich in jedem Augenblick, alle anderen verändern sich in jedem Augenblick, da ist nichts, was man vergleichen könnte. Du gehst deinen Weg. Verstehst du?

Aber gleichzeitig – es ist wieder paradox – gibt es diese Maschine, die du dir gewünscht hast. Es ist die Maschine, mit der du eins geworden bist, um dich zu manifestieren, auszudrücken, um deinen Weg gehen zu können: nämlich dein Körper auf allen seinen Ebenen – grobstofflichen, feinstofflichen, noch feinstofflicheren. Das ist die Maschine, mit der du das erfassen kannst. Das heißt: Wenn du tatsächlich vor einer Wahl zwischen A und B stehen solltest, kannst du etwas von der Realität, die dich erwartet angesichts deines eigenen Soseins und der

Natur dieses jeweiligen Unternehmens, erfassen, indem du mit der Kraft deiner Imagination arbeitest. Das sieht so aus: Du begibst dich im Geist auf Weg A und empfindest, beobachtest, wie dein Körper reagiert und wie es sich im Herzen anfühlt. Welche Bilder tauchen auf? Welche Gedanken? Welche Art von Gefühl? Freude? Erleichterung? Eingeengtsein? Bedrücktheit? Resignation? Und dann machst du dasselbe mit Weg B.«

H: »*Ich habe damit oft gespielt und beste Erfahrungen gemacht. Ich kann zum Beispiel genau simulieren, wenn ich verreisen will, wie es am Zielort sein wird. Das funktioniert sogar dann, wenn ich noch nie dort war. Mein Körper hat mich noch nie belogen. Wie verhält sich das nun damit, wenn Menschen unter einengenden Umständen aufgewachsen sind oder lange gelebt haben, wie zum Beispiel in den ehemaligen Ostblockstaaten (auch im Westen ist man natürlich eingeengt, nur auf andere Weise): Wie kann sich ein Mensch, der nicht an allzugroße Freiheit gewöhnt ist und für eine Firma X arbeitet, darüber klarwerden, daß es für ihn auch andere Möglichkeiten gäbe?*«

N: »Diese Frage ist so gestellt, daß man sie nicht beantworten kann; denn jeder wird sich seiner Freiheit auf andere Art bewußt.

Es ist die Sehnsucht, die den Menschen in die Freiheit führt. Anstatt seine Kräfte zu binden im Kampf gegen die Einengung, gegen das System zum Beispiel, sollte er seine Sehnsucht mobilisieren. Natürlich kann es auch einmal wichtig sein, sich gegen etwas zu engagieren. Wichtig ist aber – leider müssen wir wieder poetisch werden –, daß die Flamme der Sehnsucht am Leben gehalten wird und nicht erstickt in Haß und Kampf. Es ist die Sehnsucht, die zu größerer Freiheit führt. Es ist die Sehnsucht, die überallhin führt. Es ist immer die Sehnsucht. Das war noch zur vorigen Frage.«

G: »*Vielleicht können wir dieses Thema aus der Kollektivperspektive anschauen, weil ja nicht nur der einzelne in seinem Un-*

ternehmen oder seiner Institution Sehnsüchte hat, sondern auch Gruppendynamik hineinspielt – eine Gruppendynamik der Sehnsüchte: Wie stark kann sich der einzelne da auskoppeln? Ist es nicht auch ein Kennzeichen der neuen Zeit, stärker mit der Gruppendynamik zu gehen, beispielsweise auch bei Einstellungsprozessen in Firmen, zu schauen, was das Gruppengefühl ist; wie die Gruppe ein ›Nest‹ baut für den neu Einzustellenden ... Könnt ihr dazu etwas sagen?«

N: »Es erfordert natürlich zunächst einmal eine Verständigung innerhalb der Gruppe; ein Ineinander-Einfühlen, eine Art von Gewahrwerdung körperlicher und emotionaler Art und vom Herzen her, um dann entweder allein für sich oder gemeinsam ein Gefühl dafür zu bekommen, was die Wünsche, die Sehnsüchte der Gruppe sind. Es ist nun die Frage, ob das ein Prozeß ist, für den sich alle bewußt öffnen können, so daß man es als Gruppe durchführen kann, oder ob man mit solchen Erwägungen allein dasteht und sich trotzdem in die Gruppe einfühlen möchte, um die Entscheidung nicht allein herbeizuführen, sondern im Einklang mit der Gruppe. Das sind zwei verschiedene Techniken. Aber es beginnt immer mit der Einfühlung, wie sie eben geschildert wurde.«

H: *»Um noch einmal zu den grundsätzlichen Fragen vom Anfang dieses Kapitels zurückzukommen: Jede bestimmte Zeit hat ja ihre Zeitqualität. Ist es nicht so, daß es letztlich der Zeitgeist, die Zeitqualität ist, die dazu führt, daß ein Diktator oder ein System abgeschafft wird?«*

N: »Überwiegend trifft das zu.«

H: *»Der Umkehrschluß wäre dann, daß die Menschen, die entgegen der Qualität unserer Zeit immer noch festhalten an unterdrückenden Systemen, an Diktatoren, an menschenverachtenden Institutionen, ihre Sehnsucht vollständig unterdrückt haben?«*

N: »Sie unterdrücken ihr eigenes Sehnen, sie unterdrücken ihr eigenes Wesen. Sie sind nicht in Fühlung mit ihrem eigenen Sein.«

H: *»Und um jetzt wieder zum Ausgangspunkt, der Sache mit dem Bösewicht, zurückzukommen: Der Bösewicht, also der Diktator, der alte Strukturen aufrechterhält, ist also eigentlich ein armer Teufel, mit dem wir eher Mitleid haben sollten, als ihn als Bösewicht zu betrachten ...«*

N: »Ja. Kannst du das empfinden?«

H: *»Ja, sehr. Ich habe nur immer wieder festgestellt: Wenn ich diktatorischen Chefs so etwas wie Liebe entgegenbringen wollte, hat diese das so verunsichert, daß sie wild um sich geschlagen haben.«*

N: »Eine Verunsicherung kann der Beginn einer neuen Entwicklung sein.«

10.

DAS GROSSE UNBEHAGEN

N: »Die gegenwärtige Phase der Entwicklung der Menschheit, soweit sie durch die Industrienationen angeführt wird (es wird nicht die Gesamtentwicklung der Menschheit durch die Industrienationen angeführt, sondern nur ein Teilbereich dieser Entwicklung! Andere Bereiche werden von anderen Regionen angeführt), ist eine Krise. Eine Krise, die sich über einen längeren Zeitraum hinzieht.

Krise bedeutet – grundsätzlich – eine Übergangszeit. Die alte Ordnung funktioniert nicht mehr, eine neue Ordnung hat sich noch nicht etabliert; die alte Ordnung sträubt sich dagegen, aufgelöst zu werden; verschiedene Versuche, neue Ordnungen zu etablieren, sind gemacht worden und werden laufend gemacht, aber sie greifen noch nicht richtig. Es ist ähnlich wie der Übergang zwischen den Jahreszeiten, der sich in der Natur abspielt: Die heiße Jahreszeit ist vorüber, die kalte kündigt sich an; die Menschen wissen nicht: Ist es nun eigentlich warm oder kalt? Es kann fast zugleich sehr warm sein und sehr kalt, von einem Augenblick zum anderen. Die Unterschiede sind sehr groß, und es entsteht ein Gefühl von Unordnung, von Durcheinander. Diese klimatischen Verhältnisse verstärken noch das allgemeine Gefühl von Durcheinander; von Nicht-genau-Wissen; man kommt ein bißchen ins Schwimmen – Unbehagen entsteht.

Diese Phase des Übergangs von einer alten zu einer neuen Ordnung erstreckt sich derzeit auf alle Bereiche des menschlichen Lebens, das heißt auf alle Beziehungen; denn es geht immer um Beziehungen, beispielsweise die Beziehung des Menschen zur Natur (wobei ihr beim Stichwort ›Natur‹ im allgemeinen an das denkt, was sich außerhalb von euch befindet; bezieht aber bitte auch eure eigene Natur mit ein), die Beziehung also des Menschen zu seiner eigenen Natur, zu seinem Körper, zur Erde, zu den Pflanzen, den Tieren und so fort: all das befindet sich in Wandlung, in Krise. Aus der Einheit mit der Natur ist das menschliche Bewußtsein schon seit sehr langer Zeit herausgefallen; die, bis vor kurzem vorherrschende Art, mit der Natur umzugehen (der eigenen und der Natur draußen), funktioniert nicht mehr – jeder weiß es, sieht es, spürt es –, und die Folgen sind verheerend. Eine neue Art ist noch nicht gefunden; man kann aber auch nicht einfach die uralte aufgreifen, weil der Mensch sich verändert hat. Das gleiche gilt für Beziehungen zwischen Mann und Frau, zwischen Eltern und Kindern, Lehrern und Schülern, und auch für Beziehungen im großen Spielfeld Arbeit, für die Wirtschaftsordnung, die politische Ordnung, für Beziehungen unter den Nationen und so weiter. Innerhalb dieser Umbruchzeit herrscht Unbehagen.

Wenn nun dieses Unbehagen euch erfaßt, dann (dies ist ein sehr wichtiger Tip) versucht euch bewußtzumachen, daß es sich um die Phase handelt, in der ein Übergang von einer alten zu einer neuen Ordnung stattfindet, die ihr zwar noch nicht kennt, aber von der ihr mit Sicherheit voraussetzen könnt, daß sie in irgendeiner Weise besser, weiter, umfassender und der derzeitigen Wahrheit mehr angemessen ist als die alte Ordnung und daß ihr deswegen leidet, weil ihr die neue Ordnung nicht kennt und die alte noch nicht abgebröckelt ist. Ihr könnt dann so etwas wie Sehnsucht nach einer neuen Ordnung oder Vorfreude auf einen neuen Seinszustand, eine neue Ordnung in euch wecken. Das wird euch helfen, das Unbehagen zwar nicht abzuschaffen, aber anzunehmen und gut damit leben zu können. Das Unbehagen selbst ist wichtig. Ihr dürft nicht zu Gegenmaßnahmen greifen, auf gar keinen Fall das Unbehagen abschwächen wollen, mit Hilfe etwa von Medikamenten, Drogen oder positiven Affirmationen. Das Unbehagen gehört mit zu den Kräften, die die Wandlung herbeiführen. Das ist ein sehr wichtiger Faktor!

Was kann man tun, wenn man das Gefühl hat, sich in einer solchen Krise zu befinden, sei es als Individuum, sei es als

Gruppe? Was kann man tun, wenn diese Krise ins Bewußtsein tritt, wenn das Unbehagen einen packt, wenn der Boden, auf dem man bisher sicher zu stehen meinte, plötzlich nachgibt oder löchrig wird? Die neue Ordnung ist nicht etwas, das man planen kann, indem man sich hinsetzt und sich eine schöne, konstruktive Vision ausmalt. Die neue Ordnung ist zunächst einmal etwas, das ohnehin im Entstehen ist. Es ist nicht eine Konstruktion, sondern eher ein Strom, der bereits fließt. Man muß ihn nicht erzeugen. Es ist jedoch sehr nützlich, sich zu vergegenwärtigen, daß es diese Strömung gibt, die alles neu ordnet, und sich im Geist einzuklinken in diese Strömung.

Das heißt: Immer dann, wenn einen das Krisenbewußtsein packt, wenn das Unbehagen einen ergreift, wenn man ins Schwimmen kommt und nicht weiß, wie es weitergeht, was man tun soll, was man beitragen kann, sollte man sich hinsetzen und zurücklehnen; die Dinge laufen lassen, wie sie laufen; sich vergegenwärtigen, daß es einen Strom gibt, der einen selbst und die Ereignisse trägt und formt und umwandelt; sich entspannen und sich diesem Strom hingeben. Dann mag man wieder aufstehen und seine Arbeit so tun, als gäbe es keine Krise, und weiterhin alles so gut und so perfekt machen, wie es nur irgend geht. Es ist ein Wechsel von vollkommener Aktivität und vollkommener Passivität.«

H: »Wie lange dauert diese Übergangszeit?«

N: »Zeit ist von unserer Dimension aus nicht präzise zu erkennen. Das Geschehen ist dynamisch. Es wandelt sich mit jedem Tag; es hängt davon ab, wie jeder Mensch in jedem Augenblick auf die neue Situation reagiert. Es kann sich um einen Zeitraum von dreißig Jahren handeln. Es kann aber auch viel weniger oder viel mehr sein; je nachdem, wie die einzelnen Menschen teilnehmen, nicht teilnehmen, sich sperren, ausweichen oder was auch immer. Es wandelt sich in jedem Augenblick. Hütet euch vor präzisen Voraussagen.«

H: *»Das Bewußtsein der Menschen beeinflußt also die Geschwindigkeit dieser Veränderung. Welche Rolle spielen dabei die Medien? Eine positive, aufklärende oder eine zurückwerfende? Tragen sie zur Beschleunigung bei, oder verzögern sie?«*

N: »In den Medien liegt ein gewaltiges Potential zur Beschleunigung dieses Prozesses. Denn der Mensch hat heute durch die Medien die Möglichkeit, Informationen zu bekommen über andere Menschen, andere Länder, andere Lebensbereiche, die er früher nicht hatte.

Aber dieses Potential wird schlecht genutzt. Der überwiegende Teil dessen, was in den diversen Medien veröffentlicht wird, dient entweder dazu, die alte Ordnung zu erhalten, und zwar vor allem, indem die Menschen abgelenkt werden vom Leben und von den Prozessen, die ablaufen, oder aber dazu, Schwachpunkte der alten Ordnung aufzuzeigen, ohne aber deswegen den Menschen die Möglichkeit zu zeigen, sich in eine Strömung einzuklinken, die in die neue Ordnung führt.

Um es möglichst kurz und präzise zusammenzufassen: Die Technik, die dem Menschen helfen kann, eine Krise durchzustehen, ohne Schaden zu erleiden, besteht einerseits in vollkommenem Aufgehen im Handeln, im Fluß des Handelns, eher im spontanen, intuitiven Handeln als im Planen, Überlegen, Konstruieren. Versucht das zu trainieren und zu pflegen. Und dazwischen immer wieder, so oft wie möglich, sich vollkommen zurücklehnen, alles sein lassen, wie es ist, sich entspannen – muskulär entspannen, auch das Gehirn entspannen; man kann den Atem dabei zu Hilfe nehmen, das seufzende, entspannende Ausatmen; versuchen, die Strömung zu spüren, von der die Rede war, und sich ihr überlassen. Wenn man sich dem genügend gewidmet hat, soll man sich wieder ins Handeln stürzen. Man vollzieht einen Wechsel zwischen zwei Extremen.«

H: *»Ist das, was die neue Welt hervorbringen wird, größtenteils determiniert? Wie schaut das in groben Zügen aus?«*

N: »Möchtest du eine ganz allgemeine Auskunft oder eine Auskunft über einen bestimmten Bereich?«

H: »Verschiedene Bereiche. Zum Beispiel die Politik. Heute leben wir in einer Scheindemokratie, die durch die Wirtschaft regiert wird. Welches politische System werden wir in Zukunft haben, und wird die Wirtschaft weiter eine so große Rolle darin spielen? Der zweite ist der familiäre Bereich. Zur Zeit gibt es eine Werbung, in der es heißt: ›Unsere Sakkos halten länger als die durchschnittliche Ehe.‹ Wie wird sich die Familienstruktur verändern? Wird die Familie überflüssig? Wie verändern sich die Beziehungen?«

N: »Zunächst einmal in bezug auf das Primat der Wirtschaft über die Politik. Es ist eine Frage der Ebene, auf der der Schwerpunkt des menschlichen Bewußtseins angesiedelt ist. Solange dieser Schwerpunkt im Bereich Körper/körperliches Überleben liegt, wird die Wirtschaft über die Politik herrschen. Wenn der Mensch als Ganzes beziehungsweise eine große Gruppe von Menschen, die großen Einfluß auf das Kollektiv hat, einen Schritt vorwärts tut und die Sorge ums Überleben hinter sich läßt, um Vertrauen zu entwickeln, die Art von Vertrauen, von der zu Anfang des Buches die Rede war, hebt sich das menschliche Bewußtsein: hinweg von der Sorge ums Überleben und hin zu anderen Werten mehr geistiger Art. Dann kann Politik über die Wirtschaft herrschen.«

H: »Es ist also nicht prädeterminiert, sondern das Kollektivbewußtsein definiert oder strukturiert das, was geschehen wird.«

N: »Zum Teil. Du kannst es ungefähr so sehen: Stell dir eine Pflanze vor. Der Samen ist da; die Entwicklung der Pflanze bis hin zu ihrem vollen Erblühen als Blume beispielsweise ist vorherbestimmt und auch wieder nicht. Der Plan ›Blume‹, eine perfekte Blume zu sein in ihrer Schönheit und Vollkommenheit, ist vorhanden. Das ist das Prädeterminierte. Wie diese Entwicklung genau aussieht, wie gerade diese Blume wächst, wieviele Verästelungen die Pflanze entwickelt, möglicherweise sogar, welche Farbe die Blüte hat (wir müssen unser Vergleichsbeispiel ein wenig strapazieren, weil es unzulänglich ist) – das alles ist wandelbar. Hier spielt, was die menschliche Entwicklung betrifft, der freie Wille des Menschen mit hinein. Aber der grundsätzliche vollkommene Bauplan ist vorhanden, das Programm, wenn du so willst. Es ist jedoch kein statisches Programm, das ein für allemal festgeschrieben ist; sondern es verändert sich in jedem Augenblick. So ist es beides: Es ist prädeterminiert und zugleich nicht prädeterminiert.«

H: »Wird es auch einmal ein neues Geldsystem geben? Ein Geld, das verfällt oder das sich nicht mehr binden, festhalten läßt? Ist das auch Teil dieser neuen Welt?«

N: »Das ist als Möglichkeit eingeschrieben ins Programm. Aber es ist noch sehr weit entfernt. Im Augenblick sieht es so aus, als ob das derzeitige System mit Geld als Zahlungsmittel, das man auch horten kann, sich eine Zeitlang noch auswachsen wird. Wenngleich es andere Formen bekommt, die sich schon lange angebahnt haben – vom Geld zum Scheck, vom Scheck zur Karte. Das wird noch weiter perfektioniert. Bis Geld als solches abgeschafft wird oder grundlegend verwandelt, das kann noch lange dauern. Es ist aber als Möglichkeit durchaus schon zu erkennen.«

H: »Und was die zwischenmenschlichen Beziehungen anbelangt: Ist die Familie so, wie sie jahrhundertelang gelebt wurde, Teil der alten Welt, oder gehört sie auch zur neuen Welt? Entfallen vielleicht Familienbindungen? Gibt es neue Beziehungsformen?«

N: »Es ist nur der ganz große Bogen zu sehen. Wenn es bislang so war, daß das einzelne Individuum beziehungsweise der Familienverband direkt und persönlich verantwortlich war für

seine eigenen Kinder, und die anderen Kinder gingen ihn nichts
an, so läuft die Entwicklung darauf hin, daß mehr das Kollektiv
die Verantwortung für alle Kinder übernimmt. Teil dieses Prozesses ist die Institution von Kindergärten. Was nicht heißt, daß
Mütter oder Väter keine Beziehung mehr zu ihren Kindern
haben, aber die Familienstrukturen können sich lockern. Es
entfällt die Notwendigkeit für einen festgefügten Familienverband. Es geht ein wenig mehr in Richtung große Kommune, aber nicht in der Art, wie Kommune bisher ausprobiert
wurde.«

H: »*Wie schaut es aus mit der Weltbevölkerung? Sie ist ja jetzt
schon zahlenmäßig zu groß. Gibt es auch weiterhin Krankheiten und Kriege, um das zu regulieren? Man sagt allerdings auch,
daß gerade jetzt viele Wesen inkarnieren möchten, um die neue
Welt herbeiführen zu helfen ...*«

N: »Krankheiten und Kriege und dergleichen gibt es immer
noch genug, um das ein wenig zu reduzieren. Ja, viele Wesen
möchten inkarnieren, um beim Umbruch dazusein, das ist auch
richtig. Nicht richtig ist die Annahme, daß es zu viele Menschen
auf dem Planeten gibt. Der Planet kann so viele Menschen tragen. Nur: Nahrung und Lebensraum sind nicht gerecht verteilt.
Hier ballt es sich zusammen, dort ist zuviel Raum; hier herrscht
Überfluß, dort Mangel, und so fort. Wenn die Menschheit Wege
findet, sich anders zu organisieren, dann ist immer genügend
Nahrung, Wasser, Luft, Raum vorhanden, daß alle leben können. Das Lebensfeld des Planeten ist so beschaffen und gedacht.
Der Planet Erde ist nicht einfach nur eine Kugel, sondern ein
Wesen. Das, was die Menschen ›Erde‹ nennen, ist nur der Körper dieses Wesens. Dieses Wesen hat es sich zur Aufgabe gemacht, Menschen, Tieren und Pflanzen einen Lebensraum zu
bieten; es lebt, ist intelligent, ist flexibel, kann sich umstrukturieren, kann sich anpassen. Je mehr sich die Menschen dieser
Tatsache bewußt sind und bewußt mit diesem Wesen kommunizieren, desto leichter wird es auch sein, neue Ressourcen zu

finden, neue Nahrungsmittel zu entdecken und auch Schäden wiedergutzumachen. All das könnte man in Zusammenarbeit mit der Erde tun. Doch die Menschen schädigen die Erde, haben dann ein schlechtes Gewissen und trauen sich nicht mehr, sie anzusprechen. Die Menschen sind jedoch in gewisser Weise Teil der Erde. Die menschliche Intelligenz ist nicht gesondert von der Intelligenz des Planeten. Es ist ein und dieselbe Intelligenz, die im Planeten wirkt, die in den Pflanzen, den Tieren und den Menschen wirkt; das heißt, gemeinschaftlich und im Bewußtsein der Gemeinsamkeit könnten Lösungen gefunden werden für all diese Probleme. Die Erde hat genug zu essen für alle ihre Kinder. Aber die Menschen haben nicht genug zu essen füreinander.«

G: »Bedeutet ›gemeinschaftlich‹, daß die Menschen neue Formen der Verbindung und der Fürsorge füreinander finden müssen, oder daß auch eine neue Beziehung zwischen Mensch und Erde gefunden werden muß?«

N: »›Gemeinschaftlich‹ meint das ganze Lebensfeld. Die Erde, die Pflanzen, die Tiere, die Menschen, die Elemente – dies alles lebt nicht einfach zufällig zusammen, sondern dies alles ist eins, ist ein Gewebe. Ein jeder hängt vom anderen ab, unterstützt das andere, nährt das andere. Bei Bäumen und Menschen kann man das am leichtesten erkennen. Ein Bewußtsein der Gemeinschaft würde all dies integrieren: Gemeinschaft des Menschen mit den Tieren, den Pflanzen, der Erde, der Erdatmosphäre, der Luft, dem Wasser …«

H: »Ich kenne eine ganze Reihe von Menschen einschließlich derer, die in diesem Raum sitzen, die Teil der Kraft sein möchten, die das Neue schafft: Menschen, die wirklich guten Willens sind, die intelligent sind, die zum Teil sogar über entsprechende Mittel verfügen, um den Wandel herbeizuführen. Aber wir sind alle inzwischen konfrontiert mit unserem eigenen Unvermögen. Wir möchten helfen, wir möchten etwas tun, wissen aber nicht,

*was. Wie ist ein kollektives Bewußtsein aufzubauen, das mit
dem Planeten Erde intelligent umgeht? Was wäre zu tun?«*

N: »Es fängt an mit etwas, das sehr einfach und sehr kindlich
ist: Setz dich mit Mutter Erde in Verbindung, sprich mit ihr, er-
innere dich an das, was über Begegnung und Berührung gesagt
wurde – wenn Menschen einander im Feld ihrer Arbeit begegnen, ist es sinnvoll, wenn wirklich Begegnung stattfindet, wenn
man sich voneinander berühren, verändern, wandeln läßt. Das
gleiche gilt im Kontakt mit der Erde, mit der Natur: Versuche,
die Realität dieses anderen Wesens wahrzunehmen, zu spüren,
dich davon berühren zu lassen. Versuche, die Verbundenheit zu
empfinden. Du lebst mitten im Lebensfeld Erde. Du lebst nicht
auf der Erde, du lebst im Lebensfeld Erde, mitten im Magnetfeld, mitten im Atem der Erde. Versuche das zu spüren. Was
Menschen statt dessen gern zuerst versuchen, ist, anderen Menschen dieses Bewußtsein zu vermitteln. Aber es fängt damit an,
es selbst zu entwickeln. Das verändert dich, schrittweise, aber in
einem sehr starken Maße. Und diese Veränderung färbt ab –
mehr, als Worte Einfluß haben könnten.«

*H: »Ich denke, wir müssen nur die Leser vorwarnen, daß sie,
wenn sie das tun, auch durch eine Phase tiefer Traurigkeit gehen
müssen. Wenn ich mich in die Erde wirklich hineinbegebe und
mich berühren lasse, werde ich sehr traurig.«*

N: »Ja … Aus unserer Perspektive gesehen ist es natürlich sehr
gut und sehr wünschenswert, wenn Menschen das erleben. Das
ist ein Ausdruck von Einfühlen, von Mitgefühl. Es ist der erste
Schritt zu einer wirklichen Kommunikation. Wenn du in diese
Trauer tief hineingehst, dann gewinnst du das Bewußtsein, eins
zu sein mit diesem Planeten, und aus diesem Bewußtsein heraus
kannst du völlig neue Wege finden, um konkret zu handeln. Sei
es in deinem persönlichen Leben, sei es in bezug auf kollektive
Unternehmungen oder Strömungen, in die du dich einklinken
oder die du ins Leben rufen kannst, und so fort. Wenn du dies

im Bewußtsein der Einheit mit dem Planeten tust, dann hilft dir die Intelligenz des Planeten, gute Wege zu finden.«

B-A: »Das allgemeine Unbehagen, von dem zuvor die Rede war, drückt sich bei vielen Menschen auch physisch aus. Kann man einen Rat geben, wie man dem am besten begegnet?«

N: »Der Rat wurde bereits gegeben: Stellt ein Hin und Her zwischen einerseits Handeln – Dahintreiben im Handeln, körperlich schnell und beweglich sein – und andererseits vollkommener Entspannung her. Das hilft, mit diesen Kräften besser umzugehen. Vor allen Dingen vermeidet es, euch in einem Zwischenbereich aufzuhalten; ihr dürft diese beiden Zustände (vollkommene Aktivität und vollkommene Passivität) nicht zu sehr mischen, sondern sollt sie eine Zeitlang klar trennen, sonst kann das Unbehagen unerträglich werden – man möchte gern aktiv sein, ist aber eigentlich müde, zwingt sich trotzdem, und alles fällt recht schwer. Wenn der Körper sagt: ›Jetzt will ich Ruhe haben‹, muß man sich Ruhe gönnen, entspannen, vollkommen loslassen.

Und wenn ihr das Unbehagen annehmt als Zustand der Übergangsphase, dann könnt ihr seine positiven Aspekte spüren, spüren, wie es im Körper arbeitet, wie es hier und da rüttelt und auflockert und welche Veränderungen es im Körper bewirkt. Dann ist es nicht einfach nur Unbehagen, sondern auch eine Art Frühlingswind.«

G: »Wenn ihr von dem ausgeprägten Hin und Her zwischen intensivem Handeln und vollkommenem Loslassen sprecht, dann ist mir das physiologisch und auch in bezug auf Managementprozesse klar. Aber wie soll das im Bereich der Gefühle aussehen? Wie kann man Engagement und Loslassen willentlich bewirken? Wie kann auch im Bereich des Fühlens Klarheit geschaffen werden, so daß man in der Lage ist, wie ihr es zu Anfang dieses Kapitels erklärt habt, sich in den Strom des Lebens fallenzulassen?«

N: »Das kannst du nicht separat auf der Ebene der Gefühle tun, das wäre in der Tat schwierig. Aber wenn du es fertigbringst, dich immer wieder muskulär zu entspannen, dann geht damit automatisch ein emotionales Loslassen, Seinlassen, Geschehenlassen, eine Art von Loslösung, Gleichgültigkeit einher, die durchaus erwünscht ist. Aber du kannst nicht sagen: ›Ich muß meine Gefühle entspannen.‹ Das geht nicht. Du kannst deinen Körper entspannen und über den Körper die Gefühle.

Klarheit zu schaffen im Bereich der Gefühle setzt zunächst einmal voraus, die Gefühle, die vorhanden sind, wirklich zu fühlen. Oft jedoch vermeidet ihr dies: Ihr denkt, ihr fühlt sie, aber in Wirklichkeit benennt ihr sie nur und denkt über sie nach. Das heißt, ihr versucht die Realität der Emotionen von der mentalen Ebene her zu erfassen. Tatsächlich wollen Emotionen aber von innen, also auf der emotionalen Ebene, erfaßt werden. Das ist ein Unterschied. Ein unmittelbares Erfühlen, Erfassen, Erleben der jeweils vorhandenen Emotionen ist vonnöten, um Klarheit zu schaffen. Diese emotionale Klarheit ist anders als intellektuell geschaffene Klarheit. Hinterher, wenn diese Klarheit vorhanden ist, kannst du dann mit dem Intellekt Entscheidungen treffen, Urteile fällen und so weiter. Aber zunächst einmal ist es ein Prozeß, der auf der Ebene der Emotionen stattzufinden hat. Das heißt: Lerne zu fühlen, was du fühlst. Geh in dein Gefühl ganz hinein. So wie du in einen Atemzug hineingehen kannst oder in eine Körperempfindung, so kannst du auch in ein Gefühl hineingehen. Tu das so lange, bis du die Emotion ganz ausgefühlt hast; dann vergeht sie von selbst und wandelt sich um in etwas anderes. So kannst du mit der Zeit lernen, dem Fluß deiner Gefühle zu folgen, auch authentischer zu sein, mehr du selbst, und Klarheit im Bereich der Gefühle zu bekommen.

Diese Klarheit besteht vor allem im Einssein mit dem jeweiligen Gefühl und mit der Wandlung und nicht so sehr im Sortieren, Strukturieren und so weiter.«

G: »*Von der Abgrenzung her ist es verständlich; von der positiven Orientierung her empfiehlt ihr, wenn ich richtig verstehe, vornehmlich das volle Hineingehen in das Gefühl und versprecht, daß dann eine neue Form von Klarheit entsteht, die anders ist als das, was man sich gemeinhin unter Klarheit vorstellt. Könnt ihr diese neue Form noch näher beschreiben?*«

N: »Ja. Es ist allerdings ein wenig schwierig, weil eure Sprache mehr geprägt ist vom strukturierenden Denken als von der Emotion. Die Emotion entzieht sich eurer Sprache, sie ist besser in der Sprache der Musik oder der Poesie auszudrücken.

Klarheit im Bereich der Emotionen bedeutet: Ich fühle, was ich fühle. Ich bin eins mit meiner emotionalen Realität; ich erfasse sie ganz und gar, ohne im Zweifel zu sein über das, was ich fühle; ich kann sie akzeptieren, wie sie ist, ich kann sie sein lassen, wie sie ist, und ich kann zulassen, daß sie sich verändert. Das ist Klarheit im emotionalen Bereich, soweit man sie beschreiben kann.

Gefühle sind wie Wolken: Wenn du sie sein läßt, was sie sind, wenn du sie annimmst, nicht festhältst, nicht abwehrst, dann durchziehen sie dein Gemüt wie Wolken. Das Bild ist nicht ganz vollständig; denn was die Gefühle betrifft, so bist du für den jeweiligen Augenblick ihres Vorhandenseins eins mit ihnen.

Ihr aber nehmt ein Gefühl, tut es in einen Topf, versucht es dort zu kochen oder zu braten, oder ihr knetet es und versucht, es in eine Form zu bringen; oder ihr setzt es in einen Käfig und versucht es festzuhalten. Ihr benennt es, ihr unterzeichnet möglicherweise Verträge aufgrund von Gefühlen; ihr macht Gefühle zum Fundament von Beziehungen. Aber Gefühle sind ein schlechtes Fundament für Beziehungen, denn sie sind wie Wolken. Es gibt bessere Fundamente für Beziehungen.

Das, was du eigentlich suchst, ist etwas anderes. Es ist Klarheit des Herzens. Das ist nicht dasselbe wie Klarheit der Emotionen. Versuche zu lernen, in der jeweiligen problematischen Situation mit dem Herzen zu sehen. Es ist eine andere Art von Sehen, als du gewohnt bist. Das Herz ist nicht dasselbe wie die

Gefühle. Das Herz schaut auf die Gefühle, es wirft sein Licht – ein warmes, freundliches Licht – auf die Gefühle und schaut ihnen bis auf den Grund. Das Herz erkennt Sinn und Zweck, und es erkennt neue Ordnung, wo der Verstand sie noch nicht erkennen kann.

Die Technik, soweit sie beschrieben werden kann, ist, zur Ruhe kommen, dich im Herzen zentrieren, die problematische Situation beziehungsweise das Problem, um das es geht, bildlich vor dich hinstellen, das heißt, du läßt in deinem Geist einen optischen Eindruck entstehen, der die Situation symbolisiert oder skizziert. Dann richte die Augen des Herzens wie zwei Scheinwerfer auf dieses Bild und beobachte, was geschieht. Das Bild wird sich wandeln. Es wird Sinn offenbaren, es wird offenbaren, wohin die Sache tendiert, oder es wird dir eine Information vermitteln, die du bisher nicht hattest; es wird dir Qualitäten offenbaren, die es zu entwickeln gilt, oder was auch immer. Auf jeden Fall wird das Licht des Herzens dir genau die Art von Information, Hinweis oder Anstoß geben, die du brauchst.

Das Herz sieht alles, durchschaut alles, versteht alles, kann alles berücksichtigen und alles integrieren. Es ist eine ungeheuer weise Instanz. Aber man muß lernen, es einzuschalten. Das geht, indem man das Herz nicht als Metapher betrachtet, sondern es technisch angeht: wirklich das Herzzentrum finden (in der Mitte der Brust) und dann diese Techniken anwenden.

Auch im Bereich des neuen Managements spielt das Herz, wie schon erklärt wurde, eine Schlüsselrolle. ›Management mit Herz‹ heißt aber nicht, daß der neue Manager nun ganz besonders nett ist, besonders ›gut‹ oder weich, nachgiebig oder lieb; das sind Vorstellungen, die mit der Realität des Herzens ziemlich wenig zu tun haben. Ein Mensch kann aus dem Herzen heraus handeln, und die Handlung kann sehr hart erscheinen oder sehr weich, je nachdem, wie es gerade notwendig ist. Wenn also vom Herzen die Rede ist, dann bitte nehmt es nicht als Metapher, nehmt es nicht als kitschiges Bild, sondern geht zunächst davon aus, daß das energetische Herzzentrum damit gemeint ist, das sich in der Mitte der Brust befindet und überhaupt erst einmal entdeckt werden muß, weil es verschüttet ist. Entdeckt wird es, indem der Mensch seine Aufmerksamkeit darauf richtet.

Wir gehen noch einmal zurück zur Phase des Übergangs, zur Krise. Erst einmal eine ganz grundsätzliche Bemerkung, bevor wir wieder spezifischer werden und uns dem Thema des Buches zuwenden: In dieser Zeit des Übergangs, der Wandlung, des Unbehagens ist es natürlich eine enorme Hilfe, sich der Tatsache bewußt zu werden, daß man sterblich ist, daß die Spanne zwischen Geburt und Tod sehr kurz ist, daß das Leben ohnehin sehr bald vorüber sein wird, ganz gleich, welche Vorstellungen der Mensch darüber hegt, wie es nach dem Tod weitergeht. Das kann und soll euch aufwecken. Es kann euch eine spielerische und schöpferische Perspektive geben, wenn es darum geht, mit eurem Leben umzugehen, auch mit Krisen und Wandlungen von alter zu neuer Ordnung, und all das nicht zu ernst zu nehmen. Die meisten Menschen nehmen es viel zu ernst. Ihr werdet diesen Körper, diese Persönlichkeit, dieses Lebensfeld verlassen, und zwar ohne Koffer und ohne Wertpapiere.

Ein spielerisches Bewußtsein führt zu größerer Flexibilität im Umgang mit den Dingen, zu größerer Kreativität, größerem Einfallsreichtum, mehr Spontaneität und Schnelligkeit. Immer wieder mit dem Tod zu kommunizieren ist ein wunderbares Hilfsmittel, um dieses spielerische Bewußtsein zu erlangen

Nun zur Krise in der Wirtschaftsordnung. Das bestehende Weltwirtschaftssystem, das wurde schon gesagt (und ist für jeden erkennbar), kann in der gegenwärtigen Form nicht mehr sehr lange bestehen. Es gibt, so wie es im Augenblick aussieht, zwei Möglichkeiten. Die eine ist die, daß das Bewußtsein und die Strukturen innerhalb dieses Systems sich im kleinen wandeln; hier ein kleiner Wandel und da ein kleiner Wandel, so daß das Ganze sich auf relativ undramatische und unspektakuläre Weise Stück für Stück verändert. Das ist die Möglichkeit, die ihr als die positive bezeichnen würdet. Die andere Möglichkeit, die die meisten Menschen als negativ bezeichnen würden, ist die, daß es zu einem Zusammenbruch kommt; daß der Wandel nicht im kleinen stattfindet beziehungsweise alle Ansätze zum Wandel im kleinen immer wieder erstickt und unterdrückt werden, so daß das System sich aufbläht, bis es platzt. Von einer übergeordneten Warte her gesehen sind dies nichts weiter als zwei Möglichkeiten; es ist nicht die eine positiv und die andere negativ. Denn wenn der Ballon platzt, kann es zwar geschehen, daß vielen Menschen weh getan wird, und das wird nirgendwo gern gesehen, weder bei den Betroffenen noch in der ›geistigen Welt‹; aber gleichzeitig ist der Knall, der entsteht, wenn ein so gigantischer Ballon platzt, dazu geeignet, das Bewußtsein vieler Menschen mit einem Schlag zu wecken. Insofern gibt es keine Präferenz für die eine oder die andere Möglichkeit, von einer übergeordneten Instanz her gesehen. Ihr selbst seid diejenigen, die entscheiden, wie die Wirtschaftsordnung sich wandelt: Stück für Stück oder mit einem großen Knall.

Hieran können Fragen geknüpft werden.«

G: »Wenn ihr sagt: ›Das seid ihr selbst‹ – wer sind die Entscheidungsträger?«

N: »Jeder einzelne Mensch, der in die Wirtschaftsordnung eingebunden ist. Nicht aktiv eingebunden in die Wirtschaftsordnung sind nur sehr kleine Kinder, Eremiten, bis zu einem gewissen Grad wahnsinnige und sehr pflegebedürftige Personen. Alle anderen sind eingebunden. All diese Menschen, ganz gleich, auf welchem Posten sie stehen und wieviel Verantwortung sie tragen, tragen bei zur Gesamtentwicklung. Und zwar auf der einen Seite durch ihr Verhalten in ihrem eigenen Leben; dann dadurch, daß sie diese oder jene Strömung, Institution, Organisation unterstützen oder bekämpfen oder nicht unterstützen; daß sie dies oder jenes kaufen oder nicht kaufen; und vor allen Dingen durch ihre Wünsche, ihre besondere Sehnsucht, ihre Visionen.

Menschen, die an den verschiedenen Spitzen der Gesamtstruktur stehen, haben letztlich nicht mehr Macht, etwas zu ändern oder zu bewahren als die Menschen, die ganz unten ste-

hen. Es ist eher so, daß die Macht der vielen einzelnen hinauf-
fließt zu diesen Machtinhabern oder Entscheidungsträgern und
dort gebündelt und genutzt wird. Das heißt auch, daß die vielen
einzelnen die Möglichkeit haben, ihnen die Macht wieder zu
entziehen und sie selbst zu nutzen.«

*H: »Die großen Machthaber, die Superreichen, die großen
Landbesitzer sind von einer atemberaubenden Arroganz. Aber
inzwischen haben sich diese Menschen der Medien, der Produkte, der Dienstleistungen, der Verkehrswege total bemächtigt
und üben auch großen Einfluß auf die Massen aus, auf das kollektive Bewußtsein. Zum Beispiel in Sachen Angst: Im Fernsehen sieht man hauptsächlich Mord und Totschlag. Man sieht fast
immer angstmachende Dinge, die einerseits das Ego des einzelnen beleben – Angst belebt ja das Ego –, und genau das wird
andererseits manipuliert. Wenn nun diese wenigen – die oberen
Fünftausend – die vielen, also das kollektive Bewußtsein der
Menschheit, manipulieren: Wie kann die Gegenbewegung, die
die Macht der Fünftausend stürzen oder auflösen möchte, etwas
bewirken? Durch Sehnsucht, sicherlich, aber es ist doch immer
eine Sehnsucht in die Ferne, nach einem Gott, der irgendwo ist,
den niemand kennt… Es ist dualistisch. Wir haben von euch bereits eine Anregung bekommen, nämlich die, sich auf die Erde
zu beziehen und mit ihr zusammenzuarbeiten; das ist ein wunderbarer Impuls, den ich noch nie derart deutlich wahrgenommen habe. Aber was gäbe es denn noch?«*

N: »Sehnsucht konkretisieren. Das ist das Gegenstück zu dem,
was in der vorigen Sitzung über Sehnsucht gesagt wurde. Nicht
eine theoretische, aber eigentlich schon resignierende Sehnsucht
nach einer heilen Welt, die es aber doch nicht geben kann, die
man in den Bereich der Utopie verlagert oder ins Jenseits, sondern ganz konkret Sehnsucht nach sauberer Luft, nach mehr
Ruhe, mehr Stille, nach einer gesunden Natur, nach einem kräftigen Körper, nach mehr Schönheit im Umgang zwischen den
Menschen und so fort. Diese Art von Sehnsucht ist in jedem

Menschen vorhanden. Nur daß viele Menschen ihrer selbst so wenig gewahr sind, daß sie das gar nicht bemerken oder aber gleich bei sich selbst schon abwinken und sagen: ›So etwas ist unmöglich. Es ist Energieverschwendung, sich damit zu beschäftigen.‹ Nein, holt diese Sehnsucht hervor!«

G: »Wie kann an diesen Visionen gearbeitet werden, so daß vielleicht ein Wandel in kleinen Schritten ermöglicht wird?«

N: »Die wirksamsten Instrumente zum Wandel, zur Veränderung sind die kindlichsten und einfachsten. Deshalb wird hier auch manchmal in Begriffen gesprochen, die vielleicht auf viele Leser befremdlich wirken werden oder kitschig. Konkret: Man muß die eigentlich sehr kindlichen und einfachen Urinstinkte, Urwünsche und Ursehnsüchte, von denen eben die Rede war, ausgraben, zunächst bei sich selbst, und dann andere Menschen ermutigen, das auch zu tun, anstatt sich weiterhin hinter der Maske eines wissenden, zynischen, ironischen Intellektuellen zu verbergen.«

G: »Damit schreibt ihr dem einzelnen sehr viel persönliche Freiheit zu. Er kann sich auskoppeln aus dem Kollektivbewußtsein und eine eigene Sehnsucht entwickeln...«

N: »O ja! Sehnsucht ist wie Intelligenz ein Wort, das man nicht in den Plural setzen kann. Das wird zwar ab und zu getan, aber es ist nicht korrekt. Sehnsucht gibt es nur in der Einzahl. Und das weist darauf hin, daß es nicht nur bei jedem einzelnen Menschen eine Sehnsucht gibt, sondern es gibt überhaupt nur eine Sehnsucht. Es gibt eine Kraft im Universum, die Sehnsucht heißt. Diese Kraft durchzieht alles, was ist. Sie setzt alles in Bewegung, was abläuft. Sie schafft alles, was existiert. Sie betreibt alles. Es ist der große Atem, der alles ins Leben pustet. Dieser Atem bläst durch jeden einzelnen – und zwar durchs Herz. Das Herz ist die Instanz, durch die diese Sehnsucht fühlbar, erlebbar wird. Dann wird die Sehnsucht sozusagen gebrochen, so wie

Licht gebrochen wird, durch die individuellen Strukturen, und dann noch weiter gebrochen, indem sie sich auf ganz bestimmte Objekte, Vorstellungen, Wünsche und so fort richtet.

Jeder hat teil an dieser Sehnsucht. Jeder erfährt sie aber auf seine ganz persönliche Art und Weise. Das Aufbrechen dieser Sehnsucht im Herzen des Menschen und das Hineinexplodieren dieser Sehnsucht ins individuelle Bewußtsein bewirkt jedesmal, wenn es geschieht, daß die Sehnsucht, die einzige, die existiert – die universale, die göttliche Sehnsucht –, ein Stück mehr offenbar wird, ein Stück mehr manifestiert und gleichzeitig ein Stück mehr gestärkt wird.

Um es anhand eines Bildes zu veranschaulichen: Wenn wir statt Sehnsucht Licht setzen – damit ist es leichter darzustellen –, dann könntest du sagen: Jedesmal, wenn so etwas passiert, geht eine Lampe an, und es wird insgesamt ein wenig heller.

Diese Sehnsucht ist es, die Veränderungen bewirkt – nichts anderes. Die Sehnsucht hat auch dazu geführt, daß bestimmte Erfindungen getätigt wurden, die dem Menschen dies oder das ermöglichen. Es war die Sehnsucht nach Fliegen, die dazu geführt hat, daß Flugzeuge erfunden wurden.

Nun könnte beispielsweise Sehnsucht nach einer unbeschwerteren, leichteren, gesünderen Art zu fliegen vorhanden sein. Das ist ein Beispiel für Konkretisierung von Sehnsucht. Oder einfach Sehnsucht nach reiner Luft, worin allerdings eine Gefahr liegt, wenn sie nicht mit Bewußtheit einhergeht. Es gibt viele Menschen, die Sehnsucht nach reinerer Luft verspüren. Sie machen dann ihren Urlaub in einer Region, wo die Luft reiner ist, aber sie fliegen dorthin mit den luftverpestenden Maschinen. Das ist Ausweichen, die Sehnsucht wird abgeleitet in einen nichtschöpferischen Kanal. Es ist so etwas wie Flucht. Sehnsucht ist aber eigentlich Antriebsmittel für Schöpfung, Neuschöpfung, Veränderung, Evolution, Wandlung und so weiter. Sie könnte genutzt werden, indem sie in einen schöpferischen, konstruktiven Kanal geleitet wird, also etwa in Visionen – jeder auf dem Niveau seiner Kenntnis – davon, wie eine Welt oder eine Technik aussehen könnte, die dem Menschen

Komfort bietet und gleichzeitig doch die Luft reinhält. Das wäre ein Beispiel dafür, wie diese Sehnsucht in schöpferischer Weise genutzt werden könnte.«

B-A: »Wenn man nun aufgrund seiner Sehnsucht nach einer bestimmten Veränderung eine Vision entwickelt hat, die zu ihrer Verwirklichung so etwas wie ein Projekt verlangt: Reicht es, sich mit seiner Vision zu beschäftigen? Woher weiß man, wann Zeit zum äußeren Handeln ist, ob man bestimmte Leute dafür ansprechen muß und so weiter?«

N: »Projekte dieser Art beziehen sich ja auf einen Wandel in der kollektiven Realität, beispielsweise in der wirtschaftlichen Realität dieser Zeit. Bitte bedenkt: Man selbst ist Teil dieser Realität. Die eigene Person und das eigene Leben sind der erste Ansatz, an dem man arbeiten sollte, wenn man einen solchen Wandel wirksam unterstützen will. Das bedeutet nicht nur, dein äußeres Handeln deiner Vision anzugleichen, sondern vor allem auch den geistigen Hintergrund herauszufinden: Warum ist die äußere Realität so, wie sie ist? Welche geistige Realität spiegelt beispielsweise dieses Geldsystem? Welche menschlichen Glaubenssätze stellt es dar auf der Bühne dieser Welt? Diese Glaubenssätze mußt du in dir selbst finden, herausfinden, ob du daran Anteil hast, ob du dasselbe glaubst, was alle Menschen glauben, und mit diesen Glaubenssätzen mußt du arbeiten, das heißt deine eigene geistige Realität verändern, dann dein äußeres Handeln verändern und dann darangehen, diejenigen Schritte zu tun, die dich zu entsprechenden anderen Menschen hinführen; versuchen, denselben Wandel bei anderen anzufachen; dann darüber hinausgehen und versuchen, etwas zu publizieren, was den Wandel beschleunigt, und so fort. Ganz am Ende dieser Kette steht deine Zielvision. Und am Anfang dieser Kette steht das, was dich hintreibt zu dieser Zielvision, nämlich die Sehnsucht in deinem Herzen. Nur du selbst weißt, wie wichtig dir der angestrebte Wandel ist. Nichts ist wichtiger als irgend etwas anderes; du selbst bestimmst, was dir wichtig ist.

Also entscheide, ob es wichtig für dich ist, und treibe es voran. Ist es gerade unwichtig für dich, dann widme dich dem, was jetzt gerade wichtig ist. Das sagt dir dein Herz.

Ansonsten folge einfach deiner inneren Stimme. Wenn es Zeit ist, kommt ein Impuls, der dir sagt, daß es Zeit zum Handeln ist.

Überhaupt ist abwarten zu können, sich einfühlen zu können in die jeweilige Zeitqualität, eine ganz wichtige Fähigkeit für einen Manager. Er muß zwar in der Lage sein, wenn es nötig ist, eine neue Sache anzustoßen, ein Projekt zu entwickeln, Pläne zu schmieden und entsprechend zu handeln, aber genauso sollte er auch in der Lage sein, sich zurückzulehnen, sich einzufühlen in das, was tatsächlich gerade abläuft.

Und dann kann er spüren: Ist es Zeit zu handeln, oder ist es Zeit zum Abwarten? Ist der Gedanke, daß er nun handeln soll, etwas, was einer Sorge entsprungen ist, die nicht wirklich Bestandteil seiner Realität ist, also nicht wirklich im Herzen fühlbar, sondern nur im Kopf vorhanden? Oder handelt es sich um einen wirklichen Originalimpuls von innen heraus? Es ist wichtig zu lernen, das zu unterscheiden. Dazu muß man immer wieder üben, von der Ebene des Verstandesdenkens, des ständig ablaufenden inneren Selbstgesprächs herunterzukommen entweder auf die Ebene des Herzens oder auf die Ebene des Körpers, das heißt Fühlung aufnehmen mit der Realität des eigenen Körpers, mit seinem Zustand, mit seinem Befinden, mit seinen Reaktionen, seinen Bedürfnissen und Empfindungen und so fort. Das sind zwei Arten, die Ebene des Denkens zu unterlaufen, wenigstens vorübergehend außer Gefecht zu setzen und damit tiefer in die Wirklichkeit des Lebens einzutauchen.

Das beste Mittel, um immer wieder mit dem Körper Fühlung aufzunehmen, aber auch mit der körperlichen Realität, die einen umgibt – die sogenannte Umwelt –, ist der Atem: spüren, daß man atmet; nicht den Atem beeinflussen, auch nicht ihn kommentieren oder beurteilen, sondern ihn spüren.«

11.
ESOTERISCHES MANAGEMENT

N: »Versucht bitte, euch eine Vorstellung oder eine Ahnung herbeizuholen von dem, was man die ›geistige Hierarchie der Welt‹ nennen könnte (wobei das Universum gemeint ist, nicht die Erde allein). ›Hierarchie‹ ist hier nicht ganz dasselbe wie das, was im Kontext der menschlichen Gesellschaft darunter verstanden wird. Es handelt sich nicht darum, daß sich an der Spitze dieser Hierarchie jemand befände, der die Macht innehat, von der er eine Portion weiterreicht an die, die auf der nächstunteren Stufe stehen, und so fort; es ist vielmehr eine Hierarchie, die sich nach geistigen Werten ordnet, nach Vollständigkeit und Reinheit der Entwicklung, nach Entfaltung der Intelligenz, nach Reinheit und Klarheit der Absichten und der Einsicht. So ungefähr könnte man es beschreiben.

Letztlich sind alle Lebewesen eingebunden in diese Hierarchie, die, wie gesagt, keine Machtstruktur ist, sondern eher eine Komposition des Universums nach Ebenen oder Abstufungen (ihr könnt auch sagen, Schwingungszuständen). Die Menschen haben ihren Platz in dieser Hierarchie – nicht alle den gleichen Platz, sondern einen Platz je nach Absicht, nach Entwicklung ihrer Qualitäten, Entfaltung ihrer Intelligenz und so weiter; ferner Wesen, die keinen physischen Körper haben, sondern beispielsweise das, was ihr einen Astralkörper nennt. Sie nehmen einen Platz auf einer anderen Ebene ein (auch nicht alle auf derselben, sondern auch das ist weit gefächert). Dann gibt es Wesen, die von Menschen als Engel bezeichnet und in diesem Hierarchiebild höher angesiedelt wären – und so weiter. Es ist sehr bunt und vielfältig.

Stellt euch das Herz dieses ganzen Unternehmens Universum vor, das Zentrum, aus dem alles hervorgeht, die Quelle, aus der

alles gespeist wird, die Mitte: Das ist das, was in den herkömmlichen, mehr linear orientierten Begriffen in eurem Kulturkreis
als die oberste Spitze bezeichnet wird, als Gott.

Von diesem Kern bis zur Peripherie hin gibt es unendlich
viele Abstufungen. Das ist die ›Hierarchie‹, von der hier die
Rede ist. Irgendwo innerhalb dieser Hierarchie der geistigen
Welt gibt es eine Ebene, auf der sich Wesen befinden (kindlich
ausgedrückt), die in der geistigen Welt genau das tun, was die
Manager in der menschlichen Gesellschaft der irdischen Welt
tun. Könnt ihr euch das vorstellen?«

H: »Sind das sozusagen die Vordenker?«

N: »Es sind Wesen, die helfen, zu organisieren, zu strukturieren und auch – das meinst du mit ›Vordenker‹ – Anstöße zu
geben, um Entwicklung in die eine oder andere Richtung zu
treiben.«

*H: »Das heißt, wenn ein Manager eine Idee hat, ist er nicht
Autor dieser Idee, sondern es ist ein feinstoffliches Wesen, das
diese Idee als Impuls übermittelt hat?«*

N: »Ja, das kann vorkommen. Es muß nicht immer der Fall
sein. Ohnehin ist es schwierig mit der Autorenschaft. Da ist zunächst die Idee. Sie gehört niemandem. Und dann gibt es ein
Empfängergehirn, in das sie hineinfällt. Dieser Geist ist offen
und bereit, die Idee zu empfangen, und die Persönlichkeit, die
dazugehört, hat Möglichkeiten, die Idee in die Tat umzusetzen.
Aber Autor ist niemand. Zuerst gibt es die Idee, dann erst kommen die Personen ins Spiel. Natürlich ist es trotzdem schön,
wenn jemand eine gute Idee hat und stolz darauf ist. Aber er
sollte wissen, daß er die Idee nicht erschaffen, sondern aufgenommen hat, von wem auch immer. Auch derjenige, von dem
er sie aufgefangen hat, hat sie aufgefangen. Sie stammt aus dem
kosmischen Pool, wenn du so willst. Oder, religiös gesprochen,
aus dem göttlichen Denken.«

H: *»Können wir davon ausgehen, daß alles Denken das göttliche Denken ist?«*

N: »Ja und nein. Ja. Es gibt nur eine Intelligenz, und die Tätigkeit dieser Intelligenz ist Denken, und diese eine Intelligenz denkt in dir und in allem, was denkt. Aber auf der anderen Seite könnte jemand unter ›göttlichem Denken‹ auch das wirklich vollkommene Denken verstehen, das sich sehr selten in einem Menschen manifestiert.

Die ›Manager‹ der geistigen Welt sind Wesenheiten, die sozusagen ›breiter‹ sind als ihr ... auf eines von diesen Wesen gehen vielleicht hundert Menschen. Denkt euch nun das innerste oder oberste Wesen, das ihr Gott nennt; auf die Breite dieses Wesens gehen alle Menschen, alle Wesen. Die ›Manager‹ der geistigen Welt sind zwar nicht so breit wie der oberste Boß, aber auch noch sehr breit. Mit anderen Worten: Sie betreuen einen großen Bereich. Sie inspirieren sehr viele Menschen, ähnlich wie große Propheten, Heilige oder Religionsbegründer. Ähnlich ist es mit diesen ›Managern‹: Jeder von euch Managern ist in irgendeiner Weise verbunden mit ihnen. Es gibt viele ›Berufe‹ in der geistigen Welt, beispielsweise Lehrer, Gestalter, Schöpfer, Heiler. Und es gibt eben auch Manager.«

H: *»Sprecht ihr jetzt von der sogenannten Mentalwelt?«*

N: »Bitte präzisiere, was du darunter verstehst.«

H: *»Der Begriff kommt aus dem Theosophischen. Da gibt es die Astralwelt, die Mentalwelt, die Kausalwelt. Alle Wesen sind Licht, und je größer die Kapazität oder der Raum eines Wesens ist, desto intensiver ist das Licht. So stelle ich mir das vor.«*

N: »Es gibt unendlich mehr Abstufungen als diese. Es ist ein grobes Raster. Aber so wie das jetzt verstanden wird, könnte es ungefähr der Bereich sein, den du ansprichst. Es gibt eine Entsprechung, die euch vielleicht hilft zu verstehen. Es gibt und gab verschiedene Kulturen auf dieser Erde, in denen die Menschen mit Wesen korrespondieren, die sie Götter nennen. Dies sind Wesenheiten von grundsätzlicherer Natur als ein einzelner Mensch, archetypischer als ihre Ausprägung als Individuum, und sozusagen breiter. Sie stehen in Verbindung zu einer großen Menge von Menschen. Und andersherum: Eine große Menge von Menschen spiegelt oder manifestiert das Wesen und die Energie dieser Gestalten auf jeweils individuelle Weise. Ähnlich ist es mit der Astrologie. Ihr könnt auch die Tierkreiszeichen als so etwas wie archetypische Gestalten sehen.

Nun, wir reden hier nicht von Gottheiten, sondern von Managern der geistigen Welt. Aber es ist etwas Ähnliches. (Und tatsächlich benehmen sich ja auch viele Manager in der irdischen Welt wie Gottheiten.) Wenn nun ein Manager, der grundsätzlich derartigen Ideen gegenüber offen ist, mit dieser Information etwas anfangen möchte, dann kann er oder sie versuchen, sich erst einmal diese Tatsache zu vergegenwärtigen und sich mit ihr vertraut zu machen. Er oder sie stelle sich vor, daß es so etwas gibt wie eine Ebene des Managements in der geistigen Hierarchie der Welt, und versuche dann, sich mit dieser Ebene bewußt in Verbindung zu setzen. Die Verbindung besteht ohnehin, aber man kann sie aktualisieren in seinem individuellen Bewußtsein. Man erfährt dann etwas über die spezifische Qualität oder das Bündel von Qualitäten derjenigen Managementabteilung in der geistigen Hierarchie der Welt, mit der man verbunden ist. Man erkennt dann, daß man selbst etwas von diesem Bündel von Qualitäten darstellt, reflektiert, manifestiert. Das hilft einem, diese Qualitäten besser und vollständiger zu manifestieren. Es gibt einem viel Kraft, Macht und Inspiration. Das Wachbewußtsein öffnet sich dem Einfluß dieser Ebene; Einflüsse, die sonst anderen Funktionen des Bewußtseins, die man eher als unbewußt oder unterbewußt bezeichnen würde, zufließen, können nun auch vom Wachbewußtsein besser genutzt und umgesetzt werden.«

H: »Dazu habe ich eine Frage. Sind diese Wesen noch innerhalb der Dualität? Das heißt, gibt es dazu Gegenwesen, die wie-

derum andere Archetypen verkörpern? Wie kommt es denn beispielsweise zu Wettstreit, zu Krieg und so weiter? Ist das auf den Einfluß solcher entgegengesetzten Archetypen zurückzuführen?«

N: »So, wie du diese Frage meinst, befindet sich diese Ebene jenseits der Dualität. Das heißt, auf der Ebene des geistigen Managements wird beides gehandhabt: das, was als gut, und das, was als böse verstanden wird. Anders ausgedrückt: jene Wesen managen Ordnung, und sie managen die Herausforderung, die die Ordnung zerstört.

Ihr könnt dann erkennen, daß es in dieser Gruppe verschiedene Archetypen von Managern gibt. Ihr könnt versuchen zu beobachten, wie diese Archetypen sich widerspiegeln in euch selbst und in anderen Managern, die ihr kennt. Das kann euch beispielsweise helfen, wenn ihr Verhandlungen mit anderen Managern zu führen habt, oder auch bei der Suche nach geeigneten Mitarbeitern. Diese Kenntnis wird euch nützlich sein, wann immer ihr mit anderen Managern zu tun habt.«

H: *»Es hilft ja auch schon, die Elemente zu sehen: erdig, feurig, wäßrig, luftig …«*

N: »Und ätherisch. Wobei die ätherischen selten unter Managern zu finden sind.«

H: *»Wie kann ich nun bewußt Kontakt aufnehmen zu der für mich zuständigen Energie auf dieser Ebene? Wo finde ich mein Leitwesen?«*

N: »Es gibt einen Faden, der dich dorthin führt, so etwas wie eine energetische Nabelschnur. Du kannst sie finden, indem du dich erstens einstellst auf dein Ziel, das heißt all das bedenkst, was eben über diese Ebene gesagt worden ist, und dein Ziel anpeilst. Zweitens mußt du dir klarmachen, daß du selbst vernetzt bist mit dieser Ebene. Du hast auch Anteil an dieser Ebene, wie an allen Ebenen. Es ist dir nur im allgemeinen nicht bewußt. Eine bestimmte Portion deines Bewußtseins, die du aber als unter- oder überbewußt bezeichnen würdest, ist angesiedelt auf dieser Ebene. An diesem Wissen kannst du dich hochhangeln wie an einem Seil und gleichzeitig den energetischen Fahrstuhl benutzen, den du in deinem Körper hast und der dich durch die verschiedenen Ebenen hinauftragen kann und dich durch die Haupt-Energiezentren, auch Chakras genannt, von Station zu Station höherführt. Also noch einmal von Anfang: Erstens Ziel anpeilen, zweitens dir deine eigene Verbindung mit der Ebene, von der hier die Rede ist, bewußtmachen, drittens dich mit Hilfe des Atems, mit jedem Atemzug, innerhalb deines eigenen Energiesystems den Mittelkanal der Wirbelsäule entlang hochziehen, mit jedem Atemzug immer höherziehen, immer dein angepeiltes Ziel im Auge behaltend. Irgendwann kommst du dabei in ein Stadium, wo du merkst: Irgend etwas übernimmt die Führung, du brauchst nicht mehr bewußt zu atmen oder dich nach oben zu heben, du kannst dich dem Geschehen überlassen. Und plötzlich ist der Kontakt mit der Ebene, die du angepeilt hast, da. Wie dieser Kontakt aussieht, das wird sich bei jedem anders abspielen. Der eine wird sich vielleicht einer Gestalt gegenübersehen, das heißt, daß diese Ebene für seine Imagination Gestalt annimmt, so daß er mit ihr korrespondieren kann wie mit einem anderen Wesen. Ein anderer wird den Eindruck haben, selbst die Wesenheit zu sein, die er gesucht hat, das heißt, er wird mit seinem Bewußtsein mehr oder weniger komplett auf dieser Ebene gelandet sein.

Dann ist der Moment gekommen, sehr aufmerksam zu sein, und entweder die mitgebrachten Fragen vorzubringen, wenn man dann noch Fragen hat, oder aber still zu sein und sehr aufmerksam hinzuschauen und zuzuhören. Am Ende darf man dann nicht mit einem Plumps wieder herunterkommen, sondern muß genauso, wie man hinaufgeklettert ist mit seinem Bewußtsein, Schritt für Schritt langsam wieder zurückkommen.«

H: *»Wäre der permanente Kontakt mit dieser Ebene das kosmische Bewußtsein?«*

N: »Es wäre auf jeden Fall sehr viel näher an dem, was als kosmisches Bewußtsein bezeichnet wird. Ein erweitertes Bewußtsein. Permanenter Kontakt ist möglich, aber er verlangt permanente Kontaktaufnahme – jedenfalls zunächst einmal, bevor es von selbst funktioniert.

Jeder, der die Übung macht, bekommt irgendeine Art von Eindruck auf dieser Bewußtseinsreise. Dieser Eindruck ist natürlich kostbar. Man muß ihn hüten, man soll ihn nach Möglichkeit niemandem mitteilen. Und oft daran denken. Das allein hilft schon, den Kontakt lebendig zu erhalten. Und das Experiment sollte man von Zeit zu Zeit wiederholen, aber bitte ohne gleichartige Ergebnisse zu erwarten, denn diese werden jedesmal anders sein. Vielleicht gibt es Führung von dieser Ebene durch Gedanken, die auftauchen, durch explizite Mitteilungen, die aufgeschrieben werden können, oder durch Bilder, oder es geschieht eine Verwandlung im Geist und in der Psyche, die vielleicht sogar bis in den Körper hineinreicht, ohne daß damit gedankliche Erkenntnisse oder bildliche Informationen verbunden sind. Das ist natürlich das Beste, was passieren kann. Irgend etwas aber geschieht in jedem Fall. Dieses Geschehen ist sehr kostbar. Es sollte nicht anderen mitgeteilt werden. Außer wenn der Impuls, es weiterzureichen, ganz klar ist, wenn die innere Stimme eindeutig sagt: ›Hier kannst du jemandem nützen mit deiner Information.‹«

H: *»Das Ganze läuft, so wie ich es verstehe, auf Selbstfindung hinaus. In dem Moment, wo mir dieser Kontakt gelingt und ich ihn stabilisieren kann, habe ich mich selbst gefunden ...«*

N: »Nein. Du hast das Äquivalent deiner Aufgabe, deiner Funktion als Mensch in der menschlichen Gesellschaft in der geistigen Welt gefunden. Das heißt nicht, daß du die Ganzheit deiner selbst gefunden hast.«

H: »*Letzteres geht noch weiter, ich verstehe. Es wäre natürlich gut, wenn die Leserin oder der Leser sich nach dem Lesen dieses Kapitels tatsächlich hinsetzen und diesen Kontakt finden könnte. Das heißt, daß wir die Anweisung so herausarbeiten müssen, daß das möglich wird.*«

N: »Ausführlicher läßt es sich nicht beschreiben. Es muß Spielraum bleiben für individuelle Kreativität, weil jede Psyche nach einzigartigen Gesetzen funktioniert und jeder diesen Kontakt auf seine eigene Weise herstellen wird.

Ihr habt allerdings auch die Möglichkeit, den Kontakt zur Ebene des Managements in der geistigen Hierarchie der Welt mit Hilfe eines Partners herzustellen, einer zweiten Person, durch eine Bewußtseinsreise im Zustand leichter Trance.

Im Idealfall braucht man für die Übung drei Personen, vor allem wenn es sich um Menschen handelt, die Derartiges nie unternommen haben. Da ist einmal die Person, die sich hinlegt und entspannt – das ist derjenige, der die Reise macht zu seiner Leitgestalt auf der Ebene des Managements; nennen wir ihn den ›Reisenden‹; dann ein ›Wächter‹, der nur dabeisitzt und aufpaßt, er muß einfach nur mit Leib und Seele anwesend sein, das heißt, er darf nicht in Gedanken abschweifen, sondern muß sich ganz dem Geschehen zuwenden und sich vorstellen, eine schützende Präsenz zu sein, so etwas wie ein Schutzengel. Und dann ist da die dritte Person, der ›Führer‹.

Der Ablauf könnte ungefähr so aussehen:

1. *Zielvorgabe.* Der Reisende definiert sein Ziel in seinen eigenen Worten. Nachdem er dieses Kapitel gelesen hat und sich eine Vorstellung von dem gemacht hat, was er erreichen möchte, formuliert er das in seinen eigenen Worten. Das ist mein Ziel ... Ich möchte diesen Kontakt erleben ... Ich möchte Information von dieser Ebene bekommen ... Ich möchte von dieser Ebene Hilfe bekommen bei der Lösung eines bestimmten Problems ... (Er muß genau formulieren,

was das Ziel der Bewußtseinsreise sein soll, und zwar in eigenen Worten. Der Führer wiederholt diese Zielvorgabe.

2. *Entspannung.* Der Führer suggeriert dem Reisenden muskuläre Tiefenentspannung, beginnend am besten bei den Füßen bis hinauf zum Kopf. Hierzu gibt es verschiedene Methoden. Das einfachste ist, zu sagen: ›Deine Füße entspannen sich jetzt, deine Unterschenkel, deine Oberschenkel …‹, und auf diese Weise durch den ganzen Körper zu führen. Dabei achtet man auf den Atemrhythmus des Reisenden und spricht im Einklang mit diesem Rhythmus. Zum Schluß einer Gesamtentspannung folgt: ›Du bist jetzt vollkommen entspannt und fühlst dich wohl.‹

3. *Licht.* Dieser Punkt ist aus verschiedenen Gründen wichtig; so zum Beispiel soll sich der Reisende während seiner Reise beschützt fühlen. Es wird ihm suggeriert, daß er sich mit Licht anfüllt, das durch die Fußsohlen einströmt und nach und nach den ganzen Körper einschließlich Kopf ausfüllt und umhüllt; oder aber daß er sich in einer schützenden Lichtröhre befindet.

4. *Wiederholung der Zielvorgabe* durch den Führer. ›Du wirst dich jetzt auf eine Reise begeben, die dich zu … führt …, und du wirst mir berichten, was du erlebst.‹

5. *Führung durch eine Landschaft.* Dies kann im wesentlichen nach eigenem Ermessen gestaltet werden. Wichtig ist, daß der Reisende zu Beginn dieser Reise in einen imaginären Raum geführt wird, den seine Vorstellungskraft so gestaltet, wie es ihm gefällt, und der ihm ganz allein gehört. Dort soll er sich im Geist noch einmal hinlegen und entspannen. Er kann diesen Raum dann durch eine Tür verlassen und ins Freie treten. Dann führt man ihn durch eine Landschaft und über einen Fluß. Wichtig ist, daß zuvor definiert wird, von welchem Moment an die eigentliche Reise, um die es geht, beginnt, beispielsweise dann, wenn die Brücken, die über den Fluß führen, überquert worden sind: Am Ende der Brücke befindet sich eine Plattform, und sobald diese Plattform verlassen wird, beginnt die Reise.

Von dem Moment an, wenn der Reisende die Plattform oder den vorher definierten Punkt verläßt, übernimmt er selbst die Führung. Das heißt, er beobachtet, was geschieht, und berichtet: ›Ich befinde mich da und da, ich sehe das und das ...‹ Er macht seine eigene Reise und berichtet darüber. Er kann, wenn er irgendwo steckenbleibt, vom Führer sanft angeschoben werden; wenn Hindernisse auftauchen und der Reisende nicht weiterkommt, kann der Führer ihm vorschlagen, über das Hindernis zu fliegen, es zu umgehen, zu umschwimmen oder hindurchzugehen. Aber im allgemeinen werden die Reisenden selbst wissen, was zu tun ist. Sie werden auch selbst wissen, wann die Reise zu Ende ist. Es kann zehn Minuten dauern oder fünfzehn; viel länger sollte es nicht dauern.

6. *Die Rückreise.* Nun übernimmt wieder der Führer die Reiseleitung und führt den Reisenden zurück, und zwar durch dieselben Stationen, durch die er auf dem Hinweg gegangen ist. Es ist wichtig, das Bewußtsein des Reisenden wieder in den Körper und in die Hier-und-Jetzt-Situation zurückzuführen und zu suggerieren, daß der Reisende die Augen öffnet.«

G: *»Gibt es Kriterien für die Güte der Aussagen, die dort entstehen?«*

N: »Zunächst einmal ist wichtig zu wissen: jedes Erlebnis, das bei einer solchen Reise stattfindet, und jede Aussage, die dabei gemacht wird, ist von Bedeutung. Es kann allerdings gelegentlich vorkommen, daß jemand eine andere Reise macht als die, die er sich vorgenommen hat, und ganz andere Dinge erlebt; aber dann waren eben diese Dinge gerade wichtig für ihn. Dann muß vielleicht die Prozedur zu einem anderen Zeitpunkt wiederholt werden, damit er sein eigentliches Ziel erreichen kann. Alles, was geschieht, ist von Bedeutung für den Reisenden. Es kann im allgemeinen vom Führer nicht beurteilt werden, was für den Reisenden sinnvoll ist und was nicht. Eher noch vom Wächter, der neutraler ist und offener als der Führer.

Allgemeinverbindliche Kriterien gibt es nicht. Derjenige, der reist, erkennt selbst die Schlüssel, erkennt selbst die Bedeutung dessen, was geschieht, und die Bedeutsamkeit. Ist das eine Antwort?«

G: »Intuitiv – ja. Praktisch, von Management-Situationen her: Wenn es um Fragen der Entscheidungsfindung geht, ist es vermutlich so, daß man durch innere Gewißheit weiß, was zu tun ist?«

N: »Ja. Die Gewißheit ist das Kriterium.«

H: »Wenn diese ›höheren Manager‹ sich auf einer Ebene jenseits von Dualität befinden, sind sie auch jenseits von Raum und Zeit. Bedeutet das, daß wir auch Reisen in die Zukunft oder Vergangenheit machen können?«

N: »Wenn du zu diesen Managern reist, dann befindest du dich wirklich jenseits von Raum und Zeit. Das heißt (Achtung, dies sind nur Worte, und Worte können nur Hinweise geben, aber niemals die Realität ganz erklären!): Dort, wo sie sich befinden, gibt es Raum und Zeit nicht, gibt es nicht Vergangenheit und Zukunft. Sie sind wirklich jenseits davon. Das heißt, sie befinden sich nicht über Raum und Zeit und schauen herunter, sondern sie sind jenseits von Raum und Zeit. Du kannst aber Inspiration, Information, Macht oder Motivation (sprich Liebe) von dieser Ebene bekommen und dies dann in einen Kanal in der Welt des Raum-Zeit-Systems fließen lassen.

Ob ihr Bewußtseinsreisen in die Zukunft machen könnt, ist eine andere Frage. Sie steht nicht in diesem Zusammenhang. Sie ist sicher interessant, führt aber von unserem Thema weg.«

H: »Wobei es natürlich für das Management interessant wäre, einen Kontakt der beschriebenen Art aufzunehmen, um neue Geschäftsfelder zu erschließen, die uns künftig ein lobenswerteres Dasein verschaffen können ...«

N: »Ja. Das wäre die zweite Stufe dieser Übung. Die erste Stufe besteht darin, sich überhaupt diese Ebene bewußt zu erschließen. Sei es durch die erstgenannte Technik, meditativ und allein, sei es durch die Trance-Reise mit Partnern. Die zweite Stufe könnte darin bestehen, sich wieder auf diese Ebene zu begeben oder wieder mit ihr Kontakt aufzunehmen mit einem ganz bestimmten Wunsch, einer Bitte, einer spezifischen Zielsetzung. Es ist ähnlich, wie wenn du in die Kirche gehst oder in einen Tempel, um zu beten. Dabei gibt es zwei Möglichkeiten: Entweder du nimmst einfach Kontakt mit Gott auf, um ihn kennenzulernen. Du setzt dich hin, versenkst dich und bist still. Du hast keine speziellen Wünsche, trägst keine Probleme vor. Du möchtest nur die göttliche Gegenwart kennenlernen. Oder du gehst in die Kirche, um etwas zu erbitten. Du setzt dich hin und sagst: ›Lieber Gott, gib mir bitte dies oder das oder hilf mir, dieses Problem zu lösen.‹ Die erste Stufe unserer Technik besteht darin, überhaupt erst einmal die Ebene des geistigen Managements kennenzulernen und zu schauen, ob dir unaufgefordert von dort etwas gesagt oder gegeben wird. Die zweite Stufe kann dann darin bestehen, daß du dich auf diese Ebene begibst, um etwas Bestimmtes zu bekommen oder zu erreichen, wiederum mit der Technik der Meditation, wie sie geschildert wurde, oder mit der Methode der Trance-Reise. So kannst du dich auf die Reise begeben mit einer Zielsetzung der Art, die du angesprochen hast, dann schauen, was geschieht, und die erhaltenen Informationen dann in die Praxis umsetzen.«

H: »*Ist es möglich, daß der Antwort-Impuls erst nach der Reise kommt, zu einem späteren Zeitpunkt?*«

N: »Ja. Das ist ein wichtiger Gesichtspunkt. Das gleiche gilt für die Meditation. Es kann sein, daß du während deiner Meditation überhaupt nichts erlebst oder nur einen diffusen Eindruck von etwas Undefinierbarem bekommst und daß aber der ›Blitz der Erleuchtung‹ unmittelbar nach der Meditation eintritt oder in der darauffolgenden Nacht in einem Traum oder am nächsten Tag oder in den nächsten Tagen.

Wenn man die Ebene des geistigen Managements personifiziert, handelt es sich um etwas Ähnliches wie die Schutzpatrone der katholischen Kirche, bestimmte archetypische Wesenheiten, die die Menschen mit einer bestimmten Person assoziieren. Sie wenden sich an diese Person, weil sie denjenigen Archetyp verkörpert, von dem sie sich für einen bestimmten Bereich ihres Lebens Schutz und Hilfe versprechen. So ähnlich ist es hier auch. Wenn du kein Manager bist, sondern beispielsweise ein Heiler, dann kannst du dich in Verbindung setzen mit der Ebene der Heiler in der geistigen Hierarchie. Oder mit der Ebene der Künstler, Gestalter, Schöpfer. Oder der Lehrer.«

H: »Das wirft noch eine andere Frage auf: Wenn ich meine Berufung oder Bestimmung nicht kenne, wen rufe ich in diesem Fall an?«

N: »Du bist Lehrer. Geh zu den Lehrern. Laß dich belehren. Das ist eine persönliche Antwort auf deine Frage, die eigentlich allgemein gestellt war. Zur allgemeinen Frage: Wenn jemand wirklich nicht weiß, wie er sich in dieses grobe Schema einordnen soll, dann wendet er sich am besten an sich selbst; an sein inneres oder höheres Selbst, das immer weiß, wie die Aufgabe aussieht, um derentwillen der Mensch hier ist. Es ist nicht immer so, daß man in dieses Leben kommt, um eine Aufgabe zu erfüllen, die in dieses grobe Raster paßt, also eine bestimmte Aufgabe im Dienst der Menschheit in Gestalt eines Berufes, sei es Manager oder Heiler, Künstler/Gestalter und so weiter. Es kann sein, daß jemand einfach gekommen ist, um das Leben auf der Erde zu genießen, oder weil er bestimmte Probleme erledigen oder weil er Sexualität erleben möchte.«

G: »Sind die Themen, die der Führer und der Wächter bei der Bewußtseinsreise einbringen, nicht auch mitbestimmend für das, was der Reisende erlebt?«

N: »So sollte es nicht sein.«

G: *»Kann man sich als Reisender vor solchen Einflüssen schützen?«*

N: »Wichtig ist vor allem, daß vorher eine Besprechung stattfindet und daß der Wächter weiß, daß er nur dazusein hat, vollkommen neutral, um einen Schutzwall zu bilden; nicht nur Schutz vor Störungen von außen, sondern auch vor ›innerbetrieblichen‹ Störungen, das heißt, er soll durch seine Gegenwart und Einstellung harmonisierend wirken. Er soll sich selbst ordnen und Harmonie ausstrahlen, damit es zwischen Führer und Reisendem nicht zu Reibereien kommt. Der Führer muß wissen, daß es eigentlich der Reisende ist, der führt. Er selbst ist untergeordnet und muß sich einfühlen in die Reise, ohne sie nach seinem Gutdünken oder seinen Vorstellungen zu lenken. Andererseits muß er genügend Autorität und Sicherheit entwickeln, um dem Reisenden zu helfen, wenn es darum geht, Hindernisse zu überwinden, und er muß auch einen gewissen Einfallsreichtum entwickeln. Er muß sich von seiner eigenen inneren Führung, von seiner Intuition leiten lassen. Der Reisende selbst braucht keinen speziellen Schutz. Der Schutz ist das Licht, mit dem er sich anfüllt, beziehungsweise der Lichtmantel, mit dem er sich umgibt. Er wird auf jeden Fall im Schutz dieses Lichts seine eigene Reise machen. Und: Bei dieser Technik geht der Reisende nicht in Tieftrance. Das heißt, wenn der Führer etwas vorschlägt, das dem Reisenden nicht gefällt, dann kann der Reisende sagen: ›Nein, ich möchte lieber dorthin gehen und das anschauen.‹ Er ist bei Bewußtsein. Er ist nur sehr tief entspannt.

Es ist eine Technik, die sich auch auf andere Bereiche anwenden läßt. Beispielsweise wenn es darum geht, neue Ideen zu entwickeln oder Probleme zu lösen. Es muß nur immer die Zielvorgabe entsprechend formuliert werden.

Die Technik kann auch angewandt werden, um Hindernisse zu überwinden, die sich im Leben stellen. Die Zielvorgabe könnte dann beispielsweise lauten: ›Ich möchte erleben, auf welche Weise ich dieses Problem lösen kann.‹ Oder: ›Ich möchte die Lösung dieses Problems erleben.‹ Es ist wichtig, die Zielvorgabe sehr präzise zu formulieren.

Nicht unternehmen sollten solche Reisen – und auch nicht daran teilnehmen – Personen, die psychisch sehr instabil sind, deren Stimmung sehr starken Schwankungen unterworfen ist, die leicht von einem Extrem ins andere fallen, die sich nicht gut zentrieren können in sich selbst. Solche Personen werden aber im allgemeinen nicht unter den Lesern sein, die sich für dieses Buch und speziell für dieses Kapitel interessieren.

Bitte reicht diese Übungen nicht weiter beziehungsweise reicht sie nur dann weiter, wenn ihr das deutliche Gefühl habt, daß es richtig ist. Und experimentiert niemals einfach aus Spaß damit. Es muß dafür ein ernsthaftes Interesse vorliegen.

Und noch etwas Wichtiges: Es sollte während der Führung durch die Landschaft nicht oder kaum bergab gehen. Also bitte nicht den Reisenden eine Treppe hinunterführen oder einen Berg hinab, nicht in einen Keller und so weiter, sondern auf der geraden Ebene bleiben oder leicht bergauf führen. Und man muß ihn auf jeden Fall etwas überqueren lassen, beispielsweise einen Fluß. Das ist wichtig, weil die unterbewußten Schichten nicht zu stark angesprochen werden dürfen bei diesen Reisen. Das Ziel ist vielmehr, daß der Mensch in seinem Wachbewußtsein verbleibt, daß er aber besseren Zugang hat zu anderen Bewußtseinsschichten. Er soll nicht in einen Zustand von Hypnose geraten. Dazu würde es fachkundiger Führung und Aufsicht bedürfen. Sonst kann es gefährlich werden.«

B-A: »Kann es passieren, wenn man sich an die Ebene wendet, um die es hier geht, daß erschreckende Bilder oder Gestalten auftauchen? Wenn ja, soll man dann abbrechen, oder wie geht man damit um?«

N: »Wenn Zielvorgabe und Absicht klar sind und es sich bei dem Reisenden nicht um jemanden handelt, der schwer psychisch gestört ist, dürfte das nicht passieren. Und wenn es doch geschieht, ist es kein Grund, die Reise abzubrechen, sondern weiter zu beobachten, was geschieht. Es ist dann wichtig, daß der Führer gut in sich zentriert bleibt und das Gefühl hat, den Überblick zu haben und die Zügel in der Hand zu halten, auch wenn er keine Ahnung hat, wohin die Reise führt. Das ist eine Frage der Einstellung. Es ist ein Gefühl, das man in sich entwickeln kann, auch wenn man keine Erfahrung damit hat. Ein Gefühl von Autorität, von Geführtwerden. Dann kann nichts passieren. Der Führer könnte dann sagen: ›Schau dir das an und berichte; und wenn du es vorziehst, gehe woandershin.‹ Er kann frei damit umgehen.

Es kann sein, daß erschreckende Gestalten (falls sie jemals auftauchen sollten, was jedoch sehr unwahrscheinlich ist) wichtig sind und angeschaut oder sogar befragt werden müssen, warum sie da sind und was sie mitzuteilen haben.«

H: »Ich frage mich, ob auftauchende Gestalten nicht sowieso Projektionen unseres eigenen Geistes sind.«

N: »Ja und nein. Es muß nicht so sein. Sie können Projektionen deines individuellen Bewußtseins sein, aber auch ganz reale Begegnungen mit anderen Wesen. Den Unterschied wirst du im allgemeinen erkennen.

Die archetypischen Wesen (die geistigen Manager) auf jener transpersonalen Ebene des Bewußtseins, von denen hier die Rede ist, werden reflektiert oder manifestiert von jedem Menschen, der die Funktion eines Managers übernimmt. Aber ein Mensch, der als Manager arbeitet, ist nicht ausschließlich Manager. Sondern ein Mensch ist Mensch. Manager zu sein, ist eine Arbeit, eine Rolle, mit der er sich mehr oder weniger identifiziert, aber niemals ganz und gar. Ein Mensch ist niemals nur Manager. Er ist auch alles mögliche andere. Deshalb ist es nicht so, daß diese Archetypen, die Manager der geistigen Welt, dasselbe sind wie euer höheres Selbst. Euer höheres Selbst ist, ebenso wie die Wesen, von denen hier die Rede ist, verglichen mit der menschlichen Persönlichkeit ewig, relativ ewig, jenseits von Raum und Zeit. Ihr seid es selbst. Es ist nicht nur so, daß ihr wieder und wieder inkarniert; es gibt nicht nur den schnurgeraden Faden der Reinkarnation. Sondern ihr seid ein multidimensionales Wesen; ihr lebt auf vielen Ebenen, findet euch in vielen verschiedenartigen Seinszuständen wieder. Diese Tatsache könnt ihr nun innerhalb eurer linearen Zeitvorstellung ansiedeln und sagen: ›Gestern war ich das, heute bin ich das, und morgen werde ich das sein.‹ Dann habt ihr eine schöne, ordentliche Vorstellung. Es ist aber nicht ganz so. Es gibt viele Dimensionen eures Seins; jedenfalls, immer noch in Begriffen der Zeit gesprochen, unternehmt ihr eine gewaltige Reise. Und ihr findet euch einmal als John Hormann wieder und einmal als Franz Meier, dann wieder als eine ganz andere Art von Wesenheit in einer ganz anderen Seinssphäre. Der Schauspieler, der hinter all diesen verschiedenen Rollen steckt, das ist euer höheres Selbst. Und das seid ihr selbst. Das seid ihr! Nicht John Hormann, Franz Meier oder XY.«

H: »Aber es geht uns so wie einem schlechten Schauspieler, der sich mit seiner Rolle total identifiziert und vergißt, wer er ist.«

N: »Daß dies ein Kennzeichen eines schlechten Schauspielers ist, ist deine Auffassung. Es könnte auch einem sehr guten Schauspieler so ergehen. Aber abgesehen davon: Ja, die meisten Menschen vergessen sich in ihrer Rolle. Das kann aber nun auch wieder so oder so bewertet werden. Eigentlich ist es wertneutral. Es ist einfach so und muß nicht bewertet werden. Du kannst sagen: ›Es ist schlecht, daß ich mich in meiner Rolle vergesse.‹ Du kannst aber auch sagen: ›Es ist wunderbar! Wie ein Kind, das in der Wiese sitzt und spielt und die ganze Welt um sich herum vergißt. Es ist ganz gegenwärtig in dieser Wiese mit den Blumen und dem Gras. Es ist wunderbar!‹ Warum sollte das Kind, während es in der Wiese sitzt, sich unbedingt daran erinnern, wer es ist, wo es wohnt, wer seine Eltern sind und so weiter?«

H: *»Ja, aber das ist doch der naive Zustand. Von dem Augenblick an, wo wir in die Selbstreflexion hineingeraten sind, können wir nicht mehr naiv sein wie dieses Kind. Wir müssen doch den nächsten Zustand erreichen, so daß wir die sogenannte ›religio‹, die Wiederanbindung an die eigentliche Wirklichkeit, bewußt erreichen ...«*

N: »Müßt ihr?«

H: *»Ja ... Ich kann nur von mir ausgehen. Wenn ich selbst reflektieren kann über mein Sosein, und ich kann das, dann kann ich nicht mehr naiv sein. Ich kann nur einen Schritt weitergehen.«*

N: »Denkst du das, oder ist es so?«

H: *»Für mich ist es so. Denn wenn ich nun wieder naiv würde, dann ist das unecht, aufgesetzt. Wie in der Parabel: Die Schlange fragt den Tausendfüßler: ›Wie kommst du mit all diesen Füßen zurecht?‹ Und der Tausendfüßler beginnt zu reflektieren: ›Wie mache ich das eigentlich?‹ Und dann fällt er um und kann nicht mehr gehen. Er hat seinen ursprünglichen Zustand verloren und muß nun darüber hinaus. Er muß über diesen reflektierenden Zustand hinausgehen, um wieder gehen zu können. Und ich habe das Gefühl, daß sehr viele Menschen genau in diesem Tausendfüßlerzustand sind. Wir sind mit dem Reflektieren am Ende, es kommt nichts Neues mehr dabei heraus. Aber wir wagen den Sprung nicht oder wissen nicht, wie wir ihn tun können, in diese höhere Ebene hinein.«*

N: »Es ist verständlich, was du meinst. Es ist auch so. Und doch steckt ein Irrtum darin. Es ist nicht ein Denkfehler, eher ein ›Fühlfehler‹. Das heißt, du gehst bei dem, was du vorträgst, von dem aus, was du denkst, was du gelernt hast. Versuch einmal zu fühlen, wie es wirklich ist. Versuch einmal, dich in eine Wiese zu setzen und zu spielen. Versuch einmal, ganz gegenwärtig zu sein, ohne zu denken: ›Das kann ich nicht, weil das naiv ist und weil ich diese Stufe hinter mir gelassen habe.‹ Kann sein, daß dein Herz das manchmal wünscht! Kann sein, daß der Schritt nach vorn über einen Schritt nach hinten führt! Verstehst du? Was du vorgetragen hast, ist sehr linear gedacht. Es sind zwar grobe Grundzüge der menschlichen Evolution, die sich in deinen Ausführungen widerspiegeln, aber das Ganze läuft nicht so linear ab. Für den einen oder anderen kann der große Schritt nach vorn darin bestehen, in den gegenwärtigen Moment hineinzugelangen und wie ein Kind zu sein. Verstehst du?«

H: »Ja, ich ahne es. Aber ist das nicht ein naiver Zustand, der Zustand eines Kindes, eines Wesens, das einfach alles glaubt, weil es das nicht besser weiß...«

N: »O nein. Hier bringst du ein neues Element hinein. Gemeint ist nur das Gegenwärtigsein, Selbstvergessensein. Ein Schritt zurück kann in Wahrheit ein großer Schritt nach vorn sein. Das heißt, der Weg muß nicht über ein Bewußtsein gehen, das man immer weiter hinausprojiziert in immer größere Zusammenhänge; immer weiter hineingreifen ins Universum, die verschiedenen Ebenen erforschen ... Das ist die eine Möglichkeit. Sich in die Wiese zu setzen und zu spielen, ganz gegenwärtig zu sein und selbstvergessen, das ist eine andere, das heißt sich mit dem Grashalm zu beschäftigen, anstatt darüber nachzudenken, daß man in der Wiese sitzt und daß man einen Grashalm vor sich hat. Diese Möglichkeiten reflektieren sich auch in verschiedenen spirituellen Wegen. Es ist nicht *ein* Weg für alle Menschen richtig. Es könnte sein, daß es dir und Menschen, die ähnlich veranlagt sind wie du, guttut – um bei diesem Bild zu bleiben –, sich in die Wiese zu setzen und zu spielen.«

B-A: »Kann man auch zwischen diesen beiden Extremen hin- und herpendeln? Ich habe das Gefühl, daß ich das oft tue, auf ganz natürliche Weise.«

N: »Ja, natürlich. Aber dann solltet ihr in die Extreme wirklich hineingehen und nicht irgendwo dazwischen steckenbleiben und weder das eine noch das andere ganz tun.«

H: »Nach 25 Jahren Management-Erfahrung habe ich einen Einwand. Ich stelle mir nun Leser und Leserinnen vor, die ihre Ursprünglichkeit, ihre Kindhaftigkeit verloren haben durch Manipulation von außen, durch Selbstmanipulation oder was immer. Es wäre für solche Menschen eine immense Hilfe, wenn sie diese Authentizität wiedergewinnen könnten, diese Ursprünglichkeit.«

N: »Es ist ein bißchen komisch. Die Menschen denken, sie könnten sich selbst, ihre Authentizität verlieren. Das ist aber ungefähr das einzige, was ein Mensch nicht verlieren kann. Er kann seinen Körper verlieren, er kann sein Geld verlieren, er kann Gliedmaßen oder Eigenschaften verlieren – aber sich selbst kann er nicht verlieren. Um die Frage trotzdem zu beantworten: Nehmen wir an, du bist ein solcher Mensch. Der erste Schritt, um dich wiederzufinden, um das wiederzufinden, was man zwar wirklich nicht verlieren, aber verschütten lassen, zudecken kann bis zu einem gewissen Grade, ist zu wissen, daß man es nicht verlieren kann. Das Kind, das du gewesen bist, ist immer in dir, ist immer da. Es geht nie verloren. Wenn du sehr alt wirst, bricht es eines Tages wieder durch. Dann strahlt es wieder aus deinen Augen, und du fängst wieder an, kindlich zu brabbeln. Es ist wie der Same. Er geht nicht verloren, ist immer da. Wenn die Blume blüht, sieht man ihn nicht mehr, aber er ist noch vorhanden. Das weitere ist eigentlich sehr einfach, aber es kann manchen schwerfallen. Der Weg ist, sich immer wieder sich selbst zuwenden. Üblicherweise ist das Bewußtsein des Menschen auf die äußere Welt gerichtet. Auf die anderen, auf die Dinge, die Probleme, auf das, was zu tun ist, auf das, was in der Welt vor sich geht, auf alles mögliche. Die Menschen lassen sich keinen Augenblick Zeit, um ihr Bewußtsein einmal ›zuschnappen‹ zu lassen oder wieder einzurollen, einzuziehen, auf sich selbst zu richten, sich zu fragen – am besten sein Herz zu fragen: ›Was fühle ich? Was fürchte ich? Was wünsche ich? Wonach sehne ich mich? Was hätte ich am allerliebsten? Was wäre ich am allerliebsten?‹ Diese Fragen sollte man möglichst kindlich und einfach formulieren und dann schauen, beobachten, horchen, hinfühlen. Es kann sein, daß Fragen dieser Art, wenn sie geduldig gestellt werden, immer wieder, in Augenblicken, in denen man sich für sich selbst Zeit nimmt, Gefühle und Empfindungen provozieren. Wenn das geschieht, ist es gut. Ganz gleich, ob diese Gefühle oder Empfindungen angenehm oder unangenehm sind: Was auch immer auftaucht, laßt es so sein, wie es ist, schaut es euch an, nehmt es zur Kenntnis.«

12

MANAGEMENT BY ECSTASY

N: »Der gewöhnliche Mensch – und ebenso der gewöhnliche Manager – verhält sich ähnlich wie eine Spinne, die sich in ihrem eigenen Netz gefangen hat. Anstatt sich der Tatsache bewußt zu sein, daß sie selbst das Netz gewoben hat, um damit Insekten zu fangen – ein Netz, das außerdem ein Kunstwerk ist, das eine gewisse Tragfähigkeit hat, eine gewisse Größe, das ihr gehört und das sie beherrscht –, hat sie sich in ihrem Netz verfangen und verhält sich darin wie ein Stück Beute. So ergeht es auch den meisten Managern. Sie sind in einer ähnlichen Position wie die Spinne, die in der Lage ist, ein Netz zu weben und dieses Netz aus einem sicheren Beobachterposten heraus zu beherrschen. Im allgemeinen ermöglicht es ihnen ihr Job, viele Fäden in der Hand zu halten und mit einer relativ großen Portion Eigenverantwortung und Eigenwillen auf diese oder jene Weise an diesem oder jenem Faden zu ziehen, um etwas zu bewegen. Der größte Teil der übrigen Menschheit befindet sich in Jobs und Positionen, in denen diese Möglichkeiten entweder sehr eingeschränkt oder gar nicht vorhanden sind.

Würde nun ein Manager allmorgendlich mit dem Bewußtsein aufwachen oder zu dem Bewußtsein erwachen – oder sich zu dem Bewußtsein erwecken –, welche Möglichkeiten sich ihm bieten, welch großartiges Spielfeld er beherrscht, dann könnte er seine Freiheit genießen, seine Möglichkeiten ausschöpfen, sich an seiner Macht erfreuen, er könnte sein Netz, das er gewoben hat, benutzen, um darauf zu tanzen, anstatt sich darin zu verfangen und sich zu verhalten wie ein Opfer der Umstände, wie ein Opfer der Struktur, in die er eingebunden ist.

Es folgt eine Übung, die dazu verhilft, sich dieses Bewußtsein von Freiheit und Macht anzueignen und in Berührung zu kommen mit dem Potential an Ekstase, das darin liegt. Vorweg aber: Gibt es dazu Fragen?«

H: »Nun sind wir genau dort, wo wir sein möchten! Ich kann diese Übung kaum erwarten.«

N: »Hat einer der hier Anwesenden vielleicht eigene Erlebnisse beizusteuern, die das Gesagte untermauern oder ihm entgegenstehen?«

H: »Ich denke an die Parabel mit den langen Gabeln, die Geschichte von Himmel und Hölle: Im Himmel sitzen die Menschen mit langen Gabeln an die Arme gebunden am Eßtisch und in der Hölle auch. In der Hölle versuchen sie, mit den langen Gabeln das Essen aufzuspießen, um es in den eigenen Mund zu führen, was natürlich nicht gelingt, so daß die Menschen verhungern; im Himmel jedoch spießen die Menschen das Essen mit den langen Gabeln auf und füttern sich gegenseitig. Es ist dieselbe Wirklichkeit, aber das Bewußtsein der Menschen ist anders und führt zu einem anderen Ergebnis. Das heißt aufs Managertum übersetzt, daß ich als Manager mein kleines, egoistisches Netz ausdehnen kann in das gesamte soziale Netz, wodurch auch meine Befugnisse eine andere Qualität bekommen, woraus ich dann wieder Freude schöpfe, und damit wären wir bei der Ekstase ...«

N: »Du kannst also mehr Freude gewinnen, wenn du dich bei deiner Arbeit nicht von rein egoistischen Beweggründen leiten läßt, sondern von einem Gefühl von Eingebundensein in das Ganze ...«

B-A: »Ein Beispiel aus meiner Berufspraxis: Als mir zum ersten Mal angeboten wurde, eine Zeitschrift zu konzipieren und als Chefredakteurin zu leiten, erklärte ich mich spontan einverstanden, obwohl ich von den vorgegebenen Inhalten – es ging um Mode und Wohnen – keine Ahnung hatte. Was mich reizte, war die damit verbundene Freiheit, meine Kreativität ungehindert ausleben zu können. Erst während meines Gespräches mit dem Verleger wurde mir klar, worauf ich mich einließ: Ich hatte bisher noch nie ein Blatt konzipiert, noch nie eine Redaktion aufgebaut und geleitet und mich noch nie mit den Themen Mode und Wohnen ernsthaft befaßt, und ich kannte niemanden, der mich bei diesem Vorhaben hätte unterstützen können. Der Mut verließ mich vollkommen, und ich wurde nur noch von einem einzigen Gedanken beherrscht: Ich kann das nicht! Aber bevor ich eine Absage formulieren konnte, meldete sich meine innere Stimme so deutlich, daß ich meinte, jeder könne sie mithören. Sie sagte: ›Natürlich kannst du das‹, und ich wußte, daß ich es konnte. Ein unvergeßliches Gefühl. Die Zeitschrift wurde ein Erfolg, und weitere Blätter folgten.«

N: »Da haben wir nun schon zwei Elemente, die gemeinsam eine Art Sprungbrett darstellen zur Befreiung und Ekstase. Ekstase hat mit Freiheit und mit Liebe zu tun. Auffallend ist, daß niemand protestiert hat. Zu Anfang ist gesagt worden, daß Manager über einen relativ großen Freiheitsraum verfügen, über relativ große Entscheidungsfreiheit. Ist das richtig? Oder gibt es nicht auch unter Managern das Gefühl, sehr stark in Zwänge eingebunden zu sein?«

H: *»Ja, aber Manager, die so fühlen, sind keine Manager ... Ich glaube, für sie wird dieses Buch gar nicht verständlich sein.«*

N: »Die hier Anwesenden fühlen sich also frei von solchen Zwängen? Wahrscheinlich muß jeder ehrlicherweise zugeben, daß zwar ein gewisser Teil des Bereichs, den er überblickt und mit dem er zu tun hat, von ihm mehr oder weniger frei dirigiert werden kann, daß aber ein anderer Teil nicht von ihm gesteuert wird, sondern von anderen – Geldgebern, Chefs und so weiter. Das heißt, der Manager steht im allgemeinen irgendwo zwischen Unfreiheit und Freiheit. Er könnte nun seinen Bereich so anlegen, wie ein kluger Bauherr, der die freie Wahl hat,

247

sein Haus plazieren sollte: im Rücken geschützt von einem Berg, vorn und an den Seiten frei, mit freier Sicht ins Tal; das heißt, die Gegebenheiten, die er nicht ändern kann, die von anderen geschaffen werden – von Aktionären, Chefs und so fort –, nicht als Zwänge betrachten (Der Mensch ist frei, die Dinge so zu betrachten, wie er sie betrachten möchte. Glaubt nicht, daß ihr nicht frei seid in eurem Urteil!), sondern so zu betrachten wie einen schützenden Berg im Rücken. Und all die Bereiche, die ihm unterstellt sind – seinen Verantwortungsbereich, sein Spielfeld –, vor sich zu sehen wie ein weites Tal, das er überblicken kann. Es wäre eine gute Übung, dies konkret in bezug auf seinen eigenen Job einmal so zu visualisieren. Nur ist das Bild ein wenig statisch. Aber es ist gut, immer erst einmal einen Boden zu legen, wenn man geistig arbeitet. Dieser feste Boden könnte aus einem Bild dieser Art bestehen: gleichzeitig geschützt und frei; eingebunden in einen bestimmten Kontext, den man akzeptiert, schon deshalb, weil man ihn nicht ändern kann, und nach vorn hin Handlungsfreiheit, Handlungsspielraum. Dieses Bild kontemplieren, genießen, sich für eine Weile darin niederlassen und wahrnehmen, wie das wirkt, ob man ein Gefühl bekommen kann von Freiheit, Ordnung und Geschütztsein, während man dieses geistige Bild betrachtet und sich selbst darin so plaziert wie jenes Haus, das mitsamt Grundstück optimal positioniert ist. Das ist ein statisches Bild. Danach kommen wir zur Dynamik. Aber erst einmal: Gibt es Fragen dazu?«

H: »Ja. Ich habe das gleich mitgemacht und bin anscheinend zu hoch auf dem Berg gelandet: Als ich ins Tal hinunterschaute, waren mir Wolken im Weg. Bin ich zu hoch gekraxelt? Oder heißt das: Es ist mir noch viel verborgen?«

N: »Abgesehen von diesen Überlegungen – wie hat es sich angefühlt?«

H: »*Gut.*«

N: »Dann genieße es. Es muß nicht gewertet oder interpretiert werden. Es ist deine Art, dir dieses Gefühl zu verschaffen. Natürlich kannst du beim nächsten Mal versuchen, dich ein wenig tiefer anzusiedeln, unterhalb der Wolkendecke, oder das Ganze bei klarem Himmel zu visualisieren; aber es ist nicht unbedingt nötig. Du hast natürlich ein erhöhtes Gefühl von Freiheit, wenn du dich über den Wolken befindest. Es ist eine andere Art von Freiheit, als wenn du ins Tal hinunterschauen kannst und es als etwas, was dir gehört und was du mehr oder weniger verwalten kannst, überblickst.

Die Kunst bei diesen Übungen besteht darin, sie richtig anzulegen und dann laufen zu lassen. Was immer dabei herauskommt, ist gut. Das ist allerdings ein ›gut‹ jenseits von Wertung. Was immer dabei herauskommt, hat seine Logik, seine Bedeutung und seine Wirkung.

Zur Vorbereitung der nächsten Übung nun einige hilfreiche Sätze zur tieferen Betrachtung oder Kontemplation: 1. Dein Körper wurde dir für eine begrenzte Zeit zur Verfügung gestellt 2. Dein Leben als XY wurde dir für eine begrenzte Zeit zur Verfügung gestellt. 3. Dein Verantwortungsbereich in deiner Arbeit wurde dir für eine begrenzte Zeit zur Verfügung gestellt. Es kann sehr hilfreich sein, diese Sätze einen nach dem anderen, jeden für sich, zu lesen, eine Weile auf sich wirken zu lassen und ihrem Echo zu lauschen, das heißt zu betrachten, was der Satz bewirkt, welche Gefühle oder Gedanken auftauchen, um ihn dann noch einige Male zu lesen und wirken zu lassen. Wenn der Manager in bezug auf seinen Verantwortungsbereich sich wie ein Vasall fühlt, dem dieser Bereich nicht gehört, sondern übergeben wurde zur bestmöglichen Verwaltung, dann kann er – paradoxerweise – seine Freiheit in einem größeren Maße nutzen, als wenn er sich – irrtümlicherweise – wie ein absoluter Herrscher fühlt. Lehnsherr oder König ist bei dieser letzteren Betrachtungsweise nicht der Unternehmer oder das Unternehmen, sondern das Leben selbst. Das Leben hat dir diesen Bereich zur Verfügung gestellt, damit du das Beste daraus machst. Es ist keine Frage, ob du das Beste für dich selbst daraus machst oder für deine Mitarbeiter, für den Unternehmer oder für den Kunden oder Nutzer. Diese Aufsplitterungen sind nicht notwendig. Dein Bereich ist der Bereich, den das Leben dir gegeben hat, um das Beste daraus zu machen, egal für wen.

Wenn du dich so einstellst, ist das Wohl dieser verschiedenen Gruppen mit eingeschlossen und dein eigenes auch. Stellst du dir aber vor: ›Dies ist mein Königreich, und ich will den größtmöglichen Nutzen für mich daraus ziehen‹, dann erschöpfst du dein Spielfeld sehr schnell. Und stellst du dir vor: ›Es ist das Königreich von Herrn XY (des Unternehmers), es gehört mir nicht, ich mache für diesen Unternehmer das Beste daraus‹, dann erschöpfst du dich selbst sehr schnell. Immer, wenn du nur an eine einzelne Interessengruppe denkst und nicht an das Ganze, dann erschöpfst du irgend etwas oder irgend jemanden sehr schnell. Denkst du aber: ›Dies ist der Bereich, der mir zur Verfügung gestellt wurde, um das Beste daraus zu machen‹, dann holst du dir immer ein Maximum an Inspiration und Energie. Erneuere diesen Gedanken jeden Tag, und du wirst immer ein sehr hohes Niveau an Energie, Motivation und Inspiration haben.

Dies sind Gedanken vorweg zur Kontemplation, bevor die eigentliche Übung beginnt.

Es gibt mehrere Möglichkeiten, diese Übung durchzuführen. Eine davon ist wieder sehr kindlich, und wahrscheinlich werden einige reife, weise Menschen unter den Lesern den Kopf schütteln und sagen: ›Das ist doch zu einfach! So einfach geht es nicht.‹ Trotzdem schlagen wir diese Übung vor. Geht bitte ebenso wie bei den vorangegangenen Übungen nicht mit einer in irgendeiner Weise festgelegten Erwartung daran. Sondern macht die Übung, freut euch daran, denkt dabei nicht an Resultate, und auch nachdem ihr sie abgeschlossen habt, haltet nicht nach Resultaten Ausschau. Führt einfach die Übung durch, und geht dann wieder zur Tagesordnung über. Die Übung wirkt fort. Durch sie werden Wellen in Bewegung gebracht. (Allerdings könnt ihr jede der Übungen wiederholen, so oft ihr wollt.)

Der erste Schritt ist immer der gleiche wie bei den ersten drei Übungen, die im Übungsteil geschildert wurden. Sich hinstellen oder sehr aufrecht hinsetzen, zentrieren in der körpereigenen Längsachse, dann im Unterbauch zentrieren.

Zweiter Schritt: Sich bewußtmachen, daß die Füße auf der Erde stehen (auch wenn sie nicht direkt auf dem Erdboden stehen, so stehen sie doch, solange man sich auf diesem Planeten befindet, grundsätzlich auf der Erde). Sich vorstellen, daß der Kopf sich im Himmel befindet. Füße auf der Erde – Kopf im Himmel. Allein dies hat unmittelbar eine sehr starke Wirkung. Es zieht eine Erhöhung des Gefühls von Freiheit nach sich.

Dritter Schritt: Auf dem Boden um sich herum, mit Hilfe der kreativen Imagination eine Landkarte, ein Bild oder einen optischen Eindruck entstehen lassen, der den gesamten Verantwortungsbereich darstellt, den man als Manager hat.

Vierter Schritt: Dieses Bild im Bewußtsein stehenlassen (es kann ruhig flackern, verschwinden und wieder auftauchen, aber ihr wißt, daß dieses Bild sich dort auf dem Boden befindet) und wieder zurückgehen zu der Konzentration ›Füße auf der Erde – Kopf im Himmel‹.

Fünfter Schritt: Nur noch auf ›Kopf im Himmel‹ konzentrieren. Alle Energien in den Kopf, der sich im Himmel befindet, hineinziehen (das kann man mit dem Einatmen tun).

Sechster Schritt: Von hier aus (›Kopf im Himmel‹) Energie und Bewußtheit in die Arme bringen und die Arme ausbreiten. Jetzt besteht ihr nur aus einem Kopf, der sich im Himmel befindet, und aus ausgebreiteten Armen. Dann vom ›Kopf im Himmel‹ aus Energie in den Rumpf bringen, anschließend in die Beine und Füße, und beginnen, euch mit ausgebreiteten Armen zu bewegen auf dem Bild, das ihr auf dem Boden angelegt habt. Die Bewegung immer mit ausgebreiteten Armen durchführen, Handfläche nach oben oder nach unten, wie es euch gefällt. Nun beginnt ihr euch zu drehen, zu tanzen auf eurem Spielfeld, das ihr am Boden visualisiert habt. Dabei im Bewußtsein behalten: ›Kopf im Himmel – Füße tanzen auf dem Spielfeld.‹

Siebter Schritt: Nach zwei oder drei Minuten die Bewegungen kleiner werden lassen und in der Mitte des Spielfeldes zum Stillstand kommen. Die Arme wieder sinken lassen. Einen Moment stehen. Spüren. Sich wieder ordnen.

Achter Schritt: Bevor ihr die Übung abschließt, mit einem Ruck scharf durch die Nase einatmen und mit einem sehr kräftigen Ausatmen das Spielfeld, das ihr am Boden geschaffen habt, verlassen. Das hat den Effekt, daß ihr euch sehr wach macht und euch noch einmal befreit aus Verstrickungen mit eurem eigenen ›Spinnennetz‹. Es weckt euch auf.

Das war eine Übung, die zu Freiheit und Ekstase führt. Es gibt andere. Hier könnt ihr selbst kreativ sein. Wir geben euch einige Anhaltspunkte:

Erinnert euch an die Zeit, als ihr kleine Kinder wart und am Strand oder im Sandkasten gespielt habt. Vielleicht hattet ihr Schaufel und Eimer, und vielleicht habt ihr Burgen, Häuser oder Mauern gebaut. Erinnert euch nicht nur oberflächlich daran, sondern versetzt euch zurück in diese Zeit und versucht das Gefühl in euch wachzurufen, das ihr hattet, als ihr Burgen im Sand bautet. Bleibt dann in diesem Sandkasten oder an diesem Strand im Geist sitzen und werdet älter, größer, reifer, werdet so, wie ihr jetzt seid – bleibt aber bei eurem Sandkasten. Während ihr als Erwachsene in diesem Kindersandkasten sitzt, macht euch nun bewußt, daß der Verantwortungsbereich, den ihr als Manager innehabt, nichts anderes ist als ein solcher Sandkasten oder ein solches Spielfeld am Strand. Betrachtet das eine Weile.

Beobachtet, was geschieht, während ihr das betrachtet. Wichtig dabei ist das Wachsen: daß ihr nicht als kleines Kind im Sandkasten bleibt, sondern der Erwachsene werdet, der ihr jetzt seid. Darin liegt der Schlüssel. Übersetzt auf eure Arbeit heißt das: Erhebt euch zur nächsthöheren Bewußtseinsstufe, zum nächsthöheren Reifegrad, der euch bereits zur Verfügung steht. Dann könnt ihr mit eurem Arbeitsbereich so frei umgehen, so bewußt und überlegen, wie ihr als Erwachsener mit einem Sandkasten umgehen könntet, wenn ihr es wolltet. Ihr habt dann mehr Möglichkeiten. Ihr vergeßt euch nicht in diesem Sandkasten, sondern ihr behaltet eure Bewußtheit.

Auch dies ist eine Übung, die, wenn man sich für sie entscheidet, nicht nur einmal gemacht, sondern eine Zeitlang regelmäßig wiederholt werden sollte.

Wenn ihr auf diese Weise mit dem Bewußtsein eurer selbst als Manager und mit eurer Beziehung zu eurem Tätigkeitsfeld spielt (durch solche und ähnliche Übungen, die ihr euch selbst schaffen könnt), dann kann es geschehen, daß ihr eines Morgens mit dem Bewußtsein eurer Freiheit aufwacht. Dann ist es gut möglich, daß euch etwas wie Ekstase ergreift und daß ihr aus dieser Stimmung von Freiheit und Ekstase heraus an euren Arbeitsplatz geht und eure Entscheidungen trefft und eure Gespräche führt, ohne dieses Gefühl zu verlieren oder zumindest ohne es aus den Augen zu verlieren. Wenn euch das widerfahren sollte – und ihr könnt sehr wohl euer Vehikel so steuern, daß es die Richtung einschlägt, die zu einem solchen Erwachen führt –, dann habt ihr eine entscheidende Wende in eurem Leben als Manager und als Mensch erreicht. Ihr habt einen Zipfel der Wirklichkeit in der Hand, und es ist an euch, ihn nicht mehr loszulassen.

Alles, was nicht Ekstase ist, ist getrübt, abgestumpft, nicht ganz lebendig, nicht wach. Wenn ihr irgendwo einen Zipfel wahrer Ekstase erwischt, dann habt ihr einen Zipfel wahres Leben gefunden. Der Alltag eines Menschen, der sich in leitender Position befindet, viel Verantwortung hat, eine gewisse Entscheidungsfreiheit besitzt, Kreativität entfalten kann, kann eher als der Alltag anderer Menschen mit Bewußtsein von Freiheit und mit Ekstase erlebt werden.

Aber es gehört immer dazu, ein Stückchen über sich selbst hinauszuwachsen. Das ist das, was auf eine sehr einfache und kindliche Weise in der Sandkastenübung enthalten ist.

Auch alle Übungen übrigens, die in den vorigen Kapiteln enthalten sind, können zu diesem Erleben von Freiheit und Ekstase führen. Ihr werdet wacher und wacher, je mehr ihr die Reichweite eures Bewußtseins vergrößert, je mehr ihr spürt, wie ihr eingebettet seid in ein größeres Ganzes und dieses in ein noch größeres Ganzes und dieses in das ganz große Ganze, und wie das ganz große Ganze durch euch hindurch wirkt. Je mehr ihr das spürt, desto wacher werdet ihr, desto freier werdet ihr, und desto größer wird eure Möglichkeit, Ekstase zu erleben.

So könnt ihr euch durch euren Berufsalltag bewegen wie durch ein Fest; ihr könnt innerlich tanzen und springen, anstatt zu gehen, und doch muß es euch äußerlich niemand anmerken. All eure Entscheidungen werden eine wesentlich größere Durchschlagskraft und Tragweite haben, wenn sie von dieser Energie genährt sind und aus Impulsen heraus entstehen, die von Ekstase belebt sind. Auch die Übung, sich an den eigenen Tod, die eigene Sterblichkeit zu erinnern, kann zu Freiheit und Ekstase führen.

Leben als Mensch ist ein Wachsen zu immer größerer Freiheit. Es gibt Menschen, die rein äußerlich durch ihre Position in der Welt der Arbeit einen relativ hohen Grad an Freiheit erreicht haben, aber innerlich sehr unfrei sind. Und es gibt andere, die sich in untergeordneten Positionen befinden, vielleicht sogar Arbeiten verrichten, die von der Gesellschaft weniger geachtet werden, und doch einen relativ hohen Grad an innerer Freiheit besitzen. Innere und äußere Freiheit hängen nicht unmittelbar zusammen. Äußere Freiheit kann eine Falle sein, und äußere Unfreiheit kann zu großer innerer Freiheit führen (muß aber nicht!).

Wenn jemand in seinem äußeren Leben über einen relativ großen Entscheidungsspielraum und über relativ viele Möglichkeiten, seinen freien Willen einzusetzen, verfügt und sich dennoch innerlich sehr unfrei fühlt, zum Beispiel in seine persönlichen Probleme oder in Autoritätskonflikte, Gewissenskonflikte oder was auch immer verstrickt, so kann es für ihn hilfreich sein, sich seiner äußeren Freiheit bewußt zu werden und sich diese immer wieder ins Bewußtsein zu rufen, mit Hilfe von Übungen, wie sie eben vorgeschlagen wurden; jedenfalls sich immer wieder daran zu erinnern, daß ihm in dieser Welt – durch eigene Leistung oder durch so etwas wie Gnade – ein zierlich großer Spielraum an Entscheidungs- und Gestaltungsfreiheit zur Verfügung steht.

Dieses Erinnern kann eine segensreiche Rückwirkung auf den inneren Zustand zeitigen und möglicherweise auch in bezug auf die inneren Probleme zu einem Erwachen führen, das dem Betreffenden hilft, sich aus seinen Verstrickungen zu lösen und sich seiner inneren Freiheit bewußt zu werden.

Es gibt noch eine weitere Möglichkeit: sein Augenmerk nicht auf die Bereiche zu richten, in denen man relativ frei ist, sondern auf diejenigen, in denen man relativ unfrei ist, und diese Zwänge zu nutzen, um Freiheit zu gewinnen. Eigentliche Freiheit nämlich liegt nicht so sehr darin, daß man äußerlich tun und lassen kann, was man will, daß man die Umstände mehr oder weniger so gestalten kann, wie sie einem passen, sondern ein höherer Grad an Freiheit liegt darin, von den Umständen unabhängig zu sein. Man kann also mit widrigen Umständen arbeiten, mit Zwängen, mit dem, was vorgegeben ist und was man vielleicht wie eine Art Korsett betrachtet, um dann festzustellen, daß man trotz dieses Korsetts glücklich sein kann, daß man trotz dieses Korsetts leben, essen, trinken, tanzen und arbeiten kann und trotz dieses Korsetts doch ein gewisses Maß an Freiheit genießt, das eigene Leben oder die Bereiche, die einem als Arbeitsdomäne zur Verfügung gestellt wurden, zu gestalten. Das sind verschiedene Möglichkeiten, geistige Arbeit zu tun, nicht um Freiheit zu *gewinnen,* das ist ein irreführender Ausdruck, sondern um sich der Tatsache bewußt zu werden, daß man frei *ist*. Stellt euch Freiheit nicht als etwas vor, das irgendwo da draußen liegt, außerhalb von euch, mehr oder weniger erreichbar oder unerreichbar, oder als etwas, das man schaffen oder zu sich heranziehen muß. Freiheit ist eine grundsätzliche Gegebenheit, in die ihr hineingestellt seid und zu der ihr erwachen könnt, das heißt, derer ihr euch bewußt werden könnt.

Man kann auch umgekehrt vorgehen und von innen nach außen arbeiten (das war auch schon in der ersten Übung dieses Kapitels enthalten): Anstatt die äußere Freiheit zu benutzen, um mehr innere Freiheit zu finden, kann man versuchen, innere Freiheit zu finden, indem man erst einmal nur in der Innenwelt arbeitet, um dann Schritt für Schritt von innen heraus seinen Grad an äußerer Freiheit zu erhöhen – was dann von selbst geschieht.

Wie kann man das erreichen? Die stärkste Fessel, in der die Menschen sich fangen, sind die sogenannten ›Muster‹. Muster sind in der Psyche angelegte Gedanken-, Gefühls- und Stimmungsstrukturen. Ein bestimmter Gedanke wiederholt sich immer wieder als Reaktion auf eine bestimmte Art von Ereignis; an diesen Gedanken gekoppelt ist eine bestimmte Art von Gefühl, und dieses erzeugt eine bestimmte Art von Stimmung.

Menschen, die sich auf dem spirituellen Weg befinden, die meditieren oder sich einer Psychotherapie unterzogen haben, sind sich solcher Muster mehr oder weniger bewußt und versuchen, sich von ihnen zu befreien. Man stellt fest, daß man nicht frei ist, so zu agieren und zu reagieren, wie man gern möchte, sondern daß es bestimmte innere Zwänge gibt, und man möchte von diesen inneren Zwängen befreit werden. Erwachen ist jedoch etwas anderes als sich befreien. Sich befreien ist Schattenboxen. Man kämpft gegen etwas, was nicht existiert, und indem man dagegen kämpft, wird es immer stärker. Erwachen heißt erkennen, daß es nicht existiert.

Manchem Therapeuten werden sich die Haare sträuben bei diesen Ausführungen. Und doch ist es so. Erwachen heißt erkennen, daß die Gespenster, mit denen man sich herumgequält hat, nicht existieren. Wenn ihr also nun auf Muster stoßt, die ganz offenbar euer Verhalten, Denken und Fühlen bestimmen und strukturieren, und ihr möchtet von ihnen frei werden, dann macht bitte nicht den Fehler, euch mit diesen Mustern zu beschäftigen, sie auflösen zu wollen, sie vernichten zu wollen oder ihnen eins auszuwischen, indem ihr bessere Muster schafft, die ihr an ihre Stelle setzt. Sondern geht einfach zur Tagesordnung über. Gebt ihnen keine Nahrung. Blast sie nicht auf mit eurer Energie, euren Überlegungen, eurem Bewußtsein. Es gibt keine Muster. Nur der Glaube macht sie zu Mustern.

Nun könntet ihr natürlich sagen: ›Aber es gibt doch viele Menschen, die sich ganz offensichtlich in Mustern bewegen und doch keine Ahnung davon haben.‹ Das stimmt. Aber von diesen Menschen reden wir nicht. Wir reden von euch, die ihr ein bißchen wacher seid. Glaubt nicht an die Muster. Ihr seid frei. Wenn jemand A sagt, müßt ihr nicht B sagen. Ihr könnt C, D, E oder CDE oder Y oder gar nichts sagen oder ihm eine Ohrfeige geben oder weggehen oder Purzelbäume schlagen oder ihm einen Brief schreiben oder A sagen.«

H: »Wir sprechen auch von karmischen Mustern und Zusammenhängen. Wie steht es denn damit? Sind die auch nicht existent?«

N: »Es ist eine Frage der Perspektive. Sie existieren, und sie sind selbstgeschaffen. Letztlich gibt es sie nicht. Glaubst du an sie, gibt es sie. Glaubst du nicht an sie, gibt es sie nicht. Es ist nicht eine Frage der philosophischen Überzeugung, sondern es ist ganz konkret gemeint. Ein Mensch kann keine Ahnung von Karma haben und trotzdem an Karma glauben. Beispielsweise: Du begehst eine Schandtat und fühlst dich schuldig, bewußt oder unbewußt. Du hast ein schlechtes Gewissen. Damit setzt jener Schlamassel ein, der ›Karma‹ genannt wird. Das kann sehr gut und sehr nützlich sein. Es kann dahin führen, daß du dich irgendwann in eine Situation bringst, die derjenigen ähnelt, in der das Opfer deiner Schandtat sich befand, so daß du verstehst, was dieser Mensch durchgemacht hat. Dagegen ist nichts einzuwenden. Aber es ist selbstgeschaffen. Und wie alles, was selbstgeschaffen ist, ist es nur relativ wirklich, nur insoweit du daran glaubst. Hältst du dich im tiefsten Herzen für frei und unschuldig, so trägst du keine Schuld.«

H: »*Also ist es eigentlich der Glaube, der uns immer an irgend etwas bindet. Wie kann ich den Glauben transzendieren, um Freiheit zu erlangen?*«

N: »Indem du erkennst, daß Glaube schöpferisch ist. Glaube schafft Wirklichkeit. Darin liegt der Schlüssel zur Freiheit.«

H: »*Und das Transzendieren von Glauben, das heißt, daß ich in die wirkliche Freiheit hineingelangen kann, würde das darin bestehen, einfach zu handeln? Einfach zur Tagesordnung überzugehen?*«

N: »Das ist Freiheit. Es gibt jedoch auch eine Freiheit durch Erkenntnis. Die erreichst du, wenn du die Funktion des Glaubens erkennst. Dieser Schritt erhebt dich über den Glauben beziehungsweise macht dich zum Meister des Glaubens. Du kannst dann bewußt und absichtlich glauben. Ein normaler Mensch würde niemals glauben, daß man das kann. Man besitzt Glaubensfreiheit!

Kommen wir auf die Muster zurück, die es nicht gibt. Stellt euch vor, es passiert dasjenige A, das bei euch immer B auslöst. Ihr erwischt euch mitten in der typischen Reaktion. A ist schon aus der Außenwelt auf euch zugekommen, B (eure typische Reaktion) ist noch nicht geschehen. Das Beste, was ihr nun tun könnt: Nachdem A geschehen ist, macht eine Pause, und wenn es nur für den Bruchteil einer Sekunde ist (falls das Geschehen so schnell läuft, daß ihr keine Zeit für eine Pause habt). Tretet einen Schritt zurück aus der Situation. Und dann schaut – blitzschnell –, was ihr gern tun würdet, spürt in euer Herz oder in euren Körper hinein. Und dann tut das, ganz schnell. Oder aber, wenn es sich um ein Geschehen handelt, das euch mehr Zeit läßt, dann nehmt euch Zeit, um zu überlegen, wie ihr, nachdem A geschehen ist, reagieren möchtet und ob ihr überhaupt handeln möchtet. Zieht euch zurück aus der Verwicklung, kommt zu euch. Werdet euch dabei eures Atems bewußt. Jedesmal, wenn ihr das tut, kommt ihr zu euch. Und nun fragt euch: Was würde ich gern tun? Spürt in euch hinein.

Dieser ›Stopper‹ gibt euch ein Bewußtsein eurer Freiheit. Ihr müßt dann nicht unbedingt B wählen. Ihr könnt B wählen, aber alle anderen Wahlmöglichkeiten stehen euch ebenfalls zur Verfügung.«

H: »Sich selbst Optionen zu schaffen ... Damit werden manche Leser Probleme haben. Denn wenn sie in der Lage sind, Optionen zu schaffen, kommt ja das nächste Problem, nämlich sich zu entscheiden, und das in dieser Schnelligkeit.«

N: »Ja. Das funktioniert nur in großer Schnelligkeit. Wenn das Tempo verlangsamt wird, kommen viele Menschen in Entscheidungsschwierigkeiten. Also im Tempo der jeweiligen Gegebenheit bleiben, aber einen Stopper setzen. Es ist ähnlich wie in der Musik: Wenn eine Phrase beendet ist, gibt es einen winzigen Moment Pause, bevor die neue Phrase anfängt, aber das Tempo bleibt. Wenn du im Tempo bleibst, kannst du schnell und spontan aus dem Herzen heraus entscheiden – oder aus dem Körper, das kann auch gut sein. Oft weiß der Körper genau, was richtig ist. Zum Beispiel: Du spürst, du möchtest mit diesem Menschen nichts zu tun haben, denn dein Körper will weggehen. Das kann eine durchaus sinnvolle Reaktion sein. Anstatt sich auf diesen Menschen einzulassen und dadurch in das immer gleiche Geplänkel erneut hineinzugeraten, das ihr schon hundertmal gehabt habt – einfach weggehen.

Ein weiterer Schritt zu Freiheit und Ekstase: Versucht in euren Meditationen, euch auf eine höhere Bewußtseinsebene zu begeben, das heißt, euch einer höheren Ebene eurer selbst bewußt zu werden. Erhebt euch geistig über die übliche Eingrenzung eures Bewußtseins, über die Vorstellung, die ihr von euch selbst habt und die sehr begrenzt ist, über eure kleine Welt, und werdet euch der größeren Zusammenhänge bewußt; erhebt euch über die kleine Spanne zwischen Geburt und Tod, derer ihr euch normalerweise bewußt seid; nehmt großen Abstand von alledem. Ihr werdet entdecken, daß nicht nur euer Arbeitsbereich als Manager, sondern euer gesamtes Leben ein Spielfeld ist, das euch zur Verfügung steht und das ihr schöpferisch nutzen könnt – einschließlich eures Körpers, einschließlich eurer Persönlichkeit. Das kann euch ebenfalls in Ekstase und in das Bewußtsein eurer Freiheit hineinkatapultieren. Wenn ihr diese Übung beendet, kommt bitte Schritt für Schritt zurück. Erinnert euch, wie ihr auf den Gipfel des Erlebnisses gelangt seid, und kommt genauso wieder zurück. Und nehmt die Ekstase und das Bewußtsein von Freiheit in jedem Schritt mit. Bringt es herunter und hinein in euer Leben, in alle auf die Meditation folgenden Handlungen.«

G: »Noch einmal zu den Mustern. Man weiß doch, daß es physiologische und psychologische Muster des Empfindens, des Fühlens gibt, Verhaltensmuster und auch Managementmuster; man weiß, wenn man Muster erkannt hat und sie nutzt, daß die Meisterung dieser Muster mit einem ekstatischen Empfinden einhergeht, mit einem Gefühl großer Gelassenheit, und daß man Freiheit erlebt, indem man Zeuge solcher Abläufe ist. Diese Wahrnehmung scheint mir im Widerspruch zu stehen zu dem Satz ›Es gibt keine Muster‹.«

N: »Wenn du Zeuge bist von Abläufen von Mustern, ganz gleich, ob sie in deiner Psyche ablaufen oder wo auch immer, bist du nicht verwickelt. Der Zeuge ist frei. Die Realität des Zeugen ist ohne Muster. Du bist der Zeuge! Das Erwachen besteht genau darin.«

G: »*Ja, das denke ich auch. Aber für das, was abläuft, scheint es doch Spielregeln zu geben. Eine Spielregel heißt, daß ein A ein B provoziert. Das scheint doch eine allgemeingültige Erfahrung zu sein.*«

N: »Ja. Es gibt ein gewisses Maß an Mustern im menschlichen und im zwischenmenschlichen Verhalten, das eine nützliche Basis bildet, sozusagen einen gemeinsamen Rahmen. Zum Beispiel: Wenn du mir eine Ohrfeige gibst, ärgere ich mich. Das ist ein Muster, das niemand in Frage stellen würde. (Und doch besteht die Freiheit, zu sagen: ›Wenn du mir eine Ohrfeige gibst, amüsiere ich mich.‹) Muster dieser Art sind nach allgemeinem menschlichen Verständnis sinnvoll. Es gibt hingegen eine Art von Mustern, die die Menschen in sich selbst und in anderen als störend empfinden und von denen sie Freiheit gewinnen möchten. Von diesen Mustern war die Rede. Nicht von jenen Konventionen, die nach allgemeinmenschlichem Verständnis als nützlich betrachtet werden können. Der Zeuge aber unterliegt keinen Mustern. Nun kannst du noch weiter gehen. Du kannst sagen: Ja, aber der Zeuge beobachtet Muster, und diese Muster sind existent.«

G: »*...durch die Beobachtung.*«

N: »Ja. Es verhält sich wie mit einem Fernseher: Man kann ihn ausschalten.«

G: »*›Ausschalten‹ würde bedeuten, du ziehst dich in dich selbst zurück?*«

N: »Beispielsweise. Du richtest den Strahl deiner Bewußtheit auf etwas anderes, zum Beispiel auf Freiheit. Oder auf die Realität im Ganzen. Oder auf Gott. Aber du kannst das Musterprogramm auch betrachten. Es hat eine relative Wirklichkeit.«

H: »*Ich habe eine Frage. Ihr sagte: Wir bekommen ein Leben, eine ›Sandkiste‹ zur Verfügung gestellt, in der wir für eine be-*

stimmte Zeit spielen können. Wie kommt es, daß die relativ
dümmsten Menschen die größten Spielkisten zugewiesen be-
kommen? Ist das nur meine Wahrnehmung?«

N: »Das kann nur von Fall zu Fall beantwortet werden. Aber
es gibt Hinweise, die du prüfen kannst. Beispielsweise dieser:
Das Bewußtsein des Universums, also das Gesamtbewußtsein,
ist in sich, seiner Natur nach, vollkommen und vollkommen
frei. Es ist nicht wertend, nicht moralisierend, es bevorzugt niemanden. Es steht zur Verfügung. Nimmst du dir vom Reichtum
und von der Fülle, die das Universum dir zur Manifestation anbietet, viel, dann bekommst du viel, nimmst du wenig, bekommst du wenig. Die feiner strukturierten, sensibleren oder
auch weiseren Menschen haben manchmal nicht genügend Interesse an den Dingen der Welt, um sie an sich zu ziehen; sie
haben in vielen Fällen kein Verlangen, in der Welt zu herrschen;
oder sie halten es für schlecht und unmoralisch, etwas zu besitzen oder zu beherrschen; oder sie sind aus anderen Gründen in
dieses Leben und in diese Welt gekommen, als um über ein
Spielfeld zu herrschen. Die Menschen, die du als dumm be-
zeichnest, besitzen möglicherweise Qualitäten, die du nicht
wahrnimmst. ›Qualitäten‹ ist ein wertneutraler Begriff. Selbstvertrauen beispielsweise ist eine Qualität, die dazu führen kann,
daß jemand sich einen ziemlich großen Lebensbereich aneig-
net.«

H: *»Das Blöde ist nur, daß diese ›dummen Bauern‹, wenn sie in
der Politik eine führende Rolle spielen, auf anderen herumtram-
peln und ihnen das Leben schwermachen. Aber vielleicht hat
das ja auch einen Sinn.«*

N: »Es kann jedenfalls genutzt werden, als Impuls. Entweder,
um auszuweichen – also woandershin zu gehen und etwas anderes zu tun – oder um Widerstand zu leisten oder sonstwie
damit umzugehen. Jedenfalls als Impuls, der der Intelligenz der
Betroffenen neue Möglichkeiten eröffnet.

Bedenkt immer: Dieses Leben ist so schnell zu Ende. Wenn es seinem Ende zugeht, werdet ihr sehen, daß es die ganze Zeit um etwas anderes gegangen ist.«

G: »Wie tröstlich!«

N: »Im Ernst. Das ist der Sinn von Sätzen wie ›Kümmert euch zuallererst um das Reich Gottes‹ oder um ›das Himmelreich‹.«

13.

DAS HERZ ALS MITTELPUNKT
DES NEUEN MANAGEMENTS

N: »Zuvor war die Rede von Ekstase – ›Management by Ecstasy‹. Nun gehen wir auf einen Begriff ein, der bereits in anderen Kapiteln erwähnt worden ist und der von vielen Menschen mißverstanden oder nur mit allergrößter Vorsicht benutzt wird: das Herz. Es ist leider mit vielen falschen Vorstellungen befrachtet, etwa der von Kitsch und Sentimentalität. Wir würden deswegen gern einen neuen Begriff dafür finden, aber es gibt keinen besseren.

Das Herz ist für die Botschaft dieses Buches der zentrale Begriff. Manager sind in besonders starkem Maße auf ihre innere Stimme angewiesen, um ihre Arbeit möglichst fehlerfrei tun zu können; diese Stimme ist im Herzen am direktesten wahrnehmbar. Wenn sie im Kopf auftaucht als formulierter Gedanke, hat sie bereits einen Weg zurückgelegt; der Gedanke ist schon eine Übersetzung der eigentlichen Botschaft. Die innere Stimme ist immer die erste Stimme. Wer üben will, seiner inneren Stimme zu folgen, muß schnell und spontan sein, immer auf die erste Stimme hören und sofort handeln, bevor die zweite und die dritte Stimme sich erheben können. Zuallererst ist die innere Stimme im Herzen wahrzunehmen, nicht als Gedanke, sondern als Gefühl. Meistens, wenn auch nicht immer, kann man sagen, dieses ›Gefühl‹ ist Frauen vertrauter als Männern. ›Mein Gefühl sagt mir, ich soll das tun‹, oder ›Ich hatte gleich so ein dummes Gefühl‹ – das ist das Herz. Das Herz ist die Instanz, die immer weiß, wo der beste Weg liegt, der Weg, der dem eigenen Wesen entspricht. Und dies ist gleichzeitig immer der Weg, der mit dem Ganzen am besten harmoniert. So ist das Ganze angelegt.

Wenn jeder ganz und gar er selbst ist und seinem eigenen Weg folgt, dann ist alles vollkommen, auch in der äußeren Welt.

Das Herz, von dem wir hier sprechen, ist nicht das physische Herz, sondern das energetische Herz, das aber mit dem physischen Herzen verbunden ist. Das energetische Herz liegt neben dem physischen Herzen in der Mitte der Brust. Übungen, um mit dem Herzen in Fühlung zu kommen und um aus dem Herzen heraus handeln, sprechen, denken zu lernen, wurden bereits erwähnt. Wichtig ist, daß das Herz geweckt wird; am besten tut man das bewußt und absichtlich, und zwar durch Aufmerksamkeit. Auf der einen Seite sorgt das Leben, die universale Intelligenz, dafür, daß durch Begegnungen und Ereignisse das Herz eines Menschen geweckt wird; auf der anderen Seite aber kann der Mensch selbst dafür sorgen, daß sein Herz aufwacht, frei wird und sich öffnen kann, indem er ihm Aufmerksamkeit widmet. Das bedeutet zweierlei. Einerseits ist es rein technisch zu verstehen: sich immer wieder das energetische Herzzentrum in der Mitte der Brust vergegenwärtigen, sich dort konzentrieren, spüren und beobachten, ob man dort irgend etwas wahrnehmen kann. Das braucht Zeit, wiederholte und beharrliche Aufmerksamkeit.

Andererseits immer wieder an sein Herz denken und es fragen, was es braucht, was es wünscht, wonach es sich sehnt und so weiter. Das ist eine inhaltliche, geistige Konzentration auf das Herz, im Gegensatz zu der vorher beschriebenen technischen Konzentration.

Durch diese beiden Techniken, die man natürlich miteinander verbinden kann, kann man sein Herz entdecken; entdecken, daß es in der Mitte der Brust etwas gibt, das fühlt, das weiß und das in gewisser Weise das Zentrum ist, aus dem heraus man existiert, sich manifestiert und in der Welt äußert, und aus dem heraus man Fühlung aufnehmen kann mit anderen Menschen.

Ferner gibt es die Möglichkeit – das wurde vorher schon erwähnt –, die Energie des Herzens in die Hände zu leiten, wenn man schreiben oder sonst etwas mit den Händen tun will; oder in die Kehle, wenn man mit jemandem spricht; ins Hirn, wenn man etwas durchdenkt oder konzipiert, um ›mit dem Herzen zu denken‹; man kann sie auch in den ganzen Körper leiten, was ihm sehr guttut. Das ist wiederum eine technische Einstellung. Man zentriert sich im Herzen und stellt sich vor, daß man einen Strom von Energie vom Herzen aus in Bewegung setzt, in die entsprechenden Körperbereiche hinein.

Darüber hinaus besteht folgende Möglichkeit – und auf sie sei besonders hingewiesen, wenn es um schwierige zwischenmenschliche Angelegenheiten geht: Wenn man etwas abzuwägen hat zwischen wirtschaftlichen Gesichtspunkten auf der einen Seite und menschlichen auf der anderen, dann besteht die Möglichkeit, die Angelegenheit mit den Augen des Herzen zu betrachten. Das heißt, man kann den Problemkomplex, um den es sich handelt, im Geist vor sich hinstellen: Man läßt ein Bild vor sich auftauchen, das diesen Problemkomplex illustriert oder symbolisiert. Wenn das Bild vor dem geistigen Auge aufgetaucht ist und man es eine Weile bewußt festgehalten hat (es darf ruhig flackern, aber man muß sich seiner grundsätzlichen Präsenz bewußt sein) dann läßt man dieses Bild dort stehen, geht jedoch mit der Aufmerksamkeit ins Herzzentrum. Und dann stellt man sich vor, daß das Herz Augen hat. Das ist keine Metapher, sondern eine Realität. Es handelt sich nicht um physische Augen, aber doch um Wahrnehmungsorgane des Herzens. Diese Augen sind wie Scheinwerfer, die Licht ausstrahlen. Man richtet diese Scheinwerfer nun auf das Bild des Problems, das man vor sich hat entstehen lassen, und beobachtet, was sich tut. Möglicherweise tauchen dann Gedanken auf, die einem ein völlig anderes Verständnis der Situation vermitteln. Oder das Bild verändert sich, und in dieser Veränderung des Bildes oder in dem neuen Bild, das auftaucht, steckt eine wichtige Information, oder etwas in einem selbst verändert sich, so daß man eine andere Beziehung zu dem betreffenden Problem herstellen kann, weil man selbst anders geworden ist.

Die meisten Entscheidungen, die getroffen, die meisten Pläne, die gefaßt werden, werden vom Verstand erarbeitet, wobei dieser so tut, als sei er der Herrscher. Die meisten Menschen glauben, daß sie ihr Handeln und Denken vom Verstand bestimmen lassen; tatsächlich aber ist der Verstand nur ein Mittler. Es ist so ähnlich, als wenn jemand behaupten würde: ›Der Computer beherrscht die Welt.‹ Selbst wenn Computer in dieser Welt noch viel wichtiger, selbst wenn sie unentbehrlich werden, so sind es natürlich nicht die Computer, die die Welt beherrschen, sondern sie bleiben Instrumente, derer der Mensch sich bedient. Der Computer ist der Diener, und so ist es auch mit dem Verstand. Ebenso wie der Computer ist er programmiert. Solange er nicht programmiert ist, kann er nicht als Instrument dienen. Ein Baby mit einem noch nicht programmierten Verstand kann kein Manager sein. Erst die Programmierung versetzt den Verstand in die Lage, zu funktionieren. Das, was hinter dem Verstand steckt und ihn als Instrument benutzt, *das* ist der eigentliche Herrscher. Um herauszufinden, wer oder was eigentlich die Welt – hier die Welt der Wirtschaft und der Unternehmen – beherrscht, muß man erst einmal herausfinden, welches eigentlich die Instanz ist, die diesen lebendigen Apparat ›Verstand‹ benutzt. So wie es derzeit aussieht, ist es im allgemeinen nicht das Herz – und auch nicht der Bauch. Wenn der Bauch diese Welt regieren würde, würde alles ganz anders aussehen, sehr viel gesünder auf jeden Fall. Welches also ist die Instanz, die regiert?

Im energetischen Aufbau des menschlichen Organismus einschließlich aller feinstofflichen und für die physischen Sinne nicht wahrnehmbaren Schichten (elektromagnetisches Feld, Aura und so weiter) ist der Solarplexus der Herrscher. Jedenfalls in bezug auf die Welt, von der wir hier sprechen. Dort im Solarplexus – das kann jeder in sich nachprüfen – sitzt die Instanz, die die Zügel hält. Und das, was im Solarplexus bei den mächtigen Männern, die die Welt der Wirtschaft und der Unternehmen leiten (überwiegend sind es Männer), herrscht, ist im allgemeinen Angst. Angst oder etwas, das mit Angst verwandt ist; man kann es als Mangel bezeichnen. Ein gewaltiger Anteil der Gedanken, Gefühle, Entscheidungen und Handlungen dieser Menschen resultiert aus sehr gut getarnter Angst, ein anderer großer Teil aus Mangel. Mangel aber führt zu Gier: mehr haben zu wollen, mehr Macht, mehr Einfluß, mehr Besitz, mehr Geld, mehr Wichtigkeit. Hinter all diesem Habenwollen steckt Mangel.

Angst und Mangel sind die beiden Gestalten, die bei vielen (natürlich nicht allen) herrschenden Personen in der Wirtschaft im Solarplexus auffindbar sind, die Fäden ziehen und die Zügel in der Hand halten. Wir bitten jeden Leser, unbedingt zu prüfen, ob das bei ihm der Fall ist oder ob der Solarplexusbereich frei von Angst und Mangel ist. Wenn Angst und Mangel im Solarplexusbereich, also im Zentrum des persönlichen Ichs, regieren, dann findet sich dort so etwas wie eine Einstülpung – der Solarplexus ist ein wenig zusammengezogen, zusammengekrampft. Das kann sehr fein sein oder massiv. Wenn es massiv ist, kann es Auswirkungen auf umliegende Organe haben. Es kann den Magen beeinträchtigen, Leber und Galle, aber auch das Herz. Je nachdem, wie die Gefühls- und Gedankenstruktur des betreffenden Individuums gelagert ist, beeinträchtigt es das eine oder andere Organ.

Wenn nun jemand feststellt, daß vieles von Angst oder Mangel beherrscht wird und daß ein leichtes Zusammenziehen oder Zusammenkrampfen im Solarplexus zu bemerken ist, wird er wahrscheinlich den Wunsch haben, diese Erscheinungen aufzulösen, damit es ihm besser geht, damit er gesünder wird, sich wohler fühlt, damit seine Handlungen, sein Unternehmen, sein Tätigkeitsfeld, seine Ehe, sein ganzes Leben davon profitieren können. Wenn man aber dann an die Arbeit geht und beginnt, an diesen Erscheinungen zu arbeiten, gerät man in einen Teufelskreis. Man konzentriert sich auf den Solarplexus, findet Angst, Mangel oder ähnliches, man möchte es ausräumen, und was sich einstellt – ist Angst. Das, was man ausräumen möchte, wird bockig. Oder aber man hat plötzlich Angst davor, das, was man loslassen möchte, loszulassen. Diese Angst taucht deshalb auf, weil Menschen sich selbst mit den Phänomenen verwechseln. Wenn sie das Angst-und-Mangel-Syndrom aufgeben wollen, befürchten sie, daß dann nichts und niemand mehr da ist. Es entsteht ein Vakuum, und sie haben Angst vor dieser Leere.

Und tatsächlich ist, wenn Angst und Mangel aufgelöst sind, der Solarplexus ein Vakuum. Er ist es von Natur aus. Wenn man sich mit seinem Bewußtsein tief in den Solarplexus hineinbegibt und keinerlei Angst und Mangel dort vorhanden sind (oder man geht durch sie hindurch und begibt sich noch weiter in den Solarplexus hinein), dann gerät man in ein Vakuum, in eine Leere. Unbewußt weiß das jeder Mensch; mancher fürchtet sich davor und zieht es vor, an leiderzeugenden Erscheinungen wie Angst und Mangel festzuhalten.

Hier gibt es zwei Möglichkeiten der Vorgehensweise. Die eine ist, der Angst zum Trotz durch die Verkrampfungen, durch die Gefühlszusammenballungen (wie Angst, Mangel, Gier und so fort) in den Solarplexus hineinzugehen und zu wagen, sich in diesem Vakuum aufzulösen. Das ist eher ein Weg für Menschen, die in der Meditation eine gewisse Erfahrung haben.

Der andere Weg ist der leichtere: das Feld des Solarplexus zu verlassen und sich auf die Ebene des Herzens, die sozusagen eine Stufe höher liegt, zu erheben; sich zuerst im Solarplexus zentrieren und dann langsam zum Herzen hinaufwandern. Wenn man mit seinem Herzen in Kontakt gekommen ist, wird man feststellen, daß das Herz das Gegenstück zum Solarplexus ist. Es ist der positive Pol. Man kann diese Tatsache nutzen: Man kann üben, wann immer man konfrontiert ist mit den Zusammenkrampfungen und Zusammenbauungen negativer Gefühle, die im Solarplexus hausen, sich im Herzen zu zentrieren und ins Herz hineinzufühlen und -zuhorchen. Wenn man Fühlung hat mit dem Herzen (das spürt man), kann man Energie und Licht (also Licht-Energie) aus dem Herzzentrum hinunterschicken in den Solarplexus. Es ist ein warmes Licht, ähnlich wie eine warme Spätnachmittagssonne im Sommer; gelbgoldenes, warmes, freundliches Licht. Wenn man dieses Licht in den

Solarplexus schickt, ohne besondere Erwartungen daran zu knüpfen, und das wieder und wieder übt, dann können Angst und Mangel mit der Zeit behutsam aufgelöst werden. Es ist einfach diese Wärme und dieses Licht des Herzens, was die negativen Erscheinungen zu dem werden läßt, was sie eigentlich sind, nämlich nichts.

Ein Problem zieht diese Auflösungsarbeit allerdings unweigerlich nach sich. Wenn ein Manager beginnt, sein Herz zu entdecken und die Energie seines Herzens in seine Worte, seine Handlungen, seine Entscheidungen und Gedanken fließen zu lassen, hat das zur Folge, daß er anfängt, aus der Reihe zu tanzen. Und nicht nur das: Er wird empfindlicher, verletzlicher, offener. Das ist auch etwas, was der Mensch bewußt oder unbewußt weiß und weswegen er sich davor hütet, nach seinem Herzen zu leben. Vielleicht ist euch das vertraut.

Trotzdem bestehen wir darauf, unseren Zuhörern und Lesern ans Herz zu legen, ihr Herz zu entdecken und es zur zentralen Macht in ihrem Leben, ihren Gedanken, Worten und Handlungen zu machen. Und wir empfehlen das zu ihrem eigenen Wohl und zum Wohl des Ganzen.

Wenn ein Mensch sich auf die Basis der Wahrheit stellt, alles in seinem Leben entsprechend zurechtrückt (wie bereits erklärt wurde) und beschließt, seinem Herzen zu folgen, dann dient er damit sowohl seinem eigenen Wohl als auch dem Wohl des großen Ganzen. Zwischen dem individuellen Wohl und dem Wohl des Ganzen stehen verschiedene, immer größer werdende Gruppierungen; erst einmal zum Beispiel die Abteilung, der man vorsteht, dann das Unternehmen, in dem man arbeitet, dann der Wirtschaftszweig, dann die Volkswirtschaft, dann die globale Wirtschaft und so fort, bis hin zum großen Alles.

Nun könnt ihr euch vorstellen: Wenn die Beziehung zwischen mir und mir einerseits und zwischen mir und dem großen Ganzen andererseits zurechtgerückt wird, so daß es eine schnurgerade Beziehung ist, ohne Abweichungen, Ausweichen, Kurven und Knoten (das heißt, schnurgerade der Wahrheit seines Herzens zu folgen), dann kann es geschehen, daß sich zunächst einmal in den verschiedenen Bereichen, die zwischen dem Individuum und dem Ganzen liegen, durch diesen Entschluß und die veränderte Handlungsweise Verschiebungen, Änderungen, Turbulenzen ergeben. Möglicherweise gerät alles durcheinander. Vielleicht müssen Veränderungen vorgenommen werden, die zunächst einmal so wirken, als entstünde aus ihnen Chaos oder wirtschaftlicher Nachteil. Trotzdem, auch um den Preis solcher Turbulenzen, und auch unter Berücksichtigung des damit verbundenen Risikos, raten wir immer noch dringend, den Weg des Herzens zu gehen. Denn was auch immer sich verändert, wenn ein Mensch beschlossen hat, seinem Herzen zu folgen – was auch immer sich in seinem Tätigkeitsfeld dann verändert, wird immer zum Wohl aller Beteiligten sein. Und es geht immer gut aus. (Wobei ›gut ausgehen‹ nicht immer das ist, was der Kopf sich darunter vorstellt.) Das liegt daran, daß es letztlich nicht *viele* Herzen gibt, sondern nur *eines*. Jedes Wesen trägt ein Exemplar dieses einen und einzigen Herzens in sich. Deswegen ist der Weg des Herzens immer der richtige. Ein Mensch kann getrost alle Folgen, die sich aus dem Weg des Herzens ergeben, auf sich nehmen, wenn er weiß: ›Es ist für mich wie für alle Beteiligten und für das große Ganze das Beste.‹

Wenn man eine solche Entscheidung getroffen hat, muß man von Tag zu Tag und von Stunde zu Stunde am Ball bleiben. Das heißt: üben, auf seine innere Stimme zu hören, auf sein Herz zu hören. Und sich auch bei konkreten Anlässen daran erinnern, etwa wenn man in eine Besprechung geht, den Telefonhörer abnimmt, Entscheidungen zu treffen hat, etwas plant – erst im Herzen zentrieren und dann erst handeln oder sprechen.

Wenn nun einige Manager das tun, kann es dahin führen, daß mit der Zeit das Herz tatsächlich ein zumindest mitbestimmender oder sogar, wenn diese Entwicklung sich sehr stark ausbreitet, bestimmender Faktor im Wirtschaftsleben und in den Unternehmen wird. Das würde bedeuten, daß ihr eine völlig andere Qualität von Arbeit, von Hierarchie, vom Umgang untereinander und vom Umgang mit den Kunden oder Nutzern bekommt und eine völlig andere Art von Beziehung zwischen der individuellen Ausrichtung und Motivation und der Sache, um die es im jeweiligen Unternehmen geht, den Nutzern dieser Sache und dem größeren Ganzen, in das die Sache eingebettet ist. Es führt zu einem sehr viel angenehmeren, entspannteren und freundlicheren Klima. Es muß nicht heißen, daß Konkurrenz entfällt, aber wenn das Herz im Spiel ist, ist es eine freundschaftliche, sportliche Konkurrenz. Es muß auch nicht heißen, daß das Bedürfnis, etwas zu leisten, entfällt. Aber hinter der Leistung steckt eine andere Motivation, wenn das Herz im Spiel ist.

Wenn man diesen Prozeß bis zu seinem potentiellen Ende verfolgt, dann kann es zu einer Art Paradies auf Erden führen. Und genau das ist es, was das sich anbahnende neue Bewußtsein, das zu dem berühmten Neuen Zeitalter führt, in erster Linie auszeichnet: das Erwachen des Herzens. Es bezieht sich übrigens auf euren Kulturkreis; andere Kulturen stehen woanders, brauchen das nicht. In anderen Kulturen spielt das Herz längst eine große Rolle, da müssen andere Felder, andere Bereiche erwachen. Euer Kulturkreis ist zur Zeit allerdings führend auf diesem Planeten, und insofern betreffen die Auswirkungen des Erwachens des Herzens in eurem Kulturkreis allerdings den ganzen Planeten. Deshalb ist es so wichtig, darüber zu reden in diesem Buch für Manager, für Menschen also, die an wichtigen Hebeln sitzen.«

G: »Ihr habt empfohlen, die Aufmerksamkeit auf den Herzraum zu richten, auch bei Alltagsaufgaben wie Telefonieren und so weiter. Gibt es eine Möglichkeit, das konkreter zu beschreiben?«

N: »Mit dem Herzen atmen ist eine einfache Möglichkeit. Ins Herz hineinatmen und aus dem Herzen heraus ausatmen.

Wenn man Zeit hat, sich ausführlich auf eine bestimmte Tätigkeit einzustellen, wenn man beispielsweise vorhat, etwas zu schreiben, dann kann man mehrere Male mit dem Einatmen ins Herzzentrum gehen und mit dem Ausatmen die Herzenergie durch Hirn und Hand in das, was man zu schreiben beabsichtigt, leiten. Oder wenn man eine Besprechung vor sich hat, mit dem Einatmen ins Herzzentrum gehen und mit dem Ausatmen Lichtenergie in die Kehle leiten, so daß gewährleistet ist, daß während der gesamten Besprechung das Herz mitredet, daß die Beziehung zwischen Herz und Kehle, wo das Ausdruckszentrum sitzt, durchgehend aktiv ist und nicht unterbrochen wird.«

B-A: »Gibt es eine Übung, die einem Manager helfen kann, wenn er begonnen hat, diesen Weg zu gehen, und es zu Turbulenzen kommt? Wie kann er sich stärken, um durchzuhalten?«

N: »Es gibt einerseits Übungen, die ähnlich wirken wie Krücken, und es gibt *die* Übung. Eine Übung der ersten Kategorie wäre beispielsweise, das Hara zu stärken, ein Energiezentrum im Unterbauch (unteres Dantien im Chinesischen), etwas unterhalb des Nabels. Das verleiht Standfestigkeit. Oder die Kunst des eleganten Ausweichens und Umschiffens zu üben, beispielsweise mit Hilfe von Aikido oder Tai Chi. Aber das, worum es hier geht, ist das Herz. Entweder alternativ oder zusätzlich ist die zentrale Übung deshalb folgende: die Aufmerksamkeit verstärkt auf das Herzzentrum richten, das Herzzentrum mehr und mehr aktivieren und damit die Kraft und die Macht des Herzens entwickeln. Sie ist sehr stark und verleiht eine Art von Stabilität, die anders ist als die Stabilität, die das Kraftzentrum im Unterbauch verleiht, die aber in gewisser Weise stärker ist und unbeirrbar macht. Es ist letztlich die Kraft der Liebe, die stärker ist als alles andere. In dieser Welt gibt es nichts Stärkeres.«

B-A: »Das heißt, das beste ist, die Flucht nach vorn anzutreten.«

N: »Ja. Wobei allerdings geraten werden kann, einen guten Stand zu entwickeln. Das heißt ganz einfach, so oft wie möglich sich auf die Fußsohlen zu konzentrieren, mit ganz aufliegenden Fußsohlen zu stehen. Wenn man geht, steht, sitzt und wann immer es einem einfällt, spüren, wie die Fußsohlen den Boden berühren und wie das ganze Gewicht des Körpers auf ihnen ruht und durch sie auf den Boden gedrückt wird. Man kann sich auch vorstellen, Magnetfüße zu haben.«

G: »›Die Aufmerksamkeit auf das Herz richten‹ – das klingt so, als ob die Aufmerksamkeit aus irgendeinem anderen Bereich des Körper-Geist-Systems auf den Herzraum gerichtet werden sollte. Ich kann mir aber auch vorstellen, daß es eine Bewußtseinsentwicklung gibt, die dazu führt, aus dem Herzraum heraus wahrzunehmen und zu handeln.«

N: »Ja. Das ist das erreichbare Optimum und Maximum. Die meisten Menschen aber, die hier angesprochen werden, haben den Großteil ihrer Energie und Aufmerksamkeit im Kopf. Sie müssen sie aus dem Kopf abziehen und ins Herz lenken. Wenn das über längere Zeit hinweg praktiziert wird, dann kann ein Mensch dahinkommen, daß er nicht mehr empfindet: ›Das Herz ist in mir, und ich richte meine Aufmerksamkeit auf das Herz in meinem Innern‹, sondern: »Ich bin in meinem Herzen.‹ Das ist eine Umkehrung der Vorstellung. Wenn ein Mensch jedoch gleich damit beginnt – jedenfalls ein sehr verkrampfter Mensch –, kann es zu Angst führen.«

G: »Wie können bei Entscheidungsvorgängen Herz und Kopf lernen, zusammenzuarbeiten? Damit wir nicht in ein neues Entweder-Oder – ›Mein Herz sagt dieses, und mein Kopf sagt das‹ – geraten?«

N: »Dieses Entweder-Oder ist zunächst unvermeidlich. Einfach deshalb, weil der Kopf (allerdings unter Berücksichtigung dessen, was zuvor über den eigentlichen Herrscher erklärt wurde, dessen Instrument der Kopf ja nur ist) bisher gewohnt war, zu führen. Das heißt, der Mensch, anstatt sich seines Verstandes als Instrument zu bedienen, hat sich seinem Verstand unterworfen. Wenn nun das Herz auftaucht und sagt: ›Ich weiß, wo es langgeht‹, ist es zunächst unvermeidlich, daß es Konflikte gibt. Da kann leider erst einmal nur geraten werden, zu üben, die Stimme des Herzens wahrzunehmen. Es kann sein, daß mancher vielleicht trotzdem erst einmal noch nicht das Herz entscheiden läßt, sondern den Kopf. Aber es wird sich dann eine Folge dieser Entscheidungen einstellen, die ihn aufhorchen und sagen läßt: ›Aha! Mein Herz hatte recht!‹ Das heißt, bevor man ohne Vorbehalte immer seinem Herzen folgen kann, muß man im allgemeinen mehrere Male die Stimme des Herzens zwar gehört, aber mißachtet haben und dem Verstand gefolgt sein. Wenn ein Mensch einmal beschlossen hat, den Weg des Herzens oder der Intuition zu gehen, tritt unweigerlich als Folge auf, daß, wenn er nicht dem Herzen folgt, sondern dem Verstand, sich eine negative Auswirkung einstellt, damit er begreift, daß das Herz es besser weiß. Im allgemeinen ist deshalb eine Zeit der Übung notwendig. Eine Zeit der aufmerksamen Wahrnehmung. Man muß sich nicht zwingen, seinem Herzen zu folgen; man sollte sich aber zwingen, die Stimme des Herzens zu hören, sie zu registrieren.

Je mehr man die Stimme des Herzens wahrnimmt, desto öfter und desto zwingender wird man dazu geführt, ihr zu folgen. Je öfter man ihr folgt, desto mehr Erfolgserlebnisse hat man. Und je mehr Erfolgserlebnisse man hat, desto mehr Vertrauen hat man. So wird es möglich, mit der Zeit ganz auf diesen Weg umzusteigen.«

G: »...der ja zu einem spontanen und – im wahren Sinne des Wortes – herzlichen Verhalten führt.«

N: »Das kommt hinzu, ja.«

B-A: »Im Augenblick ist eine gegenteilige Entwicklung im Gange. Viele Manager, die schon bereit waren, diesen Weg zu gehen, sind jetzt wieder auf der alten Schiene und verfolgen einen harten Kurs.«

N: »Angst und Mangel, die Herrscher im Solarplexus (immer wenn es um Wirtschaft, Geld und Macht geht, herrschen sie in besonders starkem Maße), klammern sich an ihre Macht. Sie haben Angst, ihre Macht zu verlieren. Sie sind zwar Nichtse – aber sie sind mächtige Gedanken- und Gefühlsformen. Sie haben nicht die Existenzberechtigung eines lebendigen Wesens; aber sie sind vom Denken und Fühlen des Menschen geformte Gestalten. Sie haben die Zügel in der Hand. Nun versuchen Menschen, ihrer Herrschaft zu entgehen, indem sie sich auf die Ebene des Herzens begeben. Was dann passiert – wenn man es kindlich personifiziert betrachtet – ist, daß Angst und Mangel um ihre Herrschaft kämpfen. Oder, erwachsener ausgedrückt: Die Menschen fallen wieder zurück, weil sie noch nicht fest mit beiden Füßen auf der Ebene des Herzens stehen, noch nicht genügend Erfolgserlebnisse hatten, infolgedessen auch nicht genügend Vertrauen. So machen sich Angst sowie, verwandt mit ihr, das Gefühl des Mangels wieder breit. Wenn ich einen Schritt auf die Ebene des Solarplexus zurückgegangen bin, sind Angst und Mangel vorübergehend sogar noch stärker als zuvor. Das heißt, ich muß noch stärker dafür sorgen, daß ich meine Angst kompensiere und meinen Mangel decke. Also muß ich noch mehr haben als vorher: mehr Macht, mehr Bedeutung, mehr Einfluß, mehr Geld, mehr Königreich, das mir gehört. Da aber die Menschheit nun einmal dabei ist, sich von der Ebene des Solarplexus auf die Ebene des Herzens zu heben (jedenfalls die derzeit im äußeren Leben fahrende Schicht des menschlichen Bewußtseins, nämlich die europäische/amerikanische), und da der Weg auch schon frei ist, ist die Entwicklung nicht mehr umkehrbar. Das heißt, diese Rückfälle sind vorübergehender Natur. Das Herz ist schon aktiviert, und es wird sich durchsetzen. Das ist die nächste Stufe. Die Menschheit fällt niemals zurück auf die vorige Stufe. Entwicklung ist nicht umkehrbar, auch wenn es manchmal so aussieht. Immer wenn man den Eindruck hat, daß jemand ganz zurückgefallen ist und von vorn anfängt, befindet er sich auf einer anderen Ebene als vorher. Das liegt daran, daß Entwicklung spiralförmig ist.«

B-A: »*Diese Entwicklung betrifft Europa und Amerika?*«

N: »Wobei Amerika führend ist. Nun können sich Europäer und Amerikaner natürlich Unterstützung holen – und tun es auch – in anderen Kulturkreisen, also durch die Berührung mit Kulturen, in denen das Herz eine zentrale Rolle spielt, zum Beispiel die tibetische oder die der amerikanischen Ureinwohner. Es gibt viele geistige Lehrer und Inspiratoren, die aus anderen Kulturen nach Europa und Amerika kommen, um Lehren und Techniken zu vermitteln, wobei nicht diese dabei das Wichtigste sind, sondern die Begegnung mit einem Menschen, dessen Herz erwacht, lebendig ist. Auch wenn viele Menschen nicht wissen, daß es das ist, was sie bei diesem Schamanen, Lehrer oder Guru anzieht, so hat doch die Begegnung eine starke Wirkung. Denn Herz wirkt auf Herz, und Herzen können Herzen wecken. Und da es zur Zeit primär um die Erweckung des Herzens geht, ist es auch wichtig zu wissen: Nur Herzen können Herzen wecken. Das heißt, jemand, der ein großes Verstandeswissen über das Herz hat, kann nicht durch Reden und Predigen Herzen wecken. Das ist unmöglich. Wenn sein eigenes Herz schläft, nicht aktiv ist oder von einer Betonschicht umgeben ist, werden seine Worte, so wunderbar sie sein mögen, die Herzen der Menschen nicht erreichen, sondern nur den Verstand, und die Menschen werden vielleicht sagen: ›Ja! Wunderbar! So muß es sein!‹, aber sie werden sich nicht verändern.

Deshalb sollte (im Interesse eurer eigenen Ausrichtung, wenn ihr als Lehrer tätig seid) euer Hauptaugenmerk darauf gerichtet sein, euer eigenes Herz zu wecken. Wenn euer Herz lebendig und aktiv ist und die Sehkraft eures Herzens genutzt wird, könnt ihr ganz anders wirken in der Welt.

Um das in den beruflichen Alltag zu transportieren: Ein Mensch, der eine leitende Position in einem Unternehmen innehat, sitzt an seinem Schreibtisch; ein Untergebener kommt herein. Wenn der Chef in diesem Moment wach ist, dann wird er sich, bevor noch der Mitarbeiter sich gesetzt hat, schnell auf sein Herzzentrum besinnen, sich im Herzen zentrieren und dann erst das Gespräch eröffnen. Er wird dann, was auch immer dieser Mensch ihm erzählt, mit dem Herzen anhören. Er wird so zuhören, als ob die Ohren am Herzen säßen und nicht am Kopf. Das ist eine technische Einstellung. Was dann geschieht, ist, daß er all das hören kann, was hinter dem steckt, was der Mitarbeiter erzählt, was mitschwingt in seiner Rede, worum es ihm eigentlich geht. Es kann etwas sein, was er sorgfältig zu verbergen sucht; es kann aber auch etwas sein, was er nicht ausdrücken kann, aber gern ausdrücken würde; oder etwas, was ihm unbewußt ist. Wie auch immer: Wer mit dem Herzen zuhört, wird aus den Worten die eigentliche Botschaft heraushören können, das, worum es eigentlich geht. Natürlich hört der Verstand immer mit (außer wenn ihr in tiefer Trance seid oder in einem sehr hohen meditativen Zustand); darum braucht ihr euch nicht zu sorgen. Und wenn ihr selbst sprecht, könnt ihr üben, aus dem Herzen zu sprechen. Wobei auch der Verstand mitschwingt und mitreden darf, selbstverständlich. Sprecht so, als ob die Sprechwerkzeuge im Herzen säßen. Das verleiht euren Worten mehr Gewicht und euch selbst mehr Weisheit.

Wenn ihr das tut, und wenn ihr in der Lage seid, Fühlung mit eurem Herzen aufzunehmen, es tatsächlich zu wecken, zu aktivieren und seine Energie in alles, was ihr tut, einfließen zu lassen, werdet ihr große Macht bekommen. Es ist allerdings eine Macht – fast die einzige, die es gibt –, die nicht von euch mißbraucht werden kann. Diese Macht zu mißbrauchen ist unmöglich, schon aus technischen Gründen, denn wann immer ihr den Wunsch verspürt, sie zu mißbrauchen, seid ihr nicht auf der Ebene des Herzens, und dann ist die Macht nicht vorhanden. Sie ist nur vorhanden, wenn ihr auf der Ebene des Herzens seid, und dort gibt es kein Bedürfnis nach Beherrschung anderer, nach Manipulation oder dergleichen. Dort gibt es nur Aufrichtigkeit, Begeisterung, Engagement, Liebe, Mitgefühl – und Weisheit. Weisheit ist nicht im Kopf zu finden, sondern im Herzen. Und wäre es nicht wunderbar, wenn die Welt der Wirtschaft von Weisheit regiert würde?«

B-A: »*Das Interessante daran ist die Tatsache, daß nur auf diesem Wege wirklicher Erfolg erreicht und totale Zusammenbrüche, wie sie in andere Wege einprogrammiert sind, selbst wenn sie sehr erfolgreich waren, vermieden werden können.*«

N: »Ja und nein. Das heißt: Letztlich ist Erfolg nur auf diesem Wege zu erreichen, wirklicher Erfolg. Wirklicher Erfolg liegt nur vor, wenn alle Interessen berücksichtigt sind und es im Wohl des Ganzen liegt. Es kann aber auch einzelne scheinbare Mißerfolge geben. Es kann sehr wohl geschehen, daß einzelne Dinge – Dinge, die nicht mehr auf dem Boden der Wahrheit stehen – zusammenbrechen müssen. Allerdings kann ein Manager, der beschließt, diesen Weg zu gehen, sich so ausrichten, daß er das Wohl seines Unternehmens mit einbezieht; außer wenn das Unternehmen auf einer wirklich absolut löchrigen Basis steht – einer im Sinne der Wahrheit löchrigen Basis, wenn es beispielsweise etwas herstellt, was dem Ganzen, auch seinen Mitarbeitern und Nutzern sehr stark schadet und sich beim besten Willen nicht ändern und umstellen läßt. Das ist ein Fall, in dem die Einstellung eines führenden Mitarbeiters auf den Weg des Herzens unter Berücksichtigung des Wohls des Unternehmens nicht funktioniert. Eher wird er erkennen, daß er das Unternehmen verlassen muß oder daß es zusammenbricht, oder aber er muß es vollkommen verändern … Es gibt Grenzen. Aber bis zu einem gewissen Grade ist es möglich, sich auf den Weg des Herzens zu begeben und dabei einen bestimmten Bereich mit einzubeziehen. Es ist so, als wenn man kindlich beten würde: ›Lieber Gott, ich will dir dienen, aber bitte mach, daß es meinem Unternehmen nicht schadet!‹«

B-A: »*So könnte es beispielsweise geschehen, daß einige Manager desselben Unternehmens sich zusammentun und feststellen, daß das Unternehmen nicht mehr auf dem Boden der Wahrheit steht und daß sie Veränderungen vornehmen müssen, auf das Risiko hin, daß das Unternehmen zusammenbricht.*«

N: »Ja. Wobei es allerdings, wenn zum aktiven Herzen noch Kreativität, Flexibilität und Intelligenz hinzukommen und spielerische Freiheit im Denken, möglich ist, einen gewaltigen Prozentsatz von Unternehmen (einen viel größeren, als die Menschen im allgemeinen denken) so umzustellen, daß sie etwas produzieren können, was entweder in seiner Schädlichkeit stark reduziert ist oder was nicht schädlich, sondern nützlich ist; alle möglichen Produktionsbereiche könnten tatsächlich umgestellt werden, ohne daß ganze Unternehmen zugrunde gehen oder viele Mitarbeiter entlassen werden müssen! Es erfordert Flexibilität im Denken, laterales Denken, Intelligenz und Offenheit für Inspiration.

Der Verstand, so wie er programmiert ist, nutzt ja nur einen verschwindend geringen Bruchteil der dem Menschen zur Verfügung stehenden Intelligenz und Kreativität und des potentiellen Einfallsreichtums, viel weniger, als die Gehirnforscher vermuten. Die Gehirnforscher bewegen sich im Bereich der Materie. Sie betrachten das Gehirn und sehen, daß seine Kapazität soundso groß ist und daß davon offenbar nur soundso viel Prozent genutzt werden. Aber, was die Gehirnforscher nicht sehen können, ist das unendliche Potential der Intelligenz, die dieses Gehirn als Instrument benutzt, die das Gehirn erschaffen hat, die es gestaltet und die es mit jedem neuartigen Denkvorgang umgestaltet!«

B-A: »Kann man dazu ein Extrakapitel bekommen mit Übungen zur Gehirnentwicklung?«

N: »Das ist schwierig, weil genau das in alledem enthalten ist, was bisher diskutiert wurde. Alle Übungen und Anregungen, die bisher gegeben wurden, führen neben anderen Wirkungen (der Öffnung des Herzens und der Entwicklung von Intuition und so weiter) auch dazu, daß Intelligenz und Kreativität in einem weitaus größeren Maße genutzt werden können, als es normalerweise der Fall ist.

Wenn man das Gehirn eines Menschen, der gestorben ist, untersucht, dann sagt man: ›Das ist ein Gehirn; erforschen wir es!‹ Aber das Gehirn wird von jener Intelligenz erschaffen, die die eigentliche bewegende Kraft im Universum ist (gepaart mit Liebe), die *alles* erschaffen hat. Und es ist nicht ein für allemal erschaffen worden, sondern es wird ständig neu erschaffen und weiterentwickelt. Das einzelne, das individuelle Gehirn verändert sich laufend. Jeder neuartige Denkvorgang, also jeder Denkvorgang, der nicht auf einer im Gehirn bereits existierenden Schiene abläuft, sondern der eine neue Abzweigung darstellt oder eine neue Schiene anlegt, verändert und erweitert die physische Struktur des Gehirns. Das heißt: Es ist durchaus denkbar, daß, wenn die Menschen eine andere Art zu denken entwickeln, auch das Gehirn in einzigen Jahrzehnten, Jahrhunderten, Jahrtausenden völlig anders aussieht. Auch die Materie des Gehirns entwickelt sich ständig fort. Deswegen steht die herkömmliche Wissenschaft – nicht die ganz moderne – auf einer völlig unzulänglichen Basis. Diesen Gedanken aufzunehmen und zu durchdenken allein kann schon eine Änderung im Denken und damit, als Fernfolge, eine Änderung in der Materie des Gehirns verursachen. Es ist ein wichtiger Gedanke. Es reicht allerdings nicht, ihn mit dem Kopf zu durchdenken; sondern man muß ihn in sich aufnehmen und auf sich selbst anwenden. Eigentlich muß man diesen reichlich intellektuell erscheinenden Gedanken also ins Herz aufnehmen, damit daraus eine Erkenntnis wird, die einem nützt.

Was sehr befreiend auf den Verstand und aktivierend auf die Zellen des Gehirns (des ganzen Körpers übrigens) wirkt, ist Licht; das heißt, wenn es draußen hell ist, möglichst oft ins Freie gehen; wenn die Sonne nicht scheint, Lichtbäder nehmen, allerdings besser mit der herkömmlichen, ›veralteten‹ Höhensonne als mit den modernen Geräten, die gewisse Lichtfrequenzen ausfiltern (natürlich äußerst sparsam dosieren, so daß auf keinen Fall Sonnenbrand entsteht), oder aber zeitweilig in Gegenden entfliehen – was ihr ja auch instinktiv tut –, wo es mehr Licht gibt; und – das ist unabhängig vom physischen Licht – geistige Konzentration auf Licht! Sich Licht vorstellen und in den Körper hineinziehen, Licht einatmen nicht nur durch die Lungen, sondern durch alle Poren, und Licht ausatmen. Das ist eine Möglichkeit, sich mit Licht aufzuladen. Oder sich im Geist in einen Ozean aus Licht begeben oder eine Lichtdusche nehmen oder sein Lichtfeld entdecken. Jeder Mensch hat ein Lichtfeld, die sogenannte Aura, die man entdecken kann, indem man seine Wahrnehmung verstellt, sich vornimmt, sie zu entdecken, sich dafür öffnet, seine Wahrnehmung vom physischen Körper abzieht und auf den Lichtkörper richtet.«

14

ÜBUNGEN

N: »Ergänzend zu den in den verschiedenen Kapiteln enthaltenen Übungen werden im folgenden drei Übungen vorgestellt, die ganz grundsätzlicher Natur sind. Es wird empfohlen, sie in regelmäßigen Abständen zu wiederholen und in der angegebenen Reihenfolge anzuwenden.

Die Übungen zielen darauf ab, Weichen zu stellen für ein harmonisches, entspanntes und motivationsstarkes Verhältnis zwischen dem Übenden und seinem beruflichen Lebensfeld.«

1. Zurechtrücken

N: »Diese Übung sollte jeder anderen Übung vorausgehen. Es reicht nicht, sie ein einziges Mal durchzuführen. Sie kann einerseits für sich stehen und sollte andererseits immer als einleitende Maßnahme zu den anderen Übungen dienen.

Es ist zwar gut, zu stehen, während man die Übung macht, aber es geht auch im Sitzen (sehr aufrecht und möglichst ohne sich anzulehnen).

1. Zentrieren. Das bedeutet hier: alle Bewußtseinsteile, alle Aufmerksamkeit, alle Energie von der Umwelt abziehen und zu sich selbst hinziehen, in den eigenen Körper, in das eigene Energiefeld. Dann alle Aufmerksamkeit und Energie (was letztlich dasselbe ist) in der Körper-Längsachse versammeln, deren Hauptteil die Wirbelsäule ist.
2. Sich sein gesamtes Lebensfeld vorstellen wie ein Stück Land, auf dem man steht. Dann in der Vorstellung irgendwo in diesem Gesamtbild sein berufliches Feld anordnen, dann das

private Feld, die Familie, persönliche Beziehungen, Hobbys und so weiter. Das ganze Feld seiner Tätigkeiten und Beziehungen also, das gewissermaßen eine Erweiterung des persönlichen Selbst darstellt, um sich herum auf dem Boden anordnen, und zwar so, daß man selbst im Zentrum dieses Feldes steht. Die Vorstellung kann Ähnlichkeit haben mit einer Landkarte oder einer Grafik, das ist gleichgültig. Wichtig ist, diesen visuellen Eindruck nicht zu konstruieren, sondern spontan im Geist auftauchen zu lassen. Das ist immer die bessere Technik.

3. Um dieses persönliche Lebensfeld herum und dieses teilweise auch durchdringend sich nun das Feld des menschlichen Kollektivs und das gesamte Lebensfeld des Planeten vorstellen. Einen optischen Eindruck entstehen lassen, der widerspiegelt, auf welche Weise das berufliche Lebensfeld verwoben ist mit dem entsprechenden Gesamtbereich in der menschlichen Gesellschaft, in der Wirtschaft und so fort. Das gleiche dann für die anderen Bereiche. Auch das ist wieder eine Vorstellung, die man nicht mühsam zeichnen muß, sondern die spontan und möglicherweise sofort entstehen kann.

4. Um diesen Bereich herum und die anderen Bereiche durchdringend eine optische Vorstellung im Geist entstehen lassen, die das ganze Universum illustriert. Wobei sich dieses Universum nicht außerhalb des äußeren Ringes befindet, sondern das ganze Bild natürlich durchdringt, einschließlich des eigenen Körpers und der eigenen Person.

5. Zurückkehren zum Bewußtsein des eigenen Körpers, der Längsachse des eigenen Körpers, während gleichzeitig dieses große Feld, das man um sich herum in der Vorstellung geschaffen hat, erhalten bleibt.

6. Beobachten, in welcher Weise sich das Gefühl der eigenen Längsachse in bezug auf die Lebensbereiche, die man in seiner Vorstellung zu seinen Füßen angeordnet hat, verhält. Das heißt, ob (man muß sehr fein hineinspüren) irgendein Teil des Gemäldes, das man angelegt hat, eine Verschiebung oder eine Ausbuchtung oder so etwas wie ein Ausweichen im Ge-

fühl der eigenen Körpermitte, der Längsachse verursacht. Dort, wo solche Verschiebungen auftreten, ist irgend etwas nicht im Lot, ist man irgendwie aus der Wahrheit herausgefallen, mit sich selbst, mit seiner inneren Wahrheit nicht in Übereinstimmung. Technisch kann das so vor sich gehen (muß aber nicht; hier setzt individuelle Freiheit zur Gestaltung der Übung ein): Sich in der eigenen Längsachse zentrieren und dann aus dieser Konzentration heraus das persönliche Lebensfeld Bereich nach Bereich durchgehen; dann seinen Zusammenhang, sein Eingebundensein, seine Überlappung mit der Welt außerhalb dieses persönlichen Lebensbereichs, also mit der nächsten Schicht des Bildes, auch wieder Bereich für Bereich durchgehen; dabei jeweils beobachten, ob es irgendeinen Bereich gibt, bei dem man aus seiner Zentriertheit herausfällt.

7. An diesen Punkten jeweils verharren und prüfen: ›Was ist es, das nicht im Lot ist? Was ist es in diesem Bereich, das nicht meiner persönlichen Wahrheit oder meiner Überzeugung entspricht?‹ Nur prüfen. Nicht versuchen, es zu lösen oder zurechtzurücken, sondern nur prüfen.

8. Nun folgt etwas, was man nicht tun kann, sondern geschehen lassen muß: sich darauf einstellen, daß das, was nicht im Lot ist, zurechtgerückt wird, während man stehenbleibt und seine Aufmerksamkeit sowohl auf seine Körper-Längsachse als auch auf diesen sich nun zurechtrückenden Bereich gerichtet hält. Abwarten, welche Bilder auftauchen, welche Informationen, welche energetischen Impulse sich melden, die dem Zurechtrücken dienlich sind. Dieses Abwarten und Beobachten ist die wichtigste Phase der Übung.

Alles weitere, wie etwa die Konsequenzen, die aus der Übung gezogen werden, bleibt der Kreativität des Übenden überlassen und kann nicht vorweggenommen werden.

9. Wann immer man das Gefühl hat, daß die Übung abgeschlossen ist (auch wenn es keine greifbaren Resultate gibt, so gibt es doch einen Moment, wo man spürt, daß die Übung zu Ende ist), die Landkarte, die man um sich herum im Geist

ausgebreitet hat, einholen, in sich selbst aufnehmen. Zunächst die äußerste Schicht, das Universum, in sich hereinholen, und dann Schicht nach Schicht bis hin zu seinem persönlichen Lebensbereich. Sich wieder in der Längsachse des Körpers zentrieren, zum Schluß noch einen Augenblick im Unterbauch zentrieren, die Hände unter dem Bauchnabel übereinanderlegen, die Füße zusammenstellen, sehr geordnet einen Augenblick still stehen. Damit ist die Übung beendet.

Was auch immer bei dieser Übung geschieht, stellt nicht einen Endpunkt dar, sondern einen Anfang. Von nun an ist es nützlich, die Aufmerksamkeit auf dem Lebensbereich ruhen zu lassen, in dem etwas gestört war und nun geistig zurechtgerückt worden ist, und geduldig zu beobachten, was geschieht. Es ist nicht nötig, einzugreifen, außer wenn die innere Stimme es deutlich befiehlt; es reicht, diesen Lebensbereich im Auge zu haben und darauf eingestellt zu bleiben, daß er sich zurechtrückt. Das kann einen Tag dauern oder ein Jahr – es hängt sehr stark auch davon ab, wie sehr man in der Lage ist, auf seine innere Stimme zu hören, seiner Intuition zu folgen, und vor allem auch zuzulassen, daß es sich tatsächlich zurechtrückt. Dies geschieht dadurch, daß entweder die Lebensumstände oder die Einstellung zu den Lebensumständen sich so verändern, daß Einmütigkeit, Harmonie, Einverständnis herrscht. Ganz besonders interessant ist die Übung für Manager, die in einem Feld tätig sind, wo sie nicht ganz eins sind mit der Stimme ihres Gewissens. Es ist schwierig, an einen Fall dieser Art mit dem Intellekt heranzugehen. Der Intellekt findet immer wieder Scheinlösungen und Ausflüchte.

Es ist auch schwierig, mit Brachialgewalt daranzugehen und zu sagen: ›Mit dem, was in diesem Unternehmen oder Wirtschaftsbereich geschieht, bin ich nicht einverstanden, ich steige aus und tue etwas ganz anderes.‹ Einige Menschen tun das, aber nicht alle sind dazu willens oder in der Lage. Mit der Technik des Zurechtrückens ist es möglich, die Weichen so zu stellen, daß die inneren und äußeren Gegebenheiten sich so verändern und einpendeln, daß man in seinem beruflichen Feld wieder in der Lage ist, ja zu sagen zu dem, was man tut und repräsentiert, bis in alle Konsequenzen hinein. Die Übung kommt einem Weichenstellen gleich.«

G: »Ihr sagt ›geduldig‹. Meist hat man ja gewisse Vorstellungen, was ›Zurechtrücken‹ heißen kann. Diese müssen wahrscheinlich aufgegeben werden? Gibt es für diese Phase des Loslassens und des geduldigen Wartens irgendwelche Anregungen und Hinweise, um sie gut zu überstehen; zum Beispiel in bezug auf die Frage, wie man mit Gedanken umgehen soll, wenn der Körper unruhig wird und man sich bewegen möchte?«

N: »Das ist in dieser Übung bereits enthalten. Die ersten Schritte der Technik verschieben die Konzentration derart, daß die vorgefaßten Konzepte sehr weit an die Peripherie des Bewußtseins gedrängt werden und bei den meisten Menschen, die diese Übung machen, nicht mehr ins Gewicht fallen dürften. Sicherlich ist es gut, sich einleitend vor der Übung in einen entspannten Zustand zu versetzen und gleichzeitig hellwach zu bleiben. Also sich möglichst nicht hinlegen, sondern hinsetzen, vielleicht einige Male seufzen oder tief ausatmen, um sich zu entspannen, und dann eine Weile den Atem zu beobachten oder irgend etwas dieser Art. Also nicht unbedingt gleich in die Übung hineinspringen. Eigens darauf hinzuweisen, wie man mit Gedanken, die auftauchen, umgeht, wäre jedoch in diesem Fall ein Bumerang. Es würde Gedanken der Art, wie du sie meinst, eigentlich wieder hineinholen ins Bewußtseinsfeld, während doch die Übung darauf abzielt, sie außer Wirkung zu setzen. Sie sind vielleicht da, aber sie spielen keine Rolle. Das, was eine Rolle spielt und was sich im Zentrum des Bewußtseins befindet, ist das, was aufgrund der Einstellung, die man bei der Übung vorgenommen hat, geschieht.«

B-A: »Muß bei der Visualisierung das persönliche Feld in verschiedene Bereiche aufgeteilt sein? Es gelingt mir nicht, es ist ein einziges Feld.«

N: »Das ist deine persönliche Art zu leben. Das Bild sollte *entstehen,* man soll es nicht *machen.* Wenn es bei dir als ein einziger Gesamtbereich ohne Unterteilungen auftaucht, dann ist es eben so. Ein anderer wird verschiedene Bereiche sehen, die mehr oder weniger stark voneinander getrennt sind.«

2. Entspannung/Gleichgültigkeit

N: »Es wäre gut, auch diese Übung im Stehen wenigstens zu beginnen. Man braucht einen Raum von mindestens drei mal drei Metern, in dem man sich frei bewegen kann, ohne Stühle, Tische oder dergleichen. Wer die Möglichkeit hat, sich in seinem Büro einzuschließen oder die Übung nach Feierabend zu machen, wenn er einigermaßen sicher ist, daß er nicht gestört wird, für den ist es sehr empfehlenswert, sie in seinem eigenen Büro zu machen; ansonsten aber auch zu Hause oder wo auch immer.

1. Zentrieren in der Längsachse des Körpers, wie in der vorigen Übung beschrieben.
2. Auf dem Fußboden um sich herum das berufliche Lebensfeld anordnen. Dies ist auch wieder eine optische Vorstellung, die von selbst im Geist entsteht, indem er darauf eingestellt wird. Wenn nichts von selbst entsteht, dann darf man sie durchaus aber auch absichtlich in seiner Vorstellung kreieren. Es kann abstrakt oder konkret aussehen; irgendein optischer Eindruck, der die Landkarte des beruflichen Wirkens und Eingebundenseins illustriert.
3. Sobald dieses Bild steht (es kann durchaus vorkommen, daß es flackert; man muß es nicht ununterbrochen sehen; es kann verschwinden und wiederentstehen, aber man ist sich doch der grundsätzlichen Präsenz dieses Vorstellungsbildes bewußt), noch einmal zentrieren und eine Weile nur beobachten, was geschieht, wenn man die Aufmerksamkeit in seiner Längsachse hält und gleichzeitig aus diesem Beobachtungs-

posten heraus auf das Feld am Boden schaut. Nur beobachten, was geschieht. Man muß sich dafür einige Minuten Zeit nehmen. Bei einigen reichen zwei Minuten aus, bei anderen wird es länger dauern. Auf jeden Fall nehme man sich genügend Zeit, um wahrzunehmen, was geschieht: ob Empfindungen auftauchen, Gefühle, Gedanken, Informationen, Anregungen, Bilder, die die Beziehung zwischen der eigenen Persönlichkeit und dem beruflichen Feld in irgendeiner Weise betreffen, erhellen oder verändern.

4. Sehr bewußt und langsam beginnen, dieses Feld abzuschreiten. Das heißt, man geht auf der imaginären Landkarte seines Berufslebens spazieren. Man kann in Kreisen gehen, man kann es diagonal überqueren, man kann sich von der Peripherie zum Zentrum bewegen und umgekehrt – wie auch immer. Dabei die Aufmerksamkeit in der körpereigenen Längsachse belassen und gleichzeitig den Scheinwerfer der Wahrnehmung auf das Vorstellungsbild am Boden gerichtet halten. Die Wahrnehmung wandert über die Landkarte wie ein Lichtkegel und erhellt mal diesen, mal jenen Bereich. Sehr langsam gehen.

5. Weiterhin auf dem Imaginationsfeld spazierengehen, aber nun ganz frei, genau so, wie der Körper sich bewegen möchte. Das kann ein Schlendern sein, ein Hüpfen, ein Tanzen oder Stampfen. Dabei nun nicht mehr die Wahrnehmung auf die Landkarte am Boden gerichtet halten, sondern nur bei sich selbst sein. Wohl wissend, daß man auf der Landkarte spazierengeht. Aber man zieht die Aufmerksamkeit von ihr ab und zentriert sie im eigenen Körper. Dabei geht man so, daß man sich wohl fühlt. So lange gehen, bis der Körper ein durch und durch zufriedenes Gefühl hat, das Gefühl, einen angenehmen Spaziergang genügend ausgekostet zu haben, um ihn abschließen zu können.

6. Sich wieder in die Mitte des Feldes stellen. Zwei-, dreimal sehr tief, möglicherweise seufzend ausatmen, um sich ganz zu entspannen. Die Wahrnehmung nicht wieder auf die Landkarte am Boden richten, sondern bei sich selbst bleiben,

bei der Wahrnehmung des eigenen Körpers, des eigenen Befindens. Sich wieder zentrieren in der Körper-Längsachse, dann im Unterbauch. Die Übung beenden, ohne noch einmal einen Blick auf die imaginäre Landkarte zu werfen. Das heißt, sie wird weder eingeklappt noch ausgebreitet noch zum Verschwinden gebracht; sie wird einfach ignoriert. Man bleibt mit der Wahrnehmung beim eigenen Körper, beim eigenen Befinden, bei der Entspannung.

Das alles klingt sehr kindlich und einfach, aber diese Übung hat eine geradezu magische Wirkung. Ihr müßt es ausprobieren. Wichtig ist, daß von dem Moment an, wo es heißt ›frei spazierengehen auf der Landkarte, so, wie der Körper es braucht‹, bis zum Schluß der Übung und danach absolut keine Aufmerksamkeit mehr auf das Imaginationsbild am Boden gerichtet wird, sondern die ganze Aufmerksamkeit nur beim eigenen Körper und Wohlbefinden bleibt. Das erfordert einen gewissen Grad an Disziplin.

Dies ist eine Übung, die wiederholt werden sollte, damit sie dauerhafte Wirkung zeitigt, etwa einmal oder zweimal in der Woche, allerdings auch nicht öfter. Wenn man sie jeden Tag macht, könnte es dazu führen, daß man zu gleichgültig wird.

Zu dieser Übung der Entspannung und Gleichgültigkeit gehört als Ergänzung, am anderen Pol, unbedingt eine Übung zur Erneuerung der Motivation. Das eine ist ohne das andere nicht vollständig. Und beides wiederum basiert auf dem Zurechtrücken.«

3. Motivation

N: »Die Übung ›Zurechtrücken‹ ist auch hier wieder die Basis. ›Motivation‹ zu üben, ohne vorher ›Zurechtrücken‹ absolviert zu haben, ist nur etwas für Menschen, die absolut im Einklang sind mit ihrem beruflichen Wirken und ihrem Lebensfeld. Wenn es aber auch nur die geringste Verschiebung gibt, den geringsten Mißklang, das geringste Nicht-eins-Sein, dann ist ›Zurechtrücken‹ vorher unerläßlich. Sonst führt ›Motivation‹ nur zur Verwirrung.

Die Übung kann im Sitzen durchgeführt werden, sei es in Meditationshaltung auf dem Boden, sei es aufrecht und entspannt auf einem Stuhl sitzend.

1. Zentrieren, wie vorher beschrieben.
2. Alle Kräfte, alle Aufmerksamkeit im Herzen zentrieren. Das heißt im energetischen Herzzentrum in der Mitte der Brust.
3. Sich vom Herzen aus zu einer Erinnerung tragen oder katapultieren lassen, die Begeisterung weckt. Das ist auch wieder etwas, was nicht mit dem Verstand gesucht werden muß. Während man die Schritte der Übung studiert und die Übung vorbereitet, stellt man sich darauf ein, und sobald man in der Durchführung der Übung an diesem Punkt angelangt ist, geschieht es von selbst. Es muß nicht unbedingt eine Erinnerung sein, die mit dem beruflichen Lebensfeld zu tun hat, sondern irgendeine Erinnerung, die Begeisterung weckt, Freude, leidenschaftliches Engagement – möglicherweise auch Kinderträume: Träume, die man als Kind hatte in bezug auf das, was man einmal werden wollte, Heldenträume; irgend etwas, was Begeisterung weckt.
4. Die Energie der positiven Emotion, die auf diesem gespeicherten, Begeisterung weckenden Ereignis ruht, ins Herzzentrum hereinholen. (Das ist ganz technisch durchzuführen! Wenn man will, kann man es mit dem Einatmen verbinden.) Es hat zur Folge, daß das Herz geweckt, belebt wird.
5. Eine Weile bei dem Fühlen, Empfinden, Wahrnehmen des Herzens bleiben. Man kann sich vorstellen, daß durch die hereingeholte Begeisterungsenergie und durch die Aufmerksamkeit, die man nun dem Herzen zuteil werden läßt, das Herz sich belebt und öffnet, ähnlich wie eine Blüte sich öffnet, wenn ein Sonnenstrahl darauf fällt.

6. Nun vor dem Herzen in einem Abstand von nicht weniger als einem und nicht mehr als zwei Metern ein Bild erscheinen lassen, das den Beruf, das berufliche Lebensfeld und Eingebundensein symbolisiert.

7. Eine Beziehung herstellen zwischen seinem Herzen und dem Vorstellungsbild, am besten, indem man einen Lichtstrahl aus dem Herzen wie einen Scheinwerfer auf dieses Bild richtet. Dabei die Stimmung von Freude, Begeisterung, Liebe oder leidenschaftlichem Engagement halten, die man vorher durch Erinnerung des vergangenen Ereignisses geweckt und ins Herz geholt hat.

8. Diese Einstellung halten und beobachten, was geschieht.

9. Den Bund mit seinem Beruf bekräftigen oder erneuern. Jetzt nicht mehr durch Visualisierung und Empfindung von Verbindung zwischen dem Herzen und dem Bild, sondern durch Formulierung entsprechender Gedanken, beispielsweise als Bereitschaft, sich in den Dienst einer bestimmten Sache zu stellen – irgend etwas dieser Art formulieren, bekräftigen, laut aussprechen.

10. Die Übung beenden, indem das Bild des Berufs, das man vor sich hingestellt hat, sowie alle Gedanken, Bewußtseinsanteile, Aufmerksamkeit, Energie ins Herzzentrum gezogen werden. Sich ganz und gar im Herzen zentrieren. Dann sich der körpereigenen Längsachse wieder bewußt werden und zum Schluß die Energie im Unterbauch zentrieren.«

H: »Kann man das Wort ›Motivation‹ durch ›Inspiration‹ austauschen?«

N: »Auch hier spielt Inspiration eine Rolle, aber es ist nicht dieselbe Übung. Sich öffnen für Inspiration wäre eine gesonderte Übung.«

G: »Ich habe den Eindruck, daß die letzte Übung stark mit dem Wahrnehmen der Berufung zusammenhängt; die Berufung, die Motivlage, die Beweggründe wieder zum Sprechen bringen, in einer bestimmten Aufgabe oder einem bestimmten Beruf zu sein … Die Art fundamentaler Motivierung spürte ich aus dem Übungsangebot heraus.«

N: »Ja. Es zielt letztlich natürlich darauf ab, die Berufung zu entdecken und zu erkennen. Aber Vorsicht: Es gibt zwar Menschen, die eine Berufung haben, die ganz eindeutig auf eine bestimmte Tätigkeit festgelegt ist; aber es gibt andere, die eine Berufung haben, welche sich in jeder Art von Tätigkeit erfüllen und ausüben läßt. Jemand kann Schuhe oder Öfen verkaufen, Kenner in einem Restaurant sein oder Taxifahrer und in jedem dieser Tätigkeitsfelder seiner Berufung folgen, weil diese nicht an eine bestimmte Tätigkeit geknüpft ist, sondern beispielsweise eine bestimmte Art von Umgang mit Menschen beinhaltet oder das Ausstrahlen und Darstellen einer bestimmten Qualität. Mancher sucht seine Berufung am falschen Platz. Er denkt, seine Berufung erfüllt sich dann, wenn er den richtigen Beruf gefunden hat. Möglicherweise ist er aber schon im richtigen Beruf und verfehlt trotzdem seine Berufung, weil er nicht er selbst ist, weil er sich nicht traut, die Qualitäten, die in ihm angelegt sind, im Lebensfeld Beruf bis zur Vollkommenheit zu manifestieren. Andere aber haben eindeutig als Berufung einen bestimmten Beruf und finden ihn auch, sei es zu Anfang ihres Berufslebens, sei es irgendwann in der Mitte.«

G: »Aus welchem Grund soll die Übung ›Entspannung/Gleichgültigkeit‹ auf die Übung ›Zurechtrücken‹ folgen?«

N: »Theoretisch könnte die Übung ›Entspannung‹ Vorbereitung sein für die Übung ›Zurechtrücken‹. Praktisch ist es aber besser umgekehrt. Wenn die Übung ›Zurechtrücken‹ nicht gemacht worden ist und es etwas gibt, was nicht im Lot ist, das heißt, wenn man nicht ganz eins ist mit sich, mit seiner Tätigkeit oder seinem Beruf, dann funktioniert die Übung ›Entspannung/Gleichgültigkeit‹ nicht, denn dann kann sie ihre Wirkung nicht entfalten, es kann keine Gleichgültigkeit entstehen – weil

irgend etwas auf der Landkarte, die man auf dem Boden angelegt hat, blinkt und Aufmerksamkeit fordert. Dann muß erst die
Übung ›Zurechtrücken‹ eingeschoben werden, bevor ›Entspan-
nung/Gleichgültigkeit‹ gemacht werden kann. Entspannung ist
unmöglich, solange es etwas gibt, womit man uneins ist. Das ist
wie ein Entzündungsherd. Wo Entzündung herrscht, gibt es
keine Entspannung.«

*G: »Kann das Uneinssein nicht auch daher kommen, daß be-
stimmte Qualitäten und Fähigkeiten noch nicht manifestiert
worden sind, so daß man mit sich unzufrieden ist? Das wird ja
durch das Zurechtrücken nicht beseitigt. Beginnt nicht jeder
Entfaltungsvorgang durch die Wahrnehmung, daß irgend etwas
nicht mehr zurechtrückbar ist?«*

N: »Ja. Es gibt einen positiven und einen negativen Weg zur
Entfaltung. Der positive ist mühelos, so wie eine Blüte sich entfaltet. Der negative Weg führt über Schwierigkeiten, das heißt,
der Mensch schafft sich Schwierigkeiten, damit bestimmte Qualitäten sich entfalten können. Die meisten Menschen in diesem
Kulturkreis haben den schwierigen Weg gewählt. Was wir versuchen, ist, euch zu helfen, euch auf den mühelosen Weg umzustellen. In der Tat kann Unzufriedenheit entstehen, eine
drängende, treibende, letztlich konstruktive Unzufriedenheit,
dadurch, daß bestimmte Qualitäten sich entfalten wollen, aber
nicht können, weil ihnen Hindernisse entgegengesetzt werden –
vermeintlich von außen, in Wirklichkeit aber von innen. Das ist
nicht dasselbe wie Uneinssein mit äußeren Bedingungen, mit
irgend etwas, was man verkauft, herstellt, verwaltet oder repräsentiert im Rahmen eines Unternehmens oder Wirtschaftszwei-
ges und was der Zurechtrückung bedarf. Hier handelt es sich
vielmehr um ein Uneinssein mit sich selbst, weil es eine bestimmte Qualität gibt, die zur Entfaltung drängt, und weil man
sie zurückhält, beispielsweise aus Angst. Hier hilft nicht die
Übung ›Zurechtrücken‹, man müßte dafür eine andere Übung
entwickeln. Aber indirekt verhelfen all diese Übungen dazu, auf

einen inneren Weg zu kommen, auf dem sich ganz grundsätzlich Qualitäten mühe- und widerstandsloser entfalten können, also auf den ›positiven‹ Weg der Entfaltung.

Wenn die Blüte – die individuelle Blüte einer Pflanze – ein persönliches, reflektierendes Bewußtsein hätte, dann würde sie vielleicht dem Öffnen und ·Entfalten eines ihrer Blätter Widerstand entgegensetzen. Sie könnte denken: ›Oh, es ist gefährlich, dieses Blatt jetzt zu öffnen! Es könnte abfallen, es könnte gefressen werden, der Wind könnte es ergreifen …‹ Glücklicherweise verfügt die Blüte nicht über ein persönliches reflektierendes Bewußtsein. Sonst gäbe es nicht so viele schöne Blumen in eurer Welt.

Das soll nicht heißen, daß die Menschen zurückkehren sollten in den seligen, naiven Zustand, in dem Einfach-so-Sein herrscht und es kein reflektierendes Bewußtsein gibt und kein Bewußtsein von Individualität. Zurückkehren ist nicht möglich. Aber vertrauen, geschehen lassen können ist sehr wohl etwas, was der Evolution des Bewußtseins förderlich ist. Es stellt kein Zurückkehren in den Mutterschoß dar, sondern in dieser Phase der Entwicklung der Menschheit in eurem Kulturkreis einen Fortschritt. Vertrauen, geschehen lassen können – das ist der Kern aller Aussagen dieses Buches.«

H: »*Das ist der Punkt, wo wir am Ende des esoterischen Kapitels stehengeblieben sind. Nämlich bei meinem Problem: nicht zurückkehren in den naiven Zustand! Sondern was ich meine, ist: eine Art Unschuld wiederherstellen; das ist etwas, was nichts mit Naivität zu tun hat. Es ist eine Art Reinheit, Unbefangenheit, ein Zustand, in dem etwas von innen heraus wirksam werden kann …*«

N: »Es ist nicht der Zustand vor der Schuld. Es ist der Zustand nach der Schuld. Es ist das Schuld-überwunden-Haben, es ist das, was Erlösung genannt wird.«

H: »*Ja, wenn man an Schuld glaubt.*«

N: »Es ist unweigerlich mit der Entwicklung des menschlichen Bewußtseins verbunden, durch eine Phase zu gehen, in der die Erkenntnis von Schuld und Unschuld heraufdämmert – bevor man das Konzept von Schuld wieder überwinden kann.«

H: »Der Ausdruck ›Konzept‹ gefällt mir in diesem Zusammenhang sehr gut. Auch ›Sünde‹ ist ein Konzept in unserem Denken.«

N: »Es wäre viel dazu zu sagen, aber das wäre ein anderes Buch.

Nicht künstlich versuchen zurückzukehren in einen naiven, unschuldigen Zustand, aber anpeilen, daß es möglich ist, einen Zustand zu erreichen jenseits von Schuld, wo Schuld keine Bedeutung hat. Aber dieser Zustand kann erst erreicht werden – und zwar deshalb, weil die Basis von allem, was ist, absolute Liebe und Vollkommenheit ist –, wenn das Individuum wieder oder neu seine Verbindung zu seinem innersten Kern entdeckt hat, also anstelle eines größtenteils künstlich aufgepfropften Gewissens die innere Stimme wiedergefunden hat, die aus dem Zentrum der Individualität hervorgeht, welches gleichzeitig das Zentrum von allem ist. Diese Stimme, die alles weiß, die alles überblicken kann, auch die Folgen und Fernfolgen von Handlungen – diese Stimme müßt ihr wiederentdecken und ihr folgen. Dann habt ihr den roten Faden, der es euch ermöglicht, euch von euren Ideen über Schuld zu befreien und über das künstliche Gewissen hinwegzukommen. Diesen roten Faden findet ihr im Herzen.«

15.
Turbulenzen nutzen

N: »Möchte jemand auf die Turbulenzen eingehen, die es hier gegeben hat?« (In das Haus, in dem die Sitzungen stattfanden, war eingebrochen worden.)

G: »Turbulenzen gibt es ja immer wieder… Wenn beispielsweise im Hause irgendein Vorfall geschieht, der alle überrascht, so wie heute geschehen, dann entstehen große Turbulenzen. Sie glätten sich von allein, aber irgendeine Spur bleibt immer in Erinnerung. Vielleicht gibt es intelligentere Arten, mit Turbulenzen umzugehen, als sie einfach dem Gang der Zeit zu überlassen. Könnt ihr dazu Vorschläge machen?«

N: »Turbulenzen können genutzt werden. Anstatt sie lediglich als Störungen aufzufassen und zu versuchen, so schnell wie möglich den vorherigen Zustand von Ordnung wiederherzustellen, kann man versuchen, sie als einen durchaus positiv zu wertenden Einbruch wirbelnder Kräfte anzusehen, die, wenn man es versteht, daraus Sinn zu ziehen, festgefügte Muster ein wenig durcheinanderbringen können, um eine neue Ordnung zu ermöglichen oder an der alten Ordnung etwas zu verändern.«

G: »Ihr empfehlt also, Turbulenzen nicht einfach hinzunehmen, sondern sich aktiver damit auseinanderzusetzen und zu schauen, welche konstruktiven Veränderungen unternommen werden können?«

N: »Ja. Es wäre gut, das immer zu prüfen. Grundsätzlich erklärt: Es gibt nicht irgendeine fremde, übergeordnete Instanz, die aus den Dingen, die euch zustoßen, einen Sinn zieht und diesen euch aufoktroyiert. Man kann also nicht sagen: Diese Turbulenz hat den und den Zweck, sondern der Zweck entsteht durch die Art eurer Beteiligung, eurer Teilnahme. Das heißt, ihr könnt Sinn daraus ziehen oder auch nicht. Das gilt im übrigen für alle Arten von Ereignissen. Ihr könnt den Vorfall ungenutzt verstreichen lassen oder Sinn daraus ziehen. Jede Turbulenz ist eine Gelegenheit zum Aufwachen, zum Erwachen. Übertragen auf den Rahmen eines Betriebes, in den eingebrochen wurde, so wie hier geschehen: Dieser Einbruch hat, obwohl er keine gravierenden äußeren Folgen hinterlassen hat, doch einen mächtigen Wirbel mitgebracht. In das Energiefeld dieses Unternehmens wurde durch den Einbruch ein Loch geschlagen, und durch dieses Loch konnten wirbelnde Kräfte hereinkommen und mit ihnen alles mögliche, das wir hier nicht näher spezifizieren möchten. Es hat jedenfalls zu einer erheblichen Störung der Atmosphäre geführt.

Nun kann man sagen: ›Wir reparieren das alles wieder.‹ Es ist natürlich gut und vernünftig, alle Schäden wiedergutzumachen und vorzubeugen, daß keine neuen Schäden entstehen können: neue Schlösser, Alarmanlagen anzubringen und dergleichen. Im übrigen aber kann geprüft werden, ob es im Licht dieser Veränderung, im Licht dieses etwas unangenehmen frischen Windes, der hereingekommen ist, irgend etwas gibt, was man sowieso immer schon in Frage stellen oder verändern wollte. Eine Turbulenz, die von außen hereinbricht, hat immer einen Anknüpfungspunkt im Inneren. Das heißt, es gibt irgendwo in diesem Betrieb einen schwachen Punkt. Andernfalls hätten Kräfte von außen nicht eindringen können.

Nichts ist Zufall. Es ist kein Zufall, wenn eingebrochen wird oder irgendeine Art von Malheur oder Katastrophe passiert. Es ist auch nicht so, daß die Götter pokern, woraufhin irgend etwas ganz willkürlich geschieht; sondern das Schicksal eines Menschen ist nicht umsonst sein Schicksal. Und das Schicksal einer Gruppe von Menschen ist nicht umsonst ihr Schicksal; es ist sinnvoll, jedenfalls, insoweit die Menschen verstehen, Sinn daraus zu ziehen.

298

Das bedeutet in diesem konkreten Fall: Es könnte geprüft werden, ob es innerhalb dieses Betriebes irgendeinen schwachen Punkt gibt, der latent immer schon Bewußtsein war und auf den dieser Einbruch von wirbelnden Kräften euch vielleicht aufmerksam machen könnte. Wenn es so etwas gibt, dann muß man es nicht lange suchen, sondern dann ist es schon reif, liegt schon da, man hat schon öfter daran gedacht, aber möglicherweise nur halb bewußt. Man muß also den Betrieb auf schwache Punkte, auf Zwist und Unstimmigkeit hin prüfen und dann versuchen, nicht nur mit der reparierenden Kraft zu arbeiten, um das Ganze wieder zu versiegeln, sondern auch mit der regenerierenden Kraft; das heißt, nicht nur danach trachten, den alten Zustand wiederherzustellen, sondern auch schauen, ob man etwas verändern muß, damit Gesamtgleichgewicht und Gesamtharmonie wieder stimmen.«

G: »Das heißt, auch solche Turbulenzen sind Resonanzphänomene, wofür zunächst einmal im Bewußtsein der Mitarbeiter und Führungskräfte eines Betriebes eine entsprechende Voraussetzung vorhanden sein muß, zum Beispiel nicht glückende Kommunikation, Reibungen, Unsicherheiten, die sich dann niederschlagen in so einem Eingriff von draußen?«

N: »Es muß nicht immer so sein; es ist nur ein Vorschlag zur Überprüfung, um euch eine Richtlinie zu geben oder Annäherungswerte, wie ihr solche Ereignisse versuchen könnt zu verstehen oder zu deuten im Hinblick auf Entsprechungen und Sinn: Ein (gelungener) Einbruch in ein Unternehmen oder Haus setzt voraus, daß es irgendwo – wir sprechen jetzt von der materiellen Ebene – eine Schwachstelle gibt, einen Punkt also, wo das Gebäude nicht gesichert ist. Wenn du das übersetzt auf den geistigen und psychischen Bereich, dann kannst du im allgemeinen davon ausgehen (das ist aber nicht die einzige Deutungsmöglichkeit von Einbruch!), daß das geistig-psychische Gebäude dieses Betriebes irgendwo eine Schwachstelle hat, wo Kräfte von außerhalb, die nicht unbedingt freundlich gesonnen sind, aber auch nicht sehr feindlich, und die sich irgend etwas wollen aneignen aus diesem Betrieb, eindringen können in das Gefüge. ›Schwachstelle‹ muß nicht bedeuten, daß es einen Menschen im Betrieb gibt, der mit einem anderen Verein in unrechtmäßiger Weise kommuniziert, etwa ein Spion. Die Schwachstelle kann auch in Schwierigkeiten in der innerbetrieblichen Kommunikation, in einer Person, deren Einbindung in den Betrieb schwach ist, die aber in einer Schlüsselposition sitzt, bestehen.«

G: »Mich interessiert noch einmal der Übergang von der Ebene der Kommunikation zwischen Mitarbeitern und Führungskräften und dieser Meta-Ebene, die sich niederschlägt in der Aura oder der Kohärenz, der Stabilität eines Unternehmens, die nach außen gezeigt wird und die bei einem Einbruch in die ›dritte Haut‹ eines Unternehmens – das Gebäude – sehr gestört wird. Mich interessieren die Übergänge von der Ebene der einzelnen Interaktionen auf die Ebene der Aktion eines Ganzen, eines Betriebes beispielsweise. Gibt es da verschiedene Gewichtungen? Welche Intensität müssen Konflikte haben, damit sie sich so nach außen hin manifestieren? Kann man die Bewußtheit so sensibilisieren, daß man dieses Nach-außen-Dringen auf die systemische Ebene vermeiden kann?«

N: »Damit es eine solche Art von Loch oder Verletzbarkeit gibt, müssen schon sehr grundsätzliche Differenzen bestehen. Konflikte allein sind innerhalb jeder Beziehung – auch ein Betrieb ist eine Beziehung zwischen verschiedenen Menschen – etwas ganz Natürliches, Positives, Förderliches. Löcher entstehen nicht durch Konflikte an sich, sondern durch ganz grundsätzliche und gravierende Unterschiede in der Auffassung, beispielsweise in bezug auf Inhalt und Gegenstand des Unternehmens, oder aber ganz grundlegende Loyalitätskonflikte oder -differenzen. Das Energiefeld eines Unternehmens – genauso wie einer Familie oder Ehe – wird getragen von Kommunikation, auf den verschiedenen Ebenen. Kommunikation findet nicht nur verbal statt, sondern auch telepathisch, auf der Ebene der Emotionen, der Stimmungen und so fort. Diese Kommunikation ist das Trägermedium für eine geschlossene Energieformation, die sozusagen das feinstoffliche Gebilde eines Unternehmens darstellt. Stellt euch vor, alle Mitarbeiter sind so etwas wie Pfeiler, und das, was diese Eckpfeiler verbindet, ist nicht grobe Materie, sondern feinere Materie, und überall da, wo keine Kommunikation besteht oder wo heftige Abneigung besteht, die Kommunikation verhindert, extreme grundsätzliche Differenzen oder extrem negative Emotionen, wo also die Kommunikation nicht ungehindert fließen kann, da besteht keine Verbindung von Pfeiler zu Pfeiler. Zwischen diesen Pfeilern ist ein Loch. Wenn man also offene Stellen in der Außenhaut vermutet, so muß man sein Augenmerk auf die bestehenden grundsätzlichen und gravierenden Differenzen oder schwerwiegenden emotionalen Unstimmigkeiten unter den verschiedenen Mitarbeitern richten, die im Hinblick auf den Verkehr zwischen Innen und Außen Schlüsselstellungen innehaben, den äußeren Pfeilern sozusagen. Das können auch Sekretärinnen sein, die viel mit der Außenwelt zu tun haben, oder Telefonistinnen. Im allgemeinen werden es aber Führungskräfte sein. Und dann sollte natürlich alles unternommen werden, um die Unstimmigkeiten oder den Zwist zu klären. Nicht übertünchen, nicht versuchen, künstlich wieder eine nette Kommunikation herzustellen, sondern das, was auszuräumen ist, wirklich an die Oberfläche des eigenen Bewußtseins bringen und es, wenn möglich, im gemeinsamen Gespräch klären. Wo das nicht möglich sein sollte, die Sache wenigstens innerhalb des eigenen Bewußtseins soweit wie irgend möglich ehrlich und offen klären, und dann versuchen, zu der betreffenden anderen Person wieder eine Brücke aufrichtiger Kommunikation herzustellen. Wenn an dieser Stelle tatsächlich das Loch war, ist es damit geschlossen – mehr oder weniger, je nachdem, wie gut man die Brücke herstellen kann.«

G: »Bei unüberwindbaren Gegensätzen in den Anschauungen bezüglich Sinn und Zweck des Unternehmens oder dergleichen muß man eventuell überlegen, sich zu trennen?«

N: »Selbstverständlich. Wenn es wirklich unüberwindbar ist, könnte eine Trennung die bessere Lösung sein. Wobei es keinen Konflikt gibt, der unüberwindbar ist. Es können nur sehr einschneidende Maßnahmen notwendig sein und vielleicht sehr viel Mut, einen gravierenden Konflikt zu klären. Stell dir vor, es besteht eine grundlegende Differenz zwischen dir und einer anderen wichtigen Person deines Betriebes. Wenn du schon soweit bist, daß du denkst, das Ganze ließe sich nur noch durch Trennung lösen, dann hast du den Rücken frei. Dann kannst du frei handeln, weil du ohnehin eigentlich schon aus der Beziehung ausgestiegen bist. Du hast nichts zu verlieren. Diese Einstellung kann dir möglicherweise den Mut geben, Schritte zu unternehmen oder Worte zu sprechen, die du sonst niemals gewagt hättest. Und dann kann es möglicherweise plötzlich doch Klärung geben.

Um übrigens das Thema Einbruch zu ergänzen: Die geschilderte Möglichkeit, Einbruch zu deuten, ist wie gesagt keineswegs die einzige. So kann durchaus auch bei jemandem eingebrochen werden, der sich etwa insgeheim und unbewußt eine Befreiung von allen möglichen Gütern wünscht, die nur Ballast für ihn bedeuten.«

G: »In jedem Fall aber scheint es so zu sein, daß die jeweils Betroffenen die Gründe kreieren.«

N: »Ja. Beziehungsweise ein Einbruch, um bei diesem Beispiel zu bleiben, ist das Ergebnis einer Zusammenarbeit zwischen dem Opfer und dem Täter. So merkwürdig das klingt, es ist Ergebnis einer unbewußten geistigen Übereinkunft. Wobei natürlich keinerlei persönliche Bekanntschaft zwischen Opfer und Täter zu bestehen braucht. Das Ganze findet auf einer unterpersönlichen telepathischen Ebene statt. Und um das zu wiederholen: Der Vorfall hat keinen vorgegebenen Zweck. Es ist nicht so, daß es eine persönliche göttliche Instanz gäbe, die sagt: ›Da schicken wir jetzt einmal einen Einbrecher hin, damit diese Leute aufwachen‹, sondern der Sinn, der Zweck erschließt sich in Zusammenarbeit aller Beteiligten. Der Zweck ist übrigens eine überbewußte Angelegenheit: Er wird geschaffen von Bewußtseinsschichten, die über dem gewöhnlichen Alltagsbewußtsein liegen: vom höheren (oder ›inneren‹) Selbst. Erst ist der Zweck da, geschaffen vom höheren Selbst, dann wird in Zusammenarbeit mit dem Unterbewußtsein ein Ereignis herbeigeführt, und dann kann das persönliche Bewußtsein dieses Ereignis nutzen im Sinne des höheren Zwecks. Aber es hat die freie Wahl, ob und wie es das Ereignis nutzen möchte oder nicht. Es kann auch durchaus sein, daß das höhere Selbst eine Sache angestiftet hat, um einen bestimmten Zweck zu erreichen und mit Hilfe des Unterbewußtseins dieses Ereignis veranstaltet hat, und das Bewußtsein der Person beschließt dann, das Ereignis in ganz anderer Weise zu nutzen. Das ist eine Sache der persönlichen Kreativität. Es kann geschehen, daß durch einen solchen freien Willensentschluß, der nicht der ›von oben‹ gegebenen Richtung folgt, das höhere Selbst wiederum bereichert wird.«

B-A: »*Nehmen wir an, da ist etwas, was einer Veränderung bedarf, und man stellt das fest und handelt entsprechend. Ist dann der Einbruch überflüssig?*«

N: »Dann gibt es keinen Ansatzpunkt für dieses Ereignis. Ein Unternehmen, eine Familie, ein Haushalt kann immun sein gegen Einbrüche welcher Art auch immer, allerdings mit einer Einschränkung: Es kann sehr wohl sein, daß die Ordnung stimmt; es herrscht Harmonie, die Kommunikation funktioniert, alles ist wunderbar – und trotzdem gibt es plötzlich irgendeine Art von Einbruch. (Einbruch muß nicht darin bestehen, daß ein Einbrecher ins Haus eindringt; er kann auch darin bestehen, daß eine Katastrophe ins Leben einbricht oder eine Turbulenz auftritt.) Dann kann es der Fall sein, daß die Ordnung zwar gut war und funktioniert hat, daß es aber an der Zeit ist, eine völlig neue Ordnung zu etablieren, und daß das Ganze einmal kräftig durchgerüttelt werden muß. Dann wird es allerdings im allgemeinen so sein, daß die Turbulenz, der Einbruch, von allen mehr oder weniger gut, überwiegend gut verkraftet wird und der Sinn auch erkannt wird.

Es könnte vielleicht einige Menschen beunruhigen, die sich schon mit der Wissenschaft des Denkens, mit positivem Denken und dergleichen beschäftigt haben und die fest und unverrückbar an die Macht der Gedanken glauben. Hütet euch davor, das allzu mechanistisch zu sehen. Auf der einen Seite ist es wohl wahr, daß, wenn ein Mensch oder eine Gruppe von Menschen ihr Denken freihalten oder stets reinigen kann von Negativität welcher Art auch immer, dann wird dieser Mensch oder diese Gruppe in einem grundsätzlich positiven Fahrwasser schwimmen. Dieser Zusammenhang zwischen Denken/Fühlen auf der einen Seite und äußeren Umständen auf der anderen Seite existiert. Es wird aber nicht die ganze Wirklichkeit eines Menschen oder einer Gruppe oder Firma nur vom persönlichen Denken dieser Person oder Gruppe beeinflußt, sondern es gibt Faktoren, die völlig jenseits des Spektrums des persönlichen Denkens liegen und die im Schicksal des Menschen beziehungsweise der Gruppe eine Rolle spielen: Faktoren aus Bewußtseinsschichten, die jenseits des alltäglichen Bewußtseins liegen. Das Vertrauen, von dem zu Anfang unseres Buches die Rede war, sollte sich niemals auf das enge Spektrum des persönlichen Denkens gründen. Und es sollte sich natürlich sowieso niemals auf bestimmte Sachverhalte oder bestimmte Menschen oder Ereignisse gründen. Vertrauen, wenn es nie enttäuscht werden will, muß sehr weit gefaßt sein – Vertrauen ins Leben an sich beispielsweise oder in den Prozeß an sich oder in Intelligenz an sich oder einfach in sich selbst. Jedes andersartige Vertrauen muß irgendwann enttäuscht werden, damit der Mensch zu diesem wirklichen, dem unbegrenzten Vertrauen findet.

Gibt es noch eine Frage?«

G: »Ja, zur ›Reinigung des Denkens‹. Was kann das individuell und auch für Teams bedeuten? Wie kann man sein Denken reinigen?«

N: »Das ist für viele Menschen eine ungewohnte Angelegenheit. Reines Denken in diesem Sinne bedeutet nicht ein Denken, das immerzu nur lieblich und freundlich und unschuldig ist in dem Sinne, wie im allgemeinen Unschuld verstanden wird. Was immer geschieht in der Kommunikation zwischen Menschen, wühlt in den Beteiligten irgend etwas auf, bringt etwas Neues hinein, stellt Altes in Frage, bringt Durcheinander, bringt Unordnung. Das ist so, wenn zwei Menschen miteinander sprechen; außer wenn sie beide völlig taub sind im physischen oder geistigen Sinne. Es werden fremde Elemente hereingetragen, vertraute Elemente ins Wanken gebracht und so weiter. Dieser Vorgang kann in der Psyche eines Menschen zu negativen Emotionen führen, beispielsweise Zorn, Wut, Ärger – verständlicherweise, weil das bisher für gesichert Gehaltene angegriffen wird; möglicherweise verwechselt der Betreffende auch seine Ansichten mit sich selbst; das heißt, wenn seine Ansichten angegriffen werden, fühlt er sich selbst angegriffen und wird ärgerlich. Das ist eine Abwehrreaktion. Oder er kann, je nach Temperament, traurig werden (Frauen werden oft eher traurig, Männer eher wütend), weil irgendwelche Bausteine der eigenen Wirklichkeit plötzlich für ungültig erklärt werden, weil irgend etwas an der eigenen Person für unwert erklärt wird. Auch hier neigt man wieder dazu, die eigenen Ansichten, Gedanken und Ideen mit der eigenen Person zu verwechseln.

Wenn das fortwährend geschieht, entweder verbal oder in Gedanken, kann aus dem anfänglichen leichten Ärger oder Zorn mit der Zeit sogar tiefsitzender Groll werden, bis hin zu Haß. Dann ist das Denken schwer verunreinigt. Es ist ein Zustand, der euch selbst vergiftet, der eure Stimmung, euer Gefühl, euren Körper vergiften kann, und in diesem Sinne wird es Verunreinigung genannt.

Ein Mensch, der sein Denken regelmäßig reinigt, läßt es gar nicht erst zu dieser Verunreinigung kommen. Ein Beispiel: Ihr habt ein Gespräch geführt. Wenn irgend möglich, nehmt euch danach Zeit, wieder zu euch zu kommen. Oder aber nehmt euch jeden Tag einmal Zeit, vielleicht am Abend, um den

Scheinwerfer eurer Aufmerksamkeit nach und nach auf alles zu richten, was an diesem Tag an zwischenmenschlicher Kommunikation abgelaufen ist. Prüft, welche Art von Bewegung, also von Emotion, und welche Art von Rückstand die Gespräche, die stattgefunden haben, in euch zurückgelassen haben. Richtet eure Aufmerksamkeit darauf. Wenn es negative Emotionen sind, dann nehmt diese negativen Emotionen wahr. ›Wahrnehmen‹ bedeutet nicht, festzustellen: ›Aha, da ist Ärger‹, und dann gleich zum nächsten Punkt überzugehen. Das ist nicht wahrnehmen, das ist benennen. Wahrnehmen bedeutet vielmehr, diese Emotion zu fühlen, zu erleben, die Aufmerksamkeit darauf zu richten und in das betreffende Gefühl hineinzuatmen. Wendet euch euren eigenen Emotionen zu. Nehmt Anteil an eurer eigenen Wirklichkeit. Das ist Mitgefühl sich selbst gegenüber. Allein diese mitfühlende Zuwendung den eigenen Emotionen gegenüber kann verhindern, daß sich Schlacken oder Knoten bilden. Und je öfter dies geschieht, desto freier kann das Denken von Knoten, tiefsitzendem Groll und dergleichen bleiben – und desto freier übrigens auch von Mustern, die nach jedem Gespräch neu gebildet oder verstärkt werden. Natürlich muß man das gleiche auch mit positiven Emotionen tun. Es wäre unheilvoll, den vergangenen Tag oder das vergangene Gespräch Revue passieren zu lassen und dabei nur nach Negativem Ausschau zu halten. Prüft neutral: ›Welche Spuren hat das Gespräch in mir hinterlassen? Wie fühlt sich der Kontakt im nachhinein an? Welche Gefühle, welche Körperempfindungen tauchen auf, wenn ich daran denke?‹

Auf diese Weise verhindert ihr, daß ihr Gefühle festhaltet oder verdrängt und diese dann irgendwo im Körper ihr Unwesen treiben können. Ihr begünstigt den freien Fluß der Gefühle. Menschen, die jeden Tag viele Gespräche führen, können sehr davon profitieren, wenn sie diese Betrachtung jeden Tag anstellen.

In allen wichtigen persönlichen Beziehungen, dort, wo im Prinzip gute Kommunikation herrscht, also zwischen Freunden, Ehe- und Liebespartnern, Familienangehörigen, die miteinander reden können, ist es natürlich gut, zusätzlich zur persönlichen inneren Klärung auch von Zeit zu Zeit klärende Gespräche miteinander zu führen bezüglich Punkten, die bei der Selbstprüfung nicht zu klären sind, weil es dazu der Mitarbeit des Partners bedarf. Und auch zwischen Kollegen oder Vorgesetzten und Mitarbeitern wäre dies förderlich. Es ist möglich, dafür einen Rahmen zu schaffen, der es allen ermöglicht, sich einigermaßen angstfrei und ehrlich und in einer Weise zu äußern, die für die anderen Gesprächspartner nicht verletzend ist.

Der Leiter oder ein Mitarbeiter der Abteilung, des Betriebes oder des Teams könnte anregen, daß solche Klärungsgespräche in einem bestimmten Rhythmus geführt werden, einmal im Monat oder dreimal im Jahr vielleicht. Und dann sollte man sich vorweg ganz grundsätzlich über die Gesprächstechnik einigen. Dabei könnt ihr kreativ sein. Die Wahl der Gesprächstechnik ist nur ein Trick, um Übereinkunft zu erzielen im Hinblick darauf, daß das Gespräch in einer förderlichen Weise geführt wird. Eine Möglichkeit wäre die, das Gespräch mit einem Augenblick der Stille zu beginnen, um sich vorzubereiten, um in Fühlung zu kommen mit seiner eigenen Realität, um die Präsenz der anderen Teilnehmer wahrzunehmen und mit ihnen auf nichtverbale Weise zu kommunizieren. Dann könnten jedem Gesprächsteilnehmer einige Minuten zur Verfügung gestellt werden, um zu sprechen. Während dieser Zeit darf er von anderen nicht unterbrochen werden. Ferner kann vereinbart werden, daß das Gespräch weder offensiv noch defensiv geführt wird; das heißt, daß jedem erlaubt wird, das, was er zu sagen hat, in den Raum zu stellen, und daß niemand seinen Vortrag auf das gründen soll, was ein Vorredner gesagt hat; man nimmt den eigenen gedanklichen Ansatz, die eigenen Wünsche, die eigenen Visionen, das eigene Empfinden zum Ausgangspunkt. Nicht reagieren also. Sehr wohl genau zuhören, aber nicht reagieren.

Anschließend könnte in einer Extrarunde ein Gespräch stattfinden (in dem es auch wieder verboten ist, einander zu unterbrechen), in dem jeder in einer möglichst konstruktiven Weise auf das eingeht, was die anderen gesagt haben, aber nicht, um es anzufechten oder als unsinnig darzustellen, sondern um es zu ergänzen. Oder um neue Gedanken zu äußern, zu denen man vielleicht angeregt wurde. Aber grundsätzlich nicht das, was ein anderer Teilnehmer erklärt hat, angreifen oder als dumm bezeichnen. Auch wenn man es noch so dumm finden sollte, muß man immer davon ausgehen: Derjenige, der das vorträgt, trägt es mit gutem Grund vor. Man sollte immer dem anderen in seinem Sosein Respekt erweisen.«

G: »*Dabei geht es also, um das noch einmal klarzustellen, zunächst einmal um eine ausdrückliche Artikulation der Befindlichkeit, nicht gleich schon um eine Artikulation in bezug auf die Unternehmensvision oder ein bestimmtes Ziel, das man sich gesetzt hat. Zunächst einmal eine Runde Befindlichkeitsbeschreibung und dann erst im zweiten Schritt eine sachbezogene Arbeit.*«

N: »Ja. Und im Zentrum des Gesprächs steht hier die Kommunikation selbst: die Klärung von Kommunikationsphänomenen. Das heißt, es kann sein, daß jemand in der Runde sagt: ›Ich fühle mich immer unbehaglich, wenn ich mit Ihnen spreche‹, oder: ›Ich habe das Gefühl, hier herrscht ein grundsätzliches Mißverständnis, laßt uns das klären.‹ Natürlich kann man dieselbe Technik auch für andere Inhalte anwenden.

Klärung, Klärung, Klärung … Das ist es, was für gutes Management welcher Art auch immer unerläßlich ist. Auf der einen Seite muß man immer wieder den eigenen Geist reinigen von Knoten und Schlacken, die durch Gespräche oder Interaktionen mit Mitarbeitern, Vorgesetzten und Kollegen entstanden sind; auf der anderen Seite muß man die Kommunikation mit Mitarbeitern, Vorgesetzten, Kollegen immer wieder klären und reinigen durch solche Gespräche. Und vor allem sollte man natürlich regelmäßig prüfen: ›Bin ich motiviert, hier zu arbeiten und dies zu tun? Worin besteht meine Motivation, beziehungsweise, wenn keine Motivation besteht (ich tue es nur, weil ich es tun muß), ist es möglich, zu dem Gegenstand meiner Arbeit vom Herzen her eine Beziehung aufzubauen?‹ Wichtig ist es auch, immer wieder zu klären: ›Steht meine Arbeit einschließlich ihres Umfeldes immer noch auf dem Boden der Wahrheit? Der jetzigen Wahrheit, nicht der Wahrheit von damals, als ich anfing oder als ich mich beim vorigen Mal mit dieser Frage beschäftigte?‹«

16.
POTENTIALERKENNUNG

H: »*Für Manager wäre es sehr fruchtbar, das Potential in Mitarbeitern, Kunden und in sich selbst besser erkennen zu können. Vielleicht könnt ihr uns einen tieferen Einblick in bezug auf diese Frage geben. Natürlich wissen wir, daß man intuitiv vorgehen kann, aber die Intuition ist ja bei verschiedenen Menschen verschieden stark ausgeprägt: Manche reagieren statt intuitiv mehr instinktiv, und das kann trügerisch sein.*«

N: »Um das vorweg kurz zu klären: Instinkt ist Intuition auf körperlichem Gebiet. Es ist dasselbe auf einer anderen Ebene. Was du hier vermutlich meinst, das sind emotionale Vorlieben und Abneigungen, die geprägt sind von vergangenen Erfahrungen und die Spontanreaktionen hervorrufen, von denen manche Menschen dann glauben, es handele sich um Instinkt oder Intuition.«

H: »*Ja. Das kann trügerisch sein bei der Erkennung von Potential.*«

N: »Hier muß man viele Schritte zurücktreten. Ein Mensch kommt auf dich zu, und du möchtest herausfinden: ›Was für ein Mensch ist das, welches Potential steckt in ihm? Kann ich mit ihm zusammenarbeiten beziehungsweise ihn für diese Arbeit brauchen?‹

Aufgrund seiner äußeren Erscheinung oder irgendeines Elements in seiner Ausstrahlung erinnert dich dieser Mensch an jemanden. Das kann dir bewußt sein oder auch nicht; jedenfalls kannst du aufgrund dieser Erinnerung zu falschen Schlüssen in bezug auf den Betreffenden kommen. ›Dieser Mensch ist wie mein Vater, meinen Vater mag ich nicht leiden; mit diesem Menschen will ich nichts zu tun haben.‹ Oder: ›Er erinnert mich an Herrn XY, Herr XY war ein hervorragender Mitarbeiter, also muß dieser auch gut sein.‹ Das sind normale menschliche Reaktionen. Natürlich tut man dem betreffenden Menschen damit unrecht. Die Ähnlichkeit existiert zwar tatsächlich, allerdings nur in deiner Psyche. Objektiv haben diese beiden Menschen nichts miteinander zu tun (abgesehen von dem, was alle Menschen verbindet). Die Ähnlichkeit jedoch ist in deiner Psyche tatsächlich vorhanden. Und darin liegt eine Aussage für dich.

Es ist durchaus nützlich, sie auszuwerten und zu verwenden. Selbst wenn sie keine absolute Gültigkeit hat, so ist es doch eine Aussage, die du nicht ganz außer acht lassen darfst. Denn wenn dieser Mensch dich an X oder Y erinnert, dann ist es durchaus möglich, daß irgend etwas in eurer Beziehung, wenn sich eine solche anbahnt, tatsächlich dann auch Ähnlichkeit hat mit deiner Beziehung zu X oder Y. Insofern sind auch solche Eindrücke nicht einfach belanglos; nur darf ihnen keine objektive Gültigkeit zugeschrieben werden. Sie sind subjektiv. Aber auch das Subjektive ist gültig für das Subjekt.

In der Praxis kannst du so vorgehen: Wenn dir dieser Jemand zum ersten Mal begegnet, dann kannst du dich in bestimmter Weise vorbereiten (auch wenn es sich um eine Überraschungsbegegnung handelt, kannst du einen winzigen Augenblick, bevor die Interaktion beginnt, einschalten, in dem du zu dir kommst, dich besinnst und einstellst). Du bereitest dich darauf vor, folgende Elemente wahrzunehmen:

Erstens den berühmten ›ersten Eindruck‹. Dieser taucht vor den von vergangenen Erfahrungen geprägten emotionalen Eindrücken auf. Der ›erste Eindruck‹ ist in der Tat der richtige; er stellt allerdings keine Aussage über den betreffenden Menschen dar, die objektive Gültigkeit hätte, aber eine Aussage, die für dich und für eure eventuelle Beziehung relevant ist. Du nimmst dir also vor, diesen ersten Eindruck bewußt wahrzunehmen und in deinem Bewußtsein festzuhalten, anstatt ihn gleich wieder wegzuschieben. Es kann vorkommen, daß jemand im allerersten Moment einen ungünstigen Eindruck auf dich macht; eine Alarmsirene ertönt in deinem Inneren; in dem Gespräch, daß dann folgt, stellt sich jedoch heraus, daß er großartige Fähigkeiten hat, ein wunderbarer Mensch und genau der Richtige ist für den Posten, um den es geht; du stellst ihn ein, und sehr bald oder auch später stellt sich heraus, daß dein erster Eindruck doch der richtige war. Etwas stimmt nicht mit diesem Menschen oder mit eurer Beziehung.

Zweitens: Du nimmst dir vor, wahrzunehmen, welche Reaktionen dieser Mensch (seine Ausstrahlung und die Begegnung mit ihm) in deiner Psyche hervorruft. Und damit kommen wir zur Kategorie der Eindrücke, von denen zu Beginn die Rede war. ›Erinnert mich dieser Mensch an irgend jemand anderen? Wie fühle ich mich in seiner Gegenwart? Macht er mich unruhig? Fühle ich mich wohl? Entspanne ich mich? Verkrampfe ich mich? Löst er in mir bestimmte, altbekannte Reaktionen aus?‹ Auch das bewußt wahrnehmen und festhalten, nicht gleich auswerten.

Drittens: Stelle dich darauf ein, hellwach und ganz bei dir zu bleiben, während du das Gespräch mit der betreffenden Person führst; versuche, die zu Beginn gewonnenen und in deinem Bewußtsein verankerten Eindrücke zur Seite zu stellen und dich zu öffnen, während du dich unterhältst. Richte dabei die ganze Zeit über den Scheinwerfer deiner intuitiven Bewußtheit auf diesen Menschen. Das ist keine äußere Kontaktaufnahme von Subjekt zu Objekt; sondern wenn du deine intuitive Bewußtheit auf diesen Menschen einstellst, dann empfängst du sozusagen über innen Eindrücke von seiner Wirklichkeit. Es ist so ähnlich, wie wenn du dich in diesen Menschen einfühlst. Es ist kein gewaltsames Eindringen in seine Psyche, es ist kein Eingriff; eher ein respektvolles Einfühlen, ein Einschwingen auf den anderen, um von innen her etwas über ihn oder sie zu erfahren.

In der Praxis läßt sich das natürlich nicht genauso systematisch anwenden, wie es hier geschildert ist; aber einstellen kannst du dich vorher genauso systematisch auf das Gespräch. Die Begegnung läuft dann irgendwie ab, und nachher merkst du, daß du alles wahrgenommen hast, was du wahrnehmen wolltest – vorausgesetzt, du hast dich richtig eingestellt.

Viertens: Wenn du dann den Scheinwerfer deiner intuitiven Aufmerksamkeit auf Erkundung des Potentials richtest, das in deinem Gegenüber steckt, dann schaust du durch die Fassade hindurch und versuchst, einen Eindruck zu gewinnen von dem, was hinter ihr in der Tiefe liegt. Es geht nun nicht mehr darum, das zu erkennen, was dicht unter der Oberfläche der Äußerungen und der Erscheinung des Betreffenden sitzt, sondern ganz in die Tiefe zu gehen, den Scheinwerfer der intuitiven Bewußtheit auf Tiefenwahrnehmung einzustellen; auf das Wesen, das versucht, sich so gut wie möglich in jener Persönlichkeit, jenem Körper, in jenem Augenblick zu offenbaren, auszudrücken. Du versuchst, einen Kontakt herzustellen aus der Tiefe deines Wesens zur Wesenstiefe deines Gegenübers. Das ist wiederum eine Sache der (technischen) Einstellung.

Während du dann mit diesem Menschen weiter sprichst, sei einfach gewahr, daß deine intuitive Bewußtheit auf Potentialerforschung gerichtet ist, und denke nicht weiter darüber nach, unterhalte dich ganz unbefangen. Und erst nach dem Gespräch setzt du dich hin, um dir die gesamte Begegnung noch einmal zu vergegenwärtigen. Nimm dabei alle auftauchenden Eindrücke wahr. Auf diese Weise bekommst du Informationen.«

H: »*Ich finde es sehr gut, daß ich dabei von Subjekt zu Subjekt Kontakt aufnehme. Aber in meinem Sosein rufe ich ja auch eine bestimmte Schwingung im anderen hervor. Ohne überhaupt etwas zu sagen, rufen wir gegenseitig in uns bestimmte Aspekte wach, die mit Offenheit oder Ablehnung verbunden sein können. Ich dachte bislang immer, daß das mit Energien zu tun hat. Das heißt, wenn ich einem Menschen gegenübertrete, dann fühle ich eigentlich mehr körperhaft sein energetisches Feld und die Qualität dieses Feldes. Ist das etwas anderes? Oder gar ein Trugschluß?*«

313

N: »Das ist natürlich kein Trugschluß, sondern eine Aussage, die für dich Gültigkeit hat, eine Information. Aber sie bewegt sich auf einer der Ebenen, von denen vorher die Rede war. Es ist nicht diese durchdringende Tiefenwahrnehmung. Aber schon wesentlich tiefer, als ein Mensch normalerweise sieht. Was hier gemeint ist, ist noch tiefergehend.«

H: »*Wenn ich nun wirklich tief gehe und die Kommunikation auf dieser geistigen Ebene anknüpfen kann, ist es dann so, daß ich in dem anderen Wesen nichts mehr hervorrufe?*«

N: »Ja. Wenn es dir wirklich gelingt, diesen Kontakt von Wesen zu Wesen herzustellen. Es wird aber nicht jedem auf Anhieb gelingen; es ist Übungssache, und es hängt davon ab, wie gut du dich konzentrieren kannst. Wenn jemand gelernt hat, sich zu konzentrieren, und stellt sich vor dem Gespräch sehr konzentriert ein, dann wird er wahrscheinlich auf Anhieb in der Lage sein, diesen Kontakt zu erhalten, und der Kontakt wird rein sein. Er liegt jenseits der persönlichen Ebene. Das Wesen des Menschen ist nicht ausschließlich in den Körper und in die körpergebundene Persönlichkeit eingebunden. Es ist weder mit der Geburt geboren worden, noch stirbt es mit dem Tod, sondern es liegt jenseits von beidem. Das heißt nicht, daß es immer lebt in einer endlosen Zeit, sondern es ist ewig; jenseits von Zeit. Alle Fähigkeiten und Qualitäten, die ein Mensch im Laufe seines Lebens entwickelt, entstammen der Wesenheit. Sie sprießen nicht aus dem Körper hervor oder aus der Masse des Gehirns, sie gehen auch nicht ursächlich hervor aus Begegnungen mit Menschen, Ereignissen oder Dingen, sondern sie fließen der Persönlichkeit zu aus der Tiefe des Wesens, das jenseits von Raum und Zeit liegt. Wenn du nun deine Wahrnehmung nicht auf die Persönlichkeit richtest, sondern auf das Wesen, das sich in und durch diese Persönlichkeit verkörpert und ausdrückt, dann kannst du das Potential erkennen.«

H: »*Verkörpert sich dieses Wesen in vielen Menschen, sprecht ihr hier von einer Art Monade?*«

N: »Wenn hier von ›Wesen‹ die Rede ist, dann ist das individuelle Wesen gemeint. Daß letztlich alle Wesen eins sind und ein und dasselbe Wesen sich in allen Körpern verkörpert, das ist wohl wahr; aber es ist eine andere Ebene. Hier ist die Rede von der individuellen Wesenheit.

Dafür, wie du das Potential und die Natur dieses Individuums erkennen kannst, gibt es keine allgemeinverbindlichen Beschreibungen oder Merkmale, weil jedes Wesen anders ist. Du kannst dich also nur einstellen auf den Kontakt mit dem Wesen des anderen. Du schaust sozusagen hinter die Persönlichkeit. Du läßt deinen inneren Blick, das heißt den Scheinwerfer deiner inneren Wahrnehmung, den du auf dein Gegenüber richtest, nicht anhalten bei der körperlichen Fassade und auch nicht bei der Persönlichkeit, die dahintersteckt, sondern du schaust noch tiefer, bis zu dem Wesen, das sich in dieser Persönlichkeit und Gestalt verkörpert. Das klingt abstrakt, was es aber nicht ist. Probier es aus. Es funktioniert. Es ist Einstellungssache.«

H: »*Bedeutet Potentialerkennung dann nicht auch wesentlich mehr als das, was wir darunter verstehen? Handelt es sich nicht im Grunde genommen um eine Transmission: Durch mein Erkennen dieser Wesenheit in der anderen Person belebe ich diese Wesenheit?*«

N: »Das ist richtig. Es ist der wohltätige Nebeneffekt eines solchen Schauens. Das ist das, was die echten, die verwirklichten spirituellen Meister mit ihrem Blick tun. Du kannst es üben – das gehört eigentlich in das Kapitel ›Esoterisches Management‹ (wobei natürlich alles sehr vermischt ist) –, indem du trainierst, deinen Blick nicht aufhalten zu lassen von Gegenständen oder Körpern, sondern durch alles hindurchzuschauen. Hinter die Fassade der Erscheinungsformen schauen, ganz konkret mit den physischen Augen hinter die Dinge schauen. Natürlich werden die Dinge dann nicht gleich durchsichtig für deine Augen. Aber deine Augen richten sich auf eine wesentlich größere Entfernung; sie lassen sich nicht mehr beeinflussen von den Objekten in ihrem Blickfeld. Dasselbe geschieht mit deinem Bewußtsein, wenn du es auf Tiefenwahrnehmung einstellst. Die Wahrnehmung deines Bewußtseins läßt sich dann nicht mehr bremsen oder einschränken durch die äußere Erscheinung und auch nicht durch die Persönlichkeit; sondern das Bewußtsein schaut tiefer.«

H: »Dazu fällt mir eine Frage ein. Wir im Westen sind ja davon überzeugt, fokussieren zu müssen. Je mehr wir fokussieren und linear vorgehen, desto mehr glauben wir wahrzunehmen. Ich habe aber entdeckt: Im defokussierten Zustand nehme ich wesentlich mehr wahr. Wie ist es damit? Fokussieren und defokussieren?«

N: »Das sind zwei verschiedene Pole der Wahrnehmung. Beide sind gültig und wertvoll. Der eine wäre zu vergleichen damit, daß man zum Beispiel ein Rastertunnelmikroskop auf etwas richtet. Man bekommt eine extrem stark eingegrenzte, aber extrem hoch spezifizierte Wahrnehmung. Der andere Pol. Du öffnest deinen Blick so weit, daß er ein maximales Feld umfaßt, ohne ihn auf etwas zu richten. Dann bekommst du einen Eindruck, der etwas widerspiegelt von der Gesamtheit, von den großen Zusammenhängen, der aber nicht so spezifisch im Detail ist. Es sind zwei verschiedene Einstellungen des Bewußtseins.«

H: »Um nun die Wesenheit in einem anderen Menschen zu erkennen, welche dieser beiden Einstellungen braucht man da?«

N: »Die Wahrnehmungsart, von der eben gesprochen wurde, besteht im Fokussieren. Du mußt den Brennpunkt der Wahrnehmung verlagern. Wenn du einen Menschen anschaust, dann ist üblicherweise der Brennpunkt deiner Aufmerksamkeit seine körperliche Erscheinung. Wenn du in einem Gespräch versuchst, Wahrnehmungen zu erhalten in bezug auf seine Persönlichkeit, seine Psyche, sein Denken, dann liegt der Fokus deiner Aufmerksamkeit tiefer, nämlich auf seinem Emotional- und Mentalkörper oder seinem Energiefeld. Hier aber richtest du den

Brennpunkt deiner Aufmerksamkeit auf das, was hinter alledem liegt und sich durch all das ausdrückt, nämlich die Wesenheit. Es ist eine andere Art von Fokussieren, aber es ist Fokussieren.

Du kannst aber auch bei der Begegnung mit einem Menschen den Brennpunkt auflösen, das heißt dein Gesichtsfeld maximal erweitern. Während du mit dem Menschen sprichst, schaust du nicht ihn direkt an, sondern behältst gleichzeitig alles, was du wahrnehmen kannst, im Auge, und ebenso stellst du dein Bewußtsein ein. Richte nicht deine Aufmerksamkeit gebündelt auf diesen Menschen, sondern nimm, während der Mensch spricht, zwar wahr, was er sagt, aber gleichzeitig auch alles andere. Dann öffnest du in deinem Inneren die Türen für intuitive Wahrnehmung und vor allem für eine Art von Wahrnehmung, die dir Information gibt über Zusammenhänge, über das Eingebettetsein dieses Menschen und eurer möglichen Beziehung in ein größeres Ganzes. (Diese Wahrnehmungsweise erfordert allerdings einen hohen Grad an Wachheit; es ist nicht dasselbe wie zerstreut zu sein und sich von Gedanken und Wahrnehmungen ablenken zu lassen.)

Dann gibt es natürlich weniger esoterische Möglichkeiten zur Potentialerkennung. Du kannst zum Beispiel Konversation betreiben mit dem Betreffenden. Du sprichst mit ihm über alles mögliche – über das Wetter, über Fernsehen, Filme, Hobbys, Kunst; führst also eine ›defokussierte‹ Unterhaltung über alles mögliche mit ihm, aber nicht über ihn selbst. Dabei richtest du deine Aufmerksamkeit darauf, zu registrieren, wann Wärme, Liebe, Interesse in der Stimme des Gesprächspartners auftaucht, wann er sozusagen aufleuchtet bei einem Thema, oder wann er sich bei einem Thema verdunkelt. Beides gibt wichtige Hinweise. Wenn das Gespräch richtig geführt wird, kann diese Technik zu sehr konkreten und brauchbaren Ergebnissen führen.

Äußerst wichtig ist bei all diesen Gesprächstechniken, daß die Ausgangsbasis für dich als Neugierigen, Erforschenden, Wahrnehmenden absoluter Respekt ist vor der Persönlichkeit und vor dem Wesen des anderen, ganz gleich, was dir mißfallen mag oder welche Schwächen der Mensch offenbart. Wenn du dich darauf einstellst, dich nicht so sehr beeindrucken zu lassen von der Persönlichkeit, ihrer äußeren Erscheinung und eventuellen Fehlern oder Schwächen, sondern immer im Auge behältst: Das ist der Versuch einer eigentlich vollkommenen Wesenheit, sich in diesem Körper und in den Umständen dieses Lebens auszudrücken, dann behältst du den Respekt vor diesem Menschen. Und das ist sehr wichtig.«

G: »Ich möchte mehr wissen zum Thema ›Wesen‹. Ihr sprecht davon, daß das Wesen vollkommen ist. Wenn nun aber mein Gegenüber ganz offenbar Schwächen und Defizite aufweist, so sollte man doch annehmen, daß das mit dem Wesen zusammenhängt. Damit habe ich Probleme ...«

N. »Jedes Wesen ist vollkommen. Das ist wiederum eine Behauptung, die nicht bewiesen und begründet, sondern deren Gültigkeit nur erfahren werden kann. Nehmt es hin als Hypothese.

Dieses vollkommene Wesen begibt sich in den Kontext von Raum und Zeit, nimmt einen Körper an, sucht sich Eltern und Lebensumstände aus und so weiter, um sich auszudrücken und zu erfahren und in Kontakt mit anderen Wesen zu treten. Es ist möglich, daß eine Wesenheit sich für den Verlauf eines Lebens eine ganz bestimmte Aufgabe gestellt hat, und daß alle anderen Aufgaben sie in bezug auf dieses eine Leben nicht interessieren. Es kann sein, daß jemand gekommen ist, um ein großer Feldherr zu werden; alles andere ist ihm in diesem Leben gleichgültig. Er könnte also viele Schwächen offenbaren. ›Schwäche‹ bedeutet nur, daß eine Stärke, eine Qualität nicht aktiviert ist in dieser Persönlichkeit. Dafür offenbart sich eine ganz bestimmte andere Stärke. Es ist aber auch möglich, daß jemand die Absicht hat, sich in einer Persönlichkeit so vollständig wie möglich zu manifestieren; das sind dann Rundum-Genies oder Menschen, die sehr weit entwickelt sind und die vielleicht als erleuchtet betrachtet werden.

So läßt die Persönlichkeit nicht auf die Wesenheit schließen, sondern nur auf die Aufgabe, die das Wesen sich gestellt hat. Die Wesenheit an sich ist immer vollkommen. Aber diese Vollkommenheit ist nicht manifestiert. Sie ist latent, wenn du so willst, schlummernd. Damit sie geweckt wird, manifestiert sie sich in körperlicher Form.«

G: *»Nun kann es aber geschehen, daß durch die Beziehung, in die man mit einem Menschen eintritt, auch Aspekte der Wesenheit belebt werden, die vorher schlummerten. Mir geht es hier um Resonanzphänomene und um die Frage der Freiheit. Durch das In-Beziehung-Sein werden ja bestimmte Eigenschaften in Menschen provoziert; ich provoziere in einem neuen Mitarbeiter bestimmte Qualitäten, und er weckt in mir bestimmte Eigenschaften, die vorher geschlummert haben; das ist wohl unvermeidbar. Wie steht es da mit der Freiheit? Wie kann man sich dann dazu stellen, um aus dem unkontrollierten, spontanen Freisetzen von Eigenschaften ein gezieltes Freisetzen von Eigenschaften werden zu lassen?«*

N: »Wenn du mit einem Menschen in Beziehung trittst, dann gibt es, ganz grundsätzlich betrachtet, zwei gegensätzliche Möglichkeiten, wie einer im anderen schlummernde Eigenschaften weckt. Zwischen diesen beiden Gegensätzen gibt es dann viele Abstufungen. Die eine Möglichkeit ist Gleichklang, harmonische Resonanz, das heißt, dein Sosein bringt auf harmonischem Wege eine Saite in deinem Gegenüber zum Schwingen. Du hast beispielsweise eine bestimmte Herzensqualität entwickelt (Mitgefühl, Liebe, Anteilnahme), die in starkem Maße in deiner Persönlichkeit präsent ist, in deiner Stimme, deiner Ausstrahlung, und eben diese Eigenschaft ist in dem anderen latent vorhanden, schlummernd; durch dein anteilnehmendes Interesse wird diese Eigenschaft in ihm geweckt. Oder du bist ein Mensch, der voller Kraft und Freude ist, und überall, wo du auftauchst, freuen sich die Menschen und fühlen sich kräftiger. Das ist die positive Möglichkeit.

Daneben gibt es die negative (die genauso wertvoll ist): Du bist beispielsweise ein Tyrann und unterdrückst die Menschen. Dadurch provozierst du in ihnen die Entwicklung bestimmter Qualitäten. Sie könnten gezwungen sein, Macht zu entwickeln oder Klarheit, Flexibilität oder Kreativität. Sie sind gezwungen, irgendwie in selbsterhaltenderweise mit deiner Macht umzugehen.«

H: »Wenn ich da leise weinend etwas hinzufügen darf: In den ehemaligen Ostblockländern haben die Tyrannen zwar geschaltet und gewaltet, aber die Menschen sind nicht in Widerstand gegangen, sondern in die Opferhaltung. Was wäre denn nötig gewesen, damit die Menschen, beispielsweise in Ostdeutschland, Kreativität entwickelt hätten, um sich zu mobilisieren und die Tyrannei abzuschaffen?«

N: »Wenn ein Eindruck, ein Reiz, ein Ereignis auf einen Menschen trifft, dann muß er nicht zwangsläufig reagieren, indem er diese oder jene Qualität entwickelt, sondern das Ereignis ist eine Chance für ihn, neue Qualitäten zu entwickeln. Er kann auch darauf verzichten und sich totstellen. Das ist auch Kreativität, auch Intelligenz. Es ist jedoch nicht so, daß die Menschen in Ostdeutschland sich in der Zeit der Tyrannei nicht entwickelt hätten. Sie haben den Brennpunkt ihres Interesses auf bestimmte Bereiche gerichtet und sich in diesen Bereichen weiterentwickelt.«

H: »Hier wäre es interessant, auf die Potentialerkennung in Unternehmen, in einer Stadt, in einem Land, einer Nation überzugehen. Bleiben wir bei Ostdeutschland. Es kann ja nicht anders sein, als daß in den fünfzig Jahren träger, besserwisserischer Tyrannen, die das Land beherrscht haben, sich nicht irgend etwas entfaltet hätte. Nur, es scheint für uns im Westen sehr schwer zu sein, das, was sich entfaltet hat, zu erkennen und für die Menschen selbst auch nutzbar zu machen. Wie können wir erkennen, was sich entfaltet hat?«

N: »Zunächst einmal richtete sich deine Frage auf die Qualitäten, die sich in der Zwischenzeit manifestiert haben, die aber für dich nicht erkennbar sind, nicht wahr? Tyrannei durch Diktatur, das ist so, als wenn du einen Deckel über eine Sache stülpst. Es war ein Deckel über dieses Volk gestülpt, und ein Entweichen nach oben aus dem Topf war nicht möglich (das wäre beispielsweise Umsturz, Revolution); ein Entweichen zu den Seiten hin war kaum möglich, weil die Grenzen geschlossen waren; Entweichen nach unten würde in diesem Bild bedeuten, daß die Menschen massenweise Selbstmord begehen – das haben sie auch nicht getan, sondern sie sind in ihrem Topf geblieben. Was passiert, wenn man mit vielen in einem Raum eingesperrt ist? Man lernt viel über Interaktion zwischen Menschen. Es entfalten sich – mehr oder weniger – vor allem Qualitäten, die zu tun haben mit zwischenmenschlichen Beziehungen: ein starker Gemeinschaftssinn, ein relativ starkes kollektives Bewußtsein, ein Gefühl von Gemeinsamkeit – und es entfalten sich in diesem selben Bereich die Gegenqualitäten. Jede Qualität ist an sich neutral, ganz, rund; wenn sie in die Welt des in Raum und Zeit und Polarität eingebundenen Bewußtseins eintritt, hat sie die Möglichkeit, sich als positive oder negative Eigenschaft zu manifestieren. Die positive wäre in diesem Fall, Verbundenheit mit anderen Menschen entdecken, pflegen, festigen, vertiefen; das negative Gegenstück dazu wäre ›Einer gegen alle‹, beispielsweise das Spitzeltum, das Phänomen Neid. Das sind die Vorder- und die Rückseite ein und derselben Medaille.

Nachdem nun der Deckel vom Topf entfernt ist und ein neuer, aber durchlässiger Deckel darübergestülpt wurde, befindet sich das Ganze jetzt nicht mehr in einem geschlossenen Topf. Neue Qualitäten können sich entfalten. Welche werden sich nun manifestieren? Zunächst einmal hat es in den Zeiten des Eingeschlossenseins im Topf auf verschiedenen Gebieten ein Bewußtsein und in der Folge einen äußeren Zustand von Mangel gegeben, vor allem an bestimmten materiellen Dingen. Kommt man nun mit diesen plötzlich in Berührung, sind sie in Reichweite, kann man sie sich möglicherweise sogar kaufen, auch wenn es auf Raten ist, dann ist es nur natürlich, daß das Bewußtsein sich erst einmal auf die Fülle der materiellen Welt richtet und versucht, aus dem Zustand von Mangel in den Zustand von Fülle zu kommen. Das ist die Qualität, die sich nun entwickeln könnte. Es gab auch noch eine andere Chance, die aber nur von wenigen genutzt wurde, nämlich die, ein Bewußtsein von Freiheit zu entwickeln. Die Mehrheit der Menschen aus diesen Ländern hat es vorgezogen, ihr Bewußtsein erst einmal auf die Fülle der materiellen Welt zu richten. Es erschien den Menschen zunächst wichtiger und lag ihnen näher.«

H: »*Was nun das Potential von Unternehmen betrifft: Als Manager habe ich nicht nur mit Mitarbeitern und Chefs zu tun, sondern auch mit Kunden. Je bewußter der Vorgang der Erkennung des Kundenpotentials zwischen den Kunden und mir abläuft, desto besser partizipiere ich natürlich auch mit meinem Unternehmen am Erfolg des Kunden. Oft ist es so, das hat mir meine Erfahrung als Unternehmensberater gezeigt, daß die Unternehmen selbst ihr eigenes Potential am wenigsten erkennen. Für mich als Außenstehenden ist es oftmals leichter, die Fragen zu stellen, die in den am betreffenden Unternehmen beteiligten Menschen die richtigen Antworten hervorbringen, um ihnen ihr Potential bewußtzumachen. Meine Frage lautet nun: Wie können wir den Lesern helfen, das Potential in ihren Kunden besser zu erkennen und zu nutzen?*«

N: »*›Potential‹ des Kunden – bedeutet das, was der Kunde kaufen würde?«

H: »*Ja, das, von dem er noch gar nicht weiß, daß er es braucht. Ich meine aber hier nicht die künstliche Weckung eines Bedarfs, so wie es heutzutage gehandhabt wird. Ich meine das, was der Kunde wirklich braucht; auch Bereiche, in denen er neue Geschäftsfelder erschließen kann als Unternehmer.*«

N: »Da gibt es auch wieder zwei vollkommen verschiedene Ansätze. Wir gehen hier immer von innen nach außen, deshalb werden wir immer wieder mit der Intuition und der intuitiven Wahrnehmung beginnen. Alles andere ist sattsam bekannt und nicht Gegenstand dieses Buches.

Zunächst einmal mußt du wissen, welcher Weg bei dir oder bei der Person, die sich mit dieser Frage beschäftigt, der geeignetere ist. Der erste Weg sieht so aus: Ich gehe zum Kunden, spreche mit ihm, finde heraus, was in ihm steckt, und richte mich dann danach. Das ist ganz grob skizziert. Der andere Weg ist: Ich gehe in mich und schaue, was in meinem Bewußtsein auftaucht, und dann produziere beziehungsweise empfehle ich das. Es wird Menschen geben, die so vollständig entwickelt sind, daß sie beide Wege beschreiten können. Aber das ist selten.

Deshalb sollte zunächst einmal die eigene Begabung ergründet werden: ›Bin ich ein intuitives Genie in bezug auf das Hervorbringen neuer Ideen, die mir aus einem überpersönlichen Feld zufließen? Oder bin ich eher jemand, dem die besten Ideen, Erkenntnisse und Wahrnehmungen im Gespräch mit anderen kommen? Wird also meine Intuition durch das Gespräch mit anderen oder durch den Rückzug in mich selbst geweckt?‹ Das sind zwei verschiedene Wege, geeignet für unterschiedliche Temperamente, das introvertierte und das extrovertierte.

Bin ich ein Mensch, der eher mit anderen zu tun haben möchte, der eher im Gespräch intuitiv wird und aufblüht, dann wähle ich natürlich den Weg, zum Kunden zu gehen und ein Gespräch zu führen. Du kannst deine Wahrnehmung vorher auf bestimmte Bereiche einstellen, ähnlich wie es weiter oben beschrieben wurde. Nur, daß hier der Fall ein wenig anders gelagert ist: Du willst nicht unbedingt mit der Tiefe des Wesens deines Kunden in Berührung kommen, so weit brauchst du nicht zu gehen, sondern eigentlich mit den Tiefen der Persönlichkeit. Das heißt, du möchtest über innen – von Subjekt zu Subjekt – Kontakt aufnehmen mit den etwas tieferen Schichten des Denkens und Fühlens dieses Menschen, um etwas zu ergründen von den wahren Wünschen, Sehnsüchten und Bedürfnissen dieses Menschen, die möglicherweise dem anderen unbewußt sind, sich also nicht an der Oberfläche seines Bewußtseins befinden. Darauf kannst du den Brennpunkt deiner Wahrnehmung richten, wenn du dich auf das Gespräch vorbereitest. Genauso kannst du vorgehen, wenn du mit Gruppen sprichst. Du kannst deinen Geist auf einen bestimmten Wahrnehmungsbereich einstellen, so wie du den Radioapparat auf eine bestimmte Wellenlänge einstellst. Du nimmst dir vorher vor, das wahrzunehmen, was du wahrnehmen willst, und du hältst diese Einstellung während des Gesprächs, ohne aber dauernd daran denken zu müssen. Du mußt sie nicht erneuern, du mußt nur wissen, daß du deinen Geist so eingestellt hast. Dann bleibt er so eingestellt. Und erst nach dem Gespräch wertest du deine Wahrnehmungen aus. Während des Gesprächs läßt du den analytischen Verstand nicht sprechen, sondern führst unbefangen und offen dein Gespräch. Pflege auch die Art von Konversation, von der zuvor die Rede war, also ein Rundum-Gespräch über alles mögliche, und registriere dabei, wo der Kunde ›aufleuchtet‹ oder wo er kalt bleibt, uninteressiert. Das sind Möglichkeiten, auf intuitive Weise vorzugehen.

Der andere Weg: Pfeife auf das Feedback aus der Außenwelt und hole dir deine Inspiration von innen. Denn du kannst sicher sein: Wenn eine Idee in dein Gehirn fällt und nicht in das eines anderen, dann hat es einen Sinn. Dann will sie durch dich verwirklicht werden. Und wenn sie in dein Gehirn fällt, während du dich auf deinen Kunden einstellst, dann ist auch das kein Zufall.«

H: »Ich habe noch eine weiterführende Frage. Ich habe oft mit Gruppen zu tun, in denen starke Mutlosigkeit herrscht in bezug auf neue Ideen. Ich habe die Erfahrung gemacht, daß nur dann, wenn es mir gelingt, die neue Idee nicht bei mir, sondern bei meinem Gegenüber (also zum Beispiel bei der Gruppe, die die betreffende Firma repräsentiert) auftauchen zu lassen, auch die Mut- und Perspektivlosigkeit und Angst, die oft vorherrscht, überwunden werden kann. Mein Ansinnen ist also nicht nur, daß wir gemeinsam das Potential erkennen, sondern daß die Idee für ein neues Produkt oder Geschäftsfeld nicht in mir hochkommt und von mir geäußert werden muß, sondern bei meinen Kunden selbst. Denn die Inspiration gibt ja auch den Mut, etwas anders zu machen als üblich, wovor man speziell in Deutschland Angst hat. Wenn nun aber die Natur mich aussucht, um die Idee zu empfangen, dann habe ich immer das Problem, wie ich, anstatt sie selbst zu äußern, sie in den anderen auftauchen lassen kann, damit es zur Verwirklichung kommt. Das scheint mir nicht immer zu gelingen.«

N: »Es scheint anstrengend zu sein.«

H: *»Ich habe viele Jahre lang den Fehler gemacht, die neue Idee von mir zu geben und damit die Leute vor den Kopf zu stoßen. Sie waren noch nicht bereit für diese Ideen und hatten Angst vor ihnen, und das ist bis zum heutigen Tag so. Das ist übrigens nur in Deutschland der Fall, nicht in den USA. Deutschland hat das Fax erfunden, aber die Japaner haben die Patente. Deutschland hat so viele Dinge erfunden, kann die Idee aber nicht verwirklichen. Das muß auf irgend etwas in der deutschen Natur zurückzuführen sein. Es fehlt die Geschäftstüchtigkeit. Deutschland kann dann aber wieder handeln mit etwas, was andere auf den Markt gebracht haben. Hier sind viel Intelligenz und viel Wissen vorhanden, die aber nicht umgesetzt werden können in Geschäftsfelder.«*

N: »Aus höherer Perspektive ist das natürlich unwichtig. Du hast eine Idee, du bringst die Idee in die Welt, und jemand anderer realisiert sie. Das ist ganz in Ordnung. Warum müssen es unbedingt dieselben Menschen sein, die empfangen und die realisieren?«

H: *»Weil es meiner Ansicht nach ein förderlicher Kreislauf wäre. Ich könnte dann meinen Selbstausdruck nutzen für eine neue Inspiration. Wir haben von Wirbeln gesprochen, von Inspirationswirbeln. Wenn ich nur Ideengeber bin und nie das Resultat sehe, habe ich irgendwann keine Perspektive mehr. Ich glaube, in dieser Situation ist Deutschland in einer Art perspektivloser*

Lähmung. Langsam, sehr langsam reift die Erkenntnis, daß hier immer nur kopiert wird, aber nicht wirklich kapiert. Viele Ideen, die in Deutschland entstehen, müssen später über das Ausland importiert werden, um angewandt werden zu können.«

N: »Das ist natürlich ein Kreislauf, von dem viele profitieren. Wenn es so ist, wie du sagst – die Idee wird in Deutschland geboren, kann sich irgendwo anders entfalten und kommt dann auf dem Umweg über noch eine oder zwei weitere Stationen wieder nach Deutschland, so daß die halbe Welt von dieser Idee profitiert –, dann ist das wunderbar. Besser könnte es gar nicht sein! Und gehört nicht Deutschland zu den reichsten Ländern dieser Erde? Deutschland ist nicht arm geworden dadurch.«

H: *»Es gibt in Deutschland sehr viele reiche Menschen, aber gleichzeitig hat Deutschland zweieinhalb Billionen Mark Staatsschulden. Alles ist verschuldet ...«*

N: »Aber die Menschen haben viel zu essen und viel anzuziehen, im Gegensatz zu vielen anderen. Deutschland ist reich. Trotzdem: Wir können auf die Frage natürlich auch anders eingehen ...«

H: *»Einen Augenblick noch. Deutschland ist nicht aus seiner eigenen Intelligenz und Geschäftstüchtigkeit heraus reich. Das ist ein Trugschluß. Das anzunehmen wäre so, als wenn ein reicher Mann sagt: ›Ich bin reich geworden, weil ich gute Ideen habe‹, und er dabei die Hundertschaften von Menschen übersieht, die eigentlich seinen Reichtum erzeugt haben. Deutschland hat für meinen Begriff nicht durch seine Geschäftstüchtigkeit und Intelligenz diesen Reichtum erworben, sondern durch die Ausbeutung von Drittländern, von Menschen, die auf anderen Kontinenten leben.«*

N: »Völlig richtig. Das betrifft fast alle reichen Länder. Aber Deutschland ist auch reich, weil ihm Reichtum von außen zugeflossen ist, nicht nur durch Ausbeutung, sondern auch durch großzügige Unterstützung. Aber das ist in Ordnung. Es ist ein großer Kreislauf. Der eine gibt das Geld, der andere nimmt das Geld, einer gibt vielleicht Ideen, ein anderer technisches Know-how, ein anderer Material; was ist daran verkehrt? Hauptsache, der Laden läuft. Die Schulden existieren nicht. Sie stehen nur auf dem Papier. Wichtig ist, daß die Menschen etwas zu essen und zum Anziehen haben, wichtig ist, ob sie Freude haben in ihrem Leben.«

H: »*Wir zahlen zweihundert Milliarden Mark Steuern, nur um die Schuldzinsen zu tilgen, und für dieses Geld könnte man viele Projekte und Menschen fördern. Aber nun gut, das ist jetzt nicht das Thema. Hier geht es um Potentialerkennung. Aber ich bin nun frisch aus den USA zurückgekehrt, und ich sehe, daß Deutschland hinterherhinkt. Hier herrscht eine Rückständigkeit im Denken, eine solche Schwere, die sich seit der Wiedervereinigung über dieses Land gelegt hat, eine solche Aussichtslosigkeit, die ich bei vielen Menschen sehe, und ein solch gewaltiges Beamtentum, das keinen Schritt nach vorne wagt! Wo liegt das Potential, das hier doch haufenweise vorhanden ist? Darüber liegt eine solch schwere Glocke, daß ich das Potential, selbst wenn ich es erkenne, nicht hervorlocken kann.*«

N: »Die Glocke hängt mit etwas anderem zusammen. Aber vorweg etwas ganz anderes. Die Zeit ist vorbei, da man sagen kann: Hier ist Deutschland, da ist England, da ist dieses, da ist jenes Land, und ein Land muß in sich wie eine Person funktionieren und sich selbst ernähren können und so fort. Es entwickelt sich ein globales Bewußtsein, zwar mit vielen Schmerzen, Schwierigkeiten und Hindernissen, aber es läßt sich nicht mehr aufhalten. Das heißt, es ist unumgänglich, daß ein Land vom anderen lebt und ein Land für das andere lebt und daß alle in einen großen Kreislauf eingebunden sind; ob das nun ein Geldkreislauf ist, durch Geben und Nehmen, Schulden und so fort, oder ein Kreislauf von Gütern oder innerhalb des kulturellen Bewußtseins, innerhalb der Sprachen: alles ist in Bewegung in Richtung auf ein globales Bewußtsein. Und viele von den Erscheinungen, die mit Recht als sehr negativ wahrgenommen werden, dienen in Wirklichkeit der Entwicklung dieses globalen Bewußtseins, einschließlich Kolonisierung, so schmerzhaft sie auch sein mag. Die alten Kulturen, die ausgelöscht wurden, sind nicht wirklich ausgelöscht, sondern tauchen in anderer Weise, an anderen Orten, in anderen Erdteilen wieder auf. Nichts ist ausgelöscht, die Essenz von allem ist ewig und kommt immer wieder.

Deutschland ist – ebenso wie mittlerweile jedes andere Land – nicht autark; es ist eingebunden in diesen großen Kreislauf in negativer und positiver Weise. Als Geber und als Nehmer, als Täter und als Opfer. Menschen, die in diesem Land – und jetzt kommen wir wieder aus der spirituellen Perspektive – inkarnieren, die sich dieses Land ausgesucht haben, um hier zu leben, kommen hierhin, sei es, um bestimmte Qualitäten zu entwickeln, die sie hier am besten entwickeln können, sei es, um irgend etwas in dieses Land hineinzubringen, das in diesem Land benötigt wird. Das heißt, es ist wichtig aufzuwachen aus der Hypnose ›Ich bin ein Deutscher‹, ›Ich bin die Person Y, die dann und dann geboren wurde und zum Zeitpunkt X sterben wird‹, und zu sehen: ›Ich bin kein Deutscher, ich bin kein Mann und keine Frau, ich bin ein Wesen, das sich diesen Ort, diesen Körper und diese Umstände ausgesucht hat, um dieses oder jenes zu verwirklichen, zu erleben oder zu lernen oder zu geben oder all das zusammen.‹ Es ist sehr wichtig, das Ganze in diesen übergreifenden Kontext zu stellen, um die Gegebenheiten zu verstehen.

Nun gibt es also ganz bestimmte Qualitäten, die sich offenbar besonders gern an diesem geographischen Ort Deutschland, der ja auch so etwas wie ein Symbol ist – ein symbolisches Feld mit bestimmten Inhalten –, ansiedeln. Dazu gehört ein gewisser Hang zur Beständigkeit: eher konservativ zu sein als progressiv. Das ist an sich ganz in Ordnung, ›konservativ‹ ist zunächst einmal neutral. Diese Qualität kann sich natürlich auf negative

Weise manifestieren oder entwickeln, wenn sie zu einseitig wird oder wenn sie sich mit Angst paart. Das ist hier der Fall. Eine bestimmte Art von Angst gehört mit zum kollektiven Charakter dieses Volkes. Wenn diese Angst sich paart mit dem Hang, eher konservativ zu sein, dann entsteht Schwere, Schwerfälligkeit, Gebremstsein. Wenn dazu noch ein starker Mangel an Selbstbewußtsein kommt – das Selbstbild ist nicht intakt, sondern es hat ein Loch –, dann kann das Ganze sogar in eine ziemlich unheilvolle Entwicklung umschlagen. Und das ist derzeit der Fall. Aber zugleich kommen starke, positive, Licht, Erkenntnis und frischen Wind bringende kreative Kräfte in dieses Land: einerseits durch Menschen, die zu dieser Zeit inkarnieren, also durch die neuen Kinder, andererseits durch den starken Zuzug von Menschen aus anderen Ländern. Ganz gleich, ob diese Menschen willkommen geheißen oder abgelehnt werden, in jedem Fall hinterlassen sie ihre Spuren, sie bringen frischen Wind, Veränderung und eine neue Art von Emotion und Kreativität in das Land hinein. Das heißt, es ist nicht zur Stagnation verurteilt, sondern es geht weiter. Es kann Umbruch geben, es kann große Turbulenzen geben. Und es wird die Aufgabe der führenden Menschen in Politik, Wirtschaft, Kultur und Religion sein, diese Turbulenzen zu erkennen und zu nutzen, in dem Sinne, wie es in einer der letzten Sitzungen erklärt wurde. (Man kann Turbulenzen, anstatt sie nur als feindliche Einbrüche zu betrachten, als positive Kräfte, als Einbruch von wirbelnden Kräften, die etwas in Bewegung setzen wollen, nutzen.)

Aber du mußt nicht unbedingt Zitronen dorthin zu bringen versuchen, wo eigentlich Kartoffeln wachsen wollen. Du mußt nicht unbedingt ein Volk, das dir zu schwerfällig erscheint oder zu ernst, verändern wollen. Das ist nicht nötig. Andere Eigenschaften gibt es anderswo; diese Eigenschaften gibt es hier.

Und du kannst sie nutzen. Versuche die Grundqualitäten zu erkennen, die besonders stark hier an diesem Platz, in dieser Nation vorhanden sind, um dann mit ihnen, anstatt gegen sie zu arbeiten. Das heißt auch, daß du dich einschwingst, wenn es sich beispielsweise um eine Gruppe handelt, auf das Tempo und

Temperament der Gruppe. Nicht versuchen, es zu erhöhen oder zu verändern, sondern es nutzen. Denk beispielsweise an die Schwerkraft der Erde. Diese Kraft kannst du als etwas sehr Negatives betrachten. Sie zieht dich runter, sie hält dich fest, du möchtest aber gern abheben. Aber ohne die Schwerkraft der Erde wäre diese ganze Welt hier nicht vorhanden! Du kannst dich in deinem Bewußtsein mit der Schwerkraft anfreunden und ihren Nutzen erkennen und mit diesem Nutzen arbeiten anstatt gegen sie, und so auch mit der Schwerkraft im deutschen Gemüt.«

H: »Ja, das kann ich alles so akzeptieren. Wie gehe ich aber mit einem Phänomen um, das mir immer wieder begegnet, weswegen ich auch keine Vorträge mehr halte: daß viele Menschen in der Wirtschaft und vor allem natürlich in der Politik die Wirklichkeit einfach nicht wahrhaben wollen? Sie hören nur dann zu, wenn sie in ihrem eigenen Denken und Sosein bestätigt werden.«

N: »Bezieht sich deine Frage darauf, wie du damit umgehen kannst, wenn du damit konfrontiert wirst?«

H: »Ja, denn es geht nicht nur um mich. Ich nehme an, daß es vielen Menschen in Unternehmen so geht, die Impulse bekommen und versuchen, sie umzusetzen. Es ist ja nicht so, daß ganz Deutschland versteinert ist; es gibt Menschen, junge Menschen, die ihre Professoren bewegen wollen, das Bildungssystem zu ändern, es gibt junge Politiker, die Neues wollen... Die Impulse sind da. Wie können wir diese Impulse nun umsetzen, ohne Revolution und Kampf?«

N: »Indem ihr den Großteil eurer Energie nicht *gegen* die anderen richtet, also sozusagen gegen die Alten (gleich, ob sie dem Lebensalter nach oder der geistigen Einstellung nach alt sind), eure Energie nicht gegen irgend jemanden oder irgend etwas richtet, sondern darauf verwendet, eure Ideen, eure Gedanken, eure Impulse zu verwirklichen; und zwar zunächst einmal indem ihr selbst so werdet wie eure Ideen, Gedanken und Impulse; indem ihr sie in eurem eigenen Privat- und Berufsleben anwendet, in eurem eigenen Umfeld, und somit selbst neue Menschen werdet. Dann regt ihr möglicherweise auch die Alten an, sich doch ein wenig zu öffnen für Veränderungen. Die meisten Menschen, die neue Ideen haben, verschwenden viel Energie, indem sie versuchen, andere von diesen neuen Ideen zu überzeugen, und es erzeugt auch eine gewisse Befriedigung. Aber der Idee selbst ist damit nicht unbedingt zur Verwirklichung verholfen. Man sollte besser diese Energie immer wieder zu sich selbst zurücknehmen, immer wieder prüfen: ›Stimme ich selbst mit meinen Ideen überein? Bin ich selbst so?‹

Man muß an sich selbst arbeiten, damit man selbst so ist wie seine Ideen, und das überallhin mitnehmen und ausstrahlen, ob man spricht oder schweigt, und dann still und klammheimlich, soweit es möglich ist, in der Mitwelt Kanäle zur Verwirklichung finden und darauf vertrauen, daß die eigenen Ideen eingebettet sind in einen großen Strom, der zur Veränderung führt. Aber nicht zu sehr an den anderen arbeiten. Das ist vergebliche Mühe.

Denkt nur an die Französische Revolution, an die Idee von Freiheit, Gleichheit, Brüderlichkeit. Haltet euch einmal vor Augen, was das bedeutet! Hätte die große Masse der Menschen, die sich für diese Idee begeistert haben und ihre Tyrannen abschütteln wollten, der Idee erst einmal in ihrem eigenen Herzen Raum und Realität gegeben, in ihrem eigenen Denken und Handeln, bevor sie losstürmten, dann hätten die Revolution und ihre Spätfolgen anders ausgesehen. Es hätte keine Gegenrevolution gegeben. Das Ganze wäre wesentlich friedlicher abgelaufen und hätte einen stabileren und bleibenderen Effekt gezeigt. Es ist unmöglich, jemandem den Kopf abzuschlagen, wenn man von Brüderlichkeit erfüllt ist. Trotzdem: Nichts gegen die Französische Revolution! Aus einer anderen Perspektive gesehen war sie unumgänglich und sehr notwendig.

Es ist eine zwar unbequeme, aber bestehende Wahrheit, daß es leicht ist, gegen andere anzukämpfen; schwerer, aber viel wirkungsvoller ist es, das, was man ersehnt, in sich selbst zu verwirklichen und erst dann nach außen zu tragen und die anderen die anderen sein zu lassen.

Wenn man so verfährt, kann man die Reste von Weisheit, die im Denken der ›Alten‹ vorhanden sind, wahrnehmen und nutzen.«

H: »*Es war eben die Rede davon, daß wir in ein globales Bewußtsein hineingehen, in dem sich nicht nur Grenzen auflösen, sondern auch das Nationalbewußtsein der verschiedenen Völker. Damit habe ich Schwierigkeiten. Sicherlich löst oder besser vermischt sich einiges, aber hier fehlt mir eine wichtige Komponente, nämlich die Einzigartigkeit. Auch Freiheit, Gleichheit, Brüderlichkeit sind ja schön, aber wo bleibt die Einzigartigkeit des Individuums? Auf irgendeiner Ebene sind wir gleich, aber sind wir als Individuum nicht einzigartig? Und diese Einzigartigkeit wird immer bleiben, auch wenn sich Grenzen auflösen, auch wenn wir uns vermischen, wird trotzdem München immer eine andere Stadt sein als Hamburg ...*«

N: »Einzigartig ist nur das Individuum, die individuelle Wesenheit. Die Persönlichkeit, ihr individueller Ausdruck, ist mehr oder weniger einzigartig. Aber die individuelle Wesenheit ist grundsätzlich einzigartig. Nationen jedoch, Gruppen, Orte wandeln sich, vermischen sich, lösen sich auf, setzen sich neu zusammen. Was findest du heute von den Hunnen? Wo ist die Einzigartigkeit der Hunnen geblieben? Wo sind die alten Römer? Das alles löst sich auf. Einzigartig und in gewisser Weise ewig ist die Individualität einer Wesenheit. Und die fortschreitende Entwicklung hin zu einem globalen Bewußtsein der Menschheit auf diesem Planeten wird nicht die Einzigartigkeit des Individuums auslöschen, sondern im Gegenteil überhaupt erst hervorbringen. Indem das Individuum sich befreit von der Beschränkung auf bestimmte Eigenschaften seiner Familie, seiner Nation, seines Kontinents, seiner Religion und Rasse, befreit es sich zu seiner Individualtität.«

H: »Das wäre wunderbar. Aber hat nicht dann, wenn wir das einmal in einen größeren Kontext stellen, die Erde eine Individualität im intergalaktischen Zusammenspiel?«

N: »Laß die Bewohner der Erde sich vermischen mit den Bewohnern anderer Planeten, und schon ergibt sich etwas Neues, ein neuer Charakter. Die Erde selbst – nicht die Menschheit, die die Erde bewohnt und mit ihr verbunden ist, sondern die Erde als Wesen – ist eine individuelle Wesenheit und hat ihre eigene unverwechselbare Wesensart. Die Menschheit jedoch, die diesen Planeten bevölkert und in gewisser Weise verwoben und eingeschlossen ist in das Lebensfeld der Erde, könnte sich sehr wohl mit anderen Populationen vermischen und ihren Charakter vollständig verändern.«

17

PUNKT NULL UND STILLE

N: »Wenn der Mensch am Morgen aufwacht, findet er sehr schnell wieder in die gewohnte Szenerie seines Lebens hinein, er identifiziert sich sofort wieder als X oder Y, erkennt die Elemente der Umgebung, in der er sich befindet, und macht sich bereit, ein neues Kapitel seiner Geschichte zu schreiben. Er erzeugt auf diese Weise in seinem Bewußtsein und in der Folge auch in seinem Leben eine Kontinuität, die es nicht gäbe, wenn er sie nicht erzeugen würde. Er erzeugt eine Kette von Ereignissen, die ihre Logik zu haben scheint; er erzeugt Ursache und Wirkung, Vergangenheit, Gegenwart und Zukunft und wie dies alles miteinander verknüpft ist und auf welche Weise er mit seinen Mitmenschen verknüpft ist, mit seiner Familie, seinen Kollegen, Mitarbeitern und so fort. Er webt sich ein Netz (wir haben früher schon einmal davon gesprochen) und lebt darin. Er schreibt seine persönliche Geschichte. Das ist das normale menschliche Leben, das normale menschliche Bewußtsein.

Es könnte auch anders sein. Der Mensch könnte an jedem Abend – oder jedenfalls immer dann, wenn er sich zur Ruhe begibt – in die Stille eintreten, sozusagen verlöschen, und am Morgen neu entstehen, neu geboren werden. Und in gewisser Weise – nicht vollständig, das ist nicht möglich, aber zu einem gewissen Grade – noch einmal bei Null anfangen. Anstatt sich, bewußt oder unbewußt, in Erinnerung zu rufen, was gestern war und vorgestern und vorvorgestern; und was er gestern und vorgestern und vorvorgestern gedacht hat, heute und morgen und übermorgen zu tun, könnte er alles, was vergangen ist, wenn er sich zur Ruhe bettet, hinter sich lassen, und wenn er aus dem Schlaf wieder erwacht, mit einem reinen, frischen, unbeschriebenen, unverplanten Bewußtsein ins Leben treten. Natürlich braucht er, um in der Welt und in der menschlichen Gemeinschaft funktionieren zu können, zur Orientierung einige Daten. Sie geben ihm einen gewissen Bestandteil der Kontinuität des Bewußtseins, der notwendig ist, um existieren und funktionieren zu können. Der Mensch muß wissen, daß ein Stuhl ein Stuhl und zum Sitzen gedacht ist und daß die Person, die in diesem Augenblick sein Zimmer betritt, mit ihm verheiratet ist. Das sind wichtige Daten, die nicht gelöscht werden müssen. Mehr jedoch ist eigentlich nicht notwendig. Daß ein Terminkalender eine bestimmte Funktion erfüllt und daß es gut ist, hineinzuschauen und zu sehen, ob man Termine vereinbart hat, ist nützlich. Aber welche Eigenschaften man hat und welche Eigenschaften die anderen haben; wie man denkt und wie die anderen denken; wie man fühlt und wie die anderen fühlen – all diese Urteile könnten in einem Augenblick entstehen und im nächsten vergehen, wenn der Mensch seinem Bewußtsein erlauben würde, immer wieder zu Punkt Null zurückzukehren, in die Stille einzutreten; und wenn der Mensch den Elementen seines Bewußtseins erlauben würde, sich immer wieder in nichts – in Stille – aufzulösen und sich dann neu zusammenzusetzen. Das ist die Art und Weise, wie dieses Buch entsteht. Ihr werdet bemerkt haben, daß es nicht die übliche Kontinuität gibt. Es ist nicht so, daß in einer Sitzung ein Kapitel diktiert wird und in der nächsten die Fortsetzung. Das Buch entsteht jedesmal neu. Jedes Kapitel könnte im Grunde genommen auch ein Anfangskapitel sein. Und doch werdet ihr am Schluß sehen, daß das Ganze eine Einheit ist und seine innere Logik, seinen Rhythmus, seine Harmonie und seinen Aufbau hat. Dieser Aufbau aber ist nicht zu einem Zeitpunkt X konzipiert worden, in der Vergangenheit, um sich dann in der Zukunft zu manifestieren; sondern jedes Kapitel und jede Aussage entsteht gewissermaßen aus Punkt Null, aus dem Augenblick.

Genauso ist im Grunde genommen auch die Natur des Bewußtseins. Und wenn ihr sehr tief in die Natur der Wirklichkeit, wie ihr sie kennt, eindringen würdet, würdet ihr feststellen können, daß alles auf diese Weise entsteht. Es ist in Wahrheit nichts

irgendwann in der Vergangenheit erschaffen worden, ein für
allemal, um sich dann in die Zukunft hinein zu entfalten, gemäß
einem vorgefaßten Plan, sondern Schöpfung entsteht immer neu.
Das Bewußtsein kehrt immer wieder in seinen Urgrund zurück,
der so etwas ähnliches ist wie Schlaf im Vergleich zum Wachsein,
und kommt daraus hervor, frisch wie ein Neugeborenes, es sei
denn, der Mensch besteht darauf, bestimmte Elemente, die normalerweise flüchtig und vergänglich sind, festzuhalten und sie
sich zu festen Strukturen innerhalb seines Bewußtseins verdichten zu lassen, so daß er dann festes Mobiliar in seinem Bewußtsein hat.

Bevor wir erklären, wie ihr es fertigbringen könnt, euer Bewußtsein immer wieder einzufalten in den Null-Zustand, um
euch selbst und euer Leben immer wieder neu und spontan zu
erschaffen und zu gestalten, sollte vielleicht erklärt werden, welchen Nutzen das hat, wozu es gut ist und ob es überhaupt für
Manager, die sich ja in einem bestimmten Kontext bewähren
müssen, der nicht so ohne weiteres abzuschaffen oder zu ändern
ist, überhaupt nützlich und angebracht ist, immer wieder den
Null-Zustand zu erreichen und aus der Kontinuität der persönlichen Geschichte herauszutreten.

Zunächst ist diese Vorstellung wahrscheinlich für viele Menschen erschreckend. Ein Manager ist darauf angewiesen, eine bestimmte Menge von Daten zu kennen und sein Bewußtsein auf
eine Vorstellung von Kontinuität zu richten. Er muß natürlich
die Vorgeschichte seines Unternehmens, die Geschichte der Entwicklung beispielsweise bestimmter Produkte, kennen, er muß
in die Zukunft projizieren, er muß Daten sammeln und sie zu-
sammenweben zu einer bestimmten Gestalt, sonst kann er nicht
handeln, sonst ist er verloren. Aber es reicht aus, wenn diese Arbeit auf eine bestimmte Funktionsebene des Geistes beschränkt
bleibt. Anstatt das, was man üblicherweise für die Wirklichkeit
hält, für die ganze Realität zu halten, könnte ein Manager auch
begreifen, daß es nur ein Ausschnitt der Wirklichkeit ist. Dann
nimmt die Ebene, in der er Vergangenheit, Gegenwart und Zukunft verbindet, bestimmte Daten sammelt und sie zu einem

Netz zusammenwebt, nur einen Teilbereich seines Bewußtseins ein und nicht sein ganzes Bewußtsein. Und es gibt Bereiche, die jenseits dieses Teilbereiches liegen und offenbleiben. Es gibt in seinem Bewußtsein, in seinem Denken und Fühlen Raum für andere Ebenen.

Eine dieser Ebenen ist das, was wir ›Punkt Null‹ nennen, der Zustand, in dem das Bewußtsein sich völlig herausgezogen hat aus dem Kontext von Raum und Zeit, sich abgewandt hat von den Inhalten, die es üblicherweise bevölkern, und sich ganz einfaltet in sich selbst. Da gibt es keinen Inhalt mehr, keinen Gedanken, kein Ereignis und keine Gestalt; da ist nur etwas, was man in Worten nicht ausreichend beschreiben kann, was manchmal Leere genannt wird, Stille, und was wir hier Punkt Null nennen.

Es ist sehr wohl möglich, sich auf der einen Seite, sozusagen in einer Etage seines Bewußtseins, des üblichen Kontextes und aller notwendigen Daten bewußt zu sein und zugleich auf einer anderen Ebene seinem Bewußtsein zu erlauben, sich immer wieder ganz in sich zurückzuziehen und in Punkt Null einzutreten, um daraus dann neu und frisch wieder hervorzukommen. Ein Manager kann das Kunststück fertigbringen, auf der einen Seite genau über alles Bescheid zu wissen, und auf der anderen Seite ein Bewußtsein zu haben wie ein neugeborenes Kind, offen und frei.

Dies verleiht ihm `natürlich eine ungeheure Beweglichkeit. Üblicherweise sind die Bewegungsmöglichkeiten des menschlichen Geistes begrenzt; ähnlich wie die Bewegungsmöglichkeiten eines Fußballspielers durch die Struktur des Fußballfeldes beschränkt sind. Das Spiel findet auf diesem Feld statt; es ist sinnlos, es mit dem Ball zu verlassen, denn alles, was außerhalb des Feldes geschieht, gilt nicht. Das heißt, der Spieler schränkt sich zusammen mit seinen Kollegen absichtlich und bewußt auf dieses Feld ein. In einem überpersönlichen Sinne tun das alle Menschen: Sie schränken sich, aus der Perspektive eines höheren Bewußtseins betrachtet, absichtlich auf ein bestimmtes Lebensfeld ein, um innerhalb dieser Einschränkung dies oder jenes zu erleben, zu entfalten, zu entwickeln oder zu geben. Das bedeutet aber nicht, daß das gesamte verfügbare Bewußtsein eines Menschen auf dieses Feld eingeschränkt sein muß. Er kann sich sagen: ›Das ist das Feld, in dem ich mich bewege, und hier gelten diese bestimmten Spielregeln, über die wir alle uns einig sind; aber das ist nicht meine ganze Wirklichkeit. Meine ganze Wirklichkeit schließt auch ein: die ganze Stadt, in der dieses Fußballfeld sich befindet, meine Wohnung, die woanders liegt als das Fußballfeld, das Land, in dem ich immer meinen Urlaub verbringe, die ganze Erde, das ganze Universum‹ – je nachdem, wie groß die Reichweite des Denkens und Fühlens dieses Menschen ist.

Man sollte einerseits sehr wohl alle Spielregeln und notwendigen Daten kennen und andererseits wissen, daß das Spielfeld nur ein kleiner Ausschnitt der Wirklichkeit ist. Dann kann der Geist, statt aus einem stark begrenzten Potential, aus dem Unbegrenzten schöpfen. Dann können Inspiration, Intuition, neues Ideengut aus einem unbegrenzten, unerschöpflichen Quell heranfließen. Allerdings ist es notwendig, daß der Geist, der solche Inspirationen und Ideen empfängt, offen genug ist, um diese wach zu registrieren und zu betrachten, bevor er wertet und verwirft.

Wie kann nun ein Mensch sein Bewußtsein immer wieder in diesen ›Punkt Null‹ einfalten? Indem er ganz einfach in die Stille eintritt. Stille in diesem Sinne bedeutet nicht, daß man sich hinsetzt und versucht, alles zu verdrängen oder zu eliminieren, was Geräusche macht, was sich bewegt, also zum Beispiel akustische Wahrnehmungen, Gedanken, Empfindungen, Gefühle; die Stille, die hier gemeint ist, ist vielmehr eine Wirklichkeit, die auf dem Grunde all dieser Geräusche und Bewegungen existiert. Wenn ein Mensch sich also hinsetzt in der Absicht, in die Stille einzutreten, kann er sich darauf ausrichten, sein Gewahrsein durch die Gedanken und Wahrnehmungen hindurchzubewegen, bis er auf dem Grunde der Wahrnehmungen, Gedanken, Gefühle und Empfindungen die Stille findet.

Der Trick jedenfalls ist: anstatt alles, was stört, wegzuschieben, im Gegenteil alles, was da ist, so lange wahrnehmen, bis die Wahrnehmung (das geschieht dabei von selbst) durch die Geräusche, Empfindungen, Gedanken und Gefühle hindurchgeht und den Bereich berührt, aus dem Gedanken, Geräusche, Gefühle und so weiter hervorgehen.«

H: »*Daß man zu dem wird, was man wahrnimmt …*«

N: »Erst bist du hier, und dort ist das Geräusch, das du wahrnimmst. Wenn du eintrittst in das Geräusch, das du wahrnimmst, bist du eins mit deiner Wahrnehmung. Wenn du dann immer noch präsent bist und geduldig weiter wahrnimmst, geschieht es irgendwann, daß du in die Stille eintrittst. Zwar ist dann das Geräusch immer noch da, aber du befindest dich sozusagen auf dem Grunde des Geräusches. Verstehst du?«

H: »*Subjekt, Objekt und der Prozeß der Wahrnehmung sind dann eins.*«

N: »Das ist richtig. Aber es ist ein Ergebnis, keine Anleitung. Wenn du jemandem sagst, Subjekt, Objekt und Wahrnehmung sollen eins sein, dann kann es sein, daß diese Aussage ihm die Sache sehr schwermacht. Dieses Einssein ist ein Ergebnis, das sich ganz von selbst einstellt.«

H: »*Wie verhält es sich nun, wenn jemand absorbiert ist? Ein Manager sitzt vor seinem Computer und schreibt einen Brief. Er ist völlig absorbiert, nimmt die Welt um sich herum nicht mehr wahr. Ist das dasselbe?*«

N: »Nein. Das ist Trance. Das Bewußtsein ist stark eingeengt auf eine bestimmte Angelegenheit. Alles andere ist ausgeblendet.«

H: »*Es ist wichtig, auf diesen Unterschied hinzuweisen.*«

N: »Ja. Das sind zwei Pole ein und derselben Angelegenheit. Trance ist das Gegenstück zu der beschriebenen Einstellung des Bewußtseins. Diese besteht in extremer Wachheit. In Trance ist ein Teil der Bewußtheit eingeschlafen.«

H: *»Computerspiele, Videospiele werden ja vermehrt zu einem Medium, das viele junge Menschen völlig absorbiert und süchtig macht. Und es gibt viele Menschen, die meinen, daß dieses Absorbiertsein, diese Selbstvergessenheit etwas sehr Positives ist. Nun ist aber diese Selbstvergessenheit keine Bewußtseinserweiterung, sondern eher eine Bewußtseinsverminderung.«*

N: »Was vermutlich gemeint ist mit dieser positiven Version der Selbstvergessenheit, das ist die Fähigkeit eines kleinen Kindes, in einer Sandkiste zu sitzen und mit Schaufel und Eimer zu spielen und alles um sich her zu vergessen. Das Kind sitzt in einer Wahrnehmungsblase und schafft sich darin seine eigene kleine Welt, in der es glücklich ist. Das ist etwas sehr Heiles und Schönes, an das die Menschen sich bewußt oder unbewußt erinnern und wonach sie sich zurücksehnen. Und es ist gut, wenn ein Mensch auch in höherem Alter noch in der Lage ist, selbstvergessen mit etwas zu spielen. Immer dann, wenn er sich in dieser Blase befindet, sitzt er in seiner eigenen heilen Welt. Dort ist Raum, man selbst zu sein, und dort ist Raum, zu heilen.«

H: *» ...Aber es ist nicht Punkt Null.«*

N: »Nein. Es ist in gewisser Weise sogar das Gegenteil. Je mehr ein Mensch mit Computern arbeitet oder spielt, desto mehr braucht er den Gegenpol Stille, desto mehr braucht er, um psychisch und körperlich gesund, wach, jung und funktionstüchtig zu bleiben, die Erholung in Punkt Null. Punkt Null ist das Maximum und das Optimum an Erholung, Ferien für den Geist, für das Bewußtsein, von der Welt, von allem, was Tätigkeit ist. Absolute Stille.

Zu anderen Zeiten, als es noch kein Fernsehen, kein Radio,

keinen Computer gab, stellte sich diese Erholung ganz von selbst ein. Wenn Menschen beispielsweise miteinander am Abendbrottisch saßen, wurde geschwiegen, wenn es nichts zu sagen gab. Im Schweigen war ein Stück Erholung, ein Stück Stille. Wenn ein Mensch Freizeit genoß, dann saß er vielleicht da und tat nichts. Dann trat sein Bewußtsein während der halben Stunde, die er dasaß und nichts tat, mit Sicherheit für fünf Minuten in die Stille ein. Und fünf Minuten Stille sind ungefähr der Gegenwert zu fünf Stunden Tätigkeit.

In der gegenwärtigen Zeit jedoch gibt es diese Stillepausen kaum noch. Denn sie werden übertönt von Radio oder Fernsehen; zumindest aber lesen die Menschen irgend etwas, Zeitungen, Zeitschriften oder Bücher, oder sie unterhalten sich. Sie sprechen auch sehr viel mehr als in früheren Zeiten. Es herrscht fast ununterbrochen Lärm. Wenn ein Mensch während seiner Wachzeit ununterbrochen lärmt oder Lärm ausgesetzt ist, dann wird er das auch nachts im Schlaf fortführen. Er wird kaum – oder jedenfalls viel zuwenig – die Phase des absoluten Tiefschlafs berühren, wo das Bewußtsein in Punkt Null zurücksinkt. Deshalb ist es wichtig, dem Bewußtsein während der Wachzeit Pausen zu gönnen, damit es auch nachts besser Erholung findet. Wenn du dich also tagsüber hinsetzt und deinem Bewußtsein erlaubst, für fünf, zehn oder zwanzig Minuten in die Stille einzutreten, dann wirst du auch eine verbesserte Schlafqualität bekommen und vor allem in der Schlafphase eine längere Tiefschlafzeit haben, das heißt, dein Geist, dein Körper, dein Emotionalkörper können sich erholen, erfrischen, regenerieren.«

H: »*Das nannte man früher ›Muße‹.*«

N: »Genau. Es wird am leichtesten auf absichtslose Weise erreicht. Es ist ein bißchen schwierig, sich hinzusetzen mit dem Vorsatz, in die Stille einzutreten. Ihr kennt das alle: Vielleicht läuft draußen ein Lkw-Motor, die Müllabfuhr kommt, die Straßenbahn fährt vorbei, dann juckt die Haut, dann kommen Gedanken, und es ist schwer, in die Stille einzutreten. Doch wenn du gar nicht vorhast, in die Stille einzutreten – du setzt dich in den Sessel und lehnst dich zurück, ohne an etwas Besonderes zu denken –, kann es passieren, daß du ganz von selbst in die Stille hineinsinkst.«

H: »Und der Spruch: ›Müßiggang ist aller Laster Anfang‹?«

N: »Es besteht allerdings ein Unterschied zwischen Muße und Müßiggang. Muße ist aller Tugend Anfang, Müßiggang aller Laster Anfang. Was vermutlich gemeint ist mit Müßiggang, ist übertriebene Faulheit, der Trägheit nachgeben, anstatt tätig zu sein, wenn es Zeit ist, tätig zu sein. Das darf nicht mit Muße verwechselt werden. Muße ist für einen kreativen Menschen – und Manager müssen kreative Menschen sein, um in ihrem Job zu überleben – ein Muß. Wenn das Bewußtsein nie oder viel zu selten in Punkt Null einkehren kann, dann wird der Strom der Intuition und Inspiration kaum noch fließen können, weil der Geist immer wieder geleert werden muß, um Neues aufnehmen zu können. Wenn er immer bevölkert ist mit Vorgeschichte und Zukunftsplänen, mit Urteilen, Vorstellungen, vielen Schichten von Gedanken, dann ist er fast unzugänglich für Inspiration, und auch die Stimme der Intuition, also die eigene innere Stimme, kann nicht mehr richtig durchkommen.«

G: »Man weiß mittlerweile, daß die Erfahrung dieses Punktes Null mit bestimmten, meßbaren physiologischen Zuständen einhergeht, und man ist heute in der Lage, eben diese Zustände künstlich zu induzieren, neuerdings auch mit den Mitteln interaktiver Multi-Media-Technologie am PC. Das scheint mit der Aussage zu kollidieren, die ihr vorhin gemacht habt, daß nämlich gerade Computer, vielleicht durch ihre Taktung, physiologische Anregungszustände bewirken, die das Gegenteil des Punktes Null sind. Aber Menschen, die diese Medien einsetzen, befinden sich, wie diverse empirische Untersuchungen (von Hautwiderstand und so weiter) ergeben haben, in ähnlichen Zuständen wie in der Meditation, sind also dem Punkt-Null-Zustand physiologisch nahe.«

N: »Das ist natürlich nicht die Art von Umgang mit Computern, die gemeint war. Sondern hier ist aktives Arbeiten mit dem Computer im üblichen Kontext gemeint.«

G: *»Ihr könnt euch also durchaus eine technisch induzierte Begegnung mit dem Raum der Stille vorstellen?«*

N: »Ja, obwohl es nicht ganz dasselbe ist. Es mag zwar dieselben Gehirnwellen erzeugen, ist aber nicht ganz dasselbe. Es kann nützlich sein, den technisch induzierten Zustand erst einmal zu erleben, damit ein Eindruck gewonnen wird von einem bestimmten Bewußtseinsfeld, in das man dann leichter eintreten kann ohne Hilfe der Technik. Aber den Zustand immer wieder künstlich zu erzeugen, ist abträglich, wird, anstatt Befreiung zu sein, zur Droge.«

G: *»Ihr seht da Suchtgefahr?«*

N: »Ja. Drogen können einmal nützlich sein, um überhaupt diese Bewußtseinsfelder kennenzulernen – in Ordnung; aber dann nicht wieder. Dann muß man lernen, aus eigener Kraft in dieses Bewußtseinsfeld einzutreten. Das ist gesünder, macht frei, unabhängig, wach, während Drogen – seien es natürliche, chemische oder technische Drogen – immer in irgendeiner Weise in die Abhängigkeit führen und damit dem, was eigentlich bezweckt wird, nämlich Wachwerden, Erleuchtung, im Wege stehen.«

G: *»Könnt ihr auf den Punkt der Abhängigkeit noch näher eingehen? Der durch Technik induzierte Zustand, von dem hier die Rede war, ist ja ein Zustand von Befreiung. Er wird nur durch andere Mittel erreicht; auch Meditation ist ja eine Technik. Wann immer Technik eingesetzt wird, besteht doch die Gefahr von Abhängigkeit ...«*

N: »Freiheit kannst du finden, indem du dich freimachst von allem, was nicht zu dir gehört, von allem Zubehör. Wenn du nur mit Hilfe eines Apparates oder auch eines bestimmten Kissens oder eines bestimmten Platzes oder eines bestimmten Lehrers meditieren kannst, dann findest du nicht Freiheit, sondern Abhängigkeit, von diesem Hilfsmittel nämlich.«

G: »Wobei ist denn nun die Suchtgefahr größer? Bei pflanzlichen, chemischen oder technischen Drogen?«

N: »Das ist von Mensch zu Mensch verschieden. Der eine spricht auf dies stärker an, der andere auf jenes. Ziel der Informationen und Lehren dieses Buches ist es aber, den Menschen frei und unabhängig zu machen. Deswegen sollte man technische Hilfsmittel nur einmal als einleitende Maßnahme einsetzen, wenn überhaupt, und dann weglassen.«

G: »Um auf das Thema Stille zurückzukommen: Wir haben also gesagt, solche Hilfsmittel sind geeignet, um einmal eine Basiserfahrung zu machen, und dann sollte man sich ohne Hilfsmittel den Punkt Null erarbeiten. Könnt ihr näher beschreiben, wie man sich diesen Zustand erarbeiten kann?«

N: »Indem man das stille Sitzen, Gehen, Liegen geduldig übt; auch wenn die Umstände widrig sind. Es ist eine ganz besonders gute Übung, in die Stille einzutreten, während man sich in einer lauten oder unruhigen Umgebung befindet oder wenn man selbst gerade sehr unruhig ist – indem man sozusagen durch die Unruhe hindurchtaucht.«

G: »Kann man sagen, die Stille erarbeitet sich selbst und entwickelt eine eigene Anziehungskraft?«

N: »O ja.«

G: »So daß gar nicht so sehr diese Arbeit von außen nach innen – durch die Wahrnehmung hindurchgehen, um in den inneren, stillen Kern zu gelangen – notwendig ist, sondern daß es eher *eine Anziehungskraft der Stille ist, die einem hilft, Stille zu finden?«*

N: »Stell es dir zweipolig vor: am einen Ende der lärmende Pol des Bewußtseins, am anderen der Punkt der Stille. Wenn du mit deiner Aufmerksamkeit am lärmenden Pol bist, dann zieht es dein Bewußtsein hin zu allem, was sich bewegt. Wenn du nun zum stillen Pol gelangen willst, werden erst einmal Entschluß, Absicht, Wille und Sehnsucht benötigt. (Die beste Art, den Willen in Gang zu setzen, ist Sehnsucht.) Damit setzt du vom lärmenden Pol aus eine Kraft in Bewegung. Wenn du dann dem stillen Pol ein wenig näher gekommen bist, beginnst du, die Anziehungskraft der Stille zu spüren. Du kannst sie nicht spüren, solange dein Bewußtsein im lärmenden Pol ist. Du mußt zwei, drei Schritte selbst tun, auf die Stille zu, und dann beginnt sie, dich zu ihr hinzuziehen. ›Hilf dir selbst, dann hilft dir Gott‹ – alle, die jemals von Gott irgend etwas erbeten haben, wissen das: Man muß einen Schritt selbst tun oder zwei, dann kommt Er/Sie ihnen entgegen. So ist es auch mit der Stille: Damit du ihre Anziehungskraft überhaupt spüren kannst, mußt du einen Schritt auf sie zu tun.«

H: »Es gibt Menschen, die noch nicht einmal eine Gesprächspause ertragen können, die jede Form von Stille sofort überbrücken müssen. Für solche Menschen wäre es ein wunderbares Instrument, zu lernen, Gesprächspausen in Stille umzukehren.«

N: »Ja. Es ist wie Einatmen und Ausatmen. Wobei das Ausatmen das Sprechen wäre und das Einatmen das Zurückkehren in die Stille. Eigentlich sollte das im Gleichgewicht sein. Aber diese Gesellschaft, so wie sie im Augenblick ist, ist auf Ausatmen ausgerichtet. Die Menschen atmen aus und aus und aus, und wenn sie einatmen, dann ziehen sie nicht sich selbst in die Stille zurück, sondern nehmen Inhalte von außen in sich hinein. Das heißt, sie hören dann, was die anderen sagen, was im Radio erzählt wird, hören Musik oder sehen fern.

Ein Mensch, der Stille und Pausen schwer erträgt, könnte damit anfangen, daß er sich mit diesem Gedanken vertraut macht: ›Solange ich rede oder im Gespräch bin, befinde ich mich in der Phase des Ausatmens. Und während der Gesprächspausen bin ich in der Phase des Einatmens. Und Einatmen bedeutet, daß ich wieder zu mir komme, wieder in die Ruhe gehe.‹ Wenn ihm dann etwas einfällt, was unbedingt geäußert werden möchte, dann kann er wieder ausatmen, also sprechen. Das wäre eine Technik, die es solchen Menschen erleichtert, zur Stille zurückzufinden, Pausen zuzulassen und zu genießen.«

H: »Wäre dann der Punkt Null das eigentliche Selbst-Bewußtsein? Und wenn wir nicht im Nullpunkt verweilen, sind wir in einer Art geliehenem Bewußtsein, aber nicht wirklich selbstbewußt?«

N: »Ja. Diese Stille gibt enorm viel Kraft. Ihr hier wißt das: Wann immer ihr euch in die Stille zurückzieht, gewinnt ihr nicht nur neue Ideen, neue Inspiration und so weiter, sondern auch neue Kraft – psychisch und physisch verwendbare Energie. Es ist das, was eigentlich Erholung ist. Die Menschen suchen Erholung heute in Ablenkung: im Fernsehen, in der Diskothek, beim Lesen. Sie suchen Erholung und geben sich statt dessen Abwechslung. Weil sie den ganzen Tag auf einem Stuhl sitzen, geben sie sich als Erholung körperliche Aktivität – Sport, Schwimmen, Tanzen. Und weil sie das ganze Jahr in einem Raum eingesperrt sind, geben sie sich als Erholung einen Urlaub im Freien, am Meer, am Strand, in der Sonne. Das ist gut und richtig. Es ist Ausbalancieren. Die Erholung aber, die hier gemeint ist, ist die Abwechslung zu allem, was Aktivität ist und was die Menschen beschäftigt. Aus dem Einkehren in die Stille kann man ungeheuer viel Kraft schöpfen. Im Idealfall kann ein Mensch, der in der Welt tätig ist, auf ganz normale Weise seine soundsovielen Stunden in der Woche arbeitet, Verantwortung trägt, Familie hat, also ein ziemlich vielschichtiges und aktives Leben führt, dahin kommen, daß er, sagen wir, zwölfmal am Tag in die Stille einkehrt, vielleicht morgens und abends etwas länger und in jeder Besinnungspause oder Gesprächspause. Wenn ein Mensch das tut, räumt er seinen Geist immer wieder leer, gibt Raum für neue Inspiration, Intuition, neue Ideen und schöpft aus einem Quell, der ihm immer zugänglich ist und der nichts kostet.«

H: *»Das ist eigentlich erst der Anfang, und der ist schon gewaltig. Aber mit zunehmender Übung bringt dieser Punkt Null Befreiung von alledem, mit dem sich das menschliche Bewußtsein derart identifiziert, daß es gebunden wird. Die Wiederkehr dieses Nullpunkts birgt in sich das, was die Menschen am meisten suchen, nämlich Unabhängigkeit.«*

N: »Ja. Freiheit, Unabhängigkeit. Das heißt, auch das persönliche Bewußtsein gewinnt mehr und mehr Raum, mehr Freiheit, mehr Unabhängigkeit. Das ist richtig. Und du tauchst immer wieder ein in das Feld, aus dem Kreativität und Schöpfung und alles Geschaffene hervorgehen. Stell dir vor, das Leben und die persönliche Geschichte, die du gesponnen hast und in der dein Bewußtsein sich verfangen hat, ist ein Theaterstück, das permanent neu und weiterentwickelt wird. Wenn du in Punkt Null gehst, ziehst du dich immer wieder zurück aus dem Theaterstück und begibst dich in den Raum, in dem fortwährend die Neu- und Weiterschöpfung dieses Theaterstücks stattfindet, das heißt, in den Urgrund von Kreativität. Du kannst aus diesem Urgrund immer wieder mit neuen Einfällen, neuen Ideen hervorkommen, und das ist es, was diese Technik für Manager so ungeheuer wichtig macht.«

H: *»Das heißt, man kann gleichzeitig Schauspieler sein, Drehbuchautor, Regisseur und auch die Bühne. Wenn man abhängig ist, dann hat man nur eine Rolle, und die spielt man mehr oder weniger gut.«*

N: »Diese Stille, die du meintest, ist ein Aufwachen. Sie ist das Gegenstück zum Tiefschlaf. Tiefschlaf bedeutet, wenn du so

willst, völlig einzuschlafen, und diese Stille bedeutet, völlig aufzuwachen. Und doch ist es ein und dasselbe. Es bedeutet nicht
das Eintauchen in einen Dämmerzustand. Es ist nicht, sich da-
vontreiben zu lassen, angenehm herumzuschwimmen in irgendwelchen entspannten Zuständen, sondern innehalten und aufwachen. Es bedeutet auch, sich immer wieder herausziehen aus
dem Kontext des üblichen Denkens und zu sagen: ›Was tue ich
hier eigentlich? Was denke ich eigentlich? Was läuft hier eigentlich ab?‹ Es ist diese Art von Aufwachen, die gemeint ist.«

H: »*Genau. Das ist wichtig zu wissen. Denn zum Aufwachen
gehört auch, daß ich keine Erwartungen habe. In dem Moment,
wo jemand in diesen Punkt Null geht mit der Erwartung, besonders kreativ oder inspiriert wieder herauszukommen, zerstört er
mit seiner Erwartung den Nullzustand.*«

N: »Ja. Die möglichen neuen Einfälle, Erleuchtungen, Ideen
und so weiter, die ihm zufließen, wenn er sich zur Gewohnheit
macht, oft in Punkt Null einzutreten, sind ein natürliches Ergebnis, fast könnte man sagen, ein Abfallprodukt des Eintau-
chens in diesen Zustand. Aber wenn du mit der Erwartung in
Punkt Null eintauchst, dort irgend etwas zu finden, wirst du
natürlich nicht Punkt Null erreichen.«

H: »*Das ist für Manager besonders wichtig. Wenn ein Manager
diesen Text liest und glaubt, jetzt ein Rezept zu haben, um etwas
zu erreichen – beispielsweise es liegt ein schwieriger Fall vor, eine
verzwickte juristische Angelegenheit etwa, und er zieht sich zurück in den Nullpunkt, um aus ihm die Lösung für sein Problem
zu beziehen – dann kann die Lösung nicht gefunden werden,
weil diese Erwartungshaltung da ist ...*«

N: »Weil es paradox ist. Du sitzt vor einem Problem: ›Hier bin
ich, dort ist das Problem.‹ Das Eintauchen in Punkt Null erfordert das Überwinden dieses Problems. Es bedeutet das Loslassen des Problems sowie jeglichen Gegenstandes, der meine Auf-

merksamkeit fesselt. Wenn du abends ins Bett gehst und einschlafen möchtest, kannst du nicht einschlafen, wenn du nicht der Welt den Rücken kehrst, wenn du deinem Bewußtsein nicht erlaubst, sich freizunehmen von den Problemen. So ist es auch im Wachzustand. Eintauchen in Punkt Null bedeutet, deinem Bewußtsein zu erlauben, sich von dem Problem zu lösen. In dem Moment aber, wo dein Bewußtsein sich von dem Problem gelöst hat, besteht das Problem nicht mehr. Darin liegt das Paradoxe. Wenn du nämlich hineingehst beziehungsweise zugehst auf Punkt Null, während dein Bewußtsein noch am Problem haftet, nimmst du das Problem mit und erreichst nicht Punkt Null. Du mußt zumindest für einen Augenblick in der Lage sein, auf jedwedes Problem zu verzichten, auf alles, was auch immer deinen Geist beschäftigt. Bevor du in Punkt Null überhaupt eintauchen kannst, mußt du des Problems, das dein Bewußtsein fesselt, gewahr sein, mußt du eintauchen in das Problemfeld, oder, wie du es formuliert hast, eins werden mit ihm, und hindurchtauchen in das, was jenseits dieses Problems liegt: nämlich in den Urgrund des Bewußtseins, wo keinerlei Problem und keinerlei Problemstellung existiert. Du verläßt den üblichen aktiven Zustand des Bewußtseins: ›Hier bin ich, dort ist das Problem, zwischen uns beiden gibt es Bewegung, Aktivität‹, und vertiefst dich in das Problem, wirst eins mit den Elementen, die sich in deinem Bewußtsein zum Problem gruppiert oder verknotet haben, meditierst, wenn du so willst, über die Essenz des Problems und läßt dich dann – hier setzt die Anziehungskraft der Stille ein, von der die Rede war – hineintragen in ein Bewußtseinsfeld jenseits von Problemen und Fragen, Antworten und Lösungen, nämlich in die Stille. Und in dem Augenblick, wo du die Stille betrittst, verläßt du das Problem, verzichtest auf dein Problem.«

18.
DER UMGANG MIT WIDERSPRÜCHEN –
DIE POSITIV-
UND DIE NEGATIVSPIRALE

N: »Heute beginnen wir mit Fragen und Antworten. Bitte stellt Fragen, die euch zu diesem Zeitpunkt wichtig erscheinen.«

H: *»Ein Thema, das mir noch am Herzen liegt, ist der Umgang mit Widersprüchen. Aus unserem Denken heraus erzeugen wir Widersprüche, wobei wir Gegensatzpaare so vermischen, daß sie nicht mehr neutral sind, sondern zu einem Widerspruch führen, den wir oft selbst nicht mehr auflösen können. Und daraus entstehen kontraproduktive Systeme. Wir kämpfen immer gegen etwas an – sei es Krebs, sei es Umweltverschmutzung oder was immer –, anstatt so einen Widerspruch im Entstehen schon zu bemerken und wieder auflösen zu können. Wir sind es ja selbst, die ihn schaffen, bevor er sich manifestiert, und wir müssen ihn dann ›bekämpfen‹, wodurch wir es nur noch schlimmer machen. Die Frage ist ein bißchen kompliziert … Wie können wir kontraproduktive Systeme wieder umkehren oder auflösen?«*

N: »Bitte nenne ein Beispiel dafür.«

H: *»Ein kontraproduktives System ist zum Beispiel die Art, wie wir unsere Lebensmittel erzeugen. Beim Weizen beispielsweise wird das Beste weggeworfen, und in dem, was wir vom Weizen essen, sind kaum noch Vitalstoffe enthalten. Wir stören die Böden, das Grundwasser, und das, was wir an Nahrung aufnehmen, ist so verschmutzt durch Chemie, daß wir immer mehr Allergien bekommen und immer kränker werden. Und das führt*

wieder zu einem weiteren kontraproduktiven System: Die Le-
bensmittel sind zu schwach, um uns gesund zu erhalten, deshalb
brauchen wir ein starkes ›Gesundheitssystem‹ mit vielen Maschi-
nen, um uns wieder gesund zu machen, und so weiter.«

N: »Das ist eine Negativspirale, eine Art Teufelskreis, der aber
offen ist. Es wird immer schlimmer, und es ist kein Ende abzusehen, beziehungsweise man kann sich vorstellen, daß das Ende in
einem Zusammenbruch besteht. Diese Spirale hat eine Eigendy-
namik. Stell dir bildlich eine Spirale vor, die nach unten führt –
die Negativspirale –, und du wirfst oben einen Ball hinein. Das
ist die menschliche Gesellschaft, die sich auf diese Negativspirale
begeben hat. Nun gibt es eine Kraft, die diesen Ball immer weiter
nach unten treibt: die Schwerkraft. Die Positivspirale dagegen
führt nach oben, fort von der Schwerkraft. Sie bedarf des Einsat-
zes einer anderen Kraft: Irgendwie muß der Ball nach oben gelangen. Es muß der Schwerkraft entgegengewirkt werden.

Wir haben hier ein sehr gutes Beispiel für eine Negativspirale:
schwache Lebensmittel – schwache Gesundheit – Kostenexplo-
sion im Gesundheitswesen – und so fort. Das kann letztlich die
ganze Gesellschaftsstruktur zerfressen und tatsächlich eine
ganze Gesellschaft zum Einsturz bringen. Wie kann man nun
auf eine Positivspirale überwechseln? Dazu muß man wissen,
daß die Positivspirale potentiell in der Negativspirale enthalten
ist, ebenso umgekehrt; eigentlich ist es ein und dieselbe: Man
kann sich auf ihr nach unten oder nach oben bewegen, je nachdem, welche Kraft vorherrscht. Wenn es die Schwerkraft ist, die
vorherrscht, dann geht man die Spirale hinunter, und wenn es
die entgegengesetzte Kraft ist – für die es keinen Namen gibt –,
dann wandert man die Spirale hinauf. Aber nehmen wir einmal
an, es gäbe eine Negativspirale und eine Positivspirale, einen
Teufelskreis und einen Engelskreis. Befindet sich jemand im
Teufelskreis, dann ist der Engelskreis auch vorhanden, aber der
Mensch sieht ihn nicht. Der Engelskreis ist latent, potentiell vorhanden; der Mensch könnte jederzeit die Richtung ändern, dann
würde er in die Aufwärtsspirale gelangen.

Wenn man nun eine Änderung herbeiführen will – sei es als einzelner, als größere Gruppe, als gesamte Gesellschaft, deren intellektuelle, wirtschaftliche oder politische Führung dieses Problem erkannt hat und aus der Negativspirale herauswill –, dann ist das erste, was von Nutzen ist, daß man das, was hier behauptet wird, selbst erkennen und in aller Deutlichkeit sehen muß: nämlich daß in der Negativspirale die Positivspirale bereits potentiell enthalten ist, daß es die Möglichkeit gibt, diese selbe Energiegestalt (die Spirale) in umgekehrter Richtung zu nutzen, also aufwärts statt abwärts. Es muß nur etwas mobilisiert werden, was die Gegenkraft zur Schwerkraft bildet und was in der Sprache der Menschen interessanterweise keinen Namen hat. Auch wir können ihm keinen Namen geben. Es ist diejenige Kraft, die ganz grundsätzlich hinter der Evolution steckt; die Kraft, die alles vorwärts treibt, die alles dazu treibt, sich höher zu entwickeln, immer komplexer, immer schöner, immer intelligenter, immer vollkommener zu werden. Diese Kraft muß geweckt werden im Menschen. Oft geschieht dies dadurch, daß eine Situation sich derart verschlimmert, daß die Menschen sie nicht mehr ertragen können. Plötzlich taucht ein Impuls zur Revolte auf; es erhebt sich Empörung, und zugleich mit der Empörung wird diese positive Kraft geweckt. Natürlich kann Empörung auch dazu führen, daß man nur zerstören will, ohne zu sehen, wie man etwas Positives neu aufbauen kann. Aber sie kann auch einhergehen mit dem Wunsch, etwas Positiveres zu schaffen. Dann wird diese namenlose Kraft freigesetzt, die nach oben führt. Letztlich ist diese Kraft Liebe.«

H: »*Dazu müßt ihr bitte noch mehr sagen. Ich verstehe das als die alte Pendeldynamik zwischen Hoffnung und Angst. Wir gehen ins Negative; wir stellen fest, daß wir etwas falsch gemacht haben; Angst taucht auf, daß es schlimmer wird. Und dann entsteht die Hoffnung, daß es doch eines Tages wieder besser wird. Aus dieser Pendeldynamik, meine ich, müssen wir heraus.*«

N: »Hier geht es nicht um Hoffnung und Angst, sondern auf der einen Seite um Trägheit – die Kraft, die die Sache immer weiter verschlimmert; das ist die Entsprechung der Schwerkraft auf der psychisch-geistigen Ebene. Trägheit, gepaart mit Gleichgültigkeit. Und die positive Gegenkraft ist Liebe, auch genannt Begeisterung, Engagement. Das ist nicht Hoffnung! Hoffnung kann etwas Negatives sein.«

H: »Genau. *Mir war nur wichtig, daß wir von dieser Pendeldynamik Hoffnung – Angst wegkommen, hinein in die Dynamik von Begeisterung und Inspiration. Das bringt mich zur Intention. Ich nehme an, daß es die Intention ist, die den Wirbel nach unten oder eben nach oben treibt. Ist das so?«*

N: »Ja und nein. Es ist Intention im Spiel. Auf der ganz grundsätzlichen Ebene ist es so etwas wie Absicht – besser gesagt: Wunsch –, was den gesamten Schöpfungs- und Evolutionsprozeß vorantreibt. Es ist Absicht/Wunsch/Sehnsucht. Das ist die positive Kraft, die die Positivspirale bewegt und endlos weiterbewegt. Zum Entstehen der Negativspirale können natürlich diverse menschliche Absichten mit beitragen. Aber es gibt letztlich keine Absicht, die das absolut Negative zum Ziel hat. Die eigentliche, tiefere Absicht ist immer etwas Positives. Jemand möchte beispielsweise Geld verdienen. Das ist eine positive Absicht, nicht im wertenden, sondern im energetischen Sinn. Diese Absicht kann sich aber im moralischen Sinn negativ auswirken und dazu beitragen, daß irgendeine Angelegenheit sich negativ entwickelt. Aber es ist eine ursprünglich positive Absicht. Letztlich sind alle Absichten ursprünglich positiv.«

H: »Das möchte ich aber doch einschränken. Der Drogendealer zum Beispiel möchte Geld verdienen. Ist das auch eine positive Absicht?«

N: »Ja, positiv im energetischen Sinne.«

H: »Meine Frage war eigentlich anders gerichtet. ›Menschliches Bewußtsein‹ ist ja ein sehr abstrakter Begriff. Ich versuche das zu *konkretisieren. Was ist denn die erste Manifestationsebene des menschlichen Bewußtseins: Ist das nicht die Intention? Was bewegt mich? Mein Geld über Drogenverkauf zu verdienen oder, beispielsweise, einen Vorschlag zu erarbeiten, wie wir unser Gesundheitssystem verbessern können?«*

N: »Das ist schon eine konkrete Ebene. Es ist nicht die erste, grundsätzliche Ebene, die so etwas wie Sehnsucht ist, erst einmal eine Sehnsucht nach Dasein, danach, sich zu manifestieren. Das ist nicht positiv und nicht negativ, sondern neutral. Dann erst kommt, in welcher Weise ich mich manifestieren möchte. Und dann kommt, worauf konkret ich meine Sehnsucht richte; beispielsweise auf so grundsätzliche Erfahrungen wie glücklich sein, reich sein, mächtig sein, gesund sein, schön sein, voller Liebe sein, voller Freude sein oder etwas dergleichen. Und dann wird es noch konkreter. Was nun den einzelnen Drogendealer grundsätzlich bewegt, das kann nicht allgemein festgestellt werden. Aber was man natürlich sehr wohl verallgemeinern kann, ist, daß er in einer extrem unausgeglichenen Weise mit seinen eigenen Interessen und den Interessen anderer umgeht. Das heißt, er setzt seine eigenen Interessen sehr, sehr viel höher als die Interessen der anderen, während beispielsweise ein Pfarrer die Interessen der anderen möglicherweise genauso hoch schätzt oder vielleicht sogar höher als seine eigenen, zumindest in seinem Denken und in seinen grundsätzlichen Absichten, und aufgrund dessen ausgerechnet diesen Beruf gewählt hat. Das ist es, was den Unterschied ausmacht. Je mehr ich in der Lage bin, die Interessen der anderen auch wahrzunehmen und anzuerkennen, und zwar in ehrlicher Weise, und dann zu entscheiden, ob es irgend etwas gibt, was ich dazu beitragen kann, daß die anderen sich wohl fühlen, daß sie sich freuen oder was auch immer Positives, desto größer ist die Wahrscheinlichkeit, auf eine Positivspirale zu kommen. Je größer der Abstand ist, den ich in meiner Wertung zwischen meine Interessen und die der anderen lege, desto größer ist die Gefahr, auf eine Negativspirale zu gelangen, die allerdings nicht unbedingt gleich als solche erkannt wird. Es kann lange Zeit dauern, bis man erkennt, daß man sich auf einer Negativspirale befindet. Die Wahrscheinlichkeit, auf eine solche zu geraten, ist jedenfalls sehr groß. Es sei denn, man ist in der Lage, seinen Geist zu bündeln und zu richten, sich sehr gut zu konzentrieren und sich ganz eindeutig mit dem, was man wünscht, einverstanden zu erklären, ohne irgendwelche, auch unbewußten, Skrupel zu haben. Dann kann man sicher sein, daß man der Negativspirale entgeht.

Wenn nun eine ganze Gesellschaft angeführt wird von Menschen, bei denen die Distanz zwischen dem eigenen Interesse und dem der anderen sehr groß ist, und diese Menschen sich relativ gut konzentrieren können auf das, was sie wünschen, und der Rest der Gesellschaft ist überwiegend träge, gehorcht also eher der Schwerkraft als der namenlosen positiven Kraft, dann ist klar, was passiert: Die ›Anführer‹ mit ihrer extrem egoistischen Motivation können eine ganze Gesellschaft in eine Negativspirale zwingen. Was nun vonnöten ist, damit die Gesellschaft wieder auf eine Positivspirale gelangt, ist nicht unbedingt der Revolutionär, der von einer starken positiven Kraft beseelt und noch stärker ist in seiner Motivation, seiner Sehnsucht, seinem Einssein mit seinen Vorstellungen als die Führer der Gesellschaft, sondern vielmehr, daß in einer großen Anzahl von Mitgliedern der betreffenden Gesellschaft die geschilderte positive Kraft geweckt wird. Das kann durchaus in unspektakulärer Weise geschehen, indem etwa, daß die Menschen plötzlich feststellen: ›Halt, so geht es nicht weiter‹; daß sie sich empören (Empörung ist sehr nützlich, weil sie Kräfte freisetzt, die zuvor aufgrund der Trägheit geschlummert haben); aufgrund ihrer Empörung können sie plötzlich hellhörig und wach werden und bemerken, was geschieht, und dann nach Möglichkeiten der Veränderung suchen. Es bedarf nicht mehr unbedingt des großen Helden, der das Gros der unterdrückten Menschen gegen die Unterdrücker anführt, sondern es muß nur dieses Flämmchen von Engagement/Begeisterung/Liebe, diese positive Kraft, angezündet werden. Das wirkt ansteckend und verändert das Ganze. Es ist übrigens genau das, was bereits im Gange ist.

So ist es auch im persönlichen Bereich. Wenn jemand feststellt, daß er sich auf einer Negativspirale befindet, in irgendeiner Angelegenheit, beispielsweise auch in der Ehe, sollte er versuchen, durch welchen Trick auch immer, die positive Gegenkraft zur Schwerkraft in seinem Herzen zu finden, die Flamme der Begeisterung, der Liebe, des Interesses, des Engagements wieder anzulachen. Sie kann nie ganz ausgelöscht sein, sie brennt immer; aber sie kann ein winziges Fünkchen geworden sein, und jeder kennt Möglichkeiten, wie er sie wieder größer werden lassen kann. Das ist alles, was vonnöten ist, damit ein Mensch oder eine Beziehung wieder auf eine Positivspirale gelangt.«

H: »*Nun haben wir einen Weg, um über das Gegensatzpaar von hoffnungsvoll und hoffnungslos hinwegzukommen, an dem viele Menschen ein Leben lang hin- und herpendeln, was ja auch ein falsch verstandenes Christentum immer noch lehrt. Eine Änderung der Intention, ein Ja zum Leben; sich zu sagen: ›So mache ich nicht mehr weiter, ich möchte die Sache jetzt umdrehen.‹ Das ist eine bewußte Handlung, die in diese andere Kraft hineinführt.*«

N: »Ja. Dazu muß das Herz beteiligt sein. Das ist der Ort, wo diese Kraft zu finden ist. Und dazu bedarf es der Liebe. Nehmen wir noch einmal das Beispiel des Gesundheitswesens. Eigentlich ist es ein Krankheitswesen, das die Gesellschaft erfaßt hat, und es ist in jedem Sinne sehr teuer: Es kostet viel Geld, viel Gesundheit und viel Energie. Um das Krankheitssystem umzukehren in ein Gesundheitssystem, das auch ein gesundes System ist, muß man zunächst das alte in Frage stellen: ›Wieso muß das eigentlich so sein, wie es ist? Wieso kann es nicht ganz anders sein?‹, und dann eine andere Vision finden, eine Alternative, an der man Freude hat. Spielerisch kann man im Geist Möglichkeiten durchgehen, Bilder entstehen lassen, Vorstellungen aufkommen lassen, wie es anders sein könnte, und dann diejenige finden, die Freude erzeugt, die mit einem großen ›Aha‹ einhergeht. So kann man diese Flamme wieder zum Leben erwecken und dann diese freudige Vision im eigenen Geist und im Herzen nähren und mit anderen Menschen teilen, ohne unbedingt die anderen dazu überreden zu wollen, sie auch großartig zu finden, sondern eher um sie zu inspirieren, ihre eigenen Visionen zu entwickeln. In dritter Instanz kann man Wege finden, dieser Vision dazu zu verhelfen, sich zu manifestieren. Dabei muß man immer wissen, daß eine Gegenkraft zur Schwerkraft existiert.«

H: »*Ein positives System, ein demokratisches zum Beispiel, kann so etwas nicht einfach verändern. Negativsysteme unterdrücken die Menschen und räumen alles, was ihnen im Wege ist, mechanisch fort. Das Positive aber muß sanft und liebevoll vorgehen. Deshalb tut sich diese positive Kraft zumindest nach außen hin sehr viel schwerer als die negative Kraft.*«

N: »Es ist möglich, daß in den bisher existierenden Versuchen einer auf positiven Werten beruhenden Gesellschaftsordnung zuwenig von dieser Kraft lebendig ist. Sie war lebendig, als diese Systeme erfunden worden sind. Da gab es Begeisterung, Freude, Liebe. Aber dann ist die Kraft verlorengegangen. Heute ist nicht mehr viel davon vorhanden. Wenn ein System so weit gekommen ist, dann ist es Zeit, es in irgendeiner Weise zu verändern.«

H: »*Es hat im Bereich der Unternehmen vielversprechende Versuche gegeben. Aber dann gab es Gewinneinbrüche, oder die Unternehmen sind auf den Aktienmarkt gegangen, und prompt, fast über Nacht, sind die alten Mächte wieder nach oben gekommen, und heute sind es wieder die Betonköpfe, die diese Unternehmen anführen. Alle sanften Prinzipien sind zurückgedrängt. Es ist sicher eine Frage der Zeit, daß sie wieder an die Oberfläche kommen. Es erscheint mir wie Frühling und Winter; ein immerwährender Kampf. Ich wünsche mir, daß der Frühling doch einmal die Oberhand gewinnt.*«

N: »Es hängt vielleicht mit der Sanftheit zusammen. Stell dir vor, Liebe hat mehrere Gesichter, die sich ähnlich ausdrücken wie Elemente. Es gibt eine Liebe, die so ist wie Wasser, und eine Liebe, die so ist wie Feuer (natürlich auch eine, die so ist wie Erde und eine, die so ist wie Luft). Wenn die Liebe zu wäßrig wird, kann sie in bestimmten Situationen kraftlos sein. Wasser ist kraftvoll; aber damit es kraftvoll ist, braucht es Unterstützung, beispielsweise von Erde: Es könnte einen Berg geben, an dem das Wasser herunterläuft. Durch diese geographische Anordnung und die Schwerkraft bekommt das Wasser Kraft. Oder es ist eingeengt und bekommt eben dadurch Kraft. Es kann aber auch ein Teich oder ein Tümpel sein, eine eher kraftlose Angelegenheit, ohne Dynamik, weil das Wasser keine Unterstützung hat, um seine Kraft zu manifestieren. Es gibt eine Liebe, die so ist wie Feuer. Es gibt Situationen, in denen es nicht reicht, sanft zu sein; es gibt Situationen, in denen Liebe ihr Feuergesicht zeigen muß. Das ist eine durchaus positive Sache, die Flamme der Begeisterung. Es ist eine sehr kraftvolle Liebe, die zwar immer noch in dem Sinne sanft ist, daß sie nicht ausschließt, sondern integriert (das ist das, was Liebe immer tut), aber sie ist in ihrer Ausformung und Dynamik sehr kraftvoll. Ausschließlich Sanftheit ist nicht immer gut, denn sie führt zu Schwäche.

Nun möchten wir noch auf ein ganz anderes Thema eingehen. Es war zu Anfang des Buches die Rede davon, wie man eine Sache beginnt, indem man sich einstellt und einstimmt. Es war möglicherweise noch nicht die Rede davon, wie man eine Sache beendet, und daß das richtige Beenden genauso wichtig ist wie das richtige Beginnen.

Wenn ihr eine Unternehmung angeht, dann ist sie üblicherweise in eurem Denken angelegt wie eine Linie: ›Hier ist der Punkt, an dem ich mich jetzt befinde, und dort ist mein Ziel, das, was ich erreichen möchte, beziehungsweise das, was mit diesem Unternehmen erreicht werden soll.‹ Dazwischen verläuft eine mehr oder weniger gerade Linie. Ihr könnt nun versuchen, wenn ihr eine Sache beginnt, euch statt dieser geraden Linie einen Kreis vorzustellen. Ihr kehrt in eure Hier-und-Jetzt-Realität ein, ihr vereint all eure Systeme, euer Denken, euer Fühlen und so weiter in eurem Körper, im Kreuzungspunkt Hier und Jetzt, der euer gegenwärtiges Ich in diesem Körper ist. Dann stellt ihr euch das Unternehmen vor, das ihr vor euch habt, mit seinen verschiedenen Etappen, und danach, wie ihr am Schluß wieder im Hier und Jetzt ankommt.

Diese Vorgehensweise hat einen vielfachen Nutzen; den ersten werdet ihr bemerken, wenn ihr die Übung macht: Es ist eine Art Erwachen, das euch hilft, die Traumnatur jeglichen Geschehens zu erfassen. Es ist ähnlich wie beim Einschlafen und Aufwachen. Ihr schlaft ein und erwacht am selben Platz, und dazwischen scheint keine Zeit vergangen zu sein. Was ihr inzwischen erlebt habt, war so etwas wie ein Traum. Aber abgesehen davon entspricht es auch eher den energetischen Gegebenheiten, die ein Unternehmen bestimmen und zum Erfolg führen können. Es entspricht eher der Gestalt der wirbelnden Kräfte, und es vereint Anfang und Ende. Das heißt, wenn ihr euch auf das Unternehmen einstimmt, erinnert ihr euch gleichzeitig an die Zukunft. Ihr erinnert euch bei der Geburt schon an den Tod, also an den Abschluß des Unternehmens, und während ihr es beginnt, schließt ihr es auch schon ab. Der möglichst vollkommene Abschluß des Unternehmens ist bereits geistig getätigt, ist bereits vorweggenommen. Und es wird euch daran erinnern: Wenn das Unternehmen oder die bestimmte Phase, um die es geht, abgeschlossen ist (und das spürt ihr nicht nur aufgrund äußerer Daten, sondern ihr spürt es in eurem Inneren), werdet ihr euch an den Anfang erinnern und auf diese Weise ganz von selbst dazu inspiriert, einen richtigen Abschluß vorzunehmen; euch hinzusetzen, das Ganze noch einmal zu rekapitulieren, alles, was geschehen ist, zu betrachten. Und dann bringt ihr diese beiden Teile eines Druckknopfes, Anfang und Ende, zusammen. So bekommt ihr eine geschlossene Energiegestalt. Schließlich nehmt ihr die Essenz des ganzen Erlebnisses in euch auf, und wenn das gründlich geschehen ist, könnt ihr das Ganze aus eurem Bewußtsein entlassen und euch neuen Ufern zuwenden.

Es ist wichtig für euch selbst und für eure Unternehmen, die Dinge korrekt abzuschließen, damit euer Geist nicht überlastet

ist mit nicht völlig zum Abschluß gebrachten, nicht abgerunde-
ten Vorgängen, die euch Energie rauben, die für eure neuen Unternehmungen oder neuen Phasen gebraucht wird.

Der weitere Vorteil besteht darin, daß ihr dann, wenn ihr euch
einer neuen Sache oder einer neuen Phase zuwendet, nicht in li-
nearer Weise das fortsetzt, was bisher geschehen ist, sondern in
gewisser Weise bei Punkt Null neu anfangt. Anstatt also aus dem
begrenzten Schatz eurer Erfahrungen und eurer daraus gezoge-
nen logischen (und psychologischen) Schlüsse zu schöpfen und
den Faden schnurgerade weiterzuspinnen, fangt ihr bei Punkt
Null an, der potentiell unendliche Möglichkeiten in sich birgt.
So habt ihr die Chance, etwas völlig Neues zu beginnen, auch
wenn dieses nichts weiter zu sein scheint als eine Phase einer bereits bestehenden Sache.«

*G: »Nun ist aber unsere Realität auch dadurch gekennzeichnet,
daß man mehrere Projekte, Unternehmungen, Beziehungen
gleichzeitig hat, die alle intensive Aufmerksamkeit verlangen
und zu unterschiedlicher Zeit anfangen und auslaufen. Die Projekte befinden sich auch in verschiedenen Phasen; eines fängt
vielleicht gerade an, eines ist in der Endphase, eines in der Vor-
phase des Beginns. Gibt es Empfehlungen nur in bezug auf das
jeweils einzelne Unternehmen, oder gibt es auch eine entsprechende Einstellungstechnik in bezug auf die gesamte Entwick-
lungsspirale, die aus ›ungleichzeitigen‹ Projekten zusammengesetzt ist?«*

N: »Ja, das ist möglich. Zunächst einmal beziehen sich die gegebenen Empfehlungen auf die einzelnen Unternehmungen. Du
hast vielleicht zehn Unternehmungen, von denen jede sich in
einer anderen Phase befindet. Du kannst dir ab und zu einen
Überblick verschaffen, wenn du sie dir als gesonderte Ringe vorstellst. Wenn nun eine neue Sache auf dich zukommt, kannst du
dich auf sie einstimmen, wie es vorgeschlagen wurde. Jede Unternehmung befindet sich in einer anderen Phase; aber darüber
hinaus, wenn du in der Lage bist, ein wenig Abstand zu nehmen

von all deinen Unternehmen und Angelegenheiten, die privaten mit eingeschlossen, dann erkennst du vielleicht so etwas wie ein Thema, das all deine Angelegenheiten zur jeweiligen Zeit bestimmt, und das ist ein Gesamtring oder Gesamtwirbel, der das Ganze durchzieht. So kannst du das alles zusammenbringen.«

19.

DAS GEHEIMNIS DER SCHWINGUNG

H: »*Ich möchte ein Thema zur Sprache bringen, das mir wichtig erscheint. In der Welt der Computer nennt man es Taktfrequenz. In einem Computerchip befindet sich ein Impulsgeber, der die Frequenz des Computers bestimmt, die wiederum die Arbeitsgeschwindigkeit bestimmt. Viele Menschen sehen hoffnungsvoll der nächsten Computergeneration entgegen, die eine noch viel höhere Taktfrequenz haben wird, denn sie wissen, daß diese Qualität entscheidend ist für die Qualität des Computers. Je höher die Taktfrequenz, desto effektiver und schneller und ganzheitlicher die Arbeit des Computers.*

Ich bin nun an einem Bewußtseinssprung interessiert: daß die Menschen – wenigstens diejenigen, die mit Computern umgehen – begreifen, daß auch sie eine Taktfrequenz haben, nämlich die Frequenz des Wohlbefindens, die man anheben beziehungsweise reduzieren kann.

Meine Frage ist also: In der Wirtschaft, in Unternehmen werden so viele Programme gefahren, die zur Wettbewerbsfähigkeit beitragen sollen; ob das nun Reengeneering ist oder Kaizen, Namen von Systemen, die eigentlich nur konkurrenzfähig machen sollen… Der Zeitpunkt nähert sich, an dem die Fabriken leer sein werden. Wo führt das hin? Müßte es nicht eine neue Art von Unternehmensberatung geben, die nicht althergebrachte Wege, kostengünstig zu produzieren, empfiehlt, sondern vielmehr versucht, die Schwingung der Mitarbeiter anzuheben, die Gesamtschwingung, um aus einer erhöhten ›Taktfrequenz‹ heraus wesentlich mehr Zusammenhänge erkennen zu können, mehr Empfindungsvermögen zu haben für neue Märkte und Produkte und wesentlich besseren Umgang miteinander?«

N: »Eine Bemerkung vorweg, und danach kommen wir zum eigentlichen Thema, das da heißt ›Schwingung‹ beziehungsweise ›Schwingungsfrequenz‹. Der Computer ist eine Schöpfung des Menschen. Wann immer ein Mensch etwas erschafft, stellt er damit etwas, was in ihm ist, aus sich heraus, um ein Feedback in bezug auf sich selbst zu bekommen, um etwas über sich zu erfahren. Zwar greift er dabei zurück auf Kenntnisse, die er über die Natur seines Gehirns besitzt; aber indem er das künstliche Gehirn vor sich hinstellt, bekommt er Informationen über sich selbst, über sein eigenes Gehirn und dessen Funktionsweise.

Genauso ist es mit der ganzen Schöpfung. Wenn du dir vorstellst, daß sie aus einem universalen Geist heraus erschaffen worden ist, so wie der Computer aus dem individuellen oder kollektiven Geist des Menschen hervorgegangen ist, so ist die ganze Schöpfung ein ebensolches Etwas-aus-sich-Herausstellen, um sich selbst kennenzulernen. Das bedeutet: All das, was der Computer macht, kann das menschliche Gehirn auch tun; der Computer ist nur ein Umweg, eine Krücke. Es ist tatsächlich möglich, daß das Gehirn eines Menschen dasselbe leistet wie ein Computer. Dazu müßte nur der Inhaber dieses Gehirns entweder schon mit einer völlig anderen Frequenz in diese Welt gekommen sein oder aber für möglich halten, daß sein Gehirn soviel leistet. Nehmen wir das Beispiel einer ungeheuer komplizierten Rechenaufgabe, die der Computer vielleicht in zehn Sekunden lösen kann und für deren Lösung ein geschulter Mathematiker, nehmen wir einmal an, zwei Minuten braucht. Diese Lösung könnte derselbe Mathematiker in ebenfalls zehn Sekunden oder sogar in zwei Sekunden bekommen, wenn er sich auf eine andere Frequenz umstellen würde; und zwar in müheloser Weise. Er würde in sein Gehirn genau wie in einen Computer die Ausgangsdaten eingeben, und sein Gehirn würde blitzartig, fast ohne daß Zeit vergeht, die Lösung ausspucken. Das sind mögliche Zukunftsperspektiven – falls die Menschheit irgendwann einmal aus all den Schöpfungen, die sie geschaffen hat, lernt, daß diese ihr etwas über sie selbst mitteilen, und anstatt all diese technischen Umwege zu gehen, lieber daran arbeitet, die eigenen Fähigkeiten zu entwickeln.«

H: »*Dieser Prolog impliziert, daß wir unsere Taktfrequenz verändern können. Wie können wir sie – als Person und als Organisation – erhöhen?*«

N: »Dazu muß man erst einmal wissen, wie sich eine niedrige Schwingung (›Taktfrequenz‹ ist ein Wort aus dem technisch-künstlichen Bereich und ›Schwingung‹ eines aus dem biologisch-physikalischen Bereich) und wie sich eine höhere Schwingung äußert. Eine sehr niedrige Schwingung ist natürlich langsam; beispielsweise bei Stein, Granitgestein. Bäume haben demgegenüber eine schnellere Schwingung, Tiere eine noch schnellere und Menschen eine wiederum schnellere Schwingung. Sie ist gleichzeitig schneller und höher. Es gibt eine Art Schwingungsspirale, die unten einen großen Durchmesser hat, und je mehr es nach oben geht, desto kleiner wird der Durchmesser. Das heißt, das Wesen mit der höheren Schwingung ist beweglicher, kann mehr Informationen und Reize aufnehmen und verarbeiten und hat, mit dem Bild der sich nach oben verjüngenden Schwingungsspirale gesprochen, mehr Überblick. Ein Mensch, dessen Schwingungsfrequenz höher ist als die anderer Menschen, kann nicht nur schneller begreifen, sondern befindet sich auch auf einer Seins-/Erlebens-/Bewußtseinsebene, die ihm einen größeren Überblick erlaubt über Zusammenhänge und mehr Abstand zu Details; ähnlich der Perspektive, die man einnimmt, wenn man auf einem Berggipfel steht und von dort aus viel überblicken kann.

Nun gibt es Kräfte, die einen bestimmten Schwingungszustand, den ein Mensch braucht, um in seiner derzeitigen Umwelt gemäß seinen derzeitigen Absichten (den Absichten seiner Seele, seines Wesenskerns) zu leben und zu überleben, im Gleichgewicht halten. Jeder Mensch hat eine bestimmte Marge zur Verfügung, einen bestimmten Bereich von Frequenzen, den wir Normbereich nennen können. Durch außergewöhnliche Ereignisse und Begegnungen kann es geschehen, daß seine Schwingung unter seinen Normbereich fällt oder über seinen Normbereich hinaufschnellt. Im allgemeinen hält sie sich jedoch in seinem Normbereich, so wie etwa ein musikalisches Gerät, zum Beispiel ein Verstärker, einen bestimmten Schwingungsbereich hat.

Es gibt Kräfte, die die Schwingung verlangsamen – etwa die Schwerkraft; und es gibt Kräfte, die die Schwingungen erhöhen. Beide Kräfte arbeiten jederzeit, überall, in jedem Augenblick; es ist wie Yin und Yang, etwas ganz Grundsätzliches. Es sind die zwei entgegengesetzten Grundkräfte des Phänomens, von dem schon die Rede war, nämlich der ›wirbelnden Kräfte‹. Je nachdem, welchen Grundinhalt und welche Grundfärbung die vorherrschenden Gedanken und Gefühle eines Menschen haben, gibt er mehr den verlangsamenden oder den beschleunigenden Kräften nach. In diesem Bereich fehlt es der Sprache an Möglichkeiten, es präzise auszudrücken. Ist das einigermaßen verständlich?«

H: »*Ja. Die Absicht bestimmt die Richtung, wie ihr schon sagtet.*«

N: »Wobei es mehrere Absichten gibt. Zunächst einmal eine grundsätzliche Absicht, das ist die, mit der ein Mensch in dieses Leben eingetreten ist: so etwas wie eine Grundmelodie, die das ganze Leben und den Verlauf der Ereignisse bestimmt, eine Absicht, die aus einer tiefen Schicht des Wesens kommt. Dann gibt es kleinere Absichten, psychologische beispielsweise, die dem Menschen oftmals unbewußt sind. Ein Beispiel: Ein Mensch manipuliert seine sämtlichen Mitarbeiter oder seine Familie aus einer bestimmten psychologischen Absicht heraus, die ihm aber unbewußt ist. Diese psychologischen Absichten sind es, die sozusagen die Musik machen, die also in erster Linie für die jeweilige Schwingungsfrequenz verantwortlich sind und die ihrerseits bestimmte Gedanken, Gefühle und Stimmungen nach sich ziehen.

Wenn nun ein Mensch den Wunsch hat, seine Schwingung zu erhöhen, sollte er sich hinsetzen und erst einmal erfassen, fühlen, in welchem Frequenzbereich, in welcher Bandbreite sich seine Stimmungen bewegen. Es kann beispielsweise sein, daß er eine sehr große Bandbreite hat; er fällt in Zustände tiefster Depression (Depression ist extrem niedrige Schwingung – nicht Verzweiflung!) und erlebt Zustände größter Begeisterung, Inspiration, Liebe, Freude und so weiter. Oder aber seine Stimmung ist im Prinzip immer die gleiche; sie schwankt zwischen leichter Freude und leichtem Ärger. Das ist eine geringe Bandbreite. Dann muß er versuchen zu spüren, auf welcher Ebene innerhalb dieser Bandbreite seine Schwingung/Stimmung sich gerade befindet. Es ist gleichgültig, ob man es fühlt, sieht oder gedankliche Informationen bekommt; es ist jedenfalls leicht, es zu erfassen. Schließlich muß er sich vergegenwärtigen, welcher Art die äußeren Auslöser für eine Verlangsamung der Schwingung sind – ein bestimmtes Wetter, eine bestimmte Musik, das Eintauchen in Menschenmengen oder was auch immer – und welche Umstände seine Schwingungsfrequenz erhöhen. Dann prüft er, in welcher Weise er die Umstände so verändern kann, daß frequenzerhöhende begünstigt werden gegenüber den frequenzerniedrigenden. Beispielsweise kann man darauf achten, auf welche Herausforderungen aus der Außenwelt man gewohnheitsmäßig negativ reagiert, und mit diesen gewohnheitsmäßigen Reaktionen dann arbeiten. In welcher Weise das zu geschehen hat, das ist teilweise schon besprochen worden in diesem Buch; soweit es nicht besprochen worden ist, gibt es eine Menge von zugänglichen Informationen über Systeme, mit denen man arbeiten kann: Ob man psychotherapeutisch darangeht oder per Verhaltenstraining, NLP oder was auch immer. Oder man meditiert. Dann sucht man Beispiele im positiven Bereich: Wenn man weiß, auf welche Art von Musik man sehr positiv reagiert, welche Art von Musik sofort spürbar erstens guttut und zweitens die Schwingungsfrequenz (ablesbar an der Stimmung) erhöht, dann kann man jeden Morgen einige Minuten lang diese Musik hören und während dieser Zeit möglichst nichts anderes tun, sondern ganz und gar zuhören, in dieser Musik baden, am besten mit Kopfhörern, so daß man ganz und gar durchdrungen und erfüllt wird von der Musik. So kann man sich ein bestimmtes Repertoire von Hilfsmitteln zulegen. Wenn es Firmen betrifft, dann ist es natürlich leichter, wenn man dies zu mehreren gemeinsam übt.«

G: »Ich würde gern noch einmal auf folgenden Punkt zurückkommen: Ihr spracht von Normbereichen, in denen sich Menschen bewegen. Ich möchte gern wissen, ob diese Norm auch verändert werden kann. Und wenn ja, durch welche Maßnahmen. Oder ob es wie ein genetisches Programm ist, in dem man festgelegt ist.«.

N: »Die Norm kann verändert werden. Sie verändert sich ohnehin im Verlaufe eines Lebens nach oben oder nach unten hin, je nachdem, ob man bis zu seinem physischen Tode sich in einer im Persönlichkeitsbereich aufsteigenden Entwicklung befindet oder ob man von einem bestimmten Zeitpunkt an auf dem absteigenden Ast sitzt, vielleicht, weil man es nicht anders kennt. Die Bandbreite verändert sich im Normalfall jedoch nicht sehr.

Es ist ähnlich wie ein genetisches Programm. Aber es kann verändert werden. (Auch das genetische Programm kann verändert werden. Alles kann verändert werden.) Doch damit es verändert werden kann, muß ein sehr starkes Motiv existieren, ein sehr starker Wunsch und, verglichen mit dem gewöhnlichen Bewußtseinszustand, ein gewisser Grad von Wachheit oder geistigem Erwachen. Ein Mensch, der sich auf spirituellen Weg begibt – nicht indem er Bücher liest, sondern indem er praktiziert, meditiert, seine Übungen macht, betet, indem er intensiv an sich arbeitet –, kann kontinuierlich nicht nur seine Norm verändern, sondern auch seine Bandbreite. Oder aber Ereignisse treten ein, die auf schockartige Weise zu einem Erwachen führen, beispielsweise ein lebensgefährdender Unfall oder der Tod eines Lebenspartners.«

H: »Wie können nun Unternehmen oder bestimmte Gruppierungen oder Gegenden ihre Schwingungsfrequenz anheben? Wenn sich mehrere Personen zu diesem Zweck zusammentun, was müssen das für Personen sein? Was sind die Mittel und Wege, um für ein Unternehmen in dieser Art tätig zu sein?«

N: »Es müssen Menschen sein, die in ihrer Schwingungsfrequenz hohe Spitzenwerte haben; das heißt nicht, daß sie sich ständig in hoher Schwingung befinden müssen, aber sie müssen aus eigener Erfahrung wissen, was hohe Schwingung ist. Und sie müssen in der Lage sein, sich gemeinsam in einen Zustand hoher Schwingung hinaufzukatapultieren. Das, was am schnellsten hohe Schwingung auslösen kann, ist natürlich Liebe oder starke Begeisterung.

Wenn Menschen in der Lage sind, Liebe und Begeisterung in sich zu wecken – sei es Liebe und Begeisterung an sich oder Liebe und Begeisterung für die Menschen, um die es geht, oder für eine bestimmte Sache, die man erreichen möchte, oder auch für sich selbst –, dann ist das die allerleichteste, schnellste, beste Art, wie man einen hohen Schwingungszustand in einer Gruppe erreichen kann.

Dann können sie erst einmal die Gruppe, um die es gehen soll, anvisieren; sie sich vergegenwärtigen, sich einzelne Vertreter dieser Gruppe, die man kennt, konkret vorstellen, um die Vorstellung lebendiger zu machen und eine lebendigere Brücke zu schaffen; sich dann aber die Gruppe als Ganzes vorstellen. Und zwar ohne seinen eigenen hohen Schwingungszustand zu verlassen. Dann erspüren, in welchem Gesamtfeld, in welcher Bandbreite, welchem Schwingungsfeld sich diese Gruppe gerade befindet, und erfassen, spüren, visualisieren – wie auch immer –, welche Kräfte und Elemente am unteren Ende ziehen; und, umgekehrt, erfassen, welche Kräfte und Elemente am oberen

Ende ziehen, welches also die positiven Kräfte, Elemente, Personen sind. Das wäre die zweite Stufe, sozusagen die Diagnose. Bevor nun die Therapie beginnt, noch einmal die eigene Stimmung/Schwingung überprüfen, indem man zu sich selbst beziehungsweise zum Feld der Kleingruppe, in der man sich befindet, zurückkehrt. Wenn man ein wenig abgesackt ist, dem inneren Computer den Befehl geben, die Stimmung und Schwingung wieder zu erhöhen; sich wieder erinnern an seine Absichten, seine Motive, sein Herz wieder einschalten. Dann die eigene, nun stark positive und hoffentlich sehr hohe Stimmung intensiv spüren und noch intensivieren, das heißt, den eigenen Körper samt feinstofflicher Komponenten von dieser Stimmung durchdringen lassen, sich selbst stark aufladen mit seiner Stimmung. (Das braucht nicht näher beschrieben zu werden; wenn man sich in hoher Stimmung befindet, weiß man, wie man das zu tun hat.) Wenn man stark aufgeladen ist, wieder zurückkehren zur Vergegenwärtigung der Gruppe, deren Schwingung man anheben möchte, und die eigene Schwingung und Stimmung auf diese Gruppe ausstrahlen lassen. Dabei muß unbedingt die Wahrnehmung der langsameren, niedrigeren Schwingung jener Gruppe ausgeblendet werden und nur die eigene, stark positive Stimmung gespürt werden. Die ganze betreffende Gruppe nun in das Feld dieser positiven Schwingung/Stimmung eintauchen, sie darin baden lassen. Man sieht, man spürt förmlich, wie die Schwingung und Stimmung der Gruppe sich anheben, wie sie mit Lebensenergie, Licht, Freude, Motivation, Begeisterung, Liebe erfüllt wird. Und dann nicht stehenbleiben bei dieser Gruppe, also nicht im Geist geizig sein, sondern in seiner Vorstellung dieses Baden in einer hohen Stimmung ausdehnen auf das gesamte Umfeld, die gesamte Menschheit, den gesamten Planeten, und sich dann noch darüber hinaus bewußt anschließen an das kosmische Feld der entsprechenden positiven Urschwingung, Urstimmung, in der man gerade badet.«

H: »*Wenn solch eine Gruppe in dieser hohen Schwingung verweilt, sagtet ihr, entstehen auch die Impulse bezüglich einer konzeptionellen Arbeit. Nehmen wir ein Unternehmen, das ein Produkt über viele Jahre hinweg erzeugt hat, das einfach nicht mehr lebensfähig ist, oder nehmen wir Kohle und Stahl, die durch Plastik und andere Dinge ersetzt wurden. Nun könnte man doch solche Industriebereiche angehen und ihre Schwingung anheben. Wäre es in diesem Zustand erhöhter Schwingung der entsprechenden Gruppe möglich, zukunftsträchtige Lösungen zu finden?*«

N: »Zunächst einmal muß dazu erklärt werden, daß die hier besprochene hohe Stimmung/Schwingung immer einhergeht mit einem Angekoppeltsein an höhere und damit grundsätzlichere Ebenen. Je höher die Schwingung und Stimmung, desto allgemeiner das Interesse, desto weniger persönlich, weniger egoistisch, auch weniger gruppen-egoistisch und weniger spezifisch, desto universaler das Interesse. Extrem hohe Schwingung bedeutet, daß man ganz identifiziert ist mit den kosmischen Interessen, nicht nur mit den eigenen. Die eigenen Interessen sind auch einbezogen, man erkennt sie als eingebettet in die kosmischen Interessen.

Wenn du nun aus dieser Warte heraus einem Unternehmen helfen möchtest, sich neu zu orientieren, dann bekommst du im Zustand hoher Schwingung grundsätzlich nur Informationen, die auf einer übergeordneten Wahrheit basieren, auf den wirklichen allgemeinen Bedürfnissen und Gegebenheiten und die weit über die egoistischen Motive eines einzelnen Unternehmens hinausreichen. Ein Beispiel: Ein Unternehmen hat gestern Kohle produziert und heute Plastik und steuert auf Metall zu, und du arbeitest daran, die Schwingung dieses Unternehmens zu erhöhen. Du befindest dich in dem entsprechenden Zustand und möchtest dem Unternehmen raten, was es nun wirklich produzieren soll. Dann fließt dir vielfältige Information zu, über das, was wirklich gebraucht wird, über das, was nützlich und das, was schädlich ist, und zwar für die Allgemeinheit. Wenn es in diesem globalen Sinne unsinnig ist, Kohle zu produzieren oder Metalle oder Plastik, dann wird dir etwas einfallen, was vielleicht deinem Kunden zunächst einmal nicht ganz einleuchtet, weil er mit seinem Denken noch auf alten Schienen läuft, selbst wenn sein Stimmungs- und Schwingungspotential sich durch deine oder eure gemeinsame Arbeit erhöht hat; es braucht Zeit, bis das Denken sich aus den alten Schienen löst. Es kann also sein, daß deine Vorschläge dem Kunden merkwürdig erscheinen. Da liegt die Schwierigkeit bei der Anwendung dieser Methode. Du mußt dann deinen Verstand benutzen, um eine Brücke zu bauen zwischen dem hohen Wissen und der hohen Inspiration, die du bekommen hast, während du dich in dem besonderen Bewußtseinszustand befandest, und dem tatsächlichen gegenwärtigen Denken der Menschen, mit denen du zu tun hast. Da sind durchaus auch einmal Übergangskompromisse angezeigt. Der Verstand ist also durchaus sehr nützlich, nur sollte er Instrument sein und nicht Herrscher.

Schwingung ist ein Geheimnis, ein Schlüssel. Deshalb wird dieses Wort soviel verwendet: auch ohne daß die Menschen erklären können, was es bedeutet, wissen sie es. Es ist einfach eine grundsätzliche Gegebenheit, die aber bisher im materialistisch-wissenschaftlichen Denken noch nicht genügend erfaßt ist, und deshalb kann es niemand richtig erklären. Aber jeder versteht, was es ist.

Vielleicht ist es nützlich, noch einige Tips zu geben, wie dieser Schlüssel ›Schwingung‹ verwendet werden kann, wenn es sich um Sitzungen, Besprechungen, Konferenzen, Teamarbeit handelt. Beispielsweise das Verwenden bestimmter ätherischer Öle kann helfen, die Schwingung in einem Raum und in einer Gruppe von Menschen zu erhöhen, etwa Minze, Eukalyptus und Zitrone, auch Bergamotte, erhöhen die Schwingungsfrequenz. Daneben gibt es bestimmte Öle, die die Schwingungsfrequenz eher ein wenig senken, trotzdem sie eine sehr angenehme Wirkung haben. Das kann man leicht spüren.

Bestimmte Arten von Musik sind ganz besonders geeignet zur Erhöhung der Schwingung (das ist mittlerweile auch wissenschaftlich erforscht worden), und zwar relativ schnelle klassische und Barockmusik. Ebenso eignet sich das Denken bestimmter Wörter dafür, so eigentümlich das erscheinen mag. Es müssen keine fremdländischen Mantras sein, wenngleich diese natürlich starke Wirkung haben, weil sie im allgemeinen aus Ursprachen stammen. Prüft einmal, wenn ihr das Wort ›Licht‹ denkt oder ›Liebe‹ oder ›Freude‹, ›Kraft‹ oder ›Energie‹ oder ›Geist‹, ›Begeisterung‹, ›Frieden‹, wie das auf euch wirkt. Sucht euch dann dasjenige heraus, das am unmittelbarsten und am spürbarsten positiv auf euch wirkt, und denkt dieses Wort dann zu Beginn einer solchen Sitzung. Wer religiös ist, kann ›Gott‹ denken.

Auch bestimmte Pflanzen können helfen. Ebenfalls wichtig ist es, für gute bioklimatische Bedingungen zu sorgen, das heißt, für genügend Sauerstoff, genügend Luftfeuchtigkeit, gutes Licht.«

B-A: *»Welche Pflanzen wirken speziell förderlich?«*

N: »Alle Topfpflanzen, die grasartige Form haben, sind hilfreich; alle Pflanzen mit sehr feinen Blättern ebenfalls, auch Kakteen sowie Pflanzen, die großblättrig und dschungelartig wachsen, wie zum Beispiel Philodendron.«

B-A: *»Spielen die im Raum vorhandenen Farben eine Rolle?«*

N: »Wenn es sich um Blumen handelt, nehmt Gelb; gelbe Narzissen beispielsweise. Rosen helfen übrigens, eine Atmosphäre von Liebe, Harmonie und Schönheit herzustellen. Nicht so förderlich sind Pflanzen, die in ihrem Wuchs nach unten gezogen werden, nach unten wachsen möchten, wie Efeu und dergleichen. Zu den Raumfarben: Zitronengelb ist förderlich zur Anhebung der Schwingungsfrequenz und Weiß als grundsätzliche Farbe, also beispielsweise als Wand- oder Deckenfarbe.

Sobald man spürt, sei es im Verlaufe einer Sitzung oder im Verlaufe des sonstigen Lebens, daß man aus der hohen Schwingung, in der man sich befindet, heraus- und hinuntergezogen wird durch irgend etwas, was anscheinend von außen ausgelöst wird, muß man dem im Anfangsstadium entgegenwirken, indem man an seine Schlüsselworte, Schlüsselbegriffe oder Schlüsselstimmung denkt. Wenn man der negativen Tendenz schon nachgegeben hat und sich bereits in einer stark verlangsamten Schwingungsfrequenz, in einer negativen Stimmung befindet, ist es dafür zu spät. Dann ist eine andere Strategie nützlicher: sich für einen Augenblick nach innen zurückziehen und in dieser neuen negativen Stimmung baden. So seltsam das klingt – es ist genau die Medizin, die nun hilft, aus der negativen Stimmung wieder herauszukommen. Wenn man einige Sekunden oder einige Minuten lang ganz bewußt darin verharrt, ohne sein Bewußtsein zu verlieren (der Trick, dies zu erreichen, besteht darin, die ganze Zeit über bewußt den Atem wahrzunehmen), dann geschieht ganz von selbst etwas, was diese Stimmung wieder in eine positivere umwandelt und damit die Schwingungsfrequenz wieder erhöht. Entweder man bekommt eine Information darüber, wie es dazu kam, daß man in ein negatives Feld hineingerutscht ist, und wie man es verlassen kann; oder aber es verwandelt sich ganz von selbst in eine positivere Stimmung.

Wenn man die Sache also gleich angeht, kann man *dagegen* arbeiten; und wenn man schon tiefer hineingerutscht ist, kann man *damit* arbeiten.«

H: »*Ich habe noch eine persönliche Frage im Zusammenhang mit dem eben Besprochenen. Was mir sehr neu war und interessant, ist, daß Schwingung und Stimmung zusammengehören. Wenn ich nun unter etwas Bestimmtem leide, beispielsweise einer Belastung, und diese Belastung ist ein Dauerzustand, dann drückt das die Stimmung. So ist bei mir beispielsweise immer eine bestimmte Traurigkeit vorhanden, weil ich die Ursache nicht beheben kann für die Einschränkung, unter der ich leide. Andererseits habe ich immer das Gefühl, meine Schwingung möchte sich von selbst erhöhen und tut es immer wieder, aber die*

Traurigkeit blockiert das. Ich kann mir vorstellen, daß viele Menschen, speziell sensible Menschen, in einer ähnlichen Situation sind, einer Art Schizophrenie. Gibt es da einen allgemeinverbindlichen Rat?«

N: »Ja. Stell dir das Schwingungsfeld, das deine persönliche Bandbreite (die ›Norm‹) bildet, vor. Stell dir eine große Skala vor, die potentiell unendlich ist, und irgendwo in der Mitte dieser Skala befindest du dich mit deiner persönlichen Bandbreite von vielleicht zehn Zentimetern. Innerhalb dieser Bandbreite nimmt dein jeweils gegenwärtiger Schwingungszustand wiederum eine kleine Bandbreite ein. Wenn du dich beobachtest, wirst du feststellen, daß deine jeweilige Schwingung/Stimmung auf dieser Skala nicht wie ein Zeiger ist, der sich präzise an einem bestimmten Punkt dieser Skala befindet, sondern du erlebst mehrere Zustände zur gleichen Zeit; der Zeiger, der deine aktuelle Stimmung anzeigt, ist breit. Er nimmt innerhalb der gedachten zehn Zentimeter vielleicht einen halben Zentimeter ein. So pendelst du innerhalb eines Gesprächs hin und her zwischen dem unteren Ende und der Spitze einer bestimmten Stimmung. Auch Traurigkeit ist nicht immer die gleiche. Es gibt Nuancen.

Man kann nun die aktuelle Bandbreite vergrößern. Bisher haben wir nur von Erhöhung gesprochen. Hier nun, um aus dieser blockierten Situation herauszukommen, geht es darum zu lernen, die momentan zugängliche Bandbreite zu vergrößern auf dein gesamtes Normspektrum. Was viele Menschen nicht wissen, ist, daß es möglich ist, zugleich sehr traurig und sehr freudvoll zu sein. Wenn du diese Gleichzeitigkeit zulassen kannst, das heißt, wenn du dir erlauben kannst, frei und absichtlich in die Traurigkeit hineinzuspazieren und dich zugleich an Freude zu erinnern, Freude zu mobilisieren, Freude durchschimmern zu lassen, kannst du das ganze Spektrum gleichzeitig erleben. Wenn du das ganze Spektrum gleichzeitig erlebst, kannst du einen Sprung tun in ein viel höheres Bewußtsein mit einer viel höheren Schwingung. Das ist nämlich das Sprungbrett für das, was Ekstase genannt wird. Das ist natürlich etwas, was man erst einmal üben muß, was man dann aber mitnehmen kann ins Alltagsleben. Es ist so, wie wenn man sich gleichzeitig der Füße und des Kopfes und des ganzen Körpers bewußt ist, um einen Vergleich zu nehmen, oder gleichzeitig Himmel und Erde spürt. Dann bist du ganz lebendig, dann mußt du nichts ausklammern, und dann bekommst du die Möglichkeit, daß plötzlich, spontan, unvorhergesehen Zustände von Ekstase einbrechen in dein Bewußtsein, und diese erhöhen deine Schwingungsfrequenz ganz enorm.«

20

Manager des eigenen Lebens

N: »Bitte besinnt euch für einen Augenblick auf euer eigenes Management, das heißt darauf, wie ihr euer Arbeitsleben, euer Privatleben, eure Beziehungen und was auch immer Bestandteil eurer derzeitigen Wirklichkeit ist, handhabt. Bitte betrachtet euch als den obersten Manager eures Lebens – mit allem, was dazugehört. Im allgemeinen gehen Menschen davon aus, daß sie in einen bestimmten Zusammenhang, den sie nicht ändern können, hineingestellt wurden, daß sie bestimmte Fähigkeiten, Talente, Einschränkungen mitbekommen haben, was sie ebenfalls nicht ändern können, und daß sie innerhalb dieser Gesamtkomposition ihres persönlichen Lebens nur einen winzigen Teilbereich beherrschen. Tretet einmal zurück aus diesem Teilbereich, den ihr als einzigen zu beherrschen glaubt, betrachtet den ganzen Roman eures Lebens, die gesamte Komposition, das gesamte Unternehmen ›Leben von XY‹ und seht euch selbst als den Spitzenmanager dieses Unternehmens.

Ihr hier Anwesenden tut dies bitte jetzt und schaut dann, welche Probleme ihr mit diesem Management habt, und stellt Fragen dazu, wenn ihr einverstanden seid.«

G: »*Ein Komplex, der für das Arbeiten wesentlich ist, scheint mir die Kunst des Neinsagens zu sein. Ich beobachte bei mir selbst und auch in meinem Umfeld eine Tendenz, zuviel zu übernehmen, um beispielsweise Überlastungen bei anderen nicht entstehen zu lassen oder weil man glaubt, die Dinge schneller und besser erledigen zu können als andere, so daß man es lieber gleich selbst macht … Vielleicht auch aus einer Reihe anderer Motive heraus, die persönlicheitsbedingt sind, fällt es häufig schwer, nein zu sagen. Wie kann man lernen, nein zu sagen, ohne zu verletzen?«*

N: »Zum Kapitel ›Neinsagen‹ gehört als Überschrift die Schlagzeile ›Du darfst‹. Um nein sagen können, ohne andere zu verletzen, muß man erst einmal lernen, nein zu sagen, ohne sich selbst zu verletzen. Das Problem entsteht aus einer Vermischung von Interessen auf der persönlichen Ebene, einer Überlappung, die hier unnütz ist. Auf der überpersönlichen Ebene seid ihr eins; auf der persönlichen Ebene seid ihr zwei oder mehrere. Jeder, mitsamt seinen Wünschen, Interessen, Vorlieben und Abneigungen, ist so etwas wie ein kleines Universum. Diese verschiedenen Universen bestehen im Idealfall nebeneinander wie Bälle, die nebeneinanderliegen, aber nicht ineinandergreifen. Wenn ihr Schwierigkeiten damit habt, nein zu sagen, dann ist die Außenhaut eures Balls, also eures persönlichen Feldes, durchlässig, und ihr erlaubt Außenbereichen anderer Bälle, in euer Feld hineinzuragen. Das heißt, ihr nehmt die persönlichen Interessen eines anderen Menschen als die euren, bewußt oder unbewußt. Ob das nun durch eine moralisierende oder eine falsch verstandene christliche Erziehung entstanden ist, oder ob es bedingt ist durch einen tiefen Mangel, verbunden mit dem Wunsch, geliebt zu werden, sich beliebt zu machen und so weiter, spielt keine Rolle. Laßt den anderen ihre eigenen Interessen, laßt ihnen auch die Chance, sich um ihre eigenen Interessen zu kümmern, für sie zu kämpfen, wenn es sein muß, ihre eigenen Wünsche zu realisieren, ihre eigenen Ängste zu überwinden, mischt euch da nicht ein. Und erlaubt auch anderen nicht, sich in eure Interessen, Wünsche und Ängste einzumischen.

Wenn ihr auf der persönlichen Ebene die Interessen eines anderen zu euren eigenen macht, kann das für diesen möglicherweise nachteilige Folgen haben. Ihr übernehmt dann etwas, was er eigentlich tun sollte, und nehmt ihm vielleicht die Chance zur Verwirklichung, zur Erkenntnis, zum Wachsen und so fort. Es ist etwas anderes, wenn ihr auf der Ebene des Herzens grundsätzliche Verbundenheit oder sogar Einheit spürt. Wenn ihr mit dem Herzen denkt, mit dem Herzen fühlt und wahrnehmt, dann könnt ihr die höheren Interessen des anderen wahrnehmen. Der Weg heraus aus diesem Zustand von Schwäche und Verwobensein auf einer Ebene, auf der dies schädlich ist, führt also über das Herz. Alle Übungen, die im bisherigen Text angerissen oder ausführlich geschildert wurden und die mit dem Herzen zu tun haben, können euch helfen, mit eurer Wahrnehmung auf die Ebene des Herzens zu gelangen, tiefer zu sehen, tiefer zu fühlen und zu spüren, wann es wirklich geraten ist, ja zu sagen, und wann es wirklich geraten ist, nein zu sagen. Das Herz weiß immer, was richtig ist.

Zum einen empfehlen wir also ein gründliches, tiefes Nachdenken über die geschilderten Sachverhalte (die Universen und die Bälle) und zum anderen, zu üben, auf die Herzebene zu gelangen, mit dem Herzen zu denken und wahrzunehmen, um aus einer grundlegenden Verbundenheit heraus zu einer tiefen Erkenntnis zu kommen und dann ja zu sagen oder nein zu sagen, je nachdem, was erforderlich ist.

Wenn ihr euch selbst genau beobachtet – diejenigen unter euch, die Schwierigkeiten haben mit dem Neinsagen –, werdet ihr feststellen, daß ihr auch Schwierigkeiten habt, wirklich ja zu sagen – ›Ja, das ist meins, ich stehe dazu. Ja, das will ich, das wünsche ich. Ja, das bin ich. Ja, das besitze ich.‹ Die vollständige Bejahung mit dem ganzen Wesen, mit ganzer Anwesenheit, ganzem Gewicht.

Eine weitere Übung kann darin bestehen, in einem Feld, das losgelöst ist von den ›realen‹ Lebensproblemen, zu üben, ja zu sagen und nein zu sagen. Setzt euch beispielsweise hin und sagt zwei, drei, fünf Minuten lang nur ›ja‹ und denkt dabei an Dinge, die ihr gern bejahen möchtet. Beobachtet dabei euch selbst in bezug auf die Reaktion des Körpers auf dieses Jasagen, spürt, ob ihr in der Lage seid, ganz ›ja‹ zu sagen, aus ganzem Herzen, mit dem ganzen Körper. ›Ja‹ ist ein Laut, der das Herz öffnet. Und dann macht das gleiche mit dem Nein: Sagt ›nein‹ und denkt dabei an Realitäten, die ihr nicht wünscht in eurem Leben.

Dies ist übrigens ein Muster, mit dem ihr auch eure persönliche Realität verändern könnt, wenn ihr das wünscht. Nehmen wir einmal an, ihr habt Schulden, und ihr möchtet statt Schulden Geld haben, das euch gehört. Eine Technik, um dies zu erreichen, oder besser, eine sehr gute Einleitung einer Veränderung, könnte so aussehen:

Stellt euch eure Schulden bildlich vor, beispielsweise indem ihr euren letzten Bankauszug vor euch seht, der mit dem Wörtchen ›Soll‹ versehen ist, und sagt (laut): ›Nein.‹ Dann denkt ihr daran, wie diese Schulden zustande gekommen sind; ihr habt beispielsweise etwas gekauft, obwohl ihr nicht genügend Geld dafür hattet; denkt an den Moment des Zustandekommens dieser Schulden oder an die Zeitphase, während derer sie entstanden sind, und sagt: ›Nein.‹ Dann stellt euch die Bank vor, wie sie die Hand ausstreckt und von euch Geld fordert, und sagt: ›Nein.‹ Ihr könnt dieses Spiel weiter und weiter treiben. Irgendwann werdet ihr dabei auf tiefere psychische Realitäten stoßen, die hinter den Schulden stecken, zum Beispiel Schuldgefühle. Laßt die Schuldgefühle auftauchen, fühlt sie und sagt: ›Nein, ich bin nicht schuldig.‹ Oder es taucht das Gefühl auf, sein Soll nicht zu erfüllen, was bei vielen Managern eine große Rolle spielt. Viele Manager nehmen es mit in den Schlaf hinein. Das kann Schulden verursachen auf der materiellen Ebene: Es ist ein ständiges ›Soll‹ vorhanden. Wenn das auf euch zutrifft, dann stellt euch dieses Soll vor und sagt: ›Nein.‹ Und dann betrachtet, worin dieses Soll besteht. Ihr steht gewissermaßen immer hinter euch selbst mit der Peitsche und treibt euch zu irgend etwas an, steckt euch ständig ein Ziel, das ihr doch nie erreichen könnt. Stellt euch das vor und sagt: ›Nein.‹ Sagt einen entsprechenden Satz dazu, beispielsweise ›Nein, das ist nicht meine Wirklichkeit‹ oder ›Nein, das lehne ich ab‹, oder ›Dieses Soll existiert nicht‹. Ihr könnt diesem Faden immer weiter folgen und werdet in immer tiefere innere Realitäten vorstoßen, bis ihr auf den Grund eurer Schulden gestoßen seid. Wenn ihr diesen Grund gefunden habt, dann sagt: ›Ja.‹ Der tiefste Grund eurer Schulden, der

379

Kern dieser ganzen Angelegenheit ist ein geistiger Kern. Es sind geistige Schulden. Diesen geistigen Kern sollt ihr als Bestandteil eurer Realität annehmen, wie eine Mutter ihr Kind in die Arme nimmt, mit Liebe, Wärme und Anteilnahme, so lange, bis er sich umwandelt in eine neue Erkenntnis, in einen neuen Seinszustand. Das ist die Erlösung von der Schuld, und sobald die Erlösung stattgefunden hat – wie auch immer dies beim einzelnen aussehen mag –, geht ihr auf die Haben-Seite. Nun könnt ihr bejahende Sätze sprechen und euch vorstellen, wie ihr fortan frei seid, wie ihr fortan in Liebe seid oder in Fülle oder im Haben oder was auch immer das positive Äquivalent ist, um das es nun geht: ausgefüllt sein, zufrieden sein (anstatt ständig zu versuchen, ein Soll zu erfüllen); oder statt Mangel Fülle; statt Enge Weite, Großzügigkeit – was auch immer es ist, und bejaht das so lange, bis ihr voller Freude seid, bis ihr ganz erfüllt seid von diesen positiven Gefühlen, bis ihr bebt vor Gewißheit, daß dies eure neue Wirklichkeit ist. So könnt ihr neue Wirklichkeiten schaffen durch Neinsagen und Jasagen.«

G: »Durch die Steuergesetzgebung werden heute Gutverdienende geradezu gezwungen, Schulden zu machen; beispielsweise im Immobilienbereich wird es gefördert, auf Schulden zu kaufen. Was macht das dann mit der Psyche der Betreffenden beziehungsweise der ganzen Gesellschaft?«

N: »Im Normalfall hält es den Menschen in einem Zustand ständiger Spannung, bis in den Schlaf hinein. Auch wenn er bewußt alles in Ordnung findet; auch wenn er einverstanden ist mit dem System, das diese Schuldenwirtschaft fördert, so hält es ihn doch auf einer weniger bewußten oder unbewußten Ebene in einem Zustand ständiger Spannung. Dahinter steckt der Leistungsstreß der ganzen Gesellschaft, entstanden aus dem Wirtschafts- und Geldsystem, das die Gesellschaft selbst geschaffen hat. Dieses ganze System könnte gar nicht existieren, wenn nicht fast alle Mitglieder dieser Gesellschaft ständig unter Leistungs-streß stehen würden. Wenn die Gemeinschaft sich nicht ständig anspornen würde, noch mehr zu leisten, noch mehr zu errei-chen, noch mehr zu bekommen, würde das Ganze sofort zu-sammen brechen. Das ist, oberflächlich betrachtet, der Grund, warum das System es liebt, wenn Menschen ihr Leben und ihr Haben über Soll, über Schulden finanzieren. Es gibt natürlich tiefere Gründe, aber das führt im Augenblick zu weit.

Völlige Entspannung wird in diesem Zustand der Spannung fast unmöglich. Völlige Entspannung kann jemand, der in die-sem Streßfeld ›Schulden‹ steht, nur dann erreichen, wenn es ihm mit Hilfe irgendwelcher Tricks oder Techniken gelingt, für einen Augenblick das, was seine persönliche Realität ausmacht, hinter sich zu lassen. Genau das ist es aber, was Schulden im allgemei-nen verhindern.«

G: »Und wie sieht das aus bei denjenigen, die Geld verleihen? Man muß nicht nur an die Banken denken, es gibt ja auch Geld-verleihung im privaten Bereich.«

N: »Hier ist es die gleiche Spannung. Du kannst dir das so vor-stellen: Das Geld, das jemand besitzt und verleihen kann, ist eine klebrige Masse. Jemand kommt zu ihm und nimmt etwas von dieser Masse, die unendlich dehnbar, aber kaum zerstörbar ist. Nun hängt dieser andere mit einem Gummiband an ihm und hat etwas bei sich, was eigentlich ihm gehört. Es entsteht Verbin-dung, und es entsteht Spannung, die dazu tendiert, das Ganze wieder zusammenzuziehen, den ausgelagerten Teil (den verliehe-nen Geldbetrag) wieder zur Kernmasse zurückzuziehen. Das ist der Spannungszustand, der die beiden verbindet. Es sei denn, derjenige, der das Geld verliehen hat, hat ein sehr losgelöstes Be-wußtsein, ist sehr frei und unabhängig, und es ist ihm letztlich egal, ob das Geld wiederkommt oder nicht; oder derjenige, der sich das Geld geliehen hat, besitzt einen hohen Grad an Los-gelöstheit und Unabhängigkeit in seinem Bewußtsein. Dann ist er in der Lage, sich zu entspannen, obwohl diese Schulden bestehen. Das ist möglich. Es ist tatsächlich möglich, zu wissen: Da ist dieser Geldbetrag, über den ich verfüge; ich werde ihn zum Zeitpunkt X oder sobald es möglich ist, zurückzahlen, und in der Zwischenzeit interessiert er mich nicht. Dazu gehört allerdings ein recht hoher Entwicklungsgrad der Persönlichkeit, ein hoher Grad an Reife und Unabhängigkeit – und an Selbstliebe.«

G: »Dies bezog sich auf die individuelle Ebene. Nun sind aber auch Firmen Großschuldner, Großverleiher… Banken, ganze Institutionen, Gesellschaften, Städte sind verschuldet. Könnt ihr mit uns einen Blick tun auf diese gesamtgesellschaftliche Problematik?«

N: »Ja. Dieses In-Schuld-Sein ist, wie schon gesagt, der Hauptmotor, der das ganze System vorwärtstreibt. Dieses Vorwärtstreiben oder -ziehen ist nötig, damit das System so, wie es angelegt ist, funktioniert. Es kann nur funktionieren, wenn eine starke vorwärtstreibende Kraft vorhanden ist.«

G: »Ist das ein natürliches Grundgesetz?«

N: »Nein. Die natürliche Evolution hat ihr bestimmtes Tempo und ihren bestimmten Rhythmus (Rhythmus deshalb, weil Evolution ja nicht linear verläuft, sondern eher in einer spiralähnlichen Bewegung). In dem Maße, wie sich der Mensch von der Natur entfernt – ›Natur‹ heißt hier nicht nur Erde, Pflanzen, Bäume, Tiere, sondern auch seine eigene, ihm innewohnende Natur –, ersetzt ein künstliches Evolutionstempo, ein intellektgesteuertes, das natürliche. Wäret ihr in der Lage, zum jetzigen Zeitpunkt zum natürlichen Evolutionstempo zurückzukehren, dann bräuchtet ihr das Schuldenphänomen nicht. So aber, angesichts dieses stark erhöhten Entwicklungstempos, das mit dem Phänomen Zinsen zusammenhängt (wobei dahinter natürlich tiefere psychische Realitäten stecken), ist das System gegenseitiger Verschuldung ein Instrument, mit dessen Hilfe die menschliche Gesellschaft mit diesem künstlichen Tempo überhaupt mitkommt. Es ist der ständige Zugzwang oder Druck, der das Ganze vorantreibt.

Aber das muß keineswegs so sein. Es ist beispielsweise durchaus denkbar, daß das Finanz- und Wirtschaftssystem zusammenbricht und eine neue Ordnung geschaffen wird, die mehr in Übereinstimmung ist mit dem natürlichen Evolutionstempo und -rhythmus.

Wenn nun eine Firma, eine Gruppierung oder ein Land aus diesem Verschuldungssystem ausbrechen und sich auf eigene Beine stellen möchte, anstatt sozusagen auf den Beinen der anderen zu stehen, ist das zum gegenwärtigen Zeitpunkt natürlich schwer, zumal für eine bereits bestehende Firma oder Gruppierung (es ist leichter bei einer Neugründung oder einem Neuzusammenschluß). Hier könnte der leichtere Weg der sein, daß die führenden Mitglieder der Gruppierung sich einmal mit den grundsätzlichen Zusammenhängen, die eben aufgezeigt wurden, tiefgehend auseinandersetzen, um zu versuchen, die Hintergründe zu durchleuchten und zu verstehen; nicht lediglich im Äußeren, sondern auch den eigenen inneren Anteil, den man an diesem Tempo und diesen Verstrickungen hat, verstehen; und dann schauen, in welcher Weise man dieses schnelle Tempo, angespornt und angetrieben durch das Netzwerk gegenseitiger Verschuldung, optimal nutzen kann zum Besten des Unternehmens, der Mitarbeiter, der Bürger und so fort. Das ist im Augenblick der leichtere Weg. Es ist schwer für eine Firma oder sonstige Gruppierung, aus dem fahrenden Zug zu springen. Doch der Zug hält auch einmal an. Das sind die Momente, wo es möglich ist auszusteigen und auf einen anderen Zug aufzuspringen.

Es ist durchaus denkbar, wenn ein Firmeninhaber oder Topmanager sich von dieser Idee stark angesprochen fühlt, aus dem Schuldengeflecht auszusteigen und auf einer soliden, gesunden Basis neu anzufangen oder sich zu einer solchen hinzuentwickeln und mit einem anderen Strom zu schwimmen. Dann sollte er versuchen, diesen anderen Strom, den es auch schon gibt, zu finden und sich ihm anzuschließen. Dazu prüfe man zunächst, ob es irgendwo Gruppierungen gibt, die bereits anders arbeiten; und dann erspüre man auf der geistigen und emotionalen Ebene, ob es einen Strom gibt, der nicht auf dem Soll beruht, sondern auf dem Haben, und schließe sich in Geist und Emotion diesem Strom an. Schließlich lasse man eine Vision von einem Unternehmen, das gegründet ist auf Haben statt auf Soll, im Geist entstehen, und dann erst, im dritten Schritt, lenke man langsam und ohne die neue Philosophie nach außen dringen zu lassen, die äußere Entwicklung in Richtung Haben. Das heißt, daß man langsam die Fäden einholt, die einen per Schulden verbinden (mit Schuldnern ebenso wie mit Gläubigern). Das geht leicht, wenn man sich zu Anfang in den entsprechenden geistigen Strom einklinkt, und es geht schwer, wenn man das nicht tut, weil man dann mit seiner Gruppe mehr oder weniger allein dasteht.«

G: »Ihr habt gesagt: Wer nicht aussteigt, der soll optimal mit dem System spielen. Ich möchte gern wissen, was hier ›optimal‹ bedeutet.«

N: »›Optimal‹ heißt, sich in das entsprechende Tempo, dieses künstlich erhöhte Tempo, ganz hineinbegeben, so daß man damit eins wird; sich also nicht ziehen lassen von diesem Tempo. (Das ist das, was die meisten Manager tun: Sie lassen sich ziehen; ihr eigenes Tempo ist langsamer; und dadurch sind sie ständig in Anspannung, unter Leistungsstreß.) Dieses Tempo sollte man erst einmal erspüren und sich dann hineinbegeben. Es ist so, wie wenn man Rad fährt und es bergab geht, und man hört auf zu bremsen. Dann ist man eins mit dem Tempo, dann ist man schnell, kann man spielerisch agieren; dabei muß man allerdings sehr wach sein.«

G: »Weil Gefahren auftreten können?«

N: »Weil die Dinge sich sehr schnell bewegen. Weil man etwas übersehen könnte. In diesem Fall ist es gut, sich jeden Morgen von neuem auf dieses Tempo einzustellen und sich auf Wachheit der Intuition, des Verstandes, der Wahrnehmungen zu programmieren. Es bedarf nur einer kurzen geistigen Einstellung darauf, daß die Sinne wach sind für die Wahrnehmungen, die notwendig sind in dem Feld, in dem man zu tun hat; und vor allem darauf, daß man wach ist für seine innere Stimme, für die Intuition. Stellt euch auf Wachheit und Schnelligkeit ein. ›Schnelligkeit‹ klingt nach Leistungsstreß, aber im Gegenteil: Wenn ihr schnell und wach seid, dann fällt der Streß von euch ab, weil ihr eins seid mit dem vorherrschenden Tempo, und ihr könnt euch wesentlich besser entspannen, als wenn ihr nicht eins seid mit dem Tempo, sondern ständig gezogen werdet.«

G: *»Dieses Einssein mit dem Tempo hat sicherlich eine körperliche, eine geistige und eine psychische Komponente. Oder ist es etwas, was sich vor allem körperlich ausdrückt? In der Menge der Aufgaben, die bewältigt werden, der Aufträge, die angenommen werden, und so weiter?«*

N: »Dieses Einssein mit dem Tempo des sozialen Systems äußert sich zunächst einmal lediglich darin, daß man das, was man zu überblicken hat, schneller überblickt, daß man schneller begreift, daß man wesentlich mehr Dinge in einer bestimmten Zeit erledigen kann, als man es vorher konnte, und zwar mit weniger Anstrengung. Dann ist natürlich die Folge davon, daß alles irgendwie besser läuft, daß man besser im Fluß ist, daß man mehr Chancen bekommt, daß man mehr Glück, mehr Erfolg hat. Es hat vielfältige Folgen auch in der äußeren Wirklichkeit.

Es muß übrigens mit körperlicher Beweglichkeit und Schnelligkeit nichts zu tun haben. Es kann jemand körperlich sehr schwer und träge sein und doch einen hellwachen Geist haben. Und es kann jemand sich körperlich topfit fühlen und sehr beweglich sein, Fußball spielen oder dergleichen, und trotzdem ist sein geistig-psychisches Tempo, um das es hier geht, sehr viel langsamer als das allgemeine Tempo der Entwicklung, in das er hineingestellt ist.

Jede grundlegende Weiche für die Entwicklung der persönlichen Realität und der Realität, in die man eingebunden ist, wird im Geist gestellt. Und diese Weichenstellung, diese Einstellung ist das eigentlich Wichtige im Management. Jeder, der irgend etwas zu managen hat – jeder, der überhaupt im Kontext der menschlichen Gesellschaft dieser Zeit lebt –, stellt sich dauernd irgendwie ein, stellt dauernd Weichen; nur geschieht dies mehr oder weniger unbewußt. Das bewußte Einstellen, das bewußte Weichenstellen ist der Zauberschlüssel, mit dem die Dinge verändert werden können. Und die tägliche Einstellung ist etwas, was einen in Übereinstimmung bringen kann mit den grundlegenden Rhythmen und Melodien der Realität, mit sich selbst und mit dem eigenen Dasein. Wenn diese Übereinstimmung sozusagen als Rahmenbedingung vorhanden ist, dann ordnet sich alles andere – also die Realität der Arbeitsverhältnisse, die Realität des Unternehmens, der Gruppe, der Familie und so weiter, mit spielerischer Leichtigkeit.

Deshalb ist die Empfehlung, sich jeden Tag von neuem einzustellen, fast das Wichtigste in diesem Buch. Es ist so, wie man einen Wecker stellt, einen Radioapparat einstellt oder ein Instrument stimmt. Das biologische und energetische Instrumentarium, das dem Menschen zur Verfügung steht, muß genauso eingestellt werden, sonst wird es chaotisch.

Diese gleiche Einstellung kann natürlich ein Team oder eine Gruppe gemeinsam unternehmen. Es ist denkbar, wird teilweise auch schon so gehandhabt, daß eine ganze Arbeitsgruppe oder die Angehörigen eines Betriebes oder eines Teams sich regelmäßig treffen zur gemeinsamen Einstellung, ähnlich wie ihr hier gemeinsam zu Beginn jeder Sitzung eine Einstellung vornehmt. Das bedeutet: erst einmal Fühlung aufnehmen mit der eigenen körperlichen Realität, dann mit der Gegenwart der anderen, einen geschlossenen Energiekreis und Harmonie herstellen. Wenn es erforderlich ist, sich anders zu setzen, sich umzusetzen, ein bißchen experimentieren; sich einstellen auf das gemeinsame Ziel, die Vision oder das Anliegen. Und dann einen Moment still sein, spüren, horchen, ob irgend etwas auftaucht, sei es auf der emotionalen Ebene, sei es als Wortgedanke, sei es als Bild – Information beispielsweise über neue Ideen oder über Störfaktoren oder über neue Strategien, die notwendig sind, oder über den nächsten Schritt, der zu tun ist. Gemeinsam einen Moment schweigen, während man diese Einstellung hält. Man kann sich aufs Herz einstellen und die Motivation erneuern, so wie es im ›Herzenskapitel‹ geschildert wurde; das heißt, sich wieder daran erinnern, aus welchem Grund man überhaupt mit dem Herzen bei der Sache ist; Begeisterung, Freude, Liebe wieder anfachen … Und das reicht schon als gemeinsame Einstellung.«

21.
FITNESS

N: »Heute geht es um die Sorge für den Körper. ›Sorge‹ ist ein guter Begriff. In dem Maße, in dem ein Mensch lernt, sich zu kümmern, werden seine Sorgen in bezug auf den betreffenden Bereich geringer. ›Sich kümmern‹ aber ist etwas, was die meisten Menschen in eurem Kulturkreis und eurer Zeit erst lernen müssen, weil sie es nicht in wirklich adäquater Weise gelernt haben. Das trifft ganz besonders auf den Bereich Fitneß zu. Im allgemeinen sieht ›sich kümmern‹ im Bereich Fitneß so aus: Es gibt eine von der Allgemeinheit geschaffene und akzeptierte Vorstellung davon, wie ein Mensch, besonders ein Manager, der fit ist, auszusehen hat und welche Ausstrahlung er haben muß. Er ist einigermaßen schlank, einigermaßen kräftig, sprich muskulös, er hat eine gesunde Gesichtsfarbe, und er strahlt Dynamik, Kraft und Durchsetzungsvermögen aus. Diese Gedankenform existiert im kollektiven Bewußtsein als Vorbild, als etwas Anzustrebendes, weil man davon ausgeht: ›Wenn ich so aussehe und so wirke und mich auch so fühle, werde ich akzeptiert als kompetent in diesem Beruf; dann habe ich Erfolg, dann habe ich Einfluß – in der beruflichen und auch in der halbprivaten Sphäre, die mit dem Beruf verbunden ist. Und außerdem (das steht an zweiter Stelle) fühle ich mich dann gut und bin den Anforderungen auch von innen heraus gewachsen.‹

Das ist eine außenorientierte, fremdbestimmte Vorstellung, die nicht aus dem eigenen Inneren erwächst, sondern von anderen übernommen wird, durch Überlieferung, Werbung, Filme und dergleichen. Dem möchten wir Fitneß gegenüberstellen, die aus dem eigenen Inneren erwächst.

Hierbei würde nun an oberster Stelle nicht stehen: ›So und so will ich aussehen und wirken, damit ich Erfolg habe‹, sondern:

›Ich möchte mich wohl fühlen und im Vollbesitz meiner Kräfte und meiner körperlichen, emotionalen und geistigen Reserven sein.‹

Die Frage, wie man das erreichen kann, muß an das eigene Innere gerichtet werden, und an der Beantwortung aus dem eigenen Inneren heraus müssen verschiedene Instanzen teilnehmen: nämlich das Körperbewußtsein, das psychische Bewußtsein, das im allgemeinen das Unterbewußtsein oder das Unbewußte genannt wird, das Überbewußtsein, das im allgemeinen als das höhere Selbst verstanden wird, und der ›innere Arzt‹.

Der Intellekt wird erst später gebraucht, um die Resultate auszuwerten und adäquate Möglichkeiten in der Außenwelt zu finden. Es geht ja nicht primär um intellektuelle Fitneß. (Die wird mit anderen Mitteln trainiert.)

Wenn also ein Mensch von innen heraus fit sein möchte, dann sollte an oberster Stelle der Wunsch stehen, sich in seiner Haut wohl zu fühlen. Alles andere ergibt sich daraus, denn wenn man sich wohl fühlt, strahlt man das aus, wirkt man wohltuend auf andere Menschen und ordnend auf die Dinge des Lebens, und man hat automatisch Erfolg. Man möchte sich also wohl fühlen und im Vollbesitz seiner Kräfte und Reserven sein. Nachdem man sich die Frage, wie das zu erreichen ist, vorgelegt hat, kann man einen Zeitraum zur Beantwortung festsetzen. Drei Tage sind eine gute Zeit. In einer Woche kann man die Frage vielleicht schon wieder aus den Augen verlieren, und vierundzwanzig Stunden können zu kurz sein, um etwas herauszufinden. In diesen drei Tagen sollte man nichts anderes tun, als seinen inneren Instanzen die Frage vorzulegen, ohne sie zu beantworten. Was ihr im allgemeinen tut – und das ist kultur- und epochebedingt –, ist, daß ihr euch Fragen vorlegt und sie sofort beantwortet. Das ist das, was in eurem Denken ständig abläuft. Ihr fragt euch irgend etwas, beispielsweise: ›Wie soll ich das entscheiden?‹ oder: ›Wie war das gemeint?‹ oder: ›Wie kann ich das wiedergutmachen?‹ oder: ›Was muß ich diesem Menschen sagen?‹, und dann beantwortet ihr die Frage sofort. Dadurch entsteht ein ständiger Dialog in eurem Inneren. Hier nun besteht die Übung darin, euch die Frage nur vorzulegen und sie nicht zu beantworten. Sie arbeitet dann in den tiefen inneren Schichten, die angesprochen werden sollen (also das Körperbewußtsein, der innere Arzt, das Unterbewußtsein und das Überbewußtsein). Innerhalb der von euch selbst gesetzten Frist steigt eine Antwort von selbst in eurem Bewußtsein auf, die ihr nicht mit Hilfe eures Intellekts erarbeitet und erdacht habt. Sie taucht von selbst aus eurer Mitte auf und enthält die koordinierte Information aus den betreffenden Tiefenschichten eures Bewußtseins.

Die Antwort kann als Gedanke oder als Traum auftauchen, sie kann auch in der Außenwelt auf euch zukommen, beispielsweise in einem Buch oder in dem, was ein anderer Mensch zu euch sagt. Dafür müßt ihr innerhalb eurer Frist und auch danach wach sein. Was ihr dann als Antwort bekommt, ist, wenn es als gedankliche Information aus eurem Inneren auftaucht, nicht unbedingt konkret. Die innere Stimme wird, um diese Art von Frage zu beantworten, nicht unbedingt sagen: ›Du sollst dich im Club XY einschreiben, um diese oder jene Sportart zu betreiben‹, sondern sie wird euch die Bedürfnisse eures Organismus beschreiben. Ihr werdet plötzlich wissen, daß ihr, um wirklich fit zu sein, das heißt, euch wohl zu fühlen und im Vollbesitz eurer Kräfte zu sein, beispielsweise mehr Erdung braucht. Wenn es das ist, dann könnt ihr euch informieren, wie man sich erdet. Oder die innere Stimme wird euch, in welcher Form auch immer, mitteilen, daß ihr lockere, spielerische Bewegung braucht. Wie ihr das konkret umsetzt, in Fußballspiel, Tennis oder was auch immer, das könnt ihr dann mit eurem Verstandesbewußtsein entscheiden. Oder sie sagt euch, daß ihr eine Form von körperlicher Aktivität braucht, die Körper, Geist und Psyche, die all eure Bestandteile eint, zentriert. Dann werdet ihr vielleicht Aikido oder Tai Chi wählen. Oder die innere Stimme wird euch sagen, daß ihr runde, rhythmische Bewegungen braucht, und dann werdet ihr möglicherweise das Tanzen wählen. Sie kann euch auch sagen, daß ihr vor allem Entspannung braucht oder auch Kontakt mit Erde, Wasser oder Luft. Solche grundsätzlichen Hinweise müßt ihr dann selbst konkretisieren.

Dieses von innen gesteuerte Verfahren könnt ihr durch eine äußere Vorstellung ergänzen, indem ihr im Geist einen Idealzustand eurer selbst entwerft. Wenn ihr klein, dick und schwarzhaarig seid, dann solltet ihr euch natürlich nicht vorstellen, groß, blond und dünn zu sein. Das wäre übertrieben. Ihr müßt die Möglichkeiten sehen, die in euch stecken, und daraus ein Ideal formen. Dieses Ideal darf, wenn es wirken soll, nicht nur visualisiert werden, nicht nur eine bildliche Vorstellung sein, sondern ihr müßt es fühlen. Ihr müßt euch in der Tat so fühlen, als wärt ihr so, wie ihr sein möchtet, wenn ihr mit dieser Technik arbeiten wollt. Aber diese Technik wirkt nur, wenn ihr sie ständig praktiziert, ansonsten ist eher davon abzuraten, denn sie kann auch unangenehme Nebenwirkungen haben, wenn man sie nicht konsequent anwendet. Es ist dann eher vorzuschlagen, daß ihr von dem ausgeht, was geschildert wurde: die Weisheit eures Körperbewußtseins und anderer innerer Schichten eures Bewußtseins an die Oberfläche zu bringen, um herauszufinden, was euer Organismus braucht, um fit zu sein. Eine bildliche Vorstellung ist dazu nicht nötig. Der Eindruck, den ihr auf eure Mitmenschen macht, wird sich natürlich ganz von selbst verbessern, verschönern und harmonisieren, und euer Einfluß wird sich ganz von selbst verstärken, wenn ihr auf diese Weise vorgeht und den Hinweisen, die aus dem Inneren kommen, auch wirklich folgt. Wenn diese Hinweise auftauchen, dann wird es euch eine Freude sein, ihnen zu folgen. Wenn ihr entdeckt, daß ihr Hunger habt, so ist es euch ganz natürlich und macht euch Freude, zu essen. Es ist nichts Kompliziertes daran, es ist kein unangenehmer Zwang, keine Pflicht, sondern ihr habt Hunger, und ihr eßt. So ist es auch mit den natürlichen Fitneßbedürfnissen. Aber sie müssen freigelegt werden, weil sie zugedeckt sind von einer Schicht fremdinduzierter Bilder, Vorstellungen und Gedankenverbindungen in bezug auf Fitsein.«

G: »Das ist konsequent, aber es setzt innere Disziplin voraus. Normalerweise hält man sich lieber an äußere Vorgaben, die man in seinen Terminkalender einbaut. Gerade beim klassischen

Zeitmanagement ist es so, daß man sich soundsoviele Stunden pro Woche für körperliche Fitneß freihält.«

N: »Dieser Posten kann durchaus in den Zeitplan eingebaut werden, denn das Management und die Welt insgesamt haben sich noch nicht so weit entwickelt, daß ihr den Terminkalender über Bord werfen könnt. Eine Möglichkeit dazu sieht so aus: erst einmal das innere Bedürfnis herausfinden und ihm in der äußeren Welt Gestalt geben; und diese Gestalt kann dann durchaus ihren Platz im Terminkalender bekommen. Wenn du herausgefunden hast, daß es Aikido ist, was du brauchst, dann gehst du eben dienstags zum Aikido.

Eine andere Möglichkeit wäre die folgende (vorausgesetzt, ihr seid nicht in der Lage, allein zu Hause oder draußen etwas für eure körperliche Fitneß zu tun, sondern braucht die Unterstützung durch Gruppe, Lehrer, Termin): Wenn eure inneren Fitneßbedürfnisse sich auf verschiedene äußere Tätigkeiten erstrecken, dann könnt ihr euch mehrere Möglichkeiten offenhalten, zum Beispiel wahlweise zum Tai Chi, zur Gymnastik oder zum Fußballspiel zu gehen, und bestimmte Zeiten in eurem Wochenplan grundsätzlich für Tätigkeiten dieser Art freizuhalten. Zum gegebenen Zeitpunkt entscheidet ihr dann spontan, welches Training ihr am jeweiligen Tag praktizieren möchtet. Ihr wißt: Am Dienstagabend um acht findet Tai Chi statt, und an einem anderen Ort zur gleichen Zeit findet Gymnastik statt, an beidem könnt ihr teilnehmen, ihr könnt aber auch im Park joggen. Die Entscheidung trefft ihr jeweils am Dienstagabend um halb acht. Ihr horcht dann in euren Körper hinein und fragt: ›Was möchtest du tun? Was brauchst du jetzt?‹ Und dann entscheidet ihr, wohin ihr geht. Das müßte realisierbar sein.«

B-A: *»Sicher wäre es auch gut, wenn es in größeren Firmen Sport- und Fitneßräume geben würde, die man nutzen kann, wenn man Zeit hat. Oder auch Sportprogramme, an denen jeder teilnehmen kann.«*

N: »Ja, das ist natürlich sehr förderlich. Dabei sollte man immer mit einer Tätigkeit, die alle Schichten des Wesens zusammenbringt und im Körper zentriert, beginnen und damit auch enden. Morgens sollte man eher etwas tun, was in Schwung bringt, und abends etwas, was entspannt.

Euer Geist ist nicht Teil des Körpers, nicht abhängig vom Körper und ist nicht, wie manche Menschen annehmen, dem Körper entsprungen. Die körperliche Realität ist vielmehr dem Geist entsprungen, beziehungsweise sie ist in Wirklichkeit geistiger Natur. Aber ein Großteil des Geistes hat sich im Rahmen der körperlichen Realität mit einem bestimmten Bereich des Körpers vermählt, nämlich mit dem Gehirn. Der Geist formt das Gehirn, indem er es imprägniert, mit Eindrücken versieht. Jeder Gedanke, der eine gewisse Intensität hat, jede Erkenntnis, die eine gewisse Durchschlagskraft besitzt, formt das Gehirn. Und dieses physische Gehirn ist ein Teil des physischen Organismus. Das Gehirn ist zu einem sehr großen Teil abhängig von der Funktionstüchtigkeit des physischen Gesamtorganismus; es muß durchblutet werden, es braucht Sauerstoff und so weiter.

Deshalb ist, wie ihr alle wißt, ein bestimmter Grad körperlicher Fitneß von größter Wichtigkeit für das Funktionieren des Gehirns. Und der Geist kann sich in der körperlichen Welt nur über das Gehirn artikulieren. Wenn ihr träumt, kann der Geist sich bis zu einem gewissen Grad freimachen vom Körper und vom Gehirn, auch in bestimmten Zuständen der Meditation. Aber in bezug auf die körperliche Welt kann der Geist sich nur über das Gehirn artikulieren, informieren, ausdrücken, in Kontakt treten und so fort. Und das Gehirn ist nur dann in Form, wenn der ganze Körper in Form ist. ›In Form‹ heißt aber nicht, und das ist der Irrtum, dem viele unterliegen, daß jemand nach herkömmlichen Vorstellungen fit ist. Es gibt Menschen, die körperlich schwerfällig sind, die sehr dick sind, um deren Gesundheitszustand der Arzt sich möglicherweise Sorgen macht, und deren Gehirn trotzdem hervorragend funktioniert. Sie haben innerhalb ihres Organismus eine im Rahmen ihrer Möglichkeiten, ihrer Veranlagung und Gegebenheiten optimale Koordination zwischen verschiedenen Organen und Bestandteilen des Organismus gefunden, sind also fit, ohne den allgemeinen Vorstellungen von Fitneß zu entsprechen. Fitneß bedeutet für jeden etwas anderes. Das zu verstehen ist sehr wichtig. Jemand, der fit ist, muß nicht so aussehen wie ein Fotomodell, das sechs Wochen in der Karibik am Strand Kraftsport getrieben hat. Ein Mensch, der so aussieht, kann sogar im Inneren höchst unfit sein. Fitneß läßt sich nicht erkennen an der äußeren Gestalt; eher schon an der Art, wie der Mensch in dieser Gestalt zu erkennen ist, ob er sich in dieser Gestalt wohl fühlt oder nicht wohl fühlt, wie selbstverständlich er mit dieser Gestalt verwachsen ist. Dem einen Menschen entspricht eine kugelrunde Figur, dem anderen eine magere, und dem dritten eine sogenannte Idealfigur.

Damit das Gehirn fit ist, muß man nicht unbedingt jeden Tag eine halbe Stunde joggen, Tennis spielen oder Gymnastik treiben, aber man muß seinen Körper fit halten. Und was das bedeutet, muß jeder für sich selbst herausfinden. Wenn man in dieses Kapitel ›Fitneß‹ wirklich tief einsteigt, wenn man es in der Tiefe betrachtet, dann gelangt man, nachdem man auf Grund gestoßen ist, zu einem radikalen Bekenntnis zur Individualität. Wenn jeder Mensch gemäß seiner eigenen Individualität lebt, in allem, was er tut, in bezug auf seinen Arbeitsplatz, seine Ernährung, seine Fitneßaktivitäten, auch auf sein Denken, dann ist alles am richtigen Platz, dann gibt es keinen Krieg, keine Disharmonie, und dann funktioniert alles optimal und maximal, und dann ist der gesamte Organismus Menschheit in sinnvoller Weise geeint und zusammengewachsen. Der Weg zur Einheit führt über die Individualität oder Individuation. Und das richtige Verständnis und der richtige Erwerb von wirklicher Fitneß ist ebenso ein Weg zur Einheit und zur Erleuchtung wie jeder andere Weg auch, den man aufmerksam geht.

Um den eigenen Organismus fit zu halten, reicht es nicht aus, soundsooft in der Woche oder im Monat irgendwohin zu gehen und irgend etwas zu betreiben, sondern, und das ist noch ein sehr wichtiger Hinweis, man muß sich *ständig* kümmern. Anstatt sich ständig zu sorgen um seine Fitneß, sich dauernd zu sagen: ›Ich sollte eigentlich Sport treiben, ich sollte eigentlich dies, ich sollte eigentlich das‹, was uneffizient ist, kann man sich ständig um sein Wohlbefinden kümmern. Und das ist in seiner Auswirkung für die Mitwelt höchst angenehm und förderlich. Ein Beispiel: Du sitzt am Schreibtisch, telefonierst, liest, schreibst, schaust in deinen Computer oder was auch immer du an deinem Schreibtisch tust, und dein Körper fühlt sich unwohl. Er möchte nicht länger auf dem Stuhl sitzen, möchte nicht länger in den Bildschirm schauen oder telefonieren. Du aber sagst: ›Nein, beiß die Zähne zusammen, da müssen wir durch. Wir müssen noch weitere zwei Stunden am Schreibtisch sitzen, weil wir noch dies und das erledigen müssen.‹ Das ist ein Fall von Nichtkümmern. Würdest du dich kümmern, wärst du achtsam mit deinem Körper und deinem gesamten Organismus, dann würdest du auf diese Stimme von innen hören und dir zumindest eine kleine Pause gönnen. Du würdest von deinem Stuhl aufstehen, du würdest dich vielleicht ausgiebig strecken, das Fenster öffnen, vielleicht tief einatmen und tief ausatmen oder dich schütteln, einmal um den Block gehen oder einen Kollegen besuchen, um dich aufzulockern, und dann wieder an deinen Schreibtisch zurückkehren und deine Arbeit zu Ende bringen. Und mit Sicherheit würdest du sie besser zu Ende bringen als ohne diese Pause. Sich ständig zu kümmern heißt auch, daß du spürst, wenn du falsch auf deinem Stuhl sitzt. Es heißt auch, daß du spürst, wenn dir in der Gegenwart eines Menschen unbehaglich ist und daß du dich dann entweder aus dieser Gegenwart entfernst, indem du das Gespräch abbrichst, oder zu dir kommst, in dein Inneres hineinhorchst, während du bewußt atmest (das kannst du mitten im Gespräch tun, ohne daß es auffällt), und dich fragst: ›Was bedeutet dieses Unbehagen?‹, ohne die Frage aber zu beantworten. Die Antwort taucht von selbst auf. Und dann geh in adäquater Weise auf die Information, die sich meldet, ein. Wenn etwa das Unbehagen daher kommt, daß du diesem Menschen gegenüber nicht aufrichtig bist, kannst du das korrigieren, indem du Mut faßt und aufrichtig bist oder indem du dich zu deiner Unaufrichtigkeit bekennst und so in deinem Inneren aufrichtig bist. Das Unbehagen kann auch daher rühren, daß dein Gesprächspartner unaufrichtig ist. Wenn das der Fall ist, kannst du für einen Moment zu dir kommen, mit Hilfe des bewußten Atmens, dich anschließen an deine eigene innere Realität, und dann aus dir heraus in deinen Aussagen ehrlich sein. Das zwingt den anderen, entweder auch ehrlich zu sein oder das Gespräch abzubrechen.

Das ist eine Art, dich um dich zu kümmern. Und wenn du dich um dich selbst kümmerst, bringt es die Menschen, mit denen du zu tun hast, auch dazu, sich um sich selbst zu kümmern, und dann wird etwas zurechtgerückt, was nicht im Lot war. Sich kümmern heißt auch, zu essen, wenn du Hunger hast, und mit dem Essen aufzuhören, wenn du satt bist, ganz gleich, ob die anderen weiteressen, egal, ob das Essen wichtig ist, teuer war oder nicht; und es heißt auch, zu spüren, ob eine Nahrung oder ein Getränk dir guttut oder nicht, und entsprechend zu handeln.

Es bedeutet ebenfalls, Ausgleich zu schaffen, das heißt, wenn du den ganzen Tag über mental gearbeitet hast, dafür zu sorgen, daß der Körper am selben Tag (nicht erst drei Tage später, wenn der Sporttermin im Kalender steht) zu seinem Recht kommt. Du mußt nicht unbedingt Sport treiben, aber deine Aufmerksamkeit von der Ebene der Gedanken wieder abziehen und dem Körper zuwenden und diesen mit dir selbst, mit deiner Gegenwart, mit deiner Aufmerksamkeit ausfüllen, bis in die Fußsohlen, und ganz besonders in die Fußsohlen, um dich wieder auf den Teppich zu bringen. Sich zu kümmern bedeutet auch, bei sitzender Lebensweise so oft wie möglich von deinem Sitz aufzustehen und dich sehr intensiv und mit ganzer Aufmerksamkeit und mit Genuß zu strecken und das Strecken zu beenden, indem du die Aufmerksamkeit in die Fußsohlen schickst. Dann kannst du dich wieder hinsetzen. Sich zu kümmern heißt, die Signale des Körpers zu beachten. Wenn du beispielsweise eine wichtige Konferenz mit wichtigen Leuten hast, kann es trotzdem möglich sein, sogar bei sehr intensiven Gesprächen, bis zu einem gewissen Grad für dich zu sorgen. Wenn du spürst, daß du Sauerstoff brauchst, kannst du aufstehen und ein Fenster öffnen. Wenn du Durst hast, trinke. Wenn du spürst, daß du die Fühlung mit dir selbst verloren hast, dann atme und ziehe deine Aufmerksamkeit in deinen Körper, während du weiter dem Gespräch folgst. Schenke besonders den Fußsohlen Aufmerksamkeit, und du bist wieder bei dir, bist wieder auf dem Teppich. Dich um dich selbst kümmern kann auch heißen, daß du dir genehmigst, mitten in einer wichtigen Konferenz aufzustehen und dich zu strecken. Warum nicht? Wen sollte das stören? Oder zu sagen: ›Jetzt brauchen wir eine Pause.‹

All dies führt dazu, daß der Mensch sich in seiner Haut wohl fühlt. Und wenn ein Mensch sich wohl fühlt, hat er keine oder viel weniger Schwierigkeiten, die richtigen Entscheidungen zu treffen, die richtigen Worte in Gesprächen zu finden, offen zu sein für die richtigen Einfälle, Inspirationen und für Intuition, große Leistungen zu erbringen, Marathonsitzungen durchzustehen, auch mal eine Nacht durchzuarbeiten, wenn es sein muß, lange Flugreisen zu überstehen und danach lange Gespräche zu führen und so fort. All dies ist möglich, wenn man sich in seiner Haut wohl fühlt und wenn man auch während der Marathonleistungen immer noch darauf achtet, sich wohl zu fühlen beziehungsweise das zu tun, was dazu notwendig ist. Das ist oftmals mit Kleinigkeiten zu erreichen. Einer dieser kleinen Tricks besteht darin, die Aufmerksamkeit in die Fußsohlen zu lenken, was in vielen Situationen hilfreich ist. Oder wenn ihr eine Tagung habt, die in einem vollklimatisierten Betonbau stattfindet, wo ihr vom natürlichen Magnetfeld abgeschnitten seid und euch entsprechend unwohl fühlt und nicht die Möglichkeit habt, die biologische Qualität des Raumklimas zu verbessern, weil ihr nicht der Organisator dieser Tagung seid (wenn ihr es doch seid, dann könnt ihr Ausgleich schaffen, indem ihr einen Zimmerbrunnen im Sitzungszimmer aufstellt, einen Luftbefeuchter und Pflanzen, und indem ihr dafür sorgt, daß alle viel gutes Quellwasser zu trinken bekommen; auch Kristalle können hilfreich sein), dann könnt ihr von Zeit zu Zeit Energie tanken, indem ihr euer Bewußtsein über die Grenzen des Raumes und des Gebäudes hinaus erweitert. Stellt euch vor, die Mauern wären nicht vorhanden, erinnert euch daran, daß ihr euch auf der Erde, im Magnetfeld dieses Planeten und darüber hinaus im Weltall befindet; öffnet euer Bewußtsein für diese Tatsache, und Energie aus dem Magnetfeld der Erde und aus dem weiteren Kosmos kann in euer Energiefeld einfließen. Das ist ein einfacher Trick; es dauert nur Sekunden, sich das klarzumachen, und schon strömt wieder frische Energie ein. Ihr könnt auch zwischendurch unauffällig Hände und Finger massieren oder die Handgelenke und Unterarme. Ihr könnt, wenn ihr auf die Toilette geht, kaltes Wasser ins Waschbecken einlaufen lassen und die Unterarme eintauchen. Dann werdet ihr wieder frisch. Oder ihr könnt unauffällig eure Kopfhaut massieren oder die Ohren. Oder die Zehen und Finger bewegen. Ihr könnt auch Mikrobewegungen irgendwo innerhalb eures Körpers ausführen, winzige, minimale Bewegungen, die kein Mensch bemerkt, Zonen, die verspannt und blockiert sind, im Nacken oder im Kreuz beispielsweise. Das allerwichtigste Element, um ständig fit zu sein, ist aber das Atmen, das heißt, sich des Atmens bewußt zu sein. Immer einen Teil seiner Aufmerksamkeit beim Atem haben, woraufhin sich der Atem von selbst vertieft und erweitert. Man muß nicht absichtlich tiefer atmen oder seinen Körper beim Einatmen mehr aufblasen, sondern einfach immer einen Teil seines Bewußtseins beim Atem halten. Das führt dazu, daß man ständig auftankt. Dann passiert es euch nicht mehr, daß ihr leer werdet, daß ihr zuviel Energie ausgebt. Wenn ihr so verfahrt, wißt ihr auch, wann es Zeit ist, zu gehen, ein Gespräch abzubrechen, eine bestimmte Sache zum Ausdruck zu bringen, oder wann es Zeit ist für eine Pause, einen Imbiß oder sonst etwas, was ihr gerade braucht, denn ihr seid durch den Atem ständig mit eurer eigenen geistigen und körperlichen Realität verbunden. Außerdem seid ihr auf diese Weise ein äußerst wohltuender und angenehmer Gesprächspartner, und eure Worte haben mehr Gewicht, wenn ihr euch eures Atmens bewußt seid.

All dies ist Fitneß. Und falls ihr das nicht sowieso schon tut, könnt ihr in eurer Freizeit, unabhängig von speziellen Sportterminen, zu Hause dafür sorgen, daß ihr dort nicht dasselbe tut wie das, was ihr den ganzen Tag über im Büro tut, nämlich auf dem Stuhl sitzen, euren Intellekt beschäftigen und auf irgend etwas starren, sei es Fernseher, Zeitung oder Buch. Setzt oder legt euch dann und wann auf den Boden, denn das bietet mehr Möglichkeiten, den Körper und sein Gewicht zu verlagern und die verschiedenen Teile des Körpers in unterschiedliche Positionen zueinander zu bringen, als wenn ihr auf einem Stuhl sitzt. Ihr könnt auch dafür sorgen, daß zu Hause Spielmöglichkeiten für euch vorhanden sind, nicht nur für eure Kinder. Oder spielt die Spiele eurer Kinder. Ihr könnt euch einen großen Gymnastikball anschaffen oder sonstige Möglichkeiten, euch spielerisch zu bewegen. Einen Fitneßraum, in dem ihr arbeiten und Leistungen vollbringen müßt, braucht ihr nicht. Lieber kleine, einfache Möglichkeiten zu spielen. Trommeln, Bälle, Musikinstrumente, Tischtennis. Das ist Ausgleich. Dieser Ausgleich muß nicht unbedingt in einem Programm bestehen, das zu einer bestimmten Zeit stattfindet, sondern er findet im Idealfall ständig statt. Gerade als Manager habt ihr die Möglichkeit, euch einen gewissen Spielraum für körperlichen Ausgleich zu schaffen. Ihr müßt nicht immer auf einem Stuhl sitzen. Ihr könnt, wenn ihr mit jemandem sprecht, stehen, auf der Tischkante sitzen, euch bewegen ...

Wenn ihr ein Team habt, mit dem ihr offen über solche Dinge reden, mit dem ihr auch spielen könnt, ein Team von Mitarbeitern, die offen sind für neue Ideen, könnt ihr einmal ausprobieren, wie es ist, eine Teambesprechung abzuhalten, indem ihr nicht auf Stühlen, sondern auf dem Boden sitzt; nicht weil es besser ist oder weil es ständig so sein soll, sondern um festzustellen, was für einen Unterschied es macht. Ihr werdet sehen, daß die Qualität eurer Zusammenarbeit, auch wenn ihr danach wieder auf Stühlen und Sesseln sitzt, sich verbessert hat.«

22.

LICHT

N: »Wir wollen versuchen, in das Feld Arbeit/Management/ Wirtschaft mehr Licht zu bringen. Licht ist ein Schlüsselwort, von dem bisher noch kaum die Rede war. Wir haben es vermieden, weil der Umgang mit dem Begriff ›Licht‹ in einigen Teilen der Gesellschaft eine delikate Angelegenheit ist. Trotzdem ist der Moment gekommen, wo es unumgänglich ist, von Licht zu sprechen.

Hier ist die Rede von demjenigen Stoff, aus dem letztlich alles besteht, was ist. Licht allerdings nicht im Sinne einer für eure Augen sichtbaren, hellen, leuchtenden Angelegenheit. Stellt euch vielmehr vor, daß das Licht der Sonne, das Licht der Sterne, das Licht des Feuers – alles Licht, das in der Natur vorkommt – der physische Körper einer geistigen Essenz ist, die auch Licht genannt werden kann, wenngleich sie nicht dasselbe ist wie das, was ihr als Licht wahrnehmt. Aus dieser geistigen Essenz ist, wie gesagt, alles, was ist, hervorgegangen.

Dieses Licht kann als Intelligenz und als Liebe beschrieben werden; wenngleich auch das wieder nur ein Versuch ist, etwas zu beschreiben, was nicht beschrieben werden kann, und insofern völlig unzulänglich und doch hilfreich ist. Stellt euch vor, es gäbe ein Wort, das Intelligenz und Liebe in sich vereint. Dann habt ihr einen ungefähren Eindruck von der Ursubstanz des Universums. Ihr könnt selbst in diese allertiefste, allem zugrundeliegende Wirklichkeit eintauchen. Es ist leichter, als ihr denkt. Es erfordert nicht fünfzig Jahre hingebungsvoller Meditationspraxis; ihr könnt es gleich tun, in diesem Augenblick: innehalten und dem Gehalt, dem Sinn dieser Worte nachgehen und euch sehr tief darauf konzentrieren. Dann werdet ihr finden, was gemeint ist.

Die Arbeit mit Licht, das Spielen mit dem Visualisieren von Licht kann euch in jedwedem Bereich eurer Tätigkeit und bei jedwedem Problem und Projekt helfen. Es ist etwas sehr Einfaches und ganz Grundsätzliches. Zuvor war die Rede davon, sich jeden Morgen neu einzustellen auf den kommenden Tag. Eine solche Einstellung (oder eine Ergänzung zu den Einstellungen, die empfohlen worden sind) könnte so aussehen:

Ihr stellt euch den Tag vor, der vor euch liegt; ganz gleich, ob ihr schon in groben Zügen wißt, was darin enthalten sein wird, weil ihr schon Termine gemacht und Verabredungen getroffen habt, oder ob ihr es nicht wißt: Ihr könnt in jedem Fall in eurem Geist ein Bild aufsteigen lassen von dem Tag, der vor euch liegt. Und dieses Bild bettet ihr in ein weiteres Bild ein, nämlich in das eures Tätigkeitsfeldes. Einen Augenblick laßt ihr eure Aufmerksamkeit auf dem Gesamt-Tätigkeitsfeld ruhen oder auf einzelnen Feldern, die ihr zu verwalten habt. Dann schaut, ob das eine oder das andere Feld ›blinkt‹, also Aufmerksamkeit von euch fordert, euch etwas mitteilen will. Wenn ihr euch dem Problemfeld in genügender Weise durch ruhige Beobachtung zugewandt habt, geht wieder zurück zum Gesamteindruck des vor euch liegenden Tages, und dann kommt zu euch selbst, zentriert euch in eurer Körpermitte. Stellt euch vor, wie sowohl der vor euch liegende Tag einschließlich sämtlicher Verabredungen, Termine und Vorhaben als auch euer gesamtes Tätigkeitsfeld plötzlich erhellt werden, so als wenn sie von einem Scheinwerfer, einer starken Lichtquelle angestrahlt würden. Und dieses Licht strahlt die Dinge, die in diesen Feldern liegen, und die Felder selbst nicht nur von außen an, sondern durchdringt sie. Und nachdem diese Vorstellung von Licht abgeklungen ist – es kann sein, daß ihr euch schlecht konzentrieren könnt und dies schnell geschieht, es kann aber auch sein, daß ihr es gut halten könnt –, wartet eine ganze Weile und beobachtet, was geschieht. Dieses Licht, das ihr in eurer Vorstellung geschaffen oder besser gesagt wachgerufen habt, hat die Fähigkeit, euch alles zu offenbaren in bezug auf den vor euch liegenden Tag und auf die Problemfelder, auf das, was euch bislang verborgen war und was ihr zu diesem Zeitpunkt wissen solltet. Es kommt Licht in all diese Angelegenheiten. Wenn ihr im Visualisieren nicht sehr stark seid, haltet bitte trotzdem die Vorstellung von Licht aufrecht; auch wenn ihr vor eurem inneren Auge kein Licht seht, so reicht doch der Gedanke schon aus. Es kann auch sein, daß ihr das Licht weder seht noch denkt, sondern empfindet, fühlt oder ahnt – Hauptsache, ihr stellt euch auf Licht ein und laßt es in der Weise wirken, wie es beschrieben wurde.

Wenn ihr im Verlaufe eurer Arbeitspraxis auf ein Problem stoßt, könnt ihr genauso vorgehen. Wenn ihr Zeit habt, einen Moment allein zu sein, könnt ihr euch, nachdem ihr euch entspannt und zentriert und beruhigt habt, dieses Problem vergegenwärtigen, indem ihr ein Bild vor eurem geistigen Auge aufsteigen laßt, das das Problem illustriert. Stellt euch dann vor, wie das Problem angestrahlt wird; es fällt Licht darauf, das Licht durchdringt alle Elemente des Problems, und ihr tut nichts weiter, als diesen Vorgang zu beobachten. Nachdem die Vorstellung von Licht abgeklungen ist, noch eine Weile sitzen und beobachten. Nicht aktiv suchen mit eurem Geist, was das Licht euch zeigen will, sondern einfach sitzen und beobachten. Wenn ihr spürt, daß ihr ungeduldig, daß ihr zu aktiv werdet, dann geht zurück in eure Körpermitte, beobachtet eine Zeitlang euren Atem und wendet euch dann wieder dem Bild und dem Licht zu.

Wenn ihr euch in einer Sitzung, einer Konferenz, einer Besprechung befindet und spürt, daß Unstimmigkeit, Mißstimmung oder irgendein Störfaktor auftaucht, dann könnt ihr genauso verfahren. Ihr könnt versuchen zu spüren, ob diese Unstimmigkeit zwischen zwei Mitgliedern der Gruppe aufgetaucht ist, die Gruppe im Ganzen erfaßt hat oder sich innerhalb einer Person abspielt. Stellt euch vor, wie diese Person, dieses Paar oder die ganze Gruppe von einem starken Licht angestrahlt wird, und wie dieses Licht sie auch durchdringt. Damit tut ihr niemandem weh, denn Licht kann grundsätzlich nur guttun.

Ihr könnt in eurer Vorstellung auch einen Raum mit Licht erfüllen, so zum Beispiel euer Büro, einen Konferenzraum oder einen Raum, in dem ihr jemanden treffen möchtet. Wenn ihr ein Haus oder ein Zimmer betretet, könnt ihr spüren, ob es dort eher licht oder eher dunkel ist, und, wenn nötig, Licht hineinbringen. Natürlich könnt ihr auch euren eigenen psychisch-geistigen und körperlichen Gesundheitszustand mit der Vorstellung von Licht beeinflussen. Es gibt viele Möglichkeiten, mit der Vorstellung von Licht zu arbeiten. Es ist eine sehr reale Arbeit! Es ist nicht einfach nur ein Spiel mit der Fantasie. Das Licht, das ihr euch vorstellt, ist eine Realität, die ihr normalerweise nicht wahrnehmt, weil eure Sinne nicht darauf eingerichtet sind. Es gibt allerdings innere Sinne, die es wahrnehmen können. Und indem ihr euch Licht vorstellt, weckt ihr diese innere Wahrnehmung. Die Vorstellung schafft sozusagen eine Brücke zur Realität. Die Realität ist Licht. Alles ist erfüllt von Licht, alles ist durchdrungen von Licht, alles ist Licht.

Ihr könnt auch einen Licht-Scheinwerfer aus euch heraus auf eine Sache richten, auf ein Problem, eine Gruppe von Menschen oder einen einzelnen; entweder aus dem Herzen oder aus dem Dritten Auge (in der Mitte der Stirn etwas über den Augenbrauen), nicht aus anderen Bereichen. Ein Beispiel: Ihr habt ein Problem vor euch. Ihr geht erst einmal vor, wie eben beschrieben, und in einer zweiten Phase richtet ihr auf euer Bild des Problems einen Scheinwerfer aus eurem Dritten Auge, der das Problem durchdringt. Er ist nicht auf das Problem gerichtet, sondern er geht durch das Problem hindurch, durchleuchtet es. Wenn ihr diese Vorstellung – oder auch nur diesen Gedanken, falls ihr es euch nicht vorstellen könnt – eine Weile haltet und geduldig beobachtet und eures Atmens gewahr seid, dann ist es sehr wahrscheinlich, daß das Problem euch Hintergründe, Komponenten, Einzelheiten enthüllt, die euch nicht bekannt waren. Wenn es sich um zwischenmenschliche Probleme handelt, kann es recht nützlich sein, mit dem Licht des Herzens zu arbeiten, also einen Scheinwerfer aus dem Herzen auf ein Bild der Angelegenheit zu richten. Auch hier müßt ihr wieder diese Einstellung halten, atmen, beobachten, was geschieht. Es kann euch – nicht immer, aber in vielen Fällen – enthüllen, welche tiefen Beweggründe, Herzens-Gründe, hinter dem Problem verborgen sind und zu dem Problem geführt haben.

Licht strahlt auch aus euren Fingerspitzen, aus eurem ganzen Körper – bestimmte Frequenzen von Licht, die ihr mit bloßem Auge nicht sehen könnt; es sei denn, ihr schult eure Wahrnehmung. (Es gibt Sensitive, die diese Frequenzen wahrnehmen, es gibt auch Apparate, die sie fotografieren können.) Ihr könnt euch das zunutze machen. Wann immer ihr euch anschickt, Menschen zu treffen, könnt ihr beispielsweise das Strahlen eurer Augen und Fingerspitzen verstärken und helles, farbloses, neutrales Licht aus euren Augen und euren Fingerspitzen strahlen lassen. Das führt dazu, daß mehr Positivität in eure Begegnungen und Beziehungen kommt und daß in einer sehr angenehmen und positiven Weise mehr Transparenz, mehr Ehrlichkeit entsteht. Ihr solltet es jedoch niemals mit dem Hintergedanken tun, jemand anderen zu beeinflussen, auch wenn es noch so gut gemeint ist. Ihr müßt allerdings wissen: Wenn ihr anfangt, euch mit Licht zu beschäftigen, werdet ihr hellsichtiger, hellfühlender, sensitiver und sensibler, das heißt, ihr nehmt wahr, welche Gedanken, Stimmungen und Emotionen von anderen ausstrahlen, und wenn ihr mit dieser Wahrnehmung konfrontiert werdet, ohne vorbereitet, ohne entsprechend geschult zu sein, dann kann es passieren, daß negative Emanationen von anderen euch anstecken. Wenn das geschieht, dann ist es an der Zeit, in sich zu gehen, sich auf den eigenen Lichtkern zu besinnen; sich sehr tief nach innen zurückzuziehen, so lange, bis ihr das Gefühl habt, auf einen intensiv strahlenden Kern gestoßen zu sein; möglicherweise in der Tiefe des Herzens, dort findet ihr es am leichtesten. Und dann laßt dieses Strahlen den ganzen Körper erfüllen und über den Körper hinausstrahlen, so daß ihr euch wie eine Lichtkugel fühlt, wie eine Sonne. Wann immer man spürt, daß man zu rezeptiv ist, zuviel von anderen aufnimmt, kann man sein eigenes Strahlen verstärken – das Strahlen des Herzens, das Strahlen der Fingerspitzen, das Strahlen des ganzen Körpers.

Auf den einen oder anderen kann es sehr positiv wirken, einfach das Wort ›Licht‹ zu denken. Davon war schon die Rede. Ihr könnt sogar, wenn ihr euch nicht davor scheut, die magische Formel ›Es werde Licht‹ verwenden, wenn ihr in einem Problem steckt oder beim besten Willen nicht erkennen könnt, wo es langgehen soll.

Wir kehren zurück zum Anfang dieses Kapitels und begeben uns noch einmal auf eine Ur-Ur-Urebene der Wirklichkeit. Licht, so sagten wir am Anfang, ist die Ursubstanz, aus der alles geschaffen ist, und dieses Licht könnte man als Intelligenz interpretieren oder beschreiben. Aber das ist nur ein Anhaltspunkt; ihr müßt dem selbst nachgehen, um darauf zu kommen, was es wirklich ist, und wenn ihr es gefunden habt, werdet ihr kein Wort dafür haben. Es ist etwas, was keine Eigenschaften hat, was einfach ist und in sich ruht. Es ist die Urwirklichkeit. Alle Mystiker berichten davon, jeweils mit anderen Worten.

Wie kommt es, daß alles sich bewegt, daß es überhaupt soviel gibt, was sich bewegt, wenn doch die Urwirklichkeit etwas ist, was keine Eigenschaften hat und in sich ruht? Es gibt aus diesem Nichts – nennen wir es so, obwohl es nicht das richtige Wort ist – heraus den Gedanken, den Wunsch, die Sehnsucht (und hier kehren wir zum Anfang des Buches zurück), es möge etwas sein. Es ist das, was hinter aller Kreativität steckt, hinter allem, was geschaffen ist. Sehnsucht ist die Urbewegung. Das Nichts also sehnt sich nach etwas, und die Tätigkeit, mit der es etwas schafft, ist Denken, Wünschen, letztlich kann man es am besten als Träumen bezeichnen. Diese Welt ist eine erträumte Welt, wir können aber auch sagen: eine gedachte Welt. Da ist also diese Sehnsucht; sie gleicht einem großen Strom, in dem Gedanken, Vorstellungen und Wünsche so etwas wie Formen bilden. Das sind die Förmchen, aus denen die Kekse gebacken werden – die Backförmchen für die gesamte Schöpfung, für die gesamte Realität, wie ihr sie wahrnehmt! Es sind Gedanken, die diese Formen schaffen. Und Sehnsucht ist die Kraft, die aus diesen Gedanken wahrnehmbare Realität macht. Dieser Schöpfungsprozeß findet auch in jedem Künstler immer wieder von neuem statt – und letztlich in jedem Menschen, selbst wenn er nicht in der Weise kreativ ist, wie man dieses Wort allgemein versteht.«

G: »Wobei interessanterweise die Götter, beispielsweise im alten Indien, teils sehr lange träumen mußten, bis etwas Gestalt annahm. Wie sieht es mit der Zeit und dem Traum aus? Die Gedanken manifestieren sich nicht sofort zu sinnlich erfahrbaren Realitäten. Manche Träume muß man länger träumen, bei anderen geht es schneller.«

N: »In der Sprache von Raum und Zeit ist das schwer zu erklären, weil es über Raum und Zeit hinausgeht. Man kann nur mit Bildern arbeiten. Also stellt euch vor, ihr habt einen Lehmklumpen, und aus diesem Lehmklumpen wollt ihr etwas formen. Diese Masse ist ein Bild für Raum-Zeit. Damit ihr versteht: Nicht nur Raum hat etwas zu tun mit Materie, sondern auch Zeit, und diese beiden Komponenten zusammen formen die Materie. Dafür steht also der Lehmklumpen. Wenn ihr etwas Großes schaffen wollt, braucht ihr viel Lehm; wenn ihr etwas Kleines schaffen wollt, braucht ihr wenig Lehm.

Es hat aber auch mit etwas zu tun, was nur aus anderen Ebenen der Zeit heraus zu verstehen ist. Ihr kennt Zeit als einen Strom, der euch von gestern über heute nach morgen trägt, wie eine Linie, die Ereignisse verbindet und ordnet. Ihr habt damit eine Struktur für eure Realität. Es gibt aber auch andere Dimensionen von Zeit. Stellt euch beispielsweise vor, ihr springt heraus aus eurem üblichen Verständnis von Zeit und begebt euch eine Etage höher, wo man den gesamten Zeitablauf wie ein Gemälde überblicken kann. Ihr springt hinein in eine Sphäre eurer selbst, eures eigenen Seins und Bewußtseins, wo ihr außerhalb dieses Zeitstroms steht. Das könnt ihr tun, indem ihr euch ein bißchen zurückzieht von dem Hin und Her des Lebens, euch im Geist zurücklehnt innerhalb eures eigenen Körpers; ihr könnt die Zeit vor euch vorbeifließen lassen. Ihr selbst seid außerhalb dieses Stroms. Ihr bekommt das Gefühl, zeitlos zu sein, ewig zu sein. Aus diesem Gefühl heraus könnt ihr – das braucht ein bißchen Erinnerung, ein bißchen Anstrengung, weil ihr in diesem Zustand ziemlich wunschlos seid – einen Wunsch mobilisieren, indem ihr euch auf euer Herz konzentriert und schaut, ob ihr dort einen Wunsch findet, der verwirklicht werden möchte. Und aus diesem unbewegten, zeitlosen Gemütszustand heraus könnt ihr nun erst einmal das Backförmchen herstellen, nämlich die Gedankenform, das heißt, ihr denkt euch das gewünschte Ergebnis. Ihr stellt es euch bildhaft vor, und dann stellt ihr es euch mit allen euren Sinnen vor, also nicht als Bild vor eurem Auge, sondern euch selbst mittendrin in der ersehnten Realität. Dann habt ihr die Form geschaffen. Mit dieser Gedankenform konzentriert ihr euch nun auf euer Leben innerhalb von Raum und Zeit, das vor euch liegt wie ein Strom, und stellt euch vor, dieses Leben innerhalb von Raum und Zeit ist der Teig, aus dem ihr euer Ergebnis backen möchtet. Und ihr verhaltet euch so, wie man das tun muß, wenn man einen Kuchen backen will: geduldig; das heißt, ihr haltet einfach eure Vorstellung, eure Gedankenform, euren Wunsch fest, erfüllt ihn mit Emotion, mit Begeisterung, Liebe ,Vorfreude und projiziert ihn auf das Bild eures Lebens in Raum und Zeit.

Und nun kommt diese höhere Zeit ins Spiel. Wenn ihr eure Perspektive jenseits des linearen Zeitablaufs beibehalten habt, werdet ihr nun erkennen oder ahnen, daß die Verwirklichung eures Wunsches, damit sie zuträglich ist für euch und für das Ganze, in einem bestimmten Kontext gesehen werden muß. Das heißt, ihr werdet erkennen, ob es sinnvoll ist, diesen Wunsch so, wie ihr ihn euch vorgestellt habt, zu realisieren, oder ob es zur Realisierung dieses Wunsches erst der Erfüllung gewisser Bedingungen bedarf, zum Beispiel eines bestimmten Grads an persönlicher Entwicklung. Vielleicht ist ein gewisser Reifungsprozeß in eurer Psyche notwendig, bis der Zeitpunkt erreicht ist, wo idealerweise der Wunsch sich erfüllt. Ihr selbst seid mit eurem Bewußtsein nun außerhalb von Zeit; ihr könnt das Ersehnte sofort schaffen. Wenn ihr dann aber euer geistiges Auge auf euer Alltagsleben, eure lineare Zeit, eure Entwicklung in Raum und Zeit richtet, erkennt ihr, ob es günstiger ist, diesen Wunsch zum jetzigen Zeitpunkt oder erst später zu realisieren. Es kann sein, daß ihr es nicht genau erkennt, sondern nur ahnt.«

H: »Ich habe festgestellt, daß auch das Gegenteil funktioniert: wenn ich sage: ›Damit bin ich jetzt fertig, das tue ich nicht mehr‹, trifft genau das von neuem ein, nur auf eine andere Weise. Das heißt, aus meiner Ablehnung entsteht eine neue Phase des Lebens oder ein neues Projekt genau des Inhalts, den ich abzuschließen beschlossen hatte. Gehört das auch zu diesem Spiel?«

N: »Ja. Stell dir ein bestimmtes Kapitel vor, mit dem du, wie du sagst, fertig bist. Wenn du nun den beschriebenen Standpunkt außerhalb von Raum und Zeit einnehmen und das Ganze beobachten könntest, würdest du ungefähr folgendes sehen. Du hast beispielsweise gesagt: ›Mit Blumenpflanzen bin ich jetzt fertig, das tue ich nicht mehr.‹ Damit hast du eine Realität geschaffen, die lautet: ›Das Kapitel Blumenpflanzen ist abgeschlossen in meinem Leben.‹ In den äußeren Schichten deiner Realität, denen, die in Raum und Zeit gebunden sind, gibt es zum Kapitel Blumenpflanzen noch einiges nachzuholen, damit es abgeschlossen werden kann. In der anderen Zeit hast du es bereits abgeschlossen … Es ist schwer in Worten zu erklären. Siehst du, was gemeint ist?«

H: »Ja, ich verstehe. Daß ich überhaupt den Gedanken habe: ›Jetzt bin ich fertig damit‹, ruft das hervor, was latent noch nicht fertig ist.«

N: »So ist es.«

H: *»Noch eine Frage. Ihr habt von Wünschen und Sehnsüchten gesprochen, die auf einer personalen Ebene entstehen. Was ist, wenn ich aus dem personalen Bereich hinausgehe in den transpersonalen Bereich und eigentlich selbst keine Wünsche habe, sondern mein einziger Wunsch ist: ›Dein Wille geschehe‹?«*

N: »Dieses ›Dein Wille geschehe‹ wird oft mißverstanden. Natürlich kann jeder sich das erklären, wie er möchte, und damit arbeiten, wie er will. Dafür sind solche Sätze gedacht. Aber es wird oft einschränkend verstanden. Die meisten Menschen denken, wenn sie sagen: ›Dein Wille geschehe‹, dann bedeutet das: ›Ich selbst habe keinen Willen, nur Gottes Wille soll geschehen.‹ Gottes Wille ist aber nicht etwas, was außerhalb seiner Geschöpfe existiert, sondern ist innerhalb seiner Schöpfung aufzufinden. Das heißt: ›Deinen Willen finde ich in meinem Willen.‹ Allerdings bedarf es dazu einer gewissen Schulung, um wirklich den eigenen, tiefinneren Willen, den Willen der Seele, des Wesenskerns, zu unterscheiden von Wünschen, die nicht aus dem eigenen Inneren kommen, sondern angeregt, geweckt oder überhaupt geschaffen worden sind durch Einwirkung von außen, beispielsweise Wünsche, die nur Reaktionen sind auf das Verhalten von anderen. Jemand hat dich geärgert, und du willst dich rächen. Das ist kein Wunsch der Seele, das ist einfach eine Reaktion des Ego, nicht ›dein Wille‹. Aber die tiefinneren eigenen Wünsche, die wirklich aus dem Wesenskern kommen, sind die göttlichen Wünsche. Das *ist* der göttliche Wille.«

H: *»Wenn ich den Wunsch nach Anerkennung und Zuwendung habe, was ja wahrscheinlich einer der grundlegenden Wünsche aller Menschen ist, dann könnte man das sicher auch als einen göttlichen Wunsch bezeichnen.«*

N: »Ja. Gott will deine Zuwendung. Das ist das, was oft nicht verstanden wird. Menschen sehnen sich nach Zuwendung. Sie denken, sie brauchen jemand anderen, der sich ihnen zuwendet, um dieses Bedürfnis zu stillen. Wer aber unter euch dieses Bedürfnis hat, wird wissen, daß es auf diese Weise niemals wirklich gestillt werden kann. Man bekommt einen Schluck, und morgen braucht man wieder einen, man ist wieder durstig, und wieder und wieder. Was da nach Zuwendung schreit, ist das eigene innerste Selbst, es ist Gott in dir, wenn du so willst. Das heißt, wenn du diesen Wunsch, dieses Bedürfnis richtig verstehst, seiner Natur gemäß, dann wendest du dich nicht nach außen, um etwas zu bekommen, sondern nach innen, um etwas zu geben: Du wendest dich dir selbst zu. Dann findest du plötzlich Erfüllung. Und indem du Erfüllung gefunden hast, wirst du erfüllt, voll, reich, fließt du über, kannst du geben. Verstehst du? Dann kommen die anderen und wollen deine Zuwendung. Und jetzt mußt du aufpassen, denn wenn du diesen innersten Kern wieder aus dem Auge verlierst, wirst du leer. Es kommt kein Nachschub mehr von innen, du bist nicht mehr erfüllt, die anderen saugen an dir, und du wirst leer. Sobald du spürst, daß du leer bist, ist es wieder Zeit, nach innen zu gehen, dich dir selbst zuzuwenden, den anderen den Rücken zu kehren.

Aber nun zu ›Dein Wille geschehe‹. Wenn der Mensch, der sich als ein vom Ganzen abgetrenntes Etwas versteht – und fast alle verstehen sich so –, ›mein Wille‹ denkt, dann denkt er: ›Mein Wille ist etwas, was mir gehört und womit ich tun kann, was ich will.‹ Und er denkt an diesen Willen als etwas vom Ganzen Losgelöstes. Dieser persönliche Wille, den man sich abgetrennt denkt vom Willen des Ganzen, kann allenfalls etwas von der Größenordnung eines Fotos bewirken, das du mit einer Heftzwecke an einer Pinnwand befestigst. Zu viel mehr reicht dieser Wille nicht, da er von seiner Quelle abgeschnitten ist, dem allgemeinen Willen, dem kosmischen Willen, dem göttlichen Willen. Wenn du dir etwas wünschst, wenn du etwas schaffen möchtest, und du sagst, ›Dein Wille geschehe‹, dann setzt du damit die ganze Kraft des kosmischen, göttlichen Willens in Bewegung, um dein Ziel zu erreichen – anstelle der kleinen Portion ›persönlicher Wille‹, die dir zur Verfügung steht. Ohne den göttlichen Willen kann dein Ziel sich nicht realisieren. Es bedarf der Kraft des Ganzen. Und die Kraft des Ganzen steht hinter dir, ständig, in jedem Augenblick, und sie steht dir zur Verfügung; allerdings nur, wenn du das weißt, glaubst und anerkennst. Andernfalls schneidest du dich selbst davon ab.

Noch einmal zum persönlichen und zum überpersönlichen Willen. Wenn du dir Ziele setzt, wenn du für dein Unternehmen oder dein Projektteam, deine Wirtschaftsgruppe oder deine Abteilung etwas Bestimmtes erreichen willst, dann gehst du vielleicht so vor, wie alle vorgehen: Du vergegenwärtigst dir die Lage, du arbeitest mit den Mitteln deines Verstandes an der möglichen Weiterentwicklung der Situation; du findest heraus, daß es gut wäre, dies und das zu tun und zu erreichen, und du steckst dir dein Ziel. Du markierst vielleicht Etappen auf dem Weg zum Ziel, und das, was du zur Verwirklichung deines Ziels beitragen kannst, tust du, wenn du so denkst und handelst wie ein normaler Mensch, aus deinem persönlichen Willen heraus – deinem guten Willen, der vielleicht irgendwann erschöpft ist, und dann hast du keinen guten Willen mehr. Weil die anderen nicht mitspielen, weil die Umstände widrig sind oder sonst etwas dergleichen.

Wie sieht es nun aus, wenn du einen höheren Standpunkt einnimmst? Nehmen wir an, du bist so vorgegangen, wie hier beschrieben wurde: Du hast dein Ziel fixiert, siehst deine Etappen vor dir, weißt, was zu tun ist. Dann trittst du einen Schritt von diesem schönen Kunstwerk, das du im Geist geschaffen hast, zurück. Du nimmst in deiner Vorstellung einen erhöhten Standpunkt ein, begibst dich auf einen Gipfel oder steigst in große Höhe auf wie ein Hubschrauber oder etwas dergleichen. Du entfernst dich so lange, bis du das Bild, das du geschaffen hast, aus sehr weiter Ferne siehst. Du hältst dann im Geist zwar dieses Bild fest, du weißt, daß es da ist, daß du dich immer noch auf dieses bestimmte Projekt und Ziel konzentrierst, ziehst aber deine Aufmerksamkeit davon ab und kommst zu dir. Es ist so ähnlich, wie wenn du aus einem Traum aufwachst; als wäre die Beschäftigung mit diesen Zielen und Projekten ein Traum gewesen, aus dem du nun erwachst. Du kommst zu dir.

Und nun schau zurück auf deinen Traum, aus deinem neuen Gefühl von Wirklichkeit heraus, und bedenke ihn noch einmal, aber nun so, wie man einen Traum bedenkt; wie man ihn interpretiert, beurteilt oder einfach in der Erinnerung begeht. Taste ihn ab, umrunde ihn, schau ihn dir noch einmal an; nicht so sehr gedanklich analysieren, sondern ihn einfach anschauen. Und wenn du dann aus dieser Perspektive in die Traumwirklichkeit hineinleuchtest und zu der Erkenntnis kommst: ›Es wäre schön, den Traum genauso fortzufahren, wie ich es mir vorgestellt habe; es wäre gut, dieses Ziel zu erreichen, es ist ganz in Ordnung‹; dann kannst du spüren, aus dieser Perspektive des Wachseins heraus, wie sich ein Strom von Energie in Bewegung setzt, durch die Jetztsituation hindurch in Richtung auf das gedachte Ziel. Es geht nicht darum, selbst diesen Strom ins Leben zu rufen und in Richtung auf dein Ziel in Bewegung zu setzen, sondern: Nachdem du gesehen hast, daß dein Ziel gut ist, daß es der Sache, dir, deinen Mitarbeitern und dem Ganzen dient, kannst du wahrnehmen, wie dieser Strom sich in Bewegung setzt. Damit hast du so etwas wie einen höheren Willen in Gang gesetzt. Wenn du religiös bist, kannst du das noch bekräftigen mit der Formel ›Dein Wille geschehe‹.

Aber denk vor allem daran, daß du damit die Kraft des kosmischen Willens in Bewegung setzt.«

H: »*Das wäre eigentlich das, was wir heute ›Selbstorganisation‹ nennen ... Und es beinhaltet Vertrauen in diese kosmische Energie, die dich dann auch trägt ...*«

N: »Ja ... So kannst du es betrachten. Selbstorganisation ist ein Thema, von dem hier noch nicht die Rede war. Das wäre allerdings fast schon ein eigenes Buch, aber solche Bücher gibt es wahrscheinlich schon ...«

H: »Ja, aber der Begriff ist aus der Chaostheorie entstanden, und die betreffenden Bücher, jedenfalls die, die ich kenne, sind von Halbwissenden geschrieben worden und haben die Wirtschaft auf falsche Wege geschickt. Von dieser Form der Selbstorganisation mit der kosmischen Kraft als Steuermann und als dynamische Energie ist nirgendwo die Rede. Die setzt voraus, daß ich transpersonal bin, daß ich mit Ambiguität umgehen kann und so weiter. Davon ist noch nirgendwo die Rede gewesen. So ein Buch wäre wertvoll.«

N: »Ja. Es gibt wohl gute Ansätze, aber es fehlt genau diese Perspektive, die du transpersonal nennst. Sie fehlt auch in bestimmten politischen Gruppierungen, die zwar aus wohlmeinenden Menschen bestehen, die sich aber immer wieder aufreiben, wenn sie versuchen, sich anders zu organisieren als herkömmliche Parteien – weil die überpersönliche Perspektive fehlt.

Mit dem Wissen, daß jeder, auch man selbst, eingebunden ist in ein großes Ganzes und daß dieses Ganze in gewisser Weise immer hinter einem steht – wenn man einmal eintaucht in diese Wirklichkeit und sie selbst erfährt, was, wie gesagt, recht einfach ist, man muß es nur tun –, werden das Leben und die Arbeit des Managers nicht etwa komplizierter, sondern unendlich viel einfacher. Es ist nicht etwa so, daß plötzlich ein unangenehmes, untragbares Verantwortungsgefühl und eine Moral aus diesem Wissen um das Eingebundensein in ein Ganzes heraus erwacht, die einem das Leben schwermacht; vielmehr erwacht zwar eine neue Art von Verantwortungsgefühl, dieses hat aber nicht jenen bitteren Charakter, wie ihn Verantwortungsgefühl oft hat, sondern es entsteht eher aus einem von Herzen kommenden Gefühl von Gemeinschaft und Gemeinsamkeit, so etwas ähnlichem wie Liebe. Und vor allem: Seid euch eures Eingewobenseins in das große Ganze schlechthin bewußt – nicht nur in die ganze Menschheit! Es gehören dazu auch die Tiere und die Pflanzen und die Steine auf eurem Planeten, und der Planet selbst, der ein Wesen ist, und die Sonne und der Mond, euer ganzes Sonnensystem, eure ganze Galaxie, es gehören aber auch Wesen dazu, die ihr nicht wahrnehmen könnt, weil sie für eure physischen Sinne nicht wahrnehmbar sind; seien es nun Atome, Moleküle oder Photonen, aber auch menschliche Wesen, die derzeit keinen physischen Körper haben, und so weiter und so fort. Ihr seid unauflösbar verwoben in dieses große Ganze. Und je mehr ihr euch dessen bewußt seid, desto mehr Wissen, Information und auch Kraft fließen euch zu, sozusagen übernatürliche Kraft, übernatürliches Wissen, was in Wirklichkeit jedoch ganz und gar natürlich ist. Wenn euer Bewußtsein über eure Persönlichkeit hinausreicht, berührt es das Bewußtsein anderer – anderer Wesen, anderer Gruppen – und bekommt Information, denn innerhalb des Bewußtseins gibt es keine Grenzen – nur die, die ihr euch selbst setzt, die ihr selbst denkt. Und selbst die sind viel zu durchlässig, als daß sie sich als richtige Grenzen aufspielen könnten.

Wenn ihr also als Spitzenmanager eines Unternehmens oder als Unternehmer nun bereits in der Lage seid, als euer ganzes Unternehmen zu denken, macht ihr euch das Leben viel leichter, seid einen großen Schritt weiter, bekommt wesentlich mehr Kraft, um eure Ziele zu erreichen; dann bekommt ihr wesentlich mehr Inspiration, wesentlich mehr nützliche Information. Und es ist natürlich gut, noch darüber hinauszugehen und sich nicht nur mit der Gruppe zu identifizieren, die das Unternehmen darstellt, sondern beispielsweise auch mit der Klientel, der Kundschaft, der Zielgruppe, mit der dieses Unternehmen verbunden ist.«

H: »Das Resultat wäre Selbstbewußtsein, aber meistens ohne die dazugehörige Überheblichkeit, sondern einfach nur ein Selbstverständnis, das aus der Selbsterkenntnis besteht.«

N: »Kannst du das näher erläutern?«

H: »Das bedeutet, eine natürliche Autorität zu sein; man wird nicht mehr in Frage gestellt, sondern das Selbstverständnis für die eigene Person und das ganze Gewebe, in das die Person eingebunden ist, bewirkt Überzeugungskraft und die Kraft, Dinge zu bewegen, und auch Menschen, die dieses Selbstverständnis nicht haben, die noch im Selbstzweifel verharren, mitzutragen, mitzuführen. Solche selbstbewußten Menschen gibt es anscheinend zur Zeit nur in sehr geringer Anzahl.«

N: »Ja. Das könnte das Resultat sein. Je mehr du dein Verbundensein, dein Eingewobensein spürst, desto weniger kannst du überheblich sein, desto demütiger wirst du, und desto mehr wirst du in der Folge geliebt. Und wenn du Glück hast, macht auch das dich nicht überheblich, sondern demütig, mit der Folge, daß du noch mehr geliebt wirst. Und vor allem, wenn du nicht nur für deine Mitarbeiter, sondern auch für deine Kunden mitdenkst, mitfühlst, und sie einbeziehst in dein Herz, in dein Interesse: Was könnte dann schiefgehen mit deinem Unternehmen?

Wenn du in der Identifikation auch über deine Zielgruppe noch hinausgehst und die gesamte menschliche Gesellschaft oder gar die gesamte Lebensgemeinschaft dieses Planeten mit einbeziehst, dann wird dein Leben nicht etwa komplizierter, sondern noch einfacher, und dann kann dir noch weniger passieren mit deinem Unternehmen. Dann bekommst du immer und zu jedem Zeitpunkt die in diesem Augenblick gerade nützliche Information in bezug auf das, was jetzt zu tun ist. Du mußt allerdings wach genug sein, um auf deine Eingebungen zu achten, das heißt, du mußt wach sein für deine eigenen Ideen.«

H: *»Oder sie tauchen auf als Zeitungsnotiz, als Anruf, als Satz in einem Buch...«*

N: »...oder als Bemerkung eines Mitarbeiters. So ist es.

Ganz einfach gesagt – aber so einfach ist es nun einmal –, je kleiner der Bereich ist, mit dem ihr euch identifiziert, desto mehr Schwierigkeiten habt ihr. Der kleinste Bereich, mit dem ihr euch identifizieren könnt, ist euer eigenes Ego, das heißt das Bild, das ihr von euch selbst baut und mit dem ihr in der Welt bestehen wollt. Wenn ihr euch damit verwechselt und identifiziert, dann seid ihr sehr klein und sehr arm und habt sehr viele

Schwierigkeiten und viele Feinde. Ein bißchen größer seid ihr, wenn ihr euch mit eurem Ich identifiziert, mit allem, was zu euch gehört, sei es von euch erwünscht oder nicht erwünscht, sei es nach außen hin schön oder unschön. Dann ist das Leben bereits wesentlich leichter. Das ist schon ein riesengroßer Schritt für die meisten Menschen; es ist das, was Psychotherapeuten bei ihren Patienten im wesentlichen zu erreichen versuchen. Wenn ihr aber noch weitergeht und euch außer mit euch selbst auch mit all denen identifiziert, die ihr liebt, dann wird das Leben noch viel leichter. Ihr habt keine Probleme mehr in eurem Beziehungs- und Familienleben, wenn ihr euch einfach mit euren Angehörigen identifiziert, anstatt sie als ›jemand anders‹ zu sehen, der andere Interessen hat. Und dann könnt ihr noch weitergehen und euch auch mit jenen identifizieren, die ihr nicht mögt … und natürlich auch mit euren Mitarbeitern, Kollegen, Chefs, Kunden und so weiter.

Es ist ganz logisch. Nur, der Schlüssel für diese Identifizierung liegt nicht im Kopf; sagt also nicht: ›Ich versetze mich in den anderen hinein und versuche mir zu erdenken, was er braucht‹, sondern schafft Raum in eurem Herzen für die anderen. Das mag kitschig klingen, ist jedoch technisch gemeint. Schafft in eurem Herzzentrum Raum für die anderen. Erst einmal für euch selbst; das ist der allererste Schritt, und er will unbedingt getan sein. Klammert euch nicht aus eurem eigenen Herzen aus, indem ihr euch verurteilt. Nehmt euch auf in euer eigenes Herz mitsamt euren vermeintlichen Fehlern. Fehler sind nicht das, wofür ihr sie haltet. ›Fehler‹ heißt nur: Da fehlt noch etwas. Da ist ein Blütenblatt, das sich noch nicht geöffnet hat, und das kann man der Blüte nicht vorwerfen. Also nehmt euch selbst in euer Herz auf mitsamt euren Fehlern und Schwächen, aber vor allen Dingen auch mitsamt euren Qualitäten, euren Talenten, euren Tugenden, euren Hoffnungen, euren Wünschen, mit eurem gesamten menschlichen Sein, dann ist euer Herz schon ein ganzes Stück größer geworden. Und dann schafft Raum für andere.«

23

DAS BEOBACHTER-BEWUSSTSEIN

B-A: *»In einem kürzlich diktierten Kapitel wurde gesagt, man solle sich nicht zu sehr mit den Interessen anderer identifizieren, und im darauffolgenden Kapitel wird geraten, sich mit den allgemeinen Interessen zu identifizieren. Da gibt es eine Diskrepanz.«*

N: »In der Tat. Im Feld des persönlichen Bewußtseins, das eingegrenzt und regiert wird von persönlichen Emotionen und egozentrierten Gedanken, sind die eigenen Interessen die eigenen Interessen und die Interessen der anderen die Interessen der anderen. Und soweit ein Mensch ein solches Feld um sich aufgebaut hat – und das haben fast alle Menschen – und dieses Feld auch zu erhalten wünscht und im üblichen, allgemein anerkannten Kontext leben möchte, ist das auch gut und gesund. Wir sagten, daß es nicht nur gut sei, sondern auch gesund und förderlich für die Entwicklung des Menschen, wenn er sich um seine eigenen Belange, seine persönlichen Wünsche und Interessen selbst kümmern muß. Wenn jemand ihm das abnimmt – nehmen wir den Extremfall eines Menschen, der sein Leben lang eine Mutter hat oder eine Person, die sich zu ihm wie eine Mutter verhält, die ihm jeden Wunsch von den Augen abliest und jede Sorge abnimmt, die seine Schulden bezahlt, die ihm Taschengeld zusteckt und sich darum kümmert, daß seine Probleme gelöst werden –, ist das zwar sehr angenehm oder hat jedenfalls angenehme Aspekte, es ist aber nicht unbedingt für den Reifungsprozeß, für die Entwicklung, für die Persönlichkeitswerdung des Menschen förderlich.

Dann, auf der anderen Seite, war die Rede davon, daß ihr in dem Maße wachst, in dem ihr die Interessen anderer Menschen in eure eigenen Interessen mit einschließt. Dies ist eine grundsätzliche Einstellung des Herzens. Das heißt: Wenn ihr Entscheidungen trefft, beispielsweise in eurem Job, ist es für euch selbst und für das Ganze, in das ihr eingebunden seid, förderlich und befreiend, wenn ihr die Aufnahmekapazität eures Herzens so weit erweitern könnt, daß ihr jeden eurer Wünsche, jede eurer Zielsetzungen, jede eurer Vorstellungen sozusagen begleitet mit dem Gedanken: ›Möge es meinem Wohl und dem Wohl all dieser Menschen dienen.‹ Das ist eine grundsätzliche Einstellung des Herzens. Das heißt aber nicht, daß ihr jeden persönlichen Wunsch eines jeden Mitarbeiters, Kollegen oder Familienangehörigen erfüllen sollt.

Und doch: Wenn ihr eure Ziele setzt, wenn ihr eure Visionen formt, wenn ihr Entscheidungen trefft, dann könnt ihr die elementaren, die Wesensinteressen der anderen Menschen mit einschließen in eure eigenen, sie so betrachten, als seien sie eure eigenen, so, als wärt ihr und die anderen Menschen nicht verschieden, sondern eins.

Ist auf diese Weise der Unterschied genügend erklärt, oder ist es noch verwirrend?«

H: »*Nein, der Unterschied liegt im personalen oder transpersonalen Bewußtseinszustand, das müßte eigentlich klar sein. Von einem egoistischen Zustand in einen sozial denkenden Zustand ...*«

N: »Ja. Wenn ihr die Interessen der anderen mit einschließt, dann bedeutet das nicht nur, daß ihr selbst Abstand nehmt und hinauswachst über eure egoistischen Interessen, sondern auch, daß ihr nicht die egoistischen Interessen der anderen mit einschließt, die ja möglicherweise von sehr kurzsichtigen Gesichtspunkten bestimmt sind, welche keinen tragenden Wert haben, sondern die tieferliegenden, wesentlichen Interessen. Das ist ein großer Unterschied. Meint ihr, daß dieser Unterschied verstanden werden kann?«

G: »*Diese beiden Ebenen sind eines der Themen, die das ganze Buch durchziehen. Von daher dürfte es verständlich sein.*«

H: »*Ein Teil der Leser ist ja auch mit der Transaktions-Analyse vertraut. Sie spricht drei verschiedene Seinszustände an: das Kind, die Eltern, den Erwachsenen.*«

N: »Kannst du das in unseren Kontext einbinden, indem du es kurz erläuterst?«

H: »*Ja. Wir haben den Zustand des Kindes, das ist der naive, sentimentale Zustand; das ›Kind‹ befindet sich mehr oder weniger in der Opferhaltung und ist zur Selbstreflexion unfähig. Dann wachsen wir darüber hinaus in den sogenannten Eltern-Zustand. Auf einmal erkennen wir, was wir alles nicht wissen, wir wollen mehr wissen, wir gelangen in den Zustand des Perfektionsstrebens und reflektieren, was wir tun. Das ist die Selbstreflexion, aus der wir lernen, Erkenntnis zu gewinnen über uns selbst. Wenn wir in diesem Zustand lange genug verblieben sind und genügend reflektiert haben, können wir in den transpersonalen Zustand hineinwachsen, wo wir wirklich erwachsen sind; nicht nur körperlich gewachsen, sondern auch geistig erwachsen, und über die Dichotomie und all ihre Vor- und Nachteile, über richtig und falsch, gut und böse hinauswachsen und beide Seiten, wie ihr es so treffend erklärt habt, leben; nicht vom Negativen ins Positive, sondern beide Seiten als Spannungsfeld zu erleben und aus dem Richterstuhl herauszukommen. Im Eltern-Zustand sind wir noch im Richterstuhl, in einer wissenden Haltung, und im transpersonalen Zustand sind wir dann in einer eher fragenden Haltung, wo die Welt nicht mehr als Referenzsystem für unser Ego gesehen wird, sondern als autarke Objekte, mit denen wir im Dialog stehen können.*«

N: »Und der ›Erwachsene‹ in diesem Sinne reflektiert nicht mehr?«

H: »*Der Erwachsene benutzt die Reflexion nur noch als Werkzeug. Wenn er sich in Situationen befindet, kann er das Werkzeug Selbstreflexion benutzen, um es dann aber wieder wegzule-*

gen. *Solange ich noch im Eltern-Zustand bin, erkenne ich nicht, daß die Selbstreflextion nur ein Werkzeug ist, das dazu da ist, hin und wieder benutzt zu werden, sondern ich bin andauernd in der ›Selbstreflexionskiste‹. Sehr viele Intellektuelle, die ich kennengelernt habe, sind längst über die Selbstreflexion hinausgewachsen und könnten das eigentlich aufgeben, aber sie betreiben es immer weiter und werden Zyniker. Denn wenn ich alles, was in der Welt geschieht, bis hin zu Kriegen und dergleichen, immer wieder reflektiere, kann ich nicht zu einem Sinn gelangen. So kann ich eigentlich nur zum Zyniker werden und mich von der Menschheit abwenden. Der Schlüssel liegt darin, zu erkennen, daß zu einem bestimmten Zeitpunkt die Selbstreflexion ein Ende hat und ich in einen anderen Zustand hineinkomme: vom Analysieren des Lebens hin zum Leben des Lebens, zum Tun.«*

N: »Ja. Ein entscheidender Schlüssel dabei, um das noch zu ergänzen, liegt in der Identifikation beziehungsweise Nicht-Identifikation. Stell dir einmal die Frage: Womit identifiziert sich der Mensch im Eltern-Zustand, und womit identifiziert sich der Mensch, wenn er in der Weise, wie du es geschildert hast, darüber hinausgewachsen ist?«

H: *»Im Eltern-Zustand identifiziere ich mich mit meinem direkten Umfeld. Es ist ein sehr enges Umfeld: meine Familie, vielleicht die Menschen, die mir nahestehen; und vielleicht noch ein von mir getrennter Gott oder eine kosmische Gestalt, die ich als von mir getrennt empfinde. Und im transpersonalen Zustand identifiziere ich mich mit allem, was ist. Es ist erlebbar, daß ich ein Fraktal einer Gesamtheit bin, mit der ich in dauernder Verbindung stehe.«*

N: »Nach dieser Gliederung von Stufen der Bewußtseinsentwicklung könnte es also so aussehen, daß du im Kind-Zustand dich mit dir selbst identifizierst, das heißt mit deinem persönlichen Ich, und die übrige Welt ist das andere und steht dir gegenüber beziehungsweise ist überwiegend gegen dich. Im Eltern-Zustand ist es umgekehrt: Du identifizierst dich mit dem Teil der Welt, der dich vormals beherrschte – einschließlich Gott –, und hast von dir abgespalten dein eigentliches Ich, auf das du nun mit dem Zeigefinger zeigst und sagst ›Du sollst‹ oder ›Du sollst nicht‹. Es ist genau umgekehrt.

Danach machst du nun zur nächsten Stufe einen sehr großen Sprung. Vielleicht hast du es erprobt und festgestellt, daß es machbar ist; aber der Sprung ist sehr weit bis zu dem Zustand, in dem du dich mit allem identifizierst. Es gibt aber noch eine Zwischenstufe, die darin besteht, daß du aufhörst, dich überhaupt zu identifizieren. Das ist das Beobachter-Bewußtsein, der Zeuge. Du nimmst einfach wahr, was passiert, und identifizierst dich nicht: weder mit dem inneren Kind noch mit den inneren Eltern, noch mit dir selbst, noch mit anderen, sondern du nimmst einfach wahr – und sonst nichts. Hier trittst du ein in die Stufe des Sich-Loslösens, in das Nicht-Identifizieren. Es ist eine Art Verneinung – ›Nein, das bin nicht ich.‹ Du schaust deine Gedanken an. Und gerade, wenn du dich wieder ärgern willst über deine Gedanken, sagst du: ›Nein, das bin ich nicht.‹ Und du läßt die Gedanken die Gedanken sein, seien sie noch so böse, dumm oder sonst etwas. So kannst du über die Eltern-Stufe in einem kleineren Schritt hinauswachsen in die Losgelöstheit. Und dann kannst du leichter aus dem ›Mit-nichts-identifiziert-Sein‹ hinauswachsen in das ›Mit-allem-identifiziert-Sein‹. Das ist dann nur noch ein kleines Umschalten. Es läßt sich nicht mit dem Kopf nachvollziehen, aber es kann dann ganz leicht geschehen. Der andere Sprung könnte für viele Menschen zu groß sein.

Und genau über diese Stufe möchten wir noch mehr reden, aber erst, nachdem mögliche weitere Fragen beantwortet oder Ergänzungen euererseits angebracht worden sind.

Treten wir nun von der Bewußtseinsstufe, die im letzten Kapitel geschildert wurde, einen Schritt zurück, analog zu dem, was eben besprochen wurde in bezug auf die vier verschiedenen Bewußtseinsstufen. John hat drei genannt, wir haben eine vierte eingefügt. Wir haben gesagt: Es ist gut, wenn ihr euch nicht nur mit euch selbst identifiziert, sondern auch mit den anderen. Wenn man das ganz weit faßt, dann kommt man zu dem, was John versucht hat zu schildern, nämlich sich mit allem zu identifizieren – mit allem und allen. Das ist Stufe vier. Wir gehen jetzt zurück auf Stufe drei, die noch nicht geschildert wurde, auch wenn sie implizit im ganzen Buch enthalten ist, nämlich die Bewußtseinsstufe des Nicht-Identifizierens, des Losgelöstseins.

Wir lassen das Kind- und Eltern-Modell jetzt hinter uns, wenngleich das sehr richtig und nützlich war. Aber nun geht es um etwas anderes.

Im allgemeinen identifiziert sich der Mensch auf die eine oder andere Art mit sich selbst. Es ist nicht ganz so, wie wir es zuvor geschildert haben. Auch auf der Eltern-Stufe identifiziert er sich schon mit seinem Ich, aber er identifiziert sich auch mit den Eltern, wobei ›Eltern‹ alles mögliche mit einschließt, nicht nur die leiblichen Eltern, auch Gott und alle möglichen sein Bewußtsein beherrschenden Fremdinstanzen. Indem er sich selbst für irgend etwas verurteilt, ist er der Verurteiler und gleichzeitig auch der Verurteilte. Du denkst zum Beispiel: ›Diesen Menschen würde ich am liebsten umbringen.‹ Kaum hast du das gedacht, fangst du an, das Eltern-Ich in dir entstehen zu lassen, und dieses verurteilt den Gedanken. Aber wenn du mit dem Gedanken ›Diesen Menschen möchte ich am liebsten umbringen‹ dich gar nicht erst identifizieren würdest, wenn du diesen Gedanken gar nicht erst dir selbst zuschreiben würdest, wenn du ihn neutral betrachten würdest, so wie du eine Wolke betrachtest, die vorbeizieht oder einen Hund, der vorbeiläuft, dann bräuchte diese verurteilende Eltern-Instanz gar nicht erst aufzustehen. Und selbst wenn sie sich dann doch erhebt, aus Gewohnheit, brauchst du dich auch mit ihr nicht zu identifizieren, so daß dann nicht die nächste verurteilende Instanz auftauchen muß. Ihr denkt einen bösen Gedanken, dann werdet ihr in erster Instanz verurteilt für diesen bösen Gedanken, und dann kommt eine zweite Instanz und verurteilt die erste Instanz dafür, daß sie verurteilt, und endlos so fort.

Die Wurzel dieses ganzen Verurteilungsspiels liegt darin, daß ihr euch *identifiziert* mit euren Gedanken. Darum folgt nun eine Übung, die jedem Menschen sehr nützlich ist – ganz besonders jemandem, der den komplexen und verantwortungsvollen Beruf eines Managers ausübt: das ›Sich-nicht-Identifizieren‹.

Ihr müßt euch dazu nicht absondern, auch wenn das sehr nützlich ist. Wann immer ihr euch beim Denken erwischt, könnt ihr das Nicht-Identifizieren üben. Es taucht ein Gedanke auf, ihr erwischt euch dabei, wie ihr diesen Gedanken denkt, und bevor ihr euch verurteilend oder irgendwie urteilend auf diesen Gedanken stürzen könnt, erinnert ihr euch: ›Nicht identifizieren!‹ Ihr schaut diesen Gedanken an – neugierig und neutral. Das ist etwas, das ihr euch als Übung für eine bestimmte Zeit vornehmen könnt, für die kommende Woche, den kommenden Monat, für sechs Wochen oder eine beliebige Zeit. Ihr könnt euch während dieser Zeit beim Aufwachen daran erinnern, vor dem Einschlafen und wann immer es euch einfällt. Ihr werdet es nicht gleich beim ersten Anlauf erreichen; ihr werdet sehen, daß ihr wieder und wieder in die Identifikationsfalle hineintappt; das ist normal. Wenn ihr euch dann dabei erwischt, wie ihr euch dafür verurteilt, dann nehmt zur Kenntnis, daß ihr euch gerade verurteilt, und identifiziert euch nicht damit. Betrachtet eure Gedanken, als wären sie Wolken, die durch euer Gemüt ziehen. Ebenso könnt ihr mit euren Emotionen verfahren.

Diese Übung schneidet euch nicht etwa vom Erleben eurer eigenen Realität ab, sie macht euch nicht etwa arm, stumpf, gefühlskalt oder etwas dergleichen; sondern wenn ihr es übt, werdet ihr sehen: Es macht euch lebendiger, es macht euch frei und unabhängig – erst einmal nur von euren eigenen Gedanken; wenn ihr aber ein bißchen freier geworden seid von euren eigenen Gedanken – das heißt: Gedanken sind noch vorhanden, aber ihr seid frei von ihnen –, dann werdet ihr sehen, daß ihr, indem ihr diese Last losgeworden seid, einen Großteil eurer Last überhaupt losgeworden seid. Denn ein ganz großer Teil eurer Lasten und Schmerzen im Leben besteht nur aus euren Gedanken und den damit verbundenen Emotionen.

So funktioniert es auch in einem Gespräch. Ihr könnt, wenn ihr das Nicht-Identifizieren mit euren Gedanken und Gefühlen eine Weile geübt habt, einerseits sehr wach, aufmerksam und aktiv, wenn es erforderlich ist, an dem Gespräch teilnehmen und andererseits den Beobachter-Posten beibehalten und ganz neutral sein. ›Neutral‹ heißt nicht, daß ihr euch in einem Gespräch beispielsweise nicht ärgert, sondern: ›Der Ärger ist da, ich registriere Ärger, aber ich registriere es, so wie ich eben alles registriere, was da ist; ob es Ärger ist, oder ob es Zigarrettenrauch ist, der in der Luft liegt, oder ob es das Wetter ist. Ich verwechsle mich nicht mit diesem Ärger.« Ist das klar, verständlich und anwendbar für die Praxis?«

H: »Ja … Dieser Sprung ist wahrscheinlich einer der schwersten, sich nicht mit seinen Gedanken zu identifizieren. Zu verstehen, daß wir Menschen nicht Autor unserer Gedanken sind. Aber wenn dieser Sprung gelungen ist, ist der Rest gar nicht mehr so schwer. Was uns dabei hilft, ist eine Null-Bock-Haltung, die in Phasen auftritt, durch die wir alle immer wieder gehen. In Wahrheit ist das eine positive Phase, weil sie uns einen Vorgeschmack auf diese Neutralität gibt, die meiner Meinung nach Voraussetzung ist für diese Stufe: nicht mehr sentimental-romantisch zu sein oder einfach nur rational, sondern schlichtweg neutral.«

N: »Diese Neutralität ist eine Vorstufe zu echtem Wohlwollen, echtem Mitgefühl, echtem Verstehen, auch echter Liebe. Solange du identifiziert bist mit deinen Gedanken, deinen Gefühlen und den diversen urteilenden und verurteilenden Instanzen in deinem Bewußtsein, kann hier und da wohl so etwas durch deine Gedanken und Gefühle hindurchschimmern wie Liebe, Mitgefühl, Wohlwollen und so weiter, aber immer nur durchschimmern. Und es wird ganz schnell wieder erstickt, so wie blauer Himmel ab und zu in einem Wolkenmeer auftaucht, aber gleich wieder verschwindet. Bist du nicht mehr identifiziert mit deinen

Gedanken und Gefühlen, kannst du sehr plötzlich, unvermittelt, ungeplant – man kann es nicht tun, es kann nur geschehen – eintauchen in den Zustand, in dem du ständig der blaue Himmel bist, um bei diesem Bild zu bleiben. Die Wolken sind da, aber du bist der blaue Himmel. Wenn du aber identifiziert bist mit deinem Gemüt, bist du auf der einen Seite der Wolken, und der blaue Himmel ist auf der anderen. Du bist in gewisser Weise den Wolken ausgeliefert. Wenn viele Wolken da sind, ist kein blauer Himmel zu sehen, sosehr du dich auch bemühst.«

H: »Das heißt auch, wir sind so lange manipulierbar, solange wir uns mit etwas identifizieren. Wenn wir darüber hinausschauen, in die Distanz gehen und uns nicht mehr identifizieren, sind wir auch nicht mehr manipulierbar.«

N: »Sportler sind ein gutes Beispiel dafür, Tennisspieler beispielsweise. Das Spiel perfekt spielen kann nur der, der nicht manipuliert wird von seinem Gegner oder Partner. Wenn er Opfer seiner eigenen Emotionen ist, ist er jederzeit manipulierbar für seinen Gegner. Erst wenn er selbst – also das, womit er sich identifiziert – sich jenseits seiner Emotionen befindet (auch wenn die Emotionen da sind, aber er *ist* nicht diese Emotionen), dann ist sein Blick ungetrübt, sein Reaktionsvermögen unbehindert, dann kann er auch agieren. Solange er sich aber identifiziert mit seinen Emotionen und mit seinem Ego, ist er für den Partner leicht zu manipulieren. So ist es im ganzen Leben.

Wenn ihr in einem Gespräch seid, beispielsweise mit einem Geschäftspartner, einem Vorgesetzten oder einem Untergebenen, dann sind, bildlich gesprochen, mehrere Instanzen im Spiel. Wir nehmen jetzt einmal zwei Hauptinstanzen heraus. Eine vordere und eine hintere Mannschaft sind im Spiel. Die vordere Mannschaft ist das, was üblicherweise bewußt im Spiel ist. Ihr seid die vordere Mannschaft, wenn ihr, wie jeder normale Mensch, mit eurem Ego, mit euren Gedanken und mit euren Gefühlen identifiziert seid. Dann kämpft die vordere Mannschaft an der Front. Das, was dahintersteht und nicht kämpft (nie kämpft), sich nicht von seiner Bank wegrührt, das ist der Beobachter. Wenn ihr euer Bewußtsein von dem Kämpfer an der Front zurück- und in den Beobachter hineinzieht, seid ihr mit dieser tiefinneren, dem Kern sehr nahen Wesensebene eures Gegenübers (des Beobachters) in Kontakt. Es kann sein, daß die Spieler an der vorderen Front noch kämpfen, aber ihr sitzt auf eurer Bank und durchschaut das ganze Spiel. Wenn du dein Bewußtsein vom Kämpfer an der Front wegziehst, ist es also nicht so, daß der Kämpfer an der Front dann sofort zerfällt, und du bist nur noch so etwas wie ein in sich ruhender Buddha. Nein, du kämpfst weiter, ärgerst dich weiter, schimpfst weiter, freust dich weiter. Und gleichzeitig sitzt du auf deiner Bank, schaust dem Ganzen zu und bist in keiner Weise damit identifiziert. Du schaust es dir an, wie du ein interessantes Fußballspiel oder Tennisspiel ansehen würdest. Und du durchschaust das Spiel. Du kannst agieren mit deinem Spieler an der Front, wie du willst. Du bist nicht manipulierbar, du bist keine Marionette mehr. Du selbst ziehst die Fäden; jedoch nicht allein – es ist auf dieser Ebene nicht so, daß du das ganze Spiel allein in der Hand hast. Aber du siehst die beiden Kämpfer, du bist der Beobachter, und du siehst den Beobachter im anderen. Und von Beobachter und Beobachter, von Bank zu Bank, lächelt ihr euch zu. Aber jeder zieht seine Fäden.«

G: »Das könnte dann zu einem neuen Niveau von gütlichem Krieg in Unternehmen führen.«

N: »Ja. Spiel statt Krieg.«

B-A: »Dabei kann man dann auch in aller Ruhe verlieren, es macht einem nichts aus.«

G: »Ist man dann noch motiviert?«

N: »Ja. Der Beobachter sitzt auf seiner Bank und lächelt und schaut sich das Ganze an. Wann immer du dein Bewußtsein in diese Instanz auf der Bank zurückziehst, bist du der Beobachter. Aber, wie gesagt: Dein Spieler ist noch im Spiel. Er kämpft, er hat Wünsche, er hat Ziele. Das Ganze ist völlig unverändert, nur daß du nicht mehr im Spiel bist. Verstehst du? Es läßt sich nicht befriedigend erklären, ihr müßt es einfach ausprobieren.

Es ist übrigens nicht so, daß der Beobachter die letzte Instanz wäre. Der Beobachter ist nicht euer tiefinnerstes Selbst, aber eine Instanz, die diesem sehr nahe ist. Wenn ihr Beobachter seid, ist der Spieler immer noch da. Wir nennen ›Spieler‹ denjenigen Teil von euch, der verwickelt ist in die Dinge des Lebens, der kämpft, der sich ärgert, der Wünsche hat. Es ist also der Beobachter da, und es ist der Spieler da. Ihr beobachtet euch selbst, wie ihr ins Spiel verstrickt seid. Es ist eine Art Spaltung. Euer Selbst ist nicht das eine, nicht das andere. Es geht über beides hinaus und schließt beides in sich ein.«

G: »Wie ist die körperliche Verfassung, wenn das Schwergewicht der Aufmerksamkeit auf dem Beobachtersein liegt? Gibt es über den Körper vielleicht einen leichteren Zugang, in den Zustand des Beobachters zu gelangen, der ja ein bestimmter Bewußtseinszustand ist?«

N: »O ja, natürlich. Jedwede Art von körperlicher Betätigung, die einen Zustand fördert, in dem ihr in eurer Mitte ruht, fördert auch das Beobachterbewußtsein; Tai Chi beispielsweise, auch viele andere Arten körperlicher Betätigungen, durchaus auch schnellere, temperamentvollere, solange sie zum ständigen Inhalt haben, euch zu lehren, zentriert zu sein und in eurer Mitte zu ruhen.«

G: »Einen Zustand besonderer Achtsamkeit …«

N: »Ja. Die Übung des Nicht-Identifizierens erfordert genau das, was Achtsamkeit genannt wird. Es kann sein, daß du dich daran, daß dies deine Übung ist, einmal am Tag erinnerst, und es kann sein, daß du dich zehnmal am Tag erinnerst oder daß du dich dauernd erinnerst, je nach Achtsamkeit. Wenn du dich nur einmal am Tag erinnerst, bist du nur einmal am Tag losgelöst. Wenn du dich dauernd erinnerst, bist du andauernd losgelöst.«

H: »*Im Zen gibt es eine Hilfe, um achtsam zu sein: Geräusche, die uns normalerweise stören, werden verwendet, indem man sie zum Anlaß nimmt, wieder achtsam zu sein.*«

N: »Ja. Eine sehr gute Übung. Auch wenn du ein Wehwehchen hast, das immer wiederkehrt – es juckt dich, du bekommst ›deine‹ Kopfschmerzen, oder dein Knie tut weh –, kannst du es auch benutzen, um dich zu erinnern. Du kannst alles benutzen, um dich zu erinnern. Auch Kirchenglocken.

Sich auf Geräusche einzustellen, ist eine besonders gute Programmierung. Es gibt eine andere Möglichkeit: Statt auf Geräusche als Erinnerungshelfer programmierst du dich auf Ärger als Erinnerungshelfer. Du sagst dir: ›Wann immer Ärger auftaucht, werde ich mich erinnern.‹ Das ist eine besonders raffinierte Technik. Probiert es aus. Mit diesem letzten und entscheidenden Kapitel endet unser Buch. Dann geht in Frieden und vergeßt nicht, dem Sonnenschein und dem Vogelgezwitscher eure Huldigung darzubringen.«

Chungliang Al Huang/Jerry Lynch
Mentoring – Das Tao vom Lehren und Lernen
160 Seiten, gebunden, ISBN 3-7205-2065-X

Das Tao-Mentoring verbindet die Weisheit der chinesischen Klassiker mit den Anforderungen unserer modernen Kultur. Die Autoren stellen taoistische Tugenden vor, die den Prozeß des Mentoring begleiten und unterstützen, die anregen und zur Meditation einladen: Herz und Seele öffnen sich – das Lehren und Lernen zwischen Mentor und Mentee kann beginnen.

Craig Lambert
Über den Wassern
Rudern – eine Lebenskunst
224 Seiten, gebunden, ISBN 3-7205-2079-X

Rudern ist mehr als Sport, meint Craig Lambert. Es schult Eigenschaften und Fähigkeiten, die wesentlich sind für das Leben in einer modernen Gesellschaft, wie z.B. Kraft, Ruhe, Teamgeist, Siegen- und Verlieren-können. In seinem Essay zeigt der Autor, wie sich diese Fähigkeiten im Rudern umsetzen. Eine anregende Lektüre für Manager, Ruderer und Lebenskünstler.

Richard Bode
Nimm zuerst ein kleines Boot
Von den Gezeiten des Lebens
240 Seiten, gebunden, ISBN 3-7205-1955-4

Ein ungewöhnliches inspirierendes Buch über das Segeln und immer zugleich über das Leben. Es erzählt die Geschichte eines Jungen, der segeln lernt und im Umgang mit Wind, Wetter und Gezeiten Lektionen fürs Leben erfährt: Wie man über die Untiefen und durch die Stürme des Lebens segelt, wie man Flauten übersteht und seinen Kurs findet.

ARISTON

David J. Schwartz
Denken Sie groß!
Erfolg durch großzügiges Denken

288 Seiten, gebunden, ISBN 3-7205-2035-8

Wie das Denken so das Handeln! Groß denken eröffnet neue Horizonte,
klein denken behindert. Mit diesem Programm können Sie Ihre
Persönlichkeit, Ihren Lebensinhalt und Ihre Lebensqualität
»auf Groß« einstellen.
Hörbuch: Audiobox mit 6 Kassetten, ISBN 3-7205-1967-8.

Napoleon Hill
Denke nach und werde reich
Die 13 Gesetze des Erfolges

262 Seiten, gebunden, ISBN 3-7205-1935-X

Dieses Buch wurde in alle wichtigen Sprachen übersetzt und mehr als
25 Millionen mal gekauft. Warum? Es lehrt, mit gezielter Kraft zu denken,
und es macht klar, welches das größte und wichtigste aller Erfolgs-
geheimnisse ist: Selbstvertrauen.

Napoleon Hill
Erfolg durch positives Denken

330 Seiten, gebunden, ISBN 3-7205-2043-9

Was wir geistig erfassen können und zu glauben vermögen, das können
wir auch verwirklichen. Auf dieser fundamentalen Erkenntnis beruhen
die einfachen Methoden von Napoleon Hill und W. Clement Stone,
die auch Sie zum Erfolg führen.
Hörbuch: 6 Audiokassetten in Box, ISBN 3-7205-1861-2.
Praxis-Kassettenprogramm mit Entspannungsübungen und Suggestionen:
4 Audiokassetten in Box, ISBN 3-7205-1677-6.

ARISTON

Thomas Gordon

Durch eine Vielzahl von Fallbeispielen illustriert Thomas Gordon seine wohlbegründeten, taktischen Ratschläge für den Umgang miteinander – ob im Beruf, der Schule oder der Familie.

Familienkonferenz
Die Lösung von Konflikten zwischen Eltern und Kind
19/15

Managerkonferenz
Effektives Führungstraining
19/28

Lehrer-Schüler-Konferenz
Wie man Konflikte in der Schule löst
19/24

Familienkonferenz in der Praxis
Wie Konflikte mit Kindern gelöst werden
19/33

Die Neue Familienkonferenz
Kinder erziehen, ohne zu strafen
19/325

19/15

19/28